DIE ZIVILRECHTLICHE ANWALTSKLAUSUR

2020

Jan-Christian Thum-Raithel
Rechtsanwalt und Repetitor

ALPMANN UND SCHMIDT Juristische Lehrgänge Verlagsges. mbH & Co. KG
48143 Münster, Alter Fischmarkt 8, 48001 Postfach 1169, Telefon (0251) 98109-0
AS-Online: www.alpmann-schmidt.de

Leonie Gaida
Leonie Simon

Zitiervorschlag: Thum-Raithel, Die zivilrechtliche Anwaltsklausur, Rn.

Thum-Raithel, Jan-Christian
Die zivilrechtliche Anwaltsklausur

1. Auflage 2020
ISBN: 978-3-86752-609-8

Verlag Alpmann und Schmidt Juristische Lehrgänge
Verlagsgesellschaft mbH & Co. KG, Münster

INHALTSVERZEICHNIS

1. Teil: Einleitung, Grundlagen der Arbeitsmethodik und Überblick

A. Einleitung

Dieses Skript reiht sich in erster Auflage in die **Alpmann Schmidt S2 – Skriptenreihe** zur Vorbereitung der Rechtsreferendare auf die Zweite Juristische Staatsprüfung ein. Es komplettiert das bisherige Alpmann Schmidt Skriptenangebot im Zivilrecht, bestehend aus 1

- **Stoffregen, Die zivilgerichtliche Assessorklausur, 3. Auflage, 2018**[1]
- **Müller, Materielles Zivilrecht in der Assessorklausur, 3. Auflage, 2018**[2]
- **Lüdde, Vollstreckungsrecht in der Assessorklausur, 14. Auflage, 2018,**[3]

und nimmt dabei die besonderen Anforderungen anwaltlicher Aufgabenstellungen im zivilrechtlichen Assessorexamen in den Fokus.

Dieses Skript richtet sich an Referendare[4] in jedem Stadium des juristischen Vorbereitungsdienstes. Seine Zielsetzung besteht darin, die Rechtsreferendare für die anwaltlichen Aufgabenstellungen im Assessorexamen zu wappnen und ihnen die oftmals noch fehlende „Anwaltsdenke" zu vermitteln. Hierfür ist zunächst eine **Sensibilisierung für die Rolle des Rechtsanwalts als Interessenvertreter und seine vielfältigen prozessualen Handlungsmöglichkeiten** in den unterschiedlichen Mandats- und Prozesssituationen erforderlich. Dies berücksichtigend werden der **taktische Umgang mit den zivilprozessualen Regelungen und deren praxisgerechte Handhabung** eingeübt. Besonderes Augenmerk dieses Skriptes liegt daher neben der **Vermittlung des notwendigen Strukturwissens** bezüglich der unterschiedlichen Erscheinungsformen zivilrechtlicher Anwaltsklausuren vor allem auf den **prozesstaktischen Erwägungen** sowie der **praxisgerechten Umsetzung der aus dem materiell-rechtlichen Gutachten gewonnenen Erkenntnisse** im praktischen Teil der jeweiligen Aufgabenstellung. Zum besseren Verständnis werden dem Leser dabei vielfältig Formulierungshilfen für Beweisangebote, Klageanträge oder Schriftsatzentwürfe als Orientierung angeboten.

Der in den Fokus dieses Skripts gerückte prozesstaktische Umgang mit den Regelungen der Zivilprozessordnung setzt **Grundkenntnisse des Zivilprozessrechts** voraus. Eben diese zu vermitteln, bleibt im Kern dem **AS-Skript Die zivilgerichtliche Assessorklausur** vorbehalten. Nicht zuletzt, um den zahlreichen Verweisen auf das vorerwähnte „Schwesterskript" folgen zu können, wird den Referendaren dessen gewissenhafte Durcharbeit für einen optimalen Lernerfolg wärmstens empfohlen. 2

Die bewusst knapp gehaltenen **Fundstellennachweise** konzentrieren sich zur Erleichterung der Nacharbeit in weiten Teilen auf die höchst- und obergerichtliche Rspr. sowie auf die von den Justizprüfungsämtern **zugelassene Kommentarliteratur**. In Bezug auf die zivilrechtliche Assessorklausur gehören hierzu in allen Bundesländern jedenfalls die Kommentare von Palandt[5] und Thomas/Putzo.[6] Zudem wird 3

---

1 Zitiert: AS-Skript Die zivilgerichtliche Assessorklausur (2018).

2 Zitiert: AS-Skript Materielles Zivilrecht in der Assessorklausur (2018).

3 Zitiert: AS-Skript Vollstreckungsrecht in der Assessorklausur (2018).

4 Einzig aus Gründen der Lesbarkeit wird im Rahmen dieses Skripts die männliche Form gewählt. Sämtliche Angaben beziehen sich jedoch nicht minder auch auf das weibliche und das diverse Geschlecht.

5 Palandt, BGB, 79. Aufl. 2020, zitiert: Palandt/Bearbeiter.

6 Thomas/Putzo, ZPO, 40. Aufl. 2019, zitiert: Thomas/Putzo/Bearbeiter.

auf die **Erörterung wissenschaftlicher Streitfragen** weitestgehend verzichtet und hierfür auf die gängigen Lehrbücher[7] und Skripten[8] verwiesen.

Literatur und Judikatur befinden sich auf dem Stand **15.02.2020.**

B. Grundlagen der Arbeitsmethodik

4 Was die Grundlagen der Arbeitsmethodik in zivilrechtlichen Assessorklausuren anbelangt, wird zuvorderst auf die umfassenden Ausführungen in dem **AS-Skript Die zivilgerichtliche Assessorklausur** verwiesen.[9] Auf einige Grundsätze und Besonderheiten der zivilrechtlichen Anwaltsklausur ist nachfolgend gleichwohl hinzuweisen.

I. Herangehensweise an die materiell-rechtliche Lösung

5 Die erste Schwierigkeit bei der materiell-rechtlichen Anspruchsprüfung im Zivilrecht ist gewöhnlich das **Auffinden der einschlägigen Anspruchsgrundlage.** Kommen für die Durchsetzung des Begehrens des Anspruchstellers mehrere Anspruchsgrundlagen in Betracht, erfolgt die Prüfung in der Ihnen aus der bisherigen Ausbildung vertrauten Abfolge („Vertrag, Vertrauen, Gesetz"). Jede Anspruchsgrundlage unterliegt in ihrer Prüfung dabei wiederum der Differenzierung nach **Entstehung, Untergang und Durchsetzbarkeit des Anspruchs**.

6 Gegenüber den zivilrechtlichen Aufgabenstellungen im Rahmen der Ersten Juristischen Staatsprüfung kommt im Assessorexamen jedoch erschwerend hinzu, dass die zu begutachtenden **Sachverhalte nicht als unstreitig feststehen**. Zur Klärung der prozessualen Durchsetzbarkeit der Ansprüche ist daher eingehend zu untersuchen, ob das **Vorbringen des Anspruchstellers schlüssig,** das **Gegenvorbringen des Anspruchsgegners erheblich** ist und wie sich die **Beweissituation** darstellt.

1. Schlüssigkeit des Vorbringens des Anspruchstellers

7 Ein Anspruch ist **schlüssig** und damit ausreichend substantiiert vorgebracht, wenn die vom Anspruchsteller vorgetragenen Tatsachen den prozessualen Antrag rechtfertigen.[10]

Beispiel: Eine Mietforderung gemäß § 535 Abs. 2 BGB ist schlüssig dargetan, wenn der Vermieter eine Einigung mit dem Mieter über die Vertragsparteien, den Mietgegenstand, die Hauptleistungspflichten eines Mietvertrags und den Beginn des Mietverhältnisses vorträgt. Dies sind die **anspruchsbegründenden Voraussetzungen** einer Mietforderung, für die der Vermieter die **Darlegungslast** und – im Falle eines Bestreitens der anspruchsbegründenden Tatsachen durch den Mieter – auch die **Beweislast** trägt.

8 Wenn der Anspruchsteller hingegen nicht alle **anspruchsbegründenden Voraussetzungen** zumindest einer Anspruchsgrundlage vorträgt, ist seine Klage **unschlüssig** und als unbegründet abzuweisen.[11] Auf einen abweichenden Tatsachenvortrag des Anspruchsgegners kommt es dann nicht an. **Maßgebender Zeitpunkt** ist hierbei der Schluss der letzten mündlichen Tatsachenverhandlung und im schriftlichen Verfahren der ihr entsprechende Zeitpunkt.[12] Eine **Teilschlüssigkeit** liegt vor, wenn der geltend gemachte Anspruch durch das Vorbringen des Anspruchstellers nur teilweise gerechtfertigt wird.

---

7 Zur Standardausbildungsliteratur zählen insbesondere Anders/Gehle, Das Assessorexamen im Zivilrecht, 14. Aufl. 2020, und Knöringer, Die Assessorklausur im Zivilprozess, 17. Aufl. 2018.

8 AS-Skript ZPO (2018).

9 AS-Skript Die zivilgerichtliche Assessorklausur (2018), Rn. 1–86.

10 Thomas/Putzo/Reichold Vorbem. § 253 Rn. 38.

11 Thomas/Putzo/Reichold Vorbem. § 253 Rn. 38.

12 Thomas/Putzo/Reichold Vorbem. § 253 Rn. 37.

Beachte: Gegenstand der **Schlüssigkeitsprüfung** ist der **gesamte unstreitige und streitige Vortrag des Anspruchstellers**. Unbeachtlich ist dabei, ob sich sein Tatsachenvortrag auf die Entstehung, das Erlöschen oder die Durchsetzbarkeit des geltend gemachten Anspruchs bezieht.

2. Erheblichkeit des Vorbringens des Anspruchsgegners

Eine **Erheblichkeit** des Vorbringens des Anspruchsgegners liegt dagegen vor, wenn dessen **abweichender Tatsachenvortrag** den von dem Anspruchsteller geltend gemachten Anspruch zu Fall bringt.[13] Dies kann durch **Bestreiten anspruchsbegründender Tatsachen** („unselbstständige Verteidigung") oder durch das **Behaupten anspruchshindernder, anspruchsvernichtender oder anspruchshemmender Tatsachen** („selbstständige Verteidigung") geschehen. 9

Beispiel: Der Wohnraummieter kann sich im Wege einer **selbstständigen Verteidigung** gegen eine geltend gemachte Mietforderung seines Vermieters verteidigen, indem er

- Tatsachen behauptet, die wegen **Anfechtung seiner auf den Vertragsschluss gerichteten Willenserklärung** gemäß § 142 Abs. 1 BGB rückwirkend zu einer Nichtigkeit des Mietvertrags **(„anspruchshindernde Tatsachen"),**
- aufgrund **fehlender erstmaliger Überlassung der Mietsache an den Mieter** zu einem Untergang der Mietforderung gemäß § 326 Abs. 1 S. 1 BGB **(„anspruchsvernichtende Tatsachen")** oder
- zu deren fehlender Durchsetzbarkeit infolge **unterbliebenen Nachweises über die** (nach § 551 Abs. 3 S. 3 BGB gebotene) **treuhänderische Sonderung der gestellten Mietkaution** gemäß § 273 Abs. 1 BGB **(„anspruchshemmende Tatsachen")** führen.

Setzt sich der Anspruchsgegner mittels einer selbstständigen Verteidigung gegen den geltend gemachten Anspruch zur Wehr, kann der Anspruchsteller sein Begehren wiederum im Rahmen einer **Replik** durch **Bestreiten der den Anspruch hindernden, vernichtenden oder hemmenden Tatsachen** sowie durch das **Behaupten von anspruchserhaltenden Tatsachen** rechtfertigen. 10

Beispiel: Der klagende Geschäftsraumvermieter macht unter Vorlage eines Mietvertrags **schlüssig** einen Anspruch auf Zahlung einer bislang nicht gezahlten Monatsmiete geltend. Der beklagte Mieter verteidigt sich **erheblich**, indem er Tatsachen vorträgt, die einen Mangel darstellen und eine hundertprozentige Minderung der Miete gemäß § 536 Abs. 1 BGB rechtfertigen. Der Vermieter **repliziert** hierauf, indem er die den Mangel begründenden Tatsachen bestreitet („Bestreiten") und eine individualvertragliche Vereinbarung mit dem Mieter behauptet, wonach dieser auf die Geltendmachung einer Mietminderung im konkreten Fall wirksam verzichtet hat („Behaupten von anspruchserhaltenden Tatsachen").

Repliziert der Anspruchsteller in diesem Sinne auf die Erwiderung des Anspruchsgegners, besteht für diesen sodann die Möglichkeit, im Rahmen einer **Duplik** erheblich auf die **anspruchserhaltenden Repliktatsachen** zu erwidern.[14] Hierauf folgen (theoretisch) noch die **Triplik** des Anspruchstellers und die **Quadruplik** des Anspruchsgegners.

---

13 Vgl. Thomas/Putzo/Reichold Vorbem. § 253 Rn. 38, 42, 43, 44.

14 Lesen Sie zur Relationstechnik im AS-Skript Die zivilgerichtliche Assessorklausur (2018), Rn. 60–80.

Reihenfolge der Schriftsätze im zivilrechtlichen Klageverfahren
■ Klageschrift des Klägers
■ Klageerwiderung des Beklagten
■ Replik des Klägers
■ Duplik des Beklagten
■ Triplik des Klägers
■ Quadruplik des Beklagten

3. Beweissituation

11 Sofern der Anspruchsteller die **anspruchsbegründenden Tatsachen schlüssig vorgebracht** und der Anspruchsgegner hierauf **erheblich erwidert** hat, sind die entscheidungserheblichen streitigen Tatsachenbehauptungen einer **beweisrechtlichen Prüfung** zu unterziehen. Im Rahmen der zivilrechtlichen Anwaltsklausur bedeutet dies, dass eine detaillierte Auseinandersetzung mit der **Beweiserheblichkeit einer Tatsache**, der **Verteilung der Beweislast**, der **Beweisbedürftigkeit einer Tatsache** sowie den zur Verfügung stehenden **Beweismitteln** und deren **Einbringung in den Rechtsstreit** zu erfolgen hat, wobei die Prüfung sodann in eine **Prognose des zu erwartenden Beweisergebnisses** einzumünden hat.

II. Aufbauvarianten für das Gutachten

In Nds. immer zweischichtig Aufbauen ↳ Lösungskizze ist auch zweischichtig

12 Bei der Anfertigung des Gutachtens lassen sich methodisch zwei Aufbauvarianten unterscheiden, nämlich der **einschichtige** und der **zweischichtige Klausuraufbau**.

> **Aufbauhinweis:** Ob das Gutachten im Rahmen der zivilrechtlichen Anwaltsklausur einschichtig oder zweischichtig aufzubauen ist, wird von den Landesjustizprüfungsämtern der meisten Länder nicht vorgeschrieben.[15] Es besteht für die Kandidaten (vorbehaltlich anderslautender Bearbeitervermerke) vielmehr ein **Wahlrecht zwischen den Aufbauarten**. Mit Rücksicht auf den in der Regel einschichtigen Aufbau der amtlichen Lösungsskizzen ist ein **einschichtiger Klausuraufbau indessen zu empfehlen**.

1. Der zweischichtige Aufbau

13 Beim **zweischichtigen Klausuraufbau** ist das materiell-rechtliche Gutachten getreu den Grundsätzen der Relationstechnik in unterschiedliche Stationen – Klägerstation, Beklagtenstation, Replikstation, Duplikstation, Beweisstation – zu untergliedern. Im Rahmen der **Klägerstation** wird dabei zunächst nur die Schlüssigkeit des Vorbringens des Anspruchstellers überprüft. Im Anschluss hieran ist im Rahmen der **Beklagtenstation** die Erheblichkeit des tatsächlichen Vorbringens des Anspruchsgegners zu untersuchen. Eine **Replikstation** ist dann zu eröffnen, wenn der Anspruchsteller die von dem Anspruchsgegner im Wege einer selbstständigen Verteidigung vorgebrachten Tatsachen seinerseits bestreiten oder hiergegen anspruchserhaltende Tatsachen vortragen möchte. In die **Duplikstation** ist dann wiederum eine tatsächliche Erwiderung des Anspruchsgegners auf etwaige durch den Anspruchsteller vorgetragene anspruchserhaltende Repliktatsachen einzuordnen. Tragen – unter Berücksich-

15 Eine Ausnahme gilt allerdings für Referendare in Niedersachsen. Dort wird vom Landesjustizprüfungsamt der zweischichtige („relationstechnische") Klausuraufbau vorgeschrieben.

tigung des wechselseitigen Vorbringens – der Anspruchsteller schlüssig und der Anspruchsgegner erheblich vor, hat im Rahmen der **Beweisstation** eine Prüfung der Beweissituation stattzufinden.

Beachte: Das Erfordernis zur Eröffnung einer Replik- und einer Duplikstation wird im Rahmen der zivilrechtlichen Anwaltsklausur dabei allerdings nur selten bestehen. Denn beim **Angriffsmandat im Klageverfahren** wird im Zeitpunkt der Begutachtung üblicherweise weder eine Klageerwiderung noch aussagekräftiger vorgerichtlicher Tatsachenvortrag des Gegners vorliegen. In der Regel wird es daher an einem Anknüpfungspunkt für replizierende Erwägungen fehlen. Beim **Verteidigungsmandat im Klageverfahren** besteht Ihre Aufgabe hingegen zumeist darin, für den in Anspruch genommenen Mandanten auf den Vortrag des Anspruchstellers in einer Klageschrift zu erwidern. Ob und wie der klagende Anspruchsteller aber auf eine etwaige selbstständige Verteidigung des Anspruchsgegners im Rahmen der Klageerwiderung reagieren wird, lässt sich dem Aktenauszug der Assessorklausur häufig nicht entnehmen. Gänzlich ausgeschlossen ist das Erfordernis einer Darstellung der Replik- und sogar auch der Duplikstation gleichwohl nicht:

Beispiel 1: Sie treten nach einem Anwaltswechsel in einen laufenden Rechtsstreit, in dem bereits von beiden Parteien schriftsätzlich vorgetragen wurde, als Prozessbevollmächtigter des Anspruchstellers ein. Ein erhebliches Vorbringen des Anspruchsgegners im Rahmen des Prozesses kann im materiell-rechtlichen Gutachten nunmehr Anknüpfungspunkt für die Eröffnung einer Replikstation sein.

Beispiel 2: Der beklagte Mandant wird schlüssig als Bürge gemäß § 765 Abs. 1 BGB in Anspruch genommen („Klägerstation"). Da der Anspruchsteller den Hauptschuldner bislang nicht in Anspruch genommen hat, kann für den Mandanten die Einrede der Vorausklage gemäß § 771 BGB erhoben und mithin erheblich auf das Vorbringen des Anspruchstellers erwidert werden („Beklagtenstation"). Die Sachverhaltsschilderung durch den Mandanten lässt dabei allerdings bereits erahnen, der Anspruchsteller werde sich im Falle einer Erhebung der Einrede der Vorausklage mit einiger Wahrscheinlichkeit darauf berufen, dass dem Mandanten als Kaufmann wegen § 349 HGB die Einrede des § 771 BGB nicht zustehe. Aus anwaltlicher Vorsicht ist es dann angezeigt, dieses Vorbringen des Anspruchstellers zu antizipieren und im Gutachten darzustellen („Replikstation"). Da es sich bei dem Mandanten in Wahrheit um einen nicht im Handelsregister eingetragenen Kleingewerbetreibenden und mithin auch nicht um einen Kaufmann handelt, ist im Gutachten in Reaktion auf den zu erwartenden replizierenden Vortrag des Anspruchstellers schließlich festzuhalten, dass § 349 HGB aus tatsächlichen Gründen nicht zur Anwendung gelangt („Duplikstation").

2. Der einschichtige Aufbau

Im Falle eines **einschichtigen Klausuraufbaus** ist im Rahmen der Prüfung des konkreten Anspruchs nicht lediglich der Vortrag des Anspruchstellers („Schlüssigkeit"), sondern auch der abweichende Tatsachenvortrag des Anspruchsgegners („Erheblichkeit") und ggf. die Beweissituation zu untersuchen. Die **Prüfung der Schlüssigkeit, der Erheblichkeit und der Beweissituation** erfolgt hiernach in einem **einheitlichen Gutachten jeweils bei dem konkreten Tatbestandsmerkmal**, dessen Vorliegen oder Nichtvorliegen zwischen den Parteien in tatsächlicher Hinsicht streitig ist. Anders als im Rahmen des zweischichtigen Aufbaus findet eine Unterteilung in einzelne Stationen nicht statt.[16] 14

III. Verweise im Schriftsatz auf das Gutachten

Soweit nach dem Bearbeitervermerk rechtliche Ausführungen im praktischen Teil der Aufgabenstellung nicht ohnehin vollständig erlassen sind, wird durch den Vermerk 15

16 Ein Formulierungsbeispiel für ein einschichtig formuliertes Gutachten finden Sie im AS-Skript Die zivilgerichtliche Assessorklausur (2018), Rn. 78.

der Bearbeitung regelmäßig klargestellt, dass **im anzufertigenden Schriftsatz Bezugnahmen auf konkrete Passagen des Gutachtens** zulässig sind. Dies bezweckt, die Kandidaten vor einer doppelten Schreibarbeit zu bewahren und ihnen die erforderlichen zeitlichen Kapazitäten für die Ausarbeitung einer vollständigen Lösung der Aufgabenstellung zu verschaffen.

Von der Möglichkeit des Verweisens sollte im Sinne des eigenen Zeitmanagements rege Gebrauch gemacht werden. Dabei ist einerseits zu berücksichtigen, dass die Zulässigkeit des Verweisens in der Regel **nur für die rechtlichen und nicht auch für die tatsächlichen Ausführungen** gilt. Zum anderen hat sich ein Verweis stets auf **konkrete Passagen des Gutachtens** zu beziehen. Ein bloß allgemeiner Verweis im Schriftsatz („vgl. Gutachten") erfüllt diese Anforderungen nicht. Anzugeben ist bereits im eigenen Interesse einer geordneten Leserführung zumindest die konkrete Seitenzahl der Ausarbeitung, die der Kandidat im Schriftsatz in Bezug genommen wissen möchte.

16 Empfehlenswert ist bei alledem, sich bei Verweisen aus dem Schriftsatz auf das Gutachten der sog. **Spitzklammertechnik** zu bedienen. Diese Arbeitstechnik wird vor allem Referendaren aus den Bundesländern Berlin und Brandenburg als Gegenstand der Ausbildung bekannt sein. Auch Referendaren aus anderen Bundesländern steht es jedoch frei, die Technik zu Zwecken der Verweisung anzuwenden. Nach der Spitzklammertechnik werden **konkrete Passagen des Gutachtens in Spitzklammern gesetzt und diese sodann nummeriert**. In den Schriftsatz kann der im Gutachten umklammerte „Textbaustein" dann durch eine schlichte Angabe der Nummer der Spitzklammer passgenau „eingefügt" werden.

Im **Gutachten** kann bei der Prüfung des § 985 BGB beispielsweise wie folgt formuliert werden:

Formulierungsbeispiel: Anwendung der Spitzklammertechnik im Gutachten

***(1)** *< Dem Beklagten steht an dem streitgegenständlichen Schrank kein Recht zum Besitz i.S.d. § 986 BGB zu. Ein solches Recht ergibt sich insbesondere nicht aus einem zwischen den Parteien über den Schrank geschlossenen Mietvertrag. Denn der Kläger hat seine auf den Abschluss des infrage stehenden Mietvertrags gerichtete Willenserklärung jedenfalls wirksam wegen arglistiger Täuschung gemäß § 123 Abs. 1 Alt. 1 BGB angefochten. Der Vertrag ist aus diesem Grunde gemäß § 142 Abs. 1 BGB als von Anfang an nichtig anzusehen. >*

Im Rahmen des anzufertigenden **Schriftsatzes** kann bei der Begründung des für den Mandanten eingeklagten Anspruchs aus § 985 BGB dann schlicht Bezug genommen werden auf die umklammerte Passage im Gutachten:

Formulierungsbeispiel: Anwendung der Spitzklammertechnik im Schriftsatz

Dem Kläger steht kraft seines Eigentums ein Herausgabeanspruch aus § 985 BGB gegen den besitzenden Beklagten zu.

(1) < vgl. Seite … >

Rein vorsorglich ist darauf hinzuweisen, dass dem Kläger ein inhaltsgleicher Anspruch auch aus § 823 Abs. 2 BGB i.V.m. § 263 StGB i.V.m. § 249 Abs. 1 BGB sowie aus § 812 Abs. 1 S. 1 Alt. 1 BGB zusteht.

Beachte: Eine überlegte Anwendung der Spitzklammertechnik erfordert, die umklammerte Passage im Gutachten bereits so zu formulieren, dass sie **sprachlich und inhaltlich zugleich auch Gegenstand des Schriftsatzes** sein kann. Dies ist zum einen zu berücksichtigen bei der Wahl der Stilart: Da der Schriftsatz im Urteilsstil zu formulieren ist, ist auch **die umklammerte Passage im Gutachten bereits im Urteilsstil und nicht im Gutachtenstil** auszuarbeiten. Zum anderen ist zu beachten, dass die **Protagonisten in der umklammerten Passage im Gutachten mit ihrer prozessualen Rolle (z.B. „Kläger" und „Beklagter") zu bezeichnen** sind und nicht wie sonst im Gutachten üblich als „Mandant" und „Gegner".

C. Überblick über die verschiedenen Klausurtypen

Die anwaltlichen Aufgabenstellungen im Assessorexamen lassen sich in drei grundlegende Klausurtypen einordnen: **17**

Klausurtypen der zivilrechtlichen Anwaltsklausur
■ das Angriffsmandat
■ das Verteidigungsmandat
■ das kautelarjuristische Mandat

I. Das Angriffsmandat

Bei Aufgabenstellungen aus dem Bereich der Angriffsmandate beauftragt der Mandant den Rechtsanwalt klassischerweise mit der – in der Regel gerichtlichen – Geltendmachung eines nach materiellem Recht bestehenden Anspruchs (hierzu 2. Teil A.).[17] Bei bestehender Erfolgsaussicht ist das Mandantenbegehren dann gewöhnlich durch die **Einleitung eines Klageverfahrens** durchzusetzen. Im praktischen Teil besteht Ihre Aufgabe daher regelmäßig in der Anfertigung des Entwurfs einer Klageschrift. Allerdings kann es bei bestehender Erfolgsaussicht auch gefordert sein, sich auf eine **außergerichtliche Geltendmachung des Mandantenbegehrens** zu beschränken. In diesem Fall ist im praktischen Teil dann ein anwaltliches Aufforderungsschreiben an den Gegner zu entwerfen. **18**

Neben einer außergerichtlichen oder klageweisen Geltendmachung eines Anspruchs ist bei besonderer Dringlichkeit der Angelegenheit an die **Einleitung eines Eilverfahrens zwecks Einholung vorläufigen Rechtsschutzes** zu denken (hierzu 2. Teil B.).[18] Im praktischen Teil wird in einem solchen Fall dann der Entwurf entweder eines Antrags auf Erlass einer einstweiligen Verfügung (§§ 935 ff. ZPO) oder eines Arrestes (§§ 916 ff. ZPO) gefordert sein.

Legt der Mandant Ihnen als Rechtsanwalt ein zu seinem Nachteil ergangenes Urteil vor, kann es durchaus sein, dass Ihre Aufgabe darin besteht, die gerichtliche Entscheidung im Interesse Ihres Mandanten mit dem **Rechtsmittel der Berufung** anzugreifen (hierzu 2. Teil C.).[19] Eine solche Aufgabenstellung läuft im praktischen Teil natürlich auf den Entwurf einer Berufungsschrift einschließlich der Berufungsbegründung hinaus.

---

17 Vgl. Rn. 24–198 („Das Angriffsmandat im Klageverfahren").

18 Vgl. Rn. 199–244 („Das Angriffsmandat im einstweiligen Rechtsschutz").

19 Vgl. Rn. 245–284 („Das Angriffsmandat in der Berufungsinstanz").

Auch Aufgabenstellungen aus dem **Bereich des Zwangsvollstreckungsrechts** können Gegenstand zivilrechtlicher Anwaltsklausuren sein (hierzu 2. Teil D.).[20] In der Erscheinungsform des Angriffsmandates sind die Interessen des Mandanten dann in der Regel aktiv durch Einlegung eines vollstreckungsrechtlichen Rechtsbehelfes (z.B. Vollstreckungsabwehrklage, Drittwiderspruchsklage) wahrzunehmen.

19 Ein beispielhafter Bearbeitervermerk in zivilrechtlichen Anwaltsklausuren aus dem Bereich der Angriffsmandate lautet:

Vermerk für die Bearbeitung

1. Rechtsanwalt Müller hat das Mandat angenommen. Prozessvollmacht ist wirksam erteilt. Bearbeitungszeitpunkt ist der 14.03.2019.
2. Die Angelegenheit ist aus anwaltlicher Sicht umfassend nach Maßgabe des Mandantenauftrags zu begutachten. Hierbei ist auf alle in der Aufgabenstellung aufgeworfenen Rechtsfragen einzugehen, ggf. im Hilfsgutachten. Das Gutachten soll auch Erwägungen zur Zweckmäßigkeit des Vorgehens enthalten. Ein Sachbericht ist nicht zu fertigen.
3. Soweit ein gerichtliches Vorgehen für sachdienlich gehalten wird, ist der danach erforderliche verfahrensbestimmende Schriftsatz an das Gericht zu entwerfen. Ein verfahrensbestimmender Schriftsatz ist auch dann anzufertigen, wenn die Erfolgsaussichten ganz verneint werden; in diesem Fall ist davon auszugehen, dass die Rechtslage ausführlich mit dem Mandanten erörtert wurde, er aber darauf besteht, sein Begehren weiterzuverfolgen. Bei den rechtlichen Ausführungen sind Bezugnahmen auf konkrete Passagen des Gutachtens zulässig.
4. Sollten Tatsachen für beweiserheblich gehalten werden, so ist eine Prognose zu der Beweislage (z.B. Beweislast, Qualität der Beweismittel etc.) anhand der zum Bearbeitungszeitpunkt bekannten Sachlage zu erstellen.
5. Sollte eine weitere anwaltliche Sachverhaltsaufklärung für erforderlich gehalten werden, so ist dies zu erörtern, dann jedoch davon auszugehen, dass keine Informationen zu erlangen sind, die über die in der Aufgabenstellung enthaltenen hinausgehen.
6. Die Formalien (Zustellungen, Vollmachten, Unterschriften, Beglaubigungen, Hinweise, Belehrungen usw.) sind in Ordnung, soweit sich nicht aus dem Aufgabentext ausdrücklich etwas anderes ergibt.
7. Bingen am Rhein und Mainz verfügen jeweils über ein Amtsgericht, Mainz zudem über ein Landgericht, in dessen Bezirk auch Bingen am Rhein liegt. Beide Städte gehören zum Bezirk des Oberlandesgerichts Koblenz.
8. Nicht abgedruckte Passagen und Bestandteile der Akte sind für die Bearbeitung ohne Bedeutung. Soweit erwähnte Anlagen nicht oder nicht vollständig abgedruckt wurden, ist davon auszugehen, dass sie vollständig beigefügt waren und den angegebenen Inhalt haben.
9. Der Bearbeitung ist die aktuelle Rechtslage auf der Grundlage der zugelassenen Hilfsmittel zugrunde zu legen. Übergangsvorschriften sind nicht anzuwenden. Auf Rechtsvorschriften, die nicht zur Verfügung stehen, kommt es für die Bearbeitung nicht an.

20 Vgl. Rn. 285–352 („Das Angriffsmandat in der Zwangsvollstreckung").

II. Das Verteidigungsmandat

20 Das Verteidigungsmandat ist in aller Regel dadurch gekennzeichnet, dass gegen den Mandanten bereits ein **gerichtliches Verfahren** angestrengt wurde, in dessen Rahmen er sich zur Wehr setzen möchte (hierzu 3. Teil A.).[21] Im praktischen Teil ist dann gewöhnlich eine Klageerwiderung zu entwerfen. Denkbar ist – insbesondere bei **Aussichtslosigkeit einer Rechtsverteidigung** – aber auch, dass das gegen den Mandanten bereits laufende Gerichtsverfahren möglichst **sicher, schnell und kostengünstig beendet** oder dass auf eine dem Mandanten zugegangene Zahlungsaufforderung zur **Vermeidung eines gerichtlichen Verfahrens außergerichtlich reagiert** werden soll.

Nur selten sind demgegenüber Verteidigungsmandate in den Bereichen des **einstweiligen Rechtsschutzes** (hierzu 3. Teil B.),[22] des **Berufungsrechts** (hierzu 3. Teil C.)[23] und der **Zwangsvollstreckung** (hierzu 3. Teil D.).[24]

21 Ein repräsentativer Bearbeitervermerk für eine Aufgabenstellung aus dem Bereich der Verteidigungsmandate lautet:

Vermerk für die Bearbeitung

1. Die Angelegenheit ist aus anwaltlicher Sicht umfassend nach Maßgabe des Mandantenauftrags zu begutachten. Hierbei ist auf alle in der Aufgabenstellung aufgeworfenen Rechtsfragen einzugehen, ggf. im Hilfsgutachten. Das Gutachten soll auch Erwägungen zur Zweckmäßigkeit des Vorgehens enthalten. Ein Sachbericht ist nicht zu fertigen.

   Bearbeitungszeitpunkt ist der 11.07.2018.

2. Sollten Tatsachen für beweiserheblich gehalten werden, so ist eine Prognose zu der Beweislage (z.B. Beweislast, Qualität der Beweismittel etc.) anhand der zum Bearbeitungszeitpunkt bekannten Sachlage zu erstellen.

3. Sollte eine weitere anwaltliche Sachverhaltsaufklärung für erforderlich gehalten werden, so ist dies zu erörtern, jedoch davon auszugehen, dass von dem Mandanten keine Informationen zu erlangen sind, die über die im Vermerk vom 11.07.2018 enthaltenen hinausgehen.

4. Soweit eine Verteidigung gegen die Klage – auch teilweise – für Erfolg versprechend gehalten wird, ist ein der prozessualen Situation und dem im Gutachten gefundenen Ergebnis entsprechender Schriftsatz an das Gericht zu entwerfen. Im Fall der Fertigung eines Schriftsatzes an das Gericht ist ein gesondertes Schreiben an den Mandanten in jedem Fall entbehrlich.

   Sofern eine Verteidigung insgesamt für nicht Erfolg versprechend gehalten wird, ist in einem Schreiben an den Mandanten darzulegen, weshalb dies der Fall ist und wie weiter vorzugehen ist.

   Bei den rechtlichen Ausführungen sind Bezugnahmen auf konkrete Passagen des Gutachtens zulässig.

5. Münster verfügt über ein Amts- sowie ein Landgericht und liegt im Bezirk des Oberlandesgerichts Hamm.

---

21 Vgl. Rn. 353–478 („Das Verteidigungsmandat im Klageverfahren").

22 Vgl. Rn. 479–498 („Das Verteidigungsmandat im einstweiligen Rechtsschutz").

23 Vgl.Rn. 499–507 („Das Verteidigungsmandat in der Berufungsinstanz").

24 Vgl. Rn. 508 („Das Verteidigungsmandat in der Zwangsvollstreckung").

6. Nicht abgedruckte Passagen und Bestandteile der Akte sind für die Bearbeitung ohne Bedeutung. Soweit in den Schriftsätzen erwähnte Anlagen nicht oder nicht vollständig abgedruckt wurden, ist davon auszugehen, dass sie vollständig beigefügt waren und den angegebenen Inhalt haben.
7. Die Formalien (Zustellungen, Vollmachten, Unterschriften, Belehrungen usw.) sind in Ordnung, soweit sich nicht aus dem Aufgabentext ausdrücklich etwas anderes ergibt.
8. Der Bearbeitung ist die Rechtslage auf der Grundlage der zugelassenen Hilfsmittel zugrunde zu legen. Übergangsvorschriften sind nicht anzuwenden.

Anlagen: Kalender 2017 / 2018

III. Das kautelarjuristische Mandat

22 Die **kautelarjuristische Aufgabenstellung** zeichnet sich dadurch aus, dass der Mandant dem Rechtsanwalt einen zumeist außergerichtlichen **Beratungs- und Gestaltungsauftrag** erteilt (hierzu 4. Teil).[25] Durch kautelarjuristische Anwaltstätigkeit sollen gerichtliche Verfahren bestmöglich von vornherein vermieden werden. Im praktischen Teil einer solchen Aufgabenstellung kann im Rahmen des Assessorexamens etwa der **Entwurf oder die Überprüfung und Überarbeitung** des Textes einer beliebigen Vertragsart (z.B. notarieller Grundstückskaufvertrag, Vergleichsvertrag) oder sonstiger Regelungen (z.B. Allgemeine Geschäftsbedingungen, Testament) gefordert sein.

Beachte: Inzwischen gehören kautelarjuristische Aufgabenstellungen in sämtlichen Bundesländern zum Prüfungsstoff. Von vielen Kandidaten werden Klausuren mit rechtsgestaltenden Elementen dabei als besonders anspruchsvoll empfunden. Dies mag an der **fehlenden praktischen Erfahrung** der Kandidaten im Umgang mit kautelarjuristischen Inhalten liegen, vor allem aber an der **fehlenden Klausurpraxis** und dem **fehlenden Grundverständnis,** bei der Lösung von Kautelarklausuren kreativ sein zu dürfen und zu müssen. Schreiben Sie unbedingt eine gesunde Anzahl Übungsklausuren mit kautelarjuristischen Inhalten, um die „Angst“ vor diesem Klausurtyp zu verlieren![26]

23 Ein beispielhafter Bearbeitervermerk für eine kautelarjuristische Aufgabenstellung lautet:

Vermerk für die Bearbeitung

1. Bearbeitungszeitpunkt ist der 25.07.2019.
2. Die Angelegenheit ist aus anwaltlicher Sicht umfassend nach Maßgabe des Mandantenauftrags zu begutachten. Hierbei ist auf alle in der Aufgabenstellung aufgeworfenen Rechtsfragen einzugehen, ggf. im Hilfsgutachten. Das Gutachten soll auch Erwägungen zur Zweckmäßigkeit des Vorgehens enthalten. Ein Sachbericht ist nicht zu fertigen.
3. Ausgehend von dem Ergebnis des Gutachtens ist ein entsprechender Entwurf der zu treffenden Vereinbarung anzufertigen.

25 Vgl. Rn. 509–569 („Das kautelarjuristische Mandat“).

26 Der gemäß § 12 FernUSG staatlich zugelassene K2-Fernklausurenkurs von Alpmann Schmidt bietet Ihnen ein Klausurverzeichnis, das Sie zur gezielten Suche nach zivilrechtlichen Anwaltsklausuren mit kautelarjuristischen Inhalten und deren Buchung nutzen können: www.alpmann-schmidt.de.

4. Ein Mandantenschreiben ist nicht zu fertigen. Schreiben an Dritte sind nicht zu fertigen.
5. Es ist zu unterstellen, dass sowohl in materiell-rechtlicher als auch in verfahrensrechtlicher Hinsicht ausschließlich deutsches Recht Anwendung findet. Insbesondere sind keine Aspekte des Rechts anderer Staaten, des internationalen Privatrechts oder des Rechts der Europäischen Union zu prüfen. Steuerrechtliche Fragen sind nicht zu erörtern.
6. Die Formalien (Ladungen, Zustellungen, Fristen, Unterschriften, Belehrungen, Vollmachten etc.) sind in Ordnung, soweit sich nicht ausdrücklich etwas anderes aus dem Sachverhalt ergibt.
7. Sollte eine weitere anwaltliche Sachverhaltsaufklärung für erforderlich gehalten werden, so ist dies zu erörtern, jedoch davon auszugehen, dass keine Informationen zu erlangen sind, die über die in der Aufgabenstellung enthaltenen hinausgehen.
8. Es ist davon auszugehen, dass Rechtsanwalt Müller von der Makler Hermes GmbH ordnungsgemäß bevollmächtigt und zur Entgegennahme von Zahlungen ermächtigt wurde.
9. Das Grundstück Im Weiher 5 liegt im Gerichtsbezirk des Amtsgerichts Simmern (Hunsrück) und des Landgerichts Bad Kreuznach.
10. Der Bearbeitung ist die Rechtslage nach dem Stand der zugelassenen Hilfsmittel zugrunde zu legen. Übergangsvorschriften sind nicht zu erörtern. Auf Vorschriften, die nicht zur Verfügung stehen, kommt es für die Entscheidung nicht an.

2. Teil: Das Angriffsmandat

A. Das Angriffsmandat im Klageverfahren

I. Einleitung

24 Die erste klassische Erscheinungsform der zivilrechtlichen Anwaltsklausur im Assessorexamen ist das Angriffsmandat im Klageverfahren. Dieser Klausurtyp besteht regelmäßig aus **drei Klausurteilen**. Zunächst ist ein **Mandantenbegehren** zu formulieren (1. Teil). Sodann ist ein umfassendes **Gutachten** über die Rechtslage in materiell-rechtlicher und prozessualer Hinsicht anzufertigen (2. Teil). Abgeschlossen wird die Klausur durch den **praktischen Teil,** in dem das Ergebnis der Begutachtung praxisgerecht umzusetzen ist (3. Teil).

25 Bei Angriffsmandaten im Klageverfahren ist der folgende **einschichtige Klausuraufbau** zu empfehlen.

Gliederung der Klausur bei Angriffsmandaten im Klageverfahren (einschichtiger Aufbau):

I. Mandantenbegehren

II. Gutachten

1. Materiell-rechtliches Gutachten
2. Prozessuales Gutachten und Zweckmäßigkeitserwägungen

III. Praktischer Teil

26 Für einen relationsmäßigen, **zweischichtigen Klausuraufbau** kann bei Angriffsmandaten im Klageverfahren demgegenüber nach dem folgenden Schema verfahren werden.

Gliederung der Klausur bei Angriffsmandaten im Klageverfahren (zweischichtiger Aufbau):

I. Mandantenbegehren

II. Gutachten

1. Klägerstation
2. Beklagtenstation
3. Beweisstation
4. Prozess- und Zweckmäßigkeitsstation

III. Praktischer Teil

II. Mandantenbegehren

27 Die Darstellung des **Mandantenbegehrens** bildet den inhaltlichen Auftakt in die zivilrechtliche Anwaltsklausur. Aufgabeninhalt ist es dabei, die wesentliche Zielvorstellung des Mandanten zu erfassen und in zusammengefasster Form zu Papier zu bringen. Das Mandantenbegehren ist dabei **so knapp wie möglich, aber so ausführlich wie nötig** zu formulieren. Methodisch fehlerhaft wäre es demnach, das Begehren des Mandanten derart verkürzt darzustellen, dass die Zielvorstellung des Mandanten nicht vollständig wiedergegeben wird.

Beispiel: Wenn der Mandant nach dem Ankauf eines Neuwagens im Falle einer Leistungsstörung nicht nur die Rückzahlung des Kaufpreises, sondern darüber hinaus auch den Ersatz der ihm infolge der Leistungsstörung entstandenen Schäden begehrt, darf dies bei der Darstellung des Mandantenbegehrens nicht unter den Tisch fallen!

Im Einzelnen hängen Umfang und Inhalt des Mandantenbegehrens natürlich von der konkreten Aufgabenstellung ab. Als Orientierung mag das folgende Formulierungsbeispiel dienen. 28

Formulierungsbeispiel: Mandantenbegehren

Der Mandant … bittet um Prüfung, ob ihm gegen die Eheleute … ***Ansprüche auf Zahlung rückständiger Miete aus einem Wohnraummietverhältnis*** *zustehen. Die Mieter hätten die vertraglich vereinbarte* ***Miete zuletzt wegen angeblicher Mängel gekürzt****. Da die Mieter sich in Gesprächen zudem kompromisslos gezeigt hätten und das Verhältnis der Vertragsparteien daher zwischenzeitlich gestört sei, bittet der Mandant auch um* ***Überprüfung der Möglichkeiten zur kurzfristigen Beendigung des Mietverhältnisses****. Ggf. sollen die* ***erforderlichen Schritte zur Beendigung der vertraglichen Beziehungen*** *direkt in die Wege geleitet werden. Schließlich sollen sowohl* ***ein etwaiger Anspruch auf Rückgabe der Wohnung als auch etwaige Zahlungsansprüche gerichtlich*** *gegen die Mieter geltend gemacht werden, um hierdurch eine endgültige und rechtsverbindliche Klärung der Angelegenheit zu erreichen.*

Eine zusammenfassende Darstellung des kompletten Sachverhalts (sog. Sachbericht) ist durch den Bearbeitervermerk hingegen in der Regel erlassen. Der **Sachbericht** entspricht nach Aufbau und Inhalt dem im Rahmen der zivilgerichtlichen Assessorklausur anzufertigenden **Tatbestand**. Sollte der Sachbericht ausnahmsweise einmal nicht erlassen sein, kann somit grundlegend auf das Wissen zur Anfertigung eines Urteilstatbestandes zurückgegriffen werden.[27] Auf die **folgenden Besonderheiten** ist für die Anfertigung des Sachberichts jedoch hinzuweisen: 29

- Zum einen lässt sich aus Anwaltssicht häufig nur eine Prognose darüber anstellen, welches Mandantenvorbringen im Einzelnen unstreitig oder streitig sein wird, sodass eine Kennzeichnung im Sachbericht als **„voraussichtlich unstreitiger Sachverhalt"** und **„voraussichtlich streitiges Vorbringen des Mandanten"** zu erfolgen hat.
- Zum anderen ist im Rahmen des Sachberichts – anders als im Rahmen eines Urteilstatbestands – keine Antragstellung, sondern lediglich die
- **„Zielvorstellung des Mandanten"** auszuformulieren.

Beachte: Der in der Regel erlassene Sachbericht darf **nicht mit dem Mandantenbegehren verwechselt** werden. Denn im Gutachtenteil der zivilrechtlichen Anwaltsklausuren im Assessorexamen ist heutzutage **stets eine zusammenfassende Darstellung des Mandantenbegehrens** voranzustellen!

III. Materiell-rechtliches Gutachten

Im Rahmen des materiell-rechtlichen Gutachtens ist dann zu untersuchen, ob für den Mandanten **schlüssig Ansprüche vorgetragen** werden können, ob der Gegner **erheblichen Gegenvortrag einwenden** kann und wie sich die **Beweissituation** darstellt. 30

27 Lesen Sie hierzu im AS-Skript Die zivilgerichtliche Assessorklausur (2018), Rn. 207–258.

Aufbauhinweis: Beim Angriffsmandat im Klageverfahren ist im Gutachtenteil **grundsätzlich** zunächst auf die materielle Rechtslage einzugehen (Prüfungspunkt: „Materiell-rechtliches Gutachten"). Nachfolgend sind dann die Möglichkeiten zur prozessualen Umsetzung der begutachteten Ansprüche zu untersuchen (Prüfungspunkt: „Prozessuales Gutachten und Zweckmäßigkeitserwägungen"). In Fallkonstellationen, in denen der Mandant (oder in dessen Namen ein beauftragter Rechtsanwalt) bereits vor Mandatserteilung gerichtliche Schritte eingeleitet haben sollte, kann es hingegen **ausnahmsweise** angezeigt sein, das prozessuale Gutachten vor dem materiell-rechtlichen Gutachten anzufertigen und den Gutachtenteil hierdurch wie beim **Verteidigungsmandat im Klageverfahren** aufzubauen.[28]

Beispiel 1: Der Mandant hat selbst Klage eingereicht und das Gericht hat durch Versäumnisurteil gegen den Kläger entschieden (§ 330 ZPO).[29] Hier ist zunächst prozessual die Möglichkeit zur Einlegung eines zulässigen Einspruchs gemäß §§ 338 ff. ZPO zu untersuchen.

Beispiel 2: Der Mandant hat ein gerichtliches Mahnverfahren eingeleitet und der Gegner hat Widerspruch gegen den Anspruch laut Mahnbescheid erhoben (§ 694 Abs. 1 ZPO)[30] Hier ist zunächst prozessual auf die Voraussetzungen der Verfahrensabgabe an das Streitgericht einzugehen (§ 696 Abs. 1 ZPO).

31 Die Prüfung des materiell-rechtlichen Gutachtens ist stets mit einem **präzisen Obersatz** zu beginnen. Dieser kann beim Angriffsmandat im Klageverfahren beispielsweise wie folgt lauten:

Formulierungsbeispiel: Obersatz im Rahmen des materiell-rechtlichen Gutachtens

Ob dem Begehren des Mandanten, gerichtet auf die Herausgabe des Pferdes Cortina, zum Erfolg verholfen werden kann, hängt im Einzelnen davon ab, ob für den Mandanten ein diesbezüglicher Herausgabeanspruch schlüssig vorgebracht werden kann, ob insoweit erheblicher Gegenvortrag des … zu erwarten ist und ggf., wie sich die Beweissituation darstellt.

Aufbauhinweis: Bereits zu Beginn des materiell-rechtlichen Gutachtens ist zu entscheiden, ob die Anwaltsklausur einstufig oder zweistufig aufgebaut werden soll. Beim **einstufigen Aufbau** sind die Schlüssigkeit des eigenen Vorbringens, die Erheblichkeit des gegnerischen Vorbringens und die Beweissituation am konkreten Tatbestandsmerkmal des jeweiligen Anspruchs zu prüfen. Beim **zweistufigen Aufbau** sind demgegenüber die Schlüssigkeit im Rahmen der Klägerstation, die Erheblichkeit in der Beklagtenstation und ggf. anschließend die Beweisstation zu prüfen.

1. Prüfung der Schlüssigkeit

32 Auf den Obersatz folgend ist zu erörtern, ob dem Mandanten überhaupt Ansprüche zustehen, durch welche die vorgegebene Zielvorstellung erreicht werden kann. Dies erfordert zunächst das **Auffinden der in Betracht kommenden Anspruchsgrundlagen** und ihre **disziplinierte Prüfung** auf der Grundlage des Mandantenvorbringens sowie des bereits bekannten und noch zu erwartenden gegnerischen Vorbringens.

28 Lesen Sie in diesem Skript beim Verteidigungsmandat im Klageverfahren Rn. 354–356.

29 Lesen Sie in diesem Skript zum Versäumnisverfahren Rn. 360–378.

30 Lesen Sie in diesem Skript zum gerichtlichen Mahnverfahren Rn. 114–115.

Nach dem **„Gebot des sichersten Weges"** hat der Rechtsanwalt von mehreren in Betracht kommenden Vorgehensweisen stets diejenige auszuwählen und dem Mandanten vorzuschlagen, durch die sich voraussehbare Nachteile für den Mandanten mit vergleichsweise höchster Wahrscheinlichkeit vermeiden lassen.[31] Dies bedeutet insbesondere, dass der Anwalt eine **höchstrichterliche Rspr. zu beachten** und den Mandanten **auf bestehende Risiken hinzuweisen** hat, die mit einer von der höchstrichterlichen Rspr. abweichenden Rechtsverfolgung einhergehen. Bei der rechtlichen Bewertung des konkreten Sachverhalts ist unter Beachtung des Gebots des sichersten Weges sodann stets **im Interesse des Mandanten zu argumentieren**. 33

Beispiel: Zwischen den Kaufvertragsparteien steht im Streit, ob konkludente Beschaffenheitsvereinbarungen in Bezug auf den Kaufgegenstand getroffen worden sind, deren Annahme im konkreten Fall geeignet wäre, Gewährleistungsrechte des Käufers zu eröffnen.

Als **Anwalt auf der Käuferseite** sind natürlich Gesichtspunkte hervorzuheben, die für die Annahme einer Beschaffenheitsvereinbarung sprechen, und für eine **weite Auslegung des § 434 Abs. 1 S. 1 BGB** zu argumentieren. Als Anwalt auf Verkäuferseite sind umgekehrt hingegen Gesichtspunkte zu betonen, die gegen die Annahme einer Beschaffenheitsvereinbarung sprechen, und eine Argumentation für eine **restriktive Auslegung des § 434 Abs. 1 S. 1 BGB** vorzunehmen.

> **Beachte:** Einer der häufigsten und zugleich folgenschwersten Fehler in Anwaltsklausuren besteht darin, dass die **eigene Rolle als Interessenvertreter** verkannt wird. Streifen Sie die unparteiische Richterrobe ab und ergreifen Sie Partei für Ihren Mandanten! Als Rechtsanwalt streben Sie in erster Linie ein **positives Ergebnis für den eigenen Mandanten** und nicht die „objektiv richtige Lösung" der rechtlichen Auseinandersetzung an.

Sofern dem Mandanten **mehr, weniger oder etwas anderes als das Begehrte** zustehen sollte, so hat sich die Begutachtung durch den Rechtsanwalt auch hierauf zu erstrecken. Das Ergebnis ist dem Mandanten dann im praktischen Teil in einem **Mandantenschreiben** mitzuteilen. Wenn ein solches Schreiben nach der Vorgabe des Bearbeitervermerks nicht angefertigt werden soll, ist zumindest im Rahmen der **Zweckmäßigkeitserwägungen** festzuhalten, dass noch ein Hinweis an den Mandanten bezüglich der konkreten rechtlichen Möglichkeiten zu erfolgen hat. Sollte das Ergebnis der Begutachtung bereits von dem Mandantenbegehren mitumfasst sein, beispielsweise wenn dem Mandanten gegenüber der eigentlichen Zielvorstellung ein „Weniger" zustehen sollte, ist das Begutachtungsergebnis im praktischen Teil unmittelbar in dem anzufertigenden **Entwurf einer Klageschrift** umzusetzen.[32] 34

2. Prüfung der Erheblichkeit

Nach der Prüfung der Schlüssigkeit ist zu untersuchen, ob und inwieweit in einem Klageverfahren mit einem **erheblichen Vorbringen des Gegners** zu rechnen ist. Die Verteidigung des Anspruchsgegners ist dabei erheblich, wenn sein **abweichender Tatsachenvortrag** den vom Anspruchsteller geltend gemachten Anspruch zu Fall bringt.[33] Zum einen hat insoweit eine Auseinandersetzung mit dem bereits bekannten Vorbringen des Gegners zu erfolgen. Dieses lässt sich entweder den Schilderungen des Mandanten oder aber den zur Verfügung stehenden Unterlagen entnehmen. Zum anderen ist aus anwaltlicher Vorsicht überdies aber auch vorauszuahnen, in Bezug auf welchen Tatsachenvortrag des Mandanten möglicherweise noch mit einem erheblichen Gegenvortrag zu rechnen ist. 35

---

31 OLG Hamm NJW-RR 2017, 1267; BGH NJW 2013, 2965; BGH RÜ 2012, 500.

32 Lesen Sie in diesem Skript zum praktischen Teil beim Angriffsmandat im Klageverfahren Rn. 182–198.

33 Vgl. Thomas/Putzo/Reichold Vorbem. § 253 Rn. 38, 42, 43, 44.

> **Aufbauhinweis:** Beim **zweistufigen Aufbau** ist zu beherzigen, dass in die Beklagtenstation zum einen abweichender Tatsachenvortrag des Anspruchsgegners, also **Bestreiten anspruchsbegründender Tatsachen** sowie das **Behaupten anspruchshindernder, anspruchsvernichtender** oder **anspruchshemmender Tatsachen,** und zum anderen **Rechtsansichten bezüglich der den klägerischen Anspruch infrage stellenden „Gegennormen"** (z.B. §§ 134, 138 BGB) aufzunehmen sind. Abweichende Rechtsansichten des Anspruchsgegners, die den anspruchsbegründenden Tatsachenvortrag des Mandanten betreffen, sind hingegen in der Klägerstation zu verorten!

36 Darüber hinaus hat **aus anwaltlicher Vorsicht** auch eine Auseinandersetzung mit potenziellen Gegenansprüchen des Gegners zu erfolgen. Spiegelbildlich zu den Ansprüchen des Mandanten ist dabei herauszuarbeiten, ob **der Gegner schlüssig Gegenansprüche vortragen**, ob der **Mandant hiergegen erheblichen Gegenvortrag einwenden** kann und wie sich die **Beweissituation** darstellt. Ob und ggf. wie in prozessualer Hinsicht auf etwaige Gegenansprüche reagiert werden sollte (z.B. vorgerichtliche Aufrechnung und Klage auf überschießende Restforderung, Klage auf Leistung Zug-um-Zug, etc.), ist indessen nicht im Rahmen des materiell-rechtlichen Gutachtens, sondern erst im Rahmen der **Zweckmäßigkeitserwägungen** zu erörtern.

> **Aufbauhinweis:** Beim **einstufigen Aufbau** sind etwaige Gegenansprüche nach der Prüfung der Ansprüche des Mandanten zu untersuchen. Beim **zweistufigen Aufbau** ist die Prüfung der Gegenansprüche in der Beklagtenstation vorzunehmen.

3. Prüfung der Beweislage und Prognose des Beweisergebnisses

37 Wesentlicher Bestandteil des materiell-rechtlichen Gutachtens sind sodann die **Prüfung der Beweislage** und das **Erstellen einer Beweisprognose**. Der Rechtsanwalt hat insoweit zu untersuchen, welche Tatsachen überhaupt **beweiserheblich,** wie die **Beweislasten** verteilt, welche Tatsachen **beweisbedürftig** sind, welche **Beweismittel** für die Beweisführung zur Verfügung stehen und ob und wie der **Beweisantritt** erfolgen sollte. Auf dieser Erkenntnisgrundlage ist eine **Prognose des Ergebnisses der Beweisaufnahme** zu erstellen.

> **Beachte:** Beim Angriffsmandat im Klageverfahren wird im Aktenauszug der Assessorklausur mitunter nur lückenhaft vorgegeben, welche Tatsachen zwischen den Parteien streitig sind. Aus **anwaltlicher Vorsicht** ist ein Bestreiten des eigenen Tatsachenvortrags durch den Gegner im erwartbaren Umfang zu antizipieren und die Beweislage für den Fall des potenziellen Bestreitens zu untersuchen.

a) Prüfung der Beweiserheblichkeit

38 Nicht jede zwischen den Parteien eines Rechtsstreits streitige Tatsache ist zugleich auch beweiserheblich. Eine **Beweiserheblichkeit** liegt vielmehr nur im Hinblick auf diejenigen streitigen Tatsachen vor, ohne deren Aufklärung ein Rechtsstreit nicht entschieden werden kann.[34]

Beispiel: Der Mandant und der Prozessgegner sind sich im Rahmen eines Rechtsstreits über Mängelgewährleistungsrechte uneinig darüber, ob die Kaufsache im Februar oder im März 2017 an den Käufer übergeben worden ist. Da bei einer Zustellung der Klageschrift im Januar 2019 die zweijäh-

34 Lesen Sie zur Beweiserheblichkeit im AS-Skript Die zivilgerichtliche Assessorklausur (2018), Rn. 816–821.

rige Verjährungsfrist des § 438 Abs. 1 Nr. 3 BGB aber jedenfalls rechtzeitig gemäß § 204 Abs. 1 Nr. 1 BGB gehemmt worden ist, ist die streitige Tatsache – jedenfalls hinsichtlich der Frage der Verjährung – nicht beweiserheblich.

Etwaige nicht beweiserhebliche streitige Tatsachen sind von Ihnen als solche zu identifizieren und einer weitergehenden beweisrechtlichen Überprüfung zu entziehen. Da über die Beweiserheblichkeit letztlich das Gericht zu befinden hat, ist aus anwaltlicher Vorsicht im Zweifel aber von der **Beweiserheblichkeit einer streitigen oder mutmaßlich streitig werdenden Tatsache** auszugehen.

b) Prüfung der Beweislastverteilung

Des Weiteren ist zu erörtern, wer die **Beweislast** bezüglich der streitigen beweiserheblichen Tatsachen trägt. Bei der Verteilung der **Beweislast** gilt der allgemeine Grundsatz, dass **jede Partei die für sie günstigen Tatsachen zu beweisen** hat. Hiernach trägt der **Anspruchsteller** prinzipiell die Beweislast für **anspruchsbegründende und anspruchserhaltende Tatsachen**, wohingegen der **Anspruchsgegner** regelmäßig die Beweislast für **anspruchshindernde, anspruchsvernichtende und anspruchshemmende Tatsachen** trägt. Hiervon abweichend kann im Einzelfall jedoch auch eine **Beweislastumkehr** zu berücksichtigen sein. Eine solche kann sich etwa aus gesetzlichen Vermutungen (z.B. § 280 Abs. 1 S. 2 BGB) ergeben. Der Gegner hat dann entweder **die Vermutungsgrundlage zu bestreiten** (z.B. der Anspruchsgegner bestreitet das Bestehen eines Schuldverhältnisses i.S.d. § 280 Abs. 1 BGB) oder die **Vermutungsfolge gemäß § 292 ZPO durch den Beweis des Gegenteils zu widerlegen** (z.B. der Anspruchsgegner versucht das Gericht durch den Nachweis bestimmter Tatsachen davon zu überzeugen, dass er für eine etwaige Pflichtverletzung i.S.d. § 280 Abs. 1 BGB jedenfalls nicht verantwortlich ist.). **39**

Beachte: Die **Verteilung der Darlegungs- und Beweislast** wird für viele der materiell-rechtlichen Vorschriften des Bürgerlichen Gesetzbuches in der Kommentierung von Palandt erläutert, zumeist in einer der letzten Randnummern.

c) Prüfung der Beweisbedürftigkeit

Darüber hinaus ist von Ihnen zu klären, ob die beweiserheblichen Tatsachen auch **beweisbedürftig** sind. An einer solchen Beweisbedürftigkeit fehlt es in **sechs Fällen:** **40**

Ausnahmen zur Beweisbedürftigkeit von beweiserheblichen Tatsachen[a]
■ Offenkundige Tatsachen (Allgemeinkundige oder gerichtskundige Tatsachen)
■ Hilfstatsachen (Indizien)
■ Gesetzliche oder tatsächliche Vermutungen
■ Schätzung (§ 287 Abs. 1 ZPO)
■ Beweisvereitelung
■ Präklusion wegen Verspätung

a) Lesen Sie zur Beweisbedürftigkeit im AS-Skript Die zivilgerichtliche Assessorklausur (2018), Rn. 822–851.

Eine fehlende Beweisbedürftigkeit ist im Gutachten kurz festzustellen. Gleichwohl sind aus **anwaltlicher Vorsicht** die vorhandenen Beweismittel zu bezeichnen und entsprechende Beweisanträge in der Klageschrift zu formulieren. Schließlich ist es etwa denkbar, dass der Gegner eine tatsächliche Vermutung erschüttern oder eine gesetzliche Vermutung widerlegen kann. Dies kann im Gutachtenteil dann wie folgt formuliert werden:

> ***Formulierungsbeispiel: Prüfung von Beweismitteln trotz fehlender Beweisbedürftigkeit***
>
> *… Dass der Werkunternehmer den Sachmangel auch zu vertreten hat, wird gemäß § 280 Abs. 1 S. 2 BGB vermutet. Die Beweislast liegt hiernach beim Gegner. Sollte dieser nichts zu seiner Exkulpation vortragen, wäre die Verantwortlichkeit des Werkunternehmers für den Sachmangel daher nicht beweisbedürftig.*
>
> *Aus anwaltlicher Vorsicht wird gleichwohl geprüft, welche Gegenbeweismittel dem Mandanten für den Fall zur Verfügung stehen, dass der Gegner die Vermutungsgrundlage bestreitet oder Beweis zur Widerlegung der gesetzlichen Vermutung anbietet. In Betracht kommt zunächst …*

d) Prüfung der vorhandenen Beweismittel und des Beweisantritts

41 Des Weiteren ist herauszuarbeiten, welche Beweismittel dem Mandanten zum Nachweis des eigenen Vorbringens zur Verfügung stehen. Zu den **Strengbeweismitteln der Zivilprozessordnung** zählen die fünf in den §§ 355 ff. ZPO geregelten Beweismittel und darüber hinaus auch die amtliche Auskunft gemäß § 273 Abs. 2 Nr. 2 ZPO.[35] Als Merkhilfe für die Strengbeweismittel kann die aus der Aneinanderreihung der Anfangsbuchstaben sämtlicher Beweismittel hergeleitete Kurzformel **„SAPUZA"** dienen:

Strengbeweismittel der Zivilprozessordnung
▪ **S** achverständiger, §§ 402 ff. ZPO
▪ **A** ugenschein, §§ 371 ff. ZPO
▪ **P** arteivernehmung, §§ 445 ff. ZPO
▪ **U** rkunde, §§ 415 ff. ZPO
▪ **Z** euge, §§ 373 ff. ZPO
▪ **A** mtliche Auskunft, § 273 Abs. 2 Nr. 2 ZPO

Bei der **eidesstattlichen Versicherung einer Tatsachenbehauptung** durch eine Partei oder Dritte handelt es sich demgegenüber nicht um ein Strengbeweismittel, sondern lediglich um ein (neben den Strengbeweismitteln in Betracht kommendes) Mittel zur **Glaubhaftmachung** (vgl. § 294 Abs. 1 ZPO). Eine Behauptung ist glaubhaft gemacht, wenn eine **überwiegende Wahrscheinlichkeit** dafür besteht, dass sie zutrifft.[36] Die Beschränkung auf eine Glaubhaftmachung ist nur in den Fällen möglich, in denen das Gesetz dies erfordert (z.B. §§ 236 Abs. 2, 714 Abs. 2, 920 Abs. 2 ZPO) oder genügen lässt.[37]

---

35 Thomas/Putzo/Reichold Vorbem. § 284 Rn. 12.

36 BGH NJW-RR 2011, 136; BGH NJW 2003, 3558; Thomas/Putzo/Reichold § 294 Rn. 2.

37 Thomas/Putzo/Reichold § 294 Rn. 3.

Beachte: Aus anwaltlicher Vorsicht wird es in aller Regel **zweckmäßig** sein, sämtliche vorhandenen Beweismittel in dem zu entwerfenden Schriftsatz zu bezeichnen. **Ausnahmen** sind zu machen, wenn hierdurch die **Beweiskraft der eigenen Beweismittel geschwächt** werden würde (z.B. Benennung zweier sich widersprechender Zeugen), die Beweismittel rechtswidrig gewonnen worden sind (z.B. heimlicher Mithörzeuge) oder die von dem Mandanten vorgeschlagenen Beweismittel tatsächlich keine Beweismittel darstellen (z.B. eidesstattliche Versicherung).

Die zum Nachweis der beweiserheblichen Tatsachen verfügbaren Beweismittel sind grundsätzlich – Ausnahmen ergeben sich aus §§ 144, 448 ZPO – durch einen **ordnungsgemäßen Beweisantritt der beweisbelasteten Partei** in den Rechtsstreit einzuführen. Fehlt es an einem solchen Beweisantrag, bleibt die beweisbelastete Partei beweisfällig mit der Folge, dass das Beweisthema bereits aus diesem Grunde als nicht bewiesen anzusehen ist. Ein Beweisantrag hat **die zu beweisende Tatsache und das Beweismittel bestimmt zu bezeichnen**. Ein lediglich auf eine Ausforschung abzielender „Beweisermittlungsantrag", mit welchem bisher unbekannte Tatsachen zwecks genaueren Vorbringens in Erfahrung gebracht werden sollen, ist daher unzulässig.[38] Dabei darf einer Partei allerdings nicht grundlegend verwehrt werden, eine von ihr nur vermutete Tatsache zu behaupten und unter Beweis zu stellen. **Unzulässig** wird ein solches Vorgehen erst dort, wo die Partei ohne greifbare Anhaltspunkte für das Vorliegen eines bestimmten Sachverhalts **willkürlich Behauptungen „auf Geratewohl" oder „ins Blaue hinein"** aufstellt.[39] 42

aa) Beweis durch amtliche Auskunft, § 273 Abs. 2 Nr. 2 ZPO

Die **Erteilung einer amtlichen Auskunft** i.S.d. § 273 Abs. 2 Nr. 2 ZPO ist ein zulässiges Beweismittel.[40] Dies lässt sich auch unter Hinweis auf § 358 a Nr. 2 ZPO belegen. Je nach Inhalt kann die amtliche Auskunft die Zeugenvernehmung eines Amtsträgers oder ein Sachverständigengutachten ersetzen.[41] 43

Besondere Examens- und Praxisrelevanz genießt die Einholung amtlicher Auskünfte insbesondere im Zusammenhang mit **Verkehrsunfallprozessen** (z.B. Einholung des Ampelschaltplans für die Unfallkreuzung, Auskünfte des Deutschen Wetterdienstes bezüglich der Wetterverhältnisse am Unfallort zur Unfallzeit, Beiziehung der behördlichen Akte über ein im Zusammenhang mit dem Unfall eingeleitetes Ordnungswidrigkeiten- oder Strafverfahren). Auch in **sonstigen Schadensfällen** bietet sich häufig die Beiziehung einer etwa existierenden staatsanwaltlichen Ermittlungsakte im Rahmen des eingeleiteten Zivilprozesses an.

Eine Amtsauskunft kann das Gericht ohne Antrag der Parteien von Amts wegen einholen (vgl. § 273 Abs. 2 Nr. 2 ZPO). Einen **Beweisantrag im Schriftsatz** zu stellen, ist gleichwohl **zweckmäßig**. Zum einen dient ein solcher Antrag dem Gericht als Anregung zur Beweiserhebung. Zum anderen bleibt für die Berufungsinstanz die Rüge der unterlassenen Beweiserhebung erhalten, sofern dem Beweisantrag in erster Instanz nicht oder nur unzulänglich entsprochen wird.

38 BGH RÜ2 2019, 77.

39 BGH RÜ2 2016, 5.

40 BGH BB 1976, 480; Thomas/Putzo/Reichold § 273 Rn. 7.

41 BGH MDR 1964, 223; Thomas/Putzo/Reichold § 273 Rn. 7.

Formulierungsbeispiel: Beweisantritt bei amtlicher Auskunft

Zur Unfallzeit herrschte am Unfallort derart dichter Nebel vor, dass eine Sichtweite von weniger als 50 Meter gegeben war.

Beweis: *Einholung einer amtlichen Auskunft des Deutschen Wetterdienstes, Frankfurter Straße 135, 63067 Offenbach*

bb) Beweis durch Augenschein, 371 ff. ZPO

(1) Allgemeines zum Augenscheinsbeweis

44 Augenschein ist jede unmittelbare Wahrnehmung des Gerichts (Tasten, Hören, Riechen, Sehen, Schmecken) über die Beschaffenheit von Personen und Gegenständen oder über Vorgänge.[42] Eine wichtige Erscheinungsform des Augenscheinsbeweises in der Praxis ist die **Inaugenscheinnahme einer Örtlichkeit**. Ein solcher **„Ortstermin"** bietet sich etwa zur Aufklärung von Sichtverhältnissen bei einem Verkehrsunfall oder zur Sichtung von Baumängeln an. Allerdings macht die **Inaugenscheinnahme aussagekräftiger Fotos** die Betrachtung des Gegenstandes oder der Örtlichkeit heutzutage häufig entbehrlich.[43]

Den Beweis durch Augenschein (und auch durch Sachverständige) kann das Gericht von Amts wegen anordnen (§ 144 ZPO). Einen **Beweisantrag im Schriftsatz** zu stellen, ist – wie auch bei der amtlichen Auskunft[44] – aber gleichwohl **zweckmäßig**. Ein vollständiger Beweisantrag setzt die **Bezeichnung des Augenscheinobjekts und die Angabe der zu beweisenden Tatsache** voraus (§ 371 Abs. 1 ZPO).

Formulierungsbeispiel: Beweisantritt bei Augenscheinsbeweis

Der Beklagte schlug dem Kläger auf dem Tankstellengelände mit einer Glasflasche gegen den Kopf, woraufhin der Kläger mit einer stark blutenden Platzwunde am Kopf zu Boden sackte und dort regungslos liegen blieb.

Beweis: *Inaugenscheinnahme der Videoaufzeichnung der Überwachungskamera*

Das Gericht kann zudem die **Hinzuziehung eines Sachverständigen bei der Einnahme des Augenscheins** anordnen (§ 372 Abs. 1 ZPO). Ein solches Vorgehen ist geboten, wenn das Beweisergebnis seinerseits Grundlage eines Sachverständigengutachtens sein soll (z.B. Einholung eines Unfallrekonstruktionsgutachtens nach Inaugenscheinnahme des Unfallortes). Auch insoweit erweist sich die Anregung im Schriftsatz als **zweckmäßig**.

(2) Sonderfall: Dashcam-Aufzeichnung

45 Hochaktuell und zugleich examensrelevant ist vor allem die Frage nach der Verwertbarkeit von **„Dashcam-Aufzeichnungen"** oder auch **„On-Board-Kamera-Aufzeichnungen"** in Verkehrsunfallprozessen. Es handelt sich um Videoaufzeichnungen des öffentlichen Verkehrsraums mittels fest auf dem Armaturenbrett oder an der Windschutzscheibe installierter Kameras.

---

42 Thomas/Putzo/Reichold Vorbem. § 371 Rn. 1.

43 Thomas/Putzo/Reichold Vorbem. § 371 Rn. 1.

44 Vgl. hierzu Rn. 43.

Die Verwender dieser Kameras erhoffen sich durch die Verwendung eine **Verbesserung der Möglichkeiten zur Beweisführung im Falle eines Unfalls** oder bezwecken schlicht, verkehrswidriges Verhalten anderer Verkehrsteilnehmer zur Anzeige zu bringen. Allerdings bedeutet das heimliche Aufzeichnen des öffentlichen Verkehrsraums einen **unzulässigen Eingriff in das informationelle Selbstbestimmungsrecht anderer Verkehrsteilnehmer** (Art. 2 Abs. 1 GG i.V.m. Art. 1 Abs. 1 GG) und stellt einen **Verstoß gegen das Bundesdatenschutzgesetz** dar. Die Weitergabe von Dashcam-Aufzeichnungen an Dritte (z.B. Polizei, Staatsanwaltschaft, Versicherungen) oder aber die Veröffentlichung der Aufnahmen im Internet stellt sogar eine **Ordnungswidrigkeit** dar, die mit einer Geldbuße geahndet wird.[45]

Der Verstoß gegen ein hiernach bestehendes Erhebungsverbot steht einer Verwertbarkeit der Dashcam-Aufzeichnungen im Rahmen eines Verkehrsunfallprozesses jedoch nicht grundsätzlich entgegen. Stattdessen wird die Verwertbarkeit von solchen Aufnahmen heute **in der Rspr. überwiegend als zulässig** angesehen, wobei sich dieser Auffassung inzwischen auch der für Verkehrsunfallprozesse zuständige 6. Zivilsenat des Bundesgerichtshofs angeschlossen hat.[46] Nichtsdestotrotz wird von Ihnen in der Klausur stets eine **Abwägung im Einzelfall** vorzunehmen sein, ob der **Anspruch des Verwenders der Dashcam-Aufzeichnungen auf rechtliches Gehör und wirkungsvollen Rechtsschutz** gegenüber dem **Recht des Prozessgegners auf informationelle Selbstbestimmung** überwiegt:

Bei Dashcam-Aufnahmen in der Klausur immer Abwägung im Einzelfall

Indizien für die Verwertbarkeit von Dashcam-Aufzeichnungen

- Die **Aufnahmen werden lediglich anlassbezogen erstellt** (z.B. manuelles Anschalten der Kamera bei auffälligem Fahrverhalten eines anderen Verkehrsteilnehmers)
- Es ist technisch sichergestellt, dass die **Aufnahmen nach einer bestimmten Zeit gelöscht oder überschrieben** werden (z.B. Überführung der Daten aus dem Zwischenspeicher auf die Speicherkarte der Kamera nur bei Erschütterungen des Kfz durch Notbremsung oder Kollision)
- Die Kamera ist **fest auf dem Armaturenbrett** installiert, **in Fahrtrichtung ausgerichtet** und wird vor allem **während Autobahnfahrten betrieben**, sodass einzelne Personen typischerweise nicht zu erkennen sind
- Dem Verwender der Kamera stehen **keine anderen zuverlässigen Beweismittel zur Aufklärung des Unfallhergangs zur Verfügung**

Zusammenfassend kann festgehalten werden, dass **Dashcam-Aufzeichnungen** zwar einen datenschutzrechtlichen Verstoß und somit **eine unzulässige Beweismittelerhebung** darstellen. Daraus folgt jedoch **regelmäßig kein Beweisverwertungsverbot**! Ein Beweisantrag auf Inaugenscheinnahme einer die Unfallversion des Mandanten bestätigenden Dashcam-Aufzeichnung nach § 371 ZPO (analog) erweist sich natürlich in jedem Fall als **zweckmäßig**.

Wie im Strafrecht zweistufig
1. Beweiserlangung rechtswidrig
2. deshalb Beweisverwertungsverbot?

Beachte: Die Thematik ist mittlerweile auch im Thomas/Putzo kommentiert.[47]

§ 286 Rn. 8

45 OLG Celle NStZ 2019, 293 (Geldbuße: 250,00 €); AG München, Urt. v. 09.08.2017 – 1112 OWi 300 Js 121012/17, BeckRS 2017, 147338 (Geldbuße: 150,00 €).

46 BGH RÜ2 2019, 223.

47 Thomas/Putzo/Reichold § 286 Rn. 8.

cc) Beweis durch Zeugen, §§ 373 ff. ZPO

(1) Allgemeines zum Zeugenbeweis

46 Gegenstand des Zeugenbeweises sind **eigene Wahrnehmungen der Vernehmungsperson** über vergangene Tatsachen und Zustände.[48] Ein Zeuge soll berichten, was er **getastet, gesehen, gehört, geschmeckt oder gerochen** hat. Nicht zu den Aufgaben des Zeugen gehört es hingegen, aufgrund von Erfahrungssätzen oder Fachkenntnissen Schlussfolgerungen aus einem Sachverhalt zu ziehen oder dem Gericht allgemeine Erfahrungssätze oder besondere Fachkenntnisse zu vermitteln.[49] Dies bleibt der Beweisführung durch Sachverständige vorbehalten. Die Unterscheidung des Zeugen- und des Sachverständigenbeweises ist insbesondere bei **sachverständigen Zeugen** (§ 414 ZPO) relevant. Die Vernehmungsperson ist in diesem Fall Zeuge (und nicht Sachverständiger). Es finden damit die für den Zeugenbeweis geltenden Vorschriften der §§ 373 ff. ZPO Anwendung, selbst wenn die Wahrnehmung der Vernehmungsperson besondere Sachkunde voraussetzt.[50]

(a) Zeugnisfähigkeit einer Person

47 Zeuge kann nicht sein, wer im konkreten Prozess gemäß §§ 445 ff. ZPO als Partei zu vernehmen ist.[51] Auf einige Besonderheiten ist insoweit hinzuweisen:

- **Prozessfähige Parteien** können grundsätzlich keine Zeugen sein. Da für die Bewertung der Zeugnisfähigkeit allerdings der **Zeitpunkt der Vernehmung** maßgeblich ist, können frühere (zwischenzeitlich aus dem Rechtsstreit ausgeschiedene) Parteien als Zeuge vernommen werden.[52]
- Aufgrund ihrer Stellung als Partei können auch **notwendige Streitgenossen** keine Zeugen sein.
- **Einfache Streitgenossen** können üblicherweise ebenfalls keine Zeugen sein, jedoch trotz ihrer Parteistellung als Zeugen über solche Tatsachen vernommen werden, die ausschließlich andere Streitgenossen betreffen.[53]
- Eine **prozessunfähige natürliche Partei** kann nach Vollendung des 16. Lebensjahres trotz Parteistellung zeugnisfähig sein (Umkehrschluss aus § 455 ZPO).
- **Gesetzliche Vertreter prozessunfähiger Parteien** können im Prozess demgegenüber grundsätzlich nicht als Zeugen, sondern lediglich nach den Grundsätzen der Parteivernehmung vernommen werden (§ 455 Abs. 1 ZPO). Kann eine **prozessunfähige natürliche Partei hingegen nach Maßgabe des § 455 Abs. 2 ZPO als Partei vernommen** werden, erlangen ihre gesetzlichen Vertreter insoweit ausnahmsweise Zeugnisfähigkeit.[54]

Einzel wirksame Tatsachen

Anscheinend kann einer von beiden immer vernommen werden

Bei fehlender Zeugnisfähigkeit kommt hiernach einzig die – als Beweismittel strukturell schwache – Parteivernehmung gemäß §§ 445 ff. ZPO in Betracht. Die Parteivernehmung ist gegenüber anderen Beweismitteln subsidiär (vgl. § 445 Abs. 1 ZPO) und kann darüber hinaus an der fehlenden Zustimmung des Prozessgegners (§ 447 ZPO) oder an dem fehlenden „Anbeweis" der jeweiligen Beweistatsache sowie der Aus-

48 Thomas/Putzo/Reichold Vorbem. § 373 Rn. 1.
49 BGH RÜ 2013, 757; Thomas/Putzo/Reichold Vorbem. § 373 Rn. 1.
50 Thomas/Putzo/Reichold § 414 Rn. 1.
51 Thomas/Putzo/Reichold Vorbem. § 373 Rn. 6.
52 Thomas/Putzo/Reichold Vorbem. § 373 Rn. 8.
53 BGH NJW 1983, 2508.
54 Thomas/Putzo/Reichold Vorbem. § 373 Rn. 6.

übung richterlichen Ermessens (§ 448 ZPO) scheitern.[55] Diese beweisrechtliche Hürde gilt es nicht nur bei Mandatsverhältnissen mit **prozessunfähigen natürliche Personen**,[56] sondern auch und vor allem bei Mandatsverhältnissen mit **juristischen Personen des Privatrechts**[57] oder **rechtsfähigen Personengesellschaften**[58] zu bedenken.

> **Beachte:** Ist die Mandantin etwa eine GmbH und würde sich die Vernehmung des aktuellen Geschäftsführers erwartungsgemäß günstig auf den Prozessverlauf auswirken, kommt grundsätzlich nur die Vernehmung des Geschäftsführers als Partei in Betracht (§ 455 Abs. 1 ZPO). Die Mandantin ist allerdings darauf hinzuweisen, dass eine **kurzfristige Abberufung des amtierenden Geschäftsführers als Vertretungsorgan prozesstaktisch ratsam** sein kann, um ihm hierdurch eine **Zeugenstellung** im Prozess zu verschaffen.

(b) Beweisantritt

Der Beweisantritt erfolgt beim Zeugenbeweis durch **Benennung der Zeugen** und **Bezeichnung der Tatsache**, über welche die Vernehmung der Zeugen stattfinden soll (§ 373 ZPO). Ein ordnungsgemäßer Beweisantritt setzt weiter die Mitteilung der **ladungsfähigen Anschrift des Zeugen** voraus.

> ***Formulierungsbeispiel: Beweisantritt bei Zeugenbeweis***
>
> *Als der Kläger mit seinem Kfz auf die Unfallkreuzung einfuhr, zeigte die für ihn geltende Lichtzeichenanlage „grün".*
>
> ***Beweis:*** *Zeugnis des Herrn Alfons Meier, Deichstraße 34, 20459 Hamburg*

Wenn die **ladungsfähige Anschrift eines Zeugen nicht bekannt** ist, sollte der Zeu- 48
ge vorerst ohne Angabe einer ladungsfähigen Anschrift namentlich als Beweismittel benannt werden.

> ***Formulierungsbeispiel: Beweisantritt bei Zeugenbeweis und unbekannter Anschrift***
>
> **Beweis:** Zeugnis des Herrn Alfons Meier, dessen ladungsfähige Anschrift nachgereicht wird

Wenn die **Identität eines Zeugen nicht bekannt** ist, der Zeuge jedoch aus den mög- 49
lichen Angaben zur Person hinreichend individualisierbar wird oder Aussicht darauf besteht, dass eine Identifizierung des Zeugen infolge weiterer Ermittlungen zu einem späteren Zeitpunkt möglich sein wird, kann (vorerst) Beweis durch Zeugnis N.N.[59] angeboten werden.

> ***Formulierungsbeispiel: Beweisantritt bei Zeugenbeweis und unbekannter Identität***
>
> ***Beweis:*** *Zeugnis N.N.*

---

55 Lesen Sie zur Parteivernehmung in diesem Skript die Rn. 63–70.

56 Thomas/Putzo/Hüßtege § 51 Rn. 5.

57 Thomas/Putzo/Hüßtege § 51 Rn. 6.

58 Thomas/Putzo/Hüßtege § 51 Rn. 7.

59 Nomen nominandum (= noch zu benennender Name).

Zwar reicht die Berufung auf das „Zeugnis N.N." als Beweisantritt gemäß § 373 ZPO mangels Bestimmtheit grundsätzlich nicht aus.[60] Ausnahmsweise ist ein derartiges Beweisangebot jedoch zu berücksichtigen, wenn die Person des Zeugen – etwa durch Hinweis auf seine konkrete betriebliche Funktion – hinreichend individualisierbar ist,[61] wobei die pauschale Benennung eines „instruierten Mitarbeiters" oder eines „zuständigen Mitarbeiters" die gebotene Individualisierung vermissen lässt.[62]

Beachte: Nur wenn der Sachvortrag der Partei erkennen lässt, warum der Zeuge noch nicht namentlich benannt werden kann, muss das Gericht dem Beweisantritt nachgehen und ggf. gemäß § 356 ZPO eine **Beibringungsfrist** setzen.[63]

(2) Sonderfall: Mehrheit von Zeugen

50 Wenn **mehrere Zeugen für den zu beweisenden Tatsachenvortrag** zur Verfügung stehen, ist abzuwägen, ob alle Zeugen als Beweismittel benannt oder einzelne ausgewählt werden sollten. Aus anwaltlicher Vorsicht ist es im Zweifel **zweckmäßig,** sämtliche Zeugen als Beweismittel zu benennen.

Nachteile der Bezeichnung mehrerer Zeugen

- Prozess kann sich durch Vernehmung sämtlicher Zeugen **verzögern und verteuern** (§ 401 ZPO).
- Es besteht das **Risiko nicht in Einklang stehender Zeugenaussagen** und einhergehend einer Schmälerung der Beweiskraft der Beweismittel.

Vorteile der Bezeichnung mehrerer Zeugen

- Positiv ergiebige Aussagen mehrerer Zeugen **verstärken die Beweiskraft** der angebotenen Beweismittel.
- Es besteht die **Gefahr einer Zurückweisung des Beweisantritts in der Berufungsinstanz wegen Verspätung** (§§ 529, 531 ZPO), sofern in erster Instanz bereits bekannte Zeugen nicht als Beweismittel angegeben werden.

(3) Sonderfall: Sympathiepersonen als Zeugen

51 Von besonderer Examensrelevanz ist zudem die **Vernehmung von Sympathiepersonen der Parteien als Zeugen** (z.B. Zeugnis des Ehegatten, des Bruders oder des engen Freundes einer Partei). Nach der Rspr. des Bundesgerichtshofes[64] stellt es in derlei Fällen einen **Verstoß gegen den Grundsatz der freien Beweiswürdigung** dar, wenn ein Tatrichter die **Glaubwürdigkeit eines Zeugen allein deshalb verneint**, weil der Zeuge einer der Prozessparteien nahesteht, oder dem **Zeugen nur für den Fall Beweiswert zuerkannt wird**, dass sonstige objektive Gesichtspunkte für die Richtigkeit der Aussagen sprechen. Es existiert nämlich kein Denkgesetz, wonach sich ein zuverlässiger Rückschluss auf die Unglaubwürdigkeit eines Zeugen oder die Unglaubhaftigkeit seiner Wissenserklärung anstellen lässt, nur weil ein Zeuge dem Lager einer Partei zuzuordnen ist.[65]

60 BGH NJW 1983, 1905.
61 BGH NJW 1998, 2368.
62 BGH NZI 2015, 191; BFH, Beschl. v. 29.06.2010 – III B 168/09, BeckRS 2010, 25016400.
63 OLG Koblenz VersR 1989, 1315.
64 BGH NJW 1995, 955; BGH NJW-RR 1988, 281.
65 OLG Saarbrücken NZV 2011, 393; OLG Rostock, Urt. v. 17.12.2003 – 6 U 227/02, BeckRS 2004, 10046.

> **Beachte:** Grundsätzlich ist den **Aussagen von „Lagerzeugen" kein geringerer Beweiswert** als den Aussagen anderer Zeugen beizumessen. Ein ggf. bestehendes Eigeninteresse der „Sympathiepersonen" am Prozessausgang kann bei Vorhandensein **einseitiger Belastungs- oder Begünstigungstendenzen** allerdings im Rahmen der Beweiswürdigung (§ 286 Abs. 1 ZPO) berücksichtigt werden.

(4) Sonderfall: Mithörzeuge

Sollte ein Dritter ein **Gespräch zwischen den Parteien heimlich mitgehört** haben 52
(sog. „Mithörzeuge" oder „Lauschzeuge"), ist ein Zeugnis des Dritten wegen Verstoßes gegen das Recht am gesprochenen Wort als Teil des allgemeinen Persönlichkeitsrechts (Art. 2 Abs. 1 GG i.V.m. Art. 1 Abs. 1 GG) grundsätzlich unverwertbar.[66] Insoweit kommen jedoch die folgenden Ausnahmen in Betracht:

Auch hier Abwägung ob Beweiserhebungsfehler zum Beweisverwertungsverbot führen

- Der **Prozessgegner hat dem Mithören des Gespräches durch einen Dritten ausdrücklich oder konkludent zugestimmt**. Ein konkludentes Einverständnis kann dabei zwar nicht aus der allgemeinen Verbreitung von Mithöreinrichtungen an Telefonen angenommen werden.[67] Ein Hinweis auf die Anwesenheit eines Dritten und auf die Einschaltung des Lautsprechers zu Beginn eines Telefonats kann hingegen zur Zulässigkeit des Beweismittels führen, wenn der Prozessgegner dem Mithören nicht widerspricht.[68]
- Das heimliche Mithören von Telefongesprächen durch Dritte verletzt die Persönlichkeitsrechte des Gesprächspartners dann nicht, **wenn höherrangige Interessen bestehen** (z.B. Aufklärung schwerer Straftaten oder notwehrähnliche Situationen).[69]

dd) Beweis durch Sachverständige, §§ 402 ff. ZPO

Der Sachverständige **vermittelt dem Richter Fachwissen zur Beurteilung von Tat-** 53
sachen.[70] Der Beweisantritt erfolgt durch die Bezeichnung der zu begutachtenden Punkte (§ 403 ZPO). Die Sachverständigenauswahl obliegt dem Gericht (§ 404 Abs. 1 ZPO). Die Parteien können bei der Auswahl jedoch eingebunden werden (§ 404 Abs. 2, Abs. 4, Abs. 5 ZPO). Den Beweis durch Sachverständige kann das Gericht – wie auch bei der Einholung einer amtlichen Auskunft[71] und dem Augenscheinsbeweis[72] – von Amts wegen anordnen (§ 144 ZPO). Einen **Beweisantrag im Schriftsatz** zu stellen, erweist sich gleichwohl als **zweckmäßig**.

> ***Formulierungsbeispiel: Beweisantritt bei Sachverständigenbeweis***
>
> *Der Verkehrswert der streitgegenständlichen Immobilie beträgt wenigstens 900.000,00 €.*
>
> ***Beweis:** Einholung eines Sachverständigengutachtens*

Von den Parteien **privat eingeholte Gutachten** eignen sich beweisrechtlich nicht als 54
Sachverständigenbeweis, sondern lediglich als Urkundenbeweis (§ 416 ZPO). Denn die Vorlage des Privatgutachtens bewirkt lediglich eine **Substantiierung des Parteivorbringens** mit der Folge, dass der Prozessgegner **hinreichend qualifiziert be-**

66 BVerfG RÜ 2003, 36; Thomas/Putzo/Reichold § 284 Rn. 5.

67 BVerfG RÜ 2003, 36; Thomas/Putzo/Reichold § 286 Rn. 8.

68 BVerfG NJW 2003, 2375; Thomas/Putzo/Reichold § 286 Rn. 8.

69 Zöller/Greger, ZPO, 33. Aufl. 2020, § 286 Rn. 15 d.

70 BGH NJW 1993, 1796; Thomas/Putzo/Reichold Vorbem. § 402 Rn. 1.

71 Vgl. hierzu Rn. 43.

72 Vgl. hierzu Rn. 44–45.

streiten muss. Der Privatgutachter ist für eben diesen Fall als sachverständiger Zeuge (§ 414 ZPO) zu benennen, um dessen bislang nur auf „Sachvortragsebene" in den Prozess eingeführten Erkenntnisse auch auf „Beweisebene" zum Prozessinhalt zu machen. Vorsorglich ist **aus anwaltlicher Vorsicht** ergänzend auch die Einholung eines Sachverständigengutachtens zu beantragen.[73]

ee) Beweis durch Urkunden, 415 ff. ZPO

(1) Allgemeines zum Urkundenbeweis

55 Der **Beweisgegenstand** des Urkundenbeweises ist eine durch Schriftzeichen verkörperte Gedankenäußerung.[74] Wesentliche Voraussetzungen für die **Beweiskraft** einer jeden Urkunde sind die **Unversehrtheit** (§ 419 ZPO) und die **Echtheit** der Urkunde. Im Einzelnen hängt die Beweiskraft von der jeweiligen Urkundenart ab. Das Gesetz differenziert hierbei zwischen **öffentlichen Urkunden** (§§ 415, 417, 418 ZPO) und **privaten Urkunden** (§ 416 ZPO). Daneben ist auch die Unterscheidung zwischen **formeller Beweiskraft** und **materieller Beweiskraft** der Urkunden von Relevanz.[75]

(a) Beweiskraft öffentlicher Urkunden

56 Die **formelle Beweiskraft öffentlicher Urkunden über Erklärungen** (§ 415 ZPO) erstreckt sich ohne Rücksicht auf die Überzeugung des Gerichts darauf, dass alle Erklärungen, die Rechtswirkungen erzeugen, vollständig und richtig nach Inhalt und Begleitumständen (Zeit und Ort) wiedergegeben sind.[76] Die Beweiswirkung bezieht sich mithin **auf den beurkundeten Vorgang** insgesamt.

Für **inländische öffentliche Urkunden** gilt die **Vermutung der Echtheit** (§ 437 Abs. 1 ZPO). Sie erstreckt sich darauf, dass die Urkunde mit ihrem gegenwärtigen Inhalt vom Aussteller herrührt, soweit sie keine äußeren Mängel (§ 419 ZPO) aufweist.[77] Bei **ausländischen öffentlichen Urkunden** gilt die Echtheitsvermutung lediglich in Fällen einer „Legalisation" (§ 438 Abs. 2 ZPO) entsprechend.

(b) Beweiskraft privater Urkunden

57 Die **formelle Beweiskraft privater Urkunden** (§ 416 ZPO) erstreckt sich ohne Rücksicht auf die Überzeugung des Gerichts darauf, dass die in der Urkunde enthaltene, nach allgemeinen Regeln auszulegende **Erklärung durch den Aussteller abgegeben** wurde.[78] Die Beweiswirkung bezieht sich mithin allein auf die Äußerung und Absendung einer Erklärung, im Unterschied zur öffentlichen Urkunde aber nicht auch auf die Begleitumstände (Zeit und Ort).[79]

Die **Echtheit einer Privaturkunde** ist durch den Beweisführer nachzuweisen (§ 440 Abs. 1 ZPO). Für unterschriebene Erklärungen gilt jedoch die – durch den Beweis des Gegenteils gemäß § 292 ZPO widerlegliche[80] – Vermutung der Echtheit, sofern die Echtheit der Namensunterschrift feststeht (§ 440 Abs. 2 ZPO). Den Gegner trifft inso-

---

73 Vgl. hierzu Rn. 62.

74 Thomas/Putzo/Reichold Vorbem. § 415 Rn. 1.

75 Lesen Sie zum Urkundenbeweis im AS-Skript Die zivilgerichtliche Assessorklausur (2018), Rn. 863–866.

76 Thomas/Putzo/Reichold § 415 Rn. 5.

77 Thomas/Putzo/Reichold § 437 Rn. 2.

78 Thomas/Putzo/Reichold § 416 Rn. 3.

79 Thomas/Putzo/Reichold § 416 Rn. 3.

80 BGH RÜ2 2015, 116.

weit eine Pflicht zur Erklärung über die Unechtheit der Urkunde und der Unterschrift (§ 439 Abs. 1, Abs. 2 ZPO). Wird die Erklärung nicht abgegeben, so gilt die Urkunde als anerkannt, sofern sich nicht aus den sonstigen Erklärungen des Gegners ein anderes ergibt (§ 439 Abs. 3 ZPO).

(c) Formelle und materielle Beweiskraft einer Urkunde

Soweit die **formelle Beweiskraft der Urkunde** reicht, ist das Gericht gebunden und 58
eine freie Beweiswürdigung ausgeschlossen (§ 286 Abs. 2 ZPO).[81] Dagegen gilt bei öffentlichen und privaten Urkunden gleichermaßen: Ob eine in der Urkunde abgebildete Erklärung inhaltlich richtig ist, sie also mit der Wirklichkeit übereinstimmt, und ob sie rechtlich wirksam ist, beispielsweise wenn sich der Urkunde die Anfechtungserklärung einer Partei in Bezug auf das streitgegenständliche Vertragsverhältnis entnehmen lässt, unterliegt **als Frage der materiellen Beweiskraft einer Urkunde stets der freien Würdigung durch das Gericht** (§ 286 Abs. 1 ZPO).[82] Die Urkunde kann aber natürlich Indizwirkung entfalten, sodass sich eine Einführung in den Prozess im Zweifel als **zweckmäßig** erweist (vgl. aber auch § 436 ZPO).

(d) Beweisantritt

Der **Beweisantritt** erfolgt beim Urkundenbeweis durch Vorlage des Originals der Ur- 59
kunde (§ 420 ZPO). Unproblematisch möglich ist dies dann, wenn der Mandant **unmittelbarer Besitzer der Urkunde** ist oder diese ohne Hilfe des Gerichts zumindest leicht beschaffen kann. Bei öffentlichen Urkunden (nicht aber auch bei Privaturkunden!) genügt die Vorlage einer öffentlich beglaubigten Abschrift der Urkunde (vgl. § 435 ZPO).

Beachte: In der anwaltlichen Praxis werden den Schriftsätzen **auch bei Privaturkunden** regelmäßig lediglich (beglaubigte) Fotokopien der Urkunden beigefügt, um der **Gefahr eines Verlusts der Urschriften** entgegenzuwirken. Solche Fotokopien entfalten zwar keine formelle Beweiskraft (§ 416 ZPO). Sie unterliegen jedoch der freien richterlichen Beweiswürdigung (§ 286 Abs. 1 ZPO).[83] Dabei kann das Gericht von der Existenz der Urkunde und der Übereinstimmung der Ablichtung mit dem Original jedenfalls dann ausgehen, wenn der Gegner die Vorlage der Fotokopie nicht rügt.[84] Im Falle eines Bestreitens ist – sofern möglich – spätestens in der mündlichen Verhandlung allerdings die **Urkunde im Original** vorzulegen, um Nachteile für den Mandanten zu vermeiden.

Formulierungsbeispiel: Beweisantritt bei Urkunden

Die Parteien sind seit dem 15.02.2016 durch einen Mietvertrag über Wohnraum unter der Anschrift Kurzer Weg 4, 21357 Bardowick, verbunden.

Beweis:** Beglaubigte Abschrift des Mietvertrags vom 10.02.2016 **(Anlage K1)

Sollte sich die **Urkunde in den Händen des Gegners** befinden, richtet sich der Be- 60
weisantritt nach den §§ 421–427 ZPO. Hiernach kann gegenüber dem Gericht beantragt werden, dem Gegner die Vorlage der Urkunde aufzugeben (vgl. § 421 ZPO). Befindet sich die **Urkunde in den Händen Dritter**, richtet sich der Beweisantritt nach

81 Thomas/Putzo/Reichold § 286 Rn. 20.
82 Thomas/Putzo/Reichold § 415 Rn. 5, § 416 Rn. 3.
83 BGH NJW 1980, 1047.
84 BGH NJW 1990, 1170.

den §§ 428–431 ZPO. Sollte sich die **Urkunde in den Händen einer Behörde oder eines Beamten** befinden, richtet sich der Beweisantritt nach § 432 ZPO.

(2) Sonderfall: Privatgutachten

61 Einen besonders **examensrelevanten Sonderfall bilden Privatgutachten**, die durch die Parteien selbst oder Dritte außerhalb eines Rechtsstreits eingeholt worden sind (z.B. Medizinische Gutachten von Ärzten, Schadensgutachten von Kfz-Sachverständigen, durch den Mieterschutzbund eingeholte Gutachten über Schimmelursachen). Solche Privatgutachten gehören beweisrechtlich zu den **Privaturkunden (§ 416 ZPO)** und sind demnach **nicht Sachverständigenbeweis**. Bringt eine Partei ein Privatgutachten als Beweismittel in den Rechtsstreit ein, bewirkt dies eine **Qualifizierung des eigenen Parteivorbringens**. Dem Gegner ist es dann verwehrt, sich auf ein einfaches Bestreiten zu beschränken. Vielmehr muss er hinsichtlich der Streitpunkte seinerseits qualifiziert vortragen, damit sein Vorbringen als erheblich angesehen werden kann und das Gericht in der Folge ggf. Beweis erheben wird.[85]

Beachte: Das im Rahmen eines **selbstständigen Beweisverfahrens** eingeholte Sachverständigengutachten gilt im Rahmen eines nachfolgenden Rechtsstreits hingegen als Sachverständigenbeweis (§ 493 ZPO).

62 In der Konstellation eines zur Verfügung stehenden Privatgutachtens ist der Beweisantritt **zweckmäßigerweise** wie folgt vorzunehmen:

Beweisantritt bei Privatgutachten

- Das Privatgutachten ist zunächst als **Privaturkunde** (§ 416 ZPO) in den Rechtsstreit einzuführen.
- Der Privatgutachter ist zudem als **sachverständiger Zeuge** (§ 414 ZPO) zu benennen. In dieser Funktion tritt er beweisrechtlich als Zeuge und nicht als Sachverständiger auf. Ggf. ist (z.B. bei Ärzten, Berufspsychologen, Geistlichen, etc.) an eine **Entbindung von bestehenden Geheimhaltungspflichten** zu denken (vgl. §§ 383 Abs. 1 Nr. 4–6, 385 Abs. 2 ZPO). Der Mandant ist wegen § 203 StGB (auch im eigenen Interesse des Rechtsanwalts!) im Übrigen stets aufzufordern, eine etwaige Entbindung des Zeugen von der Verschwiegenheitspflicht schriftlich zur eigenen Akte einzureichen. Diese Aufforderung kann **im Rahmen der Zweckmäßigkeitserwägungen bei den Hinweisen an den Mandanten** verortet werden.
- Wegen der geringen Beweiskraft von Privaturkunden ist aus anwaltlicher Vorsicht vorsorglich die **Einholung eines gerichtlichen Sachverständigengutachtens** anzuregen (vgl. § 144 ZPO).

85 Vgl. hierzu bereits Rn. 54.

Formulierungsbeispiel: Beweisantritt bei Privatgutachten

Beweis: *1. Abschrift des Privatgutachtens des Dr. med. Heinrich Meier vom 11.07.2018* ***(Anlage K6),***

2. Sachverständiges Zeugnis des Herrn Dr. med. Heinrich Meier, (ladungsfähige Anschrift). Der vorbenannte Zeuge wird für die Zwecke dieses Prozesses von der ärztlichen Verschwiegenheitspflicht entbunden ***(Anlage K7),***

3. ***hilfsweise:*** *Einholung eines Sachverständigengutachtens*

ff) Beweis durch Parteivernehmung, §§ 445 ff. ZPO

(1) Allgemeines zum Beweismittel

Die Parteivernehmung ist gegenüber anderen Strengbeweismitteln **subsidiär**. Sowohl die **Vernehmung des Gegners** (§ 445 ZPO) als auch die **Vernehmung der beweispflichtigen Partei** (§ 447 ZPO) setzen grundsätzlich die Zustimmung der anderen Partei voraus. Hierin liegt die strukturelle Schwäche des Beweismittels, da mit einer solchen Zustimmung gewöhnlich nicht gerechnet werden kann. Möglich ist aber auch eine **Parteivernehmung vom Amts wegen** (§ 448 ZPO), sodass der Beweisantrag einer Vernehmung des Mandanten als Partei jedenfalls als Anregung für das Gericht dienen kann und aus diesem Grunde in aller Regel zweckmäßig ist. Für ein solches Tätigwerden von Amts wegen ist allerdings erforderlich, dass im Zeitpunkt der Vernehmung für die zu beweisende Tatsache **eine gewisse Anfangswahrscheinlichkeit** (sog. „Anbeweis") besteht.[86] 63

Während die **Parteivernehmung** einzig dem Beweis streitiger Tatsachen dient, handelt es sich bei der **Parteianhörung** (§ 141 ZPO) nur um eine Modalität der Sachverhaltsaufklärung (§ 139 Abs. 1 ZPO). Durch sie sollen Unklarheiten und Lücken im Parteivortrag beseitigt und Klärung erreicht werden, welche Behauptungen die Parteien aufstellen und bestreiten möchten.[87] Bei der Parteianhörung handelt es sich im Gegensatz zur Parteivernehmung somit **nicht um ein Beweismittel im eigentlichen Sinne**. Im Rahmen der freien Beweiswürdigung (§ 286 Abs. 1 ZPO) kann die Anhörung einer Partei gleichwohl berücksichtigt werden und hat hierbei auch nicht notwendig niedrigeren Beweiswert als die Strengbeweismittel.[88] 64

Im anwaltlichen Schriftsatz kann ein Beweisangebot für eine Parteivernehmung wie folgt aussehen: 65

Formulierungsbeispiel: Beweisantritt bei Parteivernehmung

Der Beklagte missachtete die Vorfahrt des Klägers und verursachte hierdurch die Kollision der beiden am Unfall beteiligten Fahrzeuge.

Beweis: *Vernehmung und hilfsweise Anhörung des Klägers als Partei*

(2) Sonderfall: Vier-Augen-Gespräche

Von herausragender Examensrelevanz sind die **unterschiedlichen Erscheinungsformen der sog. Vier-Augen-Gespräche**. Ausgangslage ist hierbei eine formal bestehende Beweisnot des Mandanten bezüglich des Inhalts eines entscheidungserheblichen Gesprächs mit einem Dritten und/oder dem Prozessgegner selbst. 66

86 BGH NJW 2010, 3292; Thomas/Putzo/Reichold § 448 Rn. 2.

87 Thomas/Putzo/Reichold Vorbem. § 445 Rn. 2.

88 BGH NJW 2013, 2601; Thomas/Putzo/Reichold § 448 Rn. 4.

(a) Vier-Augen-Gespräche mit einem Dritten

67 Grundsätzlich steht die Entscheidung, ob beide Parteien, nur eine Partei oder aber keine der Parteien nach § 448 ZPO vernommen werden, ohne Rücksicht auf die Beweislast im pflichtgemäßen Ermessen des Gerichts.[89] Ein solcher Ermessensspielraum besteht demgegenüber nicht bei entscheidungserheblichen **Gesprächen unter vier Augen zwischen einem Lagerzeugen der einen Partei und der anderen Partei** ohne Vorhandensein anderer Beweismittel. In derartigen Fällen gebieten der **Grundsatz der prozessualen Waffengleichheit** als besondere Ausprägung des Anspruchs auf rechtliches Gehör (Art. 103 Abs. 1 GG) sowie das **Recht auf ein faires Verfahren und effektiven Rechtsschutz** (Art. 2 Abs. 1 GG i.V.m. Art. 20 Abs. 3 GG und Art. 6 Abs. 1 EMRK) eine Vernehmung oder zumindest Anhörung beider Gesprächspartner über den Inhalt des Gesprächs unabhängig von ihrer prozessualen Stellung.[90]

Vier-Augen-Gespräche mit einem Dritten

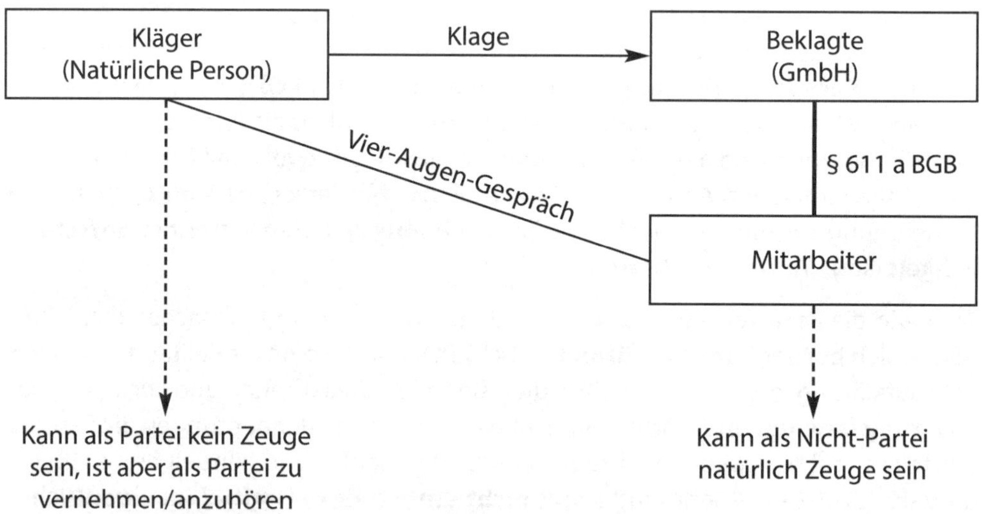

Beispiel: Der Mandant führt mündliche Vertragsverhandlungen „unter vier Augen" mit einem angestellten Mitarbeiter einer GmbH. Der Vertrag zwischen dem Mandanten und der GmbH kommt in der Folge zustande. Der genaue Inhalt steht zwischen den Parteien im Streit. Wie kann im Rahmen eines Rechtsstreits der Beweis über den Inhalt des Vier-Augen-Gespräches geführt werden?

Der angestellte Mitarbeiter der GmbH kann als Zeuge über den Gesprächsinhalt vernommen werden. Der Mandant kann lediglich als Partei vernommen oder angehört werden. Zwar ist mit einer Zustimmung des Gegners i.S.d. § 447 ZPO nicht zu rechnen. Sollten weitere Beweismittel allerdings nicht zur Verfügung stehen, wäre das Gericht nach den Grundsätzen der Rspr. zu den Vier-Augen-Gesprächen aber gehalten, den Mandanten als Partei zu vernehmen oder zumindest anzuhören (§§ 448, 141 ZPO).

Im anwaltlichen Schriftsatz kann ein entsprechendes Beweisangebot wie folgt aussehen:

Formulierungsbeispiel: Beweisantritt bei Vier-Augen-Gesprächen

Beweis: *Vernehmung und hilfsweise Anhörung des Klägers als Partei nach den Grundsätzen der Rspr. zu den Vier-Augen-Gesprächen (§§ 448, 141 ZPO)*

89 Thomas/Putzo/Reichold § 448 Rn. 4.

90 BGH NJW-RR 2006, 61; Thomas/Putzo/Reichold § 448 Rn. 4.

Beachte: Handelt es sich bei dem Gesprächspartner hingegen um einen **in keinem Lager stehenden objektiven Dritten**, steht die Vernehmung oder Anhörung der am Gespräch beteiligten Partei wiederum im Ermessen des Gerichts.[91]

(b) Vier-Augen-Gespräche mit dem Prozessgegner

Die vorstehenden Grundsätze zum beweisrechtlichen Umgang mit Vier-Augen-Gesprächen sind **grundsätzlich nicht übertragbar auf Vier-Augen-Gespräche mit dem Prozessgegner** selbst. Denn können beide Parteien keinen Zeugen benennen, besteht an sich auch keine institutionelle Waffenungleichheit zwischen den Parteien, die einer Kompensation durch eine Ermessensreduzierung des Gerichts im Rahmen der Beweisaufnahme bedarf. 68

Beispiel: Der Mandant führt mündliche Vertragsverhandlungen „unter vier Augen" mit dem Geschäftsführer der GmbH. Der Vertrag zwischen dem Mandanten und der GmbH kommt in der Folge zustande. Der genaue Inhalt steht zwischen den Parteien im Streit. Wie kann im Rahmen eines Rechtsstreits der Beweis über den Inhalt des Vier-Augen-Gespräches geführt werden?

Sowohl der Mandant als auch der Geschäftsführer der GmbH (vgl. § 455 Abs. 1 ZPO) können über den Gesprächsinhalt lediglich als Partei vernommen oder angehört werden. Beide Parteien stehen in Betreff der Beweisführungsmöglichkeiten damit gleichermaßen schlecht. Da eine Waffenungleichheit – vorbehaltlich einer Absetzung des Geschäftsführers als Vertretungsorgan der GmbH – nicht besteht, ist das Gericht im Grundsatz auch nicht verpflichtet, beide Parteien zu vernehmen oder anzuhören.

Nach der Rspr. des BAG[92] und auch des BGH[93] lassen sich die beweisrechtlichen Grundsätze zu den Vier-Augen-Gesprächen aber jedenfalls dann **auf Vier-Augen-Gespräche zwischen den beiden Parteien persönlich** anwenden, wenn das Gespräch Ausdruck einer besonderen Vertrauensbeziehung zwischen den Parteien ist (z.B. Gespräche zwischen Arbeitgeber und Arbeitnehmer oder Rechtsanwalt und Mandant). Zur Begründung lässt sich anführen, dass die Nichtanwesenheit anderer Personen in diesen Fällen der besonderen Vertraulichkeit der Gesprächssituation und des Gesprächsinhaltes geschuldet ist und die Parteien anderenfalls – andere Beweismittel stehen ihnen in diesen Fällen typischerweise nicht zur Verfügung – in **nicht hinnehmbare Beweisnot** geraten würden.

(c) Übertragbarkeit auf Sechs-Augen-Gespräche

Darüber hinaus sind die Grundätze der Rspr. zu den Vier-Augen-Gesprächen auch auf **Sechs-Augen-Gespräche zwischen den beiden Parteien und einem Dritten übertragbar**, sofern der einzig als Zeuge zur Verfügung stehende **Dritte dem Lager einer Partei zuzuordnen** ist (z.B. Ehegatte der Gegenpartei).[94] **Nicht anwendbar** sind die dargestellten Grundsätze zu den Vier-Augen-Gesprächen hingegen dann, wenn **beide Parteien das Gespräch unter sechs Augen mit einem unabhängigen Dritten** geführt haben, also einem Zeugen, der nicht dem Lager der einen oder der anderen Partei zuzuordnen ist (z.B. Notar als Zeuge über die Verhandlung einer notariellen Urkunde).[95] In diesen Fällen bleibt es wie üblich dabei, dass die Beweistatsache zur Erwirkung einer Parteivernehmung gemäß § 448 ZPO zumindest „anbewiesen" werden muss und dem Gericht bezüglich ihrer Durchführung ein Ermessen zusteht. 69

91 BGH NJW 2002, 2247; Thomas/Putzo/Reichold § 448 Rn. 4.

92 BAG NJW 2007, 2427 (Kündigungsschutzprozess infolge verhaltensbedingter Kündigung: Hier war streitig, ob aus einem Vier-Augen-Gespräch zwischen Arbeitgeber und Arbeitnehmer darauf geschlossen werden kann, dass eine Abmahnung zu keiner Verhaltensänderung des Arbeitnehmers führen werde und daher vor Ausspruch der Kündigung entbehrlich war); Thomas/Putzo/Reichold § 448 Rn. 4.

93 BGH NJW 2011, 2889 (Anwaltshaftungsprozess: Hier war streitig, ob der Rechtsanwalt den Mandanten im Rahmen eines Vier-Augen-Gesprächs auf eine drohende Anspruchsverjährung hingewiesen hatte).

94 BGH NJW 2013, 2601; Thomas/Putzo/Reichold § 448 Rn. 4.

95 BGH NJW 2002, 2247; Thomas/Putzo/Reichold § 448 Rn. 4.

> **Beachte:** Seien Sie sich in der Klausur Ihrer Rolle als Rechtsanwalt bewusst! Als solcher sind Sie Interessenvertreter und **argumentieren stets interessengeleitet im Sinne Ihres Mandanten.** Im Dienste Ihres Mandanten sollten Sie eine Parteivernehmung / Parteianhörung nach den Grundsätzen der Rspr. zu den Vier-Augen-Gesprächen immer auch dann beantragen, wenn im konkreten Fall ein **Vier-Augen-Gespräch zwischen dem Mandanten und einem unabhängigen Dritten** oder **mit dem Prozessgegner selbst** oder ein **Sechs-Augen-Gespräch mit dem Prozessgegner und einem unabhängigen Dritten** geführt wurde. Natürlich haben Sie Ihren Mandanten dann darauf hinzuweisen, dass das Gericht in derartigen Fällen dem Beweisantrag möglicherweise nicht nachkommen wird und auch nicht muss. Derartige Gedankengänge sollten Sie dem Leser Ihrer Klausur im Übrigen im Rahmen der **Zweckmäßigkeitserwägungen** mitteilen!

(3) Sonderfall: Zeugenloser Verkehrsunfall

70 Fernab des Themenkomplexes der Vier-Augen-Gespräche sollte bekannt sein, dass die Gerichte zur Wahrung der Rechte der Parteien auf ein faires Verfahren und einen wirkungsvollen Rechtsschutz **auch in Fällen eines zeugenlosen Verkehrsunfalls** gehalten sind, beide am Unfall beteiligten Parteien anzuhören (§ 141 ZPO).[96] Eine formelle Parteivernehmung (§ 448 ZPO) findet anders als bei den Vier-Augen-Gesprächen aufgrund fehlender Waffenungleichheit jedoch nur dann statt, wenn die Voraussetzungen der §§ 445 ff. ZPO vorliegen.[97]

e) Prognose des zu erwartenden Beweisergebnisses

71 Schließlich ist durch den Rechtsanwalt eine **Prognose des zu erwartenden Beweisergebnisses** anzustellen. Grundlage hierfür sind die bereits begutachteten Erwägungen zur Beweiserheblichkeit, der Beweislastverteilung, der Beweisbedürftigkeit, der vorhandenen Beweismittel sowie der Möglichkeiten eines Beweisantritts. Die Beweisprognose kann für den Mandanten entweder **„günstig“** (auch **„gut“** oder **„positiv“**) oder **„offen“** oder **„ungünstig“** (auch **„schlecht“** oder **„negativ“**) ausfallen. Auf die in jedem dieser Fälle verbleibenden Risiken ist der Mandant im Rahmen der Zweckmäßigkeitserwägungen oder im Rahmen des Mandantenschreibens hinzuweisen.

IV. Prozessuales Gutachten und Zweckmäßigkeitserwägungen

72 Im Anschluss an das materielle Gutachten ist die prozessrechtliche Lage zu begutachten. Zum einen ist in diesem Rahmen die **Zulässigkeit eines prozessualen Vorgehens** zu überprüfen. Zum anderen ist zu klären, ob und ggf. aufgrund welcher prozesstaktischen Erwägungen sich die Einleitung gerichtlicher Schritte **im Interesse des Mandanten als zweckmäßig** erweist.

> **Aufbauhinweis:** Als Alternative zu einer gemeinsamen Prüfung von Zulässigkeitsfragen und Zweckmäßigkeitserwägungen ist es ebenso vertretbar, auf das „materiell-rechtliche Gutachten“ zunächst lediglich das **„prozessuale Gutachten“** (beschränkt auf Zulässigkeitsfragen) folgen zu lassen. Im Anschluss hieran könnten dann die **„Zweckmäßigkeitserwägungen“** (Was ist prozesstaktisch ratsam?) angestellt werden.

---

96 OLG Saarbrücken NJW-RR 2011, 754; Thomas/Putzo/Seiler § 141 Rn. 1.

97 OLG Naumburg, Urt. v. 03.04.2014 – 1 U 23/13, BeckRS 2014, 16159.

Dabei sollten das prozessuale Gutachten und die Zweckmäßigkeitserwägungen wie auch die anderen Teile des Gutachtens zunächst durch einen **präzisen Obersatz eingeleitet** werden. 73

Formulierungsbeispiel: Obersatz des prozessualen Gutachtens und der Zweckmäßigkeitserwägungen

Des Weiteren ist zu prüfen, welche Vorgehensweise zur gerichtlichen Geltendmachung der Ansprüche des Mandanten prozessual zulässig und prozesstaktisch ratsam ist.

Methodisch ist bei der Darstellung der einzelnen Zulässigkeitsfragen und prozesstaktischen Erwägungen nicht nur darauf einzugehen, welche Vorgehensweise sich im vorliegenden Fall als **zulässig und zweckmäßig** erweist, sondern ggf. auch darauf, welche nicht ohnehin fernliegenden Schritte sich im konkreten Fall bei näherer Prüfung als **unzulässig oder unzweckmäßig** erweisen. Dabei genügt es nicht, bestimmte Vorgehensweisen im Feststellungstil anzuraten oder aber von ihnen abzuraten. Stattdessen sind **die einzelnen Vorschläge zu begründen** und auch bestmöglich durch **Herstellung eines Normenbezugs** zu stützen. 74

Beachte: Vielen Rechtsreferendaren ist die **überragende Bedeutung der Zweckmäßigkeitserwägungen und des praktischen Teils für die Gesamtnote** der zivilrechtlichen Anwaltsklausur nicht bewusst. Mag das materiell-rechtliche Gutachten auch die Visitenkarte der Klausurleistung sein, so kann doch gerade im Rahmen der Zweckmäßigkeitserwägungen und im praktischen Teil aufgezeigt werden, dass nach Abschluss des Studiums „noch etwas dazu gelernt" wurde. Lassen Sie die Punkte hier nicht liegen und achten Sie bei Ihrer Zeiteinteilung bewusst darauf, dass Ihren Ausführungen am Ende der Klausur nicht die Luft ausgeht!

Inhaltlich ist im Folgenden zu unterscheiden zwischen **fehlenden Erfolgsaussichten** des Mandantenbegehrens und den weit häufigeren Konstellationen, in denen sich **(zumindest teilweise) bestehende Erfolgsaussichten** des Rechtsschutzziels des Mandanten ausmachen lassen. 75

1. Fehlende Erfolgsaussichten des Mandantenbegehrens

Erweist sich das vom Mandanten angestrebte Ziel als **nicht erreichbar**, sei es aus Rechtsgründen oder wegen einer ungünstigen Beweislage, ist dem Mandanten im Grundsatz von einem (weiteren) Vorgehen **abzuraten**. Zumindest ist der Mandant – nicht zuletzt auch unter haftungsrechtlichen Gesichtspunkten schriftlich mit laienverständlichem Inhalt – auf die geringen Erfolgsaussichten und das mit einer weiteren Rechtsverfolgung einhergehende **Kostenrisiko** eindringlich hinzuweisen. In geeigneten Einzelfällen kann dieser Hinweis auch beinhalten, dass sich **günstigstenfalls** durch den Abschluss eines **Vergleiches** noch ein geringer Teilerfolg erzielen lassen könnte. 76

a) Mandatierung vor Einleitung gerichtlicher Schritte

Hat der Mandant vor der Auftragserteilung bereits selbst Schriftverkehr mit der Gegenseite geführt und sich darin eines Anspruchs berühmt, dessen Durchsetzung Gegenstand des Mandates ist, sollte bedacht werden, dass das Risiko einer von der Gegenseite angestrengten **negativen Feststellungsklage**[98] besteht. Insbesondere wenn der Gegner bereits die Absicht einer gerichtlichen Klärung angedeutet hat, ist 77

98 Lesen Sie zur negativen Feststellungsklage in diesem Skript Rn. 129.

dem Mandanten bei offensichtlicher Aussichtslosigkeit anzuempfehlen, das Feststellungsinteresse des Gegners zu beseitigen, indem ihm (und zwar aus Kostengründen durch den Mandanten selbst[99]) mitgeteilt wird, dass der behauptete Anspruch nicht weiterverfolgt werde.

b) Mandatierung nach Einleitung gerichtlicher Schritte

78 Ist die Mandatserteilung erst **nach Einleitung eines gerichtlichen Verfahrens** erfolgt und erweist sich die Klage in ihrer derzeitigen Gestalt als aussichtslos, ist zunächst zu überprüfen, ob eine **Klageänderung gemäß §§ 263 ff. ZPO** erfolgversprechend ist.

Beispiel 1: Der Mandant hat selbst Klage bei Gericht eingereicht. **Beispiel 2:** Der mit seinem bisherigen Rechtsanwalt unzufriedene Mandant möchte nach Klageeinreichung den Rechtsanwalt wechseln. **Beispiel 3:** Der bisherige Rechtsanwalt des Mandanten ist nach Klageeinreichung verstorben (vgl. hierzu § 244 ZPO).

Kommt eine Klageänderung nicht in Betracht, so ist dem Mandanten der **kostengünstigste Weg der Verfahrensbeendigung** anzuraten. Im Zweifel wird dies die **Klagerücknahme (§ 269 ZPO)**[100] sein. Sofern jedoch bereits mündlich verhandelt worden sein sollte, ist die Klagerücknahme ohne Einwilligung des Beklagten nicht mehr zulässig (§ 269 Abs. 1 ZPO). In diesem Fall bleiben noch die Möglichkeiten eines **Klageverzichts (§ 306 ZPO)**[101] oder einer **Säumnis des Klägers (§ 330 ZPO)**.[102]

> **Beachte:** Eine für den Kläger vorteilhafte Kostenentscheidung kommt im Falle einer Klagerücknahme (§ 269 Abs. 3 S. 3 ZPO) ebenso wie im Falle einer übereinstimmenden Erledigungserklärung (§ 91 a Abs. 1 ZPO) nicht in Betracht, wenn der **Kläger subjektiv keine Veranlassung zur Klageerhebung** hatte (Rechtsgedanke aus § 93 ZPO!).[103]

2. Bestehende Erfolgsaussicht des Mandantenbegehrens

79 Sollte die Verfolgung des Mandantenbegehrens **(zumindest teilweise)** erfolgversprechend sein, ist im Rahmen des prozessualen Gutachtens und der Zweckmäßigkeitserwägungen herauszuarbeiten, welche (prozessualen) Möglichkeiten bestehen, um das materiell-rechtlich für aussichtsreich befundene Mandantenbegehren auch tatsächlich erfolgreich durchzusetzen. Leitlinie der weiteren Ausführungen muss dabei stets der sog. **„Grundsatz des sichersten Weges"** sein.[104] Hiernach hat ein Rechtsanwalt von mehreren in Betracht kommenden Vorgehensweisen stets diejenige auszuwählen und dem Mandanten vorzuschlagen, durch die sich für den Mandanten voraussehbare Nachteile mit vergleichsweise höchster Wahrscheinlichkeit vermeiden lassen.

---

99 Wird der Rechtsanwalt nach außen hin tätig, entsteht die anwaltliche Geschäftsgebühr (Nr. 2300 VV RVG), andernfalls lediglich eine meist geringere Beratungsgebühr (§ 34 RVG).

100 Durch eine vollständige Klagerücknahme im erstinstanzlichen Verfahren reduzieren sich die Gerichtskosten von 3,0 Gebühren (Nr. 1210 KV GKG) auf 1,0 Gebühren (Nr. 1211 KV GKG). An Anwaltskosten wird pro Anwalt in der Regel die 1,3 Verfahrensgebühr (Nr. 3100 VV RVG) anfallen, sofern noch nicht mündlich verhandelt worden sein sollte.

101 Bei einem Klageverzicht reduzieren sich die Gerichtskosten ebenfalls auf 1,0 Gebühren (Nr. 1211 KV GKG). An Anwaltskosten sind pro Anwalt eine 1,3 Verfahrensgebühr (Nr. 3100 VV RVG) und – auch wenn analog § 307 S. 2 ZPO im schriftlichen Verfahren entschieden wird – eine 1,2 Terminsgebühr (Nr. 3104 VV RVG) zu berücksichtigen.

102 Bei einem Versäumnisurteil fallen Gerichtskosten in Höhe von 3,0 Gebühren (Nr. 1210 KV GKG) an. An Anwaltskosten ist pro Anwalt eine 1,3 Verfahrensgebühr (Nr. 3100 VV RVG) und eine reduzierte 0,5 Terminsgebühr (Nr. 3105 Ziff. 1 VV RVG) zu berücksichtigen. Sollte bereits streitig zur Sache verhandelt worden sein, beträgt die Terminsgebühr allerdings wie gewöhnlich 1,2 Gebühren (Nr. 3104 VV RVG).

103 OLG Dresden RÜ2 2015, 113.

104 Vgl. bereits oben Rn. 33.

a) Rat an den Mandanten

Bei zumindest teilweisen Erfolgsaussichten des Mandantenbegehrens ist **dem Mandanten meist anzuraten, gerichtliche Schritte einzuleiten.** Dabei erweist sich im Assessorexamen zumeist die Einleitung eines gewöhnlichen Klageverfahrens als zweckmäßig und mithin empfehlenswert. 80

Formulierungsbeispiel: Rat an den Mandanten

Mit Rücksicht auf die sich aus dem Gutachten ergebenden Erfolgsaussichten des Mandantenbegehrens ist dem Mandanten anzuraten, zur gerichtlichen Durchsetzung seiner bestehenden Ansprüche Klage zu erheben

Natürlich ist es aber auch nicht ausgeschlossen, dass im Einzelfall die Einleitung einer anderen Verfahrensart als des gewöhnlichen Klageverfahrens (z.B. selbstständiges Beweisverfahren, §§ 485 ff. ZPO) dem Interesse des Mandanten eher entspricht.[105] Auch kann es theoretisch vorkommen, dass dem Mandantenbegehren explizit nur außergerichtlich zum Erfolg verholfen werden soll und von der Einleitung gerichtlicher Schritte daher abzusehen ist. Dass dem Mandanten beim klassischen Angriffsmandat im Assessorexamen tatsächlich auch eine Klageerhebung angeraten werden sollte, stellt indessen den absoluten Regelfall dar.

Beachte: Der „Rat an den Mandanten" sollte den Auftakt der Zweckmäßigkeitserwägungen bilden.

aa) Kostenfalle des § 93 ZPO

Der Zweckmäßigkeit einer unmittelbaren Klageeinreichung kann es entgegenstehen, wenn der Mandant mit der Gegenseite noch gar **nicht korrespondiert** hat, sich der Gegner insbesondere noch nicht in Schuldnerverzug befindet. In dieser Situation sollte dem Gegner im Vorwege einer gerichtlichen Auseinandersetzung zunächst **außergerichtlich eine Frist zur Leistung** gesetzt werden, um das **Kostenrisiko des § 93 ZPO** auszuschalten. Wenn nämlich der Gegner keinen Anlass zur Klage gegeben hat und als Beklagter den Klageanspruch sofort anerkennt, so wird das Gericht durch Anerkenntnisurteil (§ 307 ZPO) entscheiden, wobei gemäß § 93 ZPO der in der Hauptsache obsiegende Kläger – also der eigene Mandant – die Kosten des Rechtsstreits zu tragen haben wird. 81

Formulierungsbeispiel: Kostenfalle des § 93 ZPO

Der Mandant hat den Gegner bisher noch nicht mit seinen Ansprüchen konfrontiert. Im Hinblick auf das sich aus § 93 ZPO ergebende Kostenrisiko sollte der Gegner daher im Vorwege einer Klage zunächst nur außergerichtlich und unter Fristsetzung zur Leistung aufgefordert werden.

Beachte: Die Fälligkeit einer Forderung ist grundsätzlich erforderliche, nicht aber hinreichende Voraussetzung für die Ausschaltung der Kostenfalle des § 93 ZPO.[106] Anlass zur Klage gibt insbesondere aber derjenige Schuldner, der sich in **Schuldnerverzug** befindet.[107]

105 Lesen Sie zur Wahl der Verfahrensart in diesem Skript Rn. 107–116.

106 Thomas/Putzo/Hüßtege § 93 Rn. 5.

107 Thomas/Putzo/Hüßtege § 93 Rn. 7.

82 Im praktischen Teil sollte dann – vorbehaltlich anderweitiger Angaben im Bearbeitervermerk – bereits eine **Klageschrift** für den häufig zu erwartenden Fall entworfen werden, dass der Gegner innerhalb der gesetzten Frist nicht reagiert oder die Leistung verweigert. Daneben ist auch das vorgerichtliche Schreiben auszuformulieren. Sollte letzteres (aus Zeitgründen) unterbleiben, wird es angesichts des erheblichen Umfangs der heutigen Assessorklausuren aber in der Regel verzeihlich sein.

bb) Obligatorisches Streitschlichtungsverfahren, § 15 a EGZPO

83 Auch das Erfordernis eines **obligatorischen Streitschlichtungsverfahrens** (§ 15 a EGZPO i.V.m. Landesschlichtungsgesetz) kann der Zweckmäßigkeit einer unmittelbaren Klageerhebung entgegenstehen. Die Regelung des § 15 a EGZPO bezweckt eine Entlastung der Gerichte erster Instanz und soll den Parteien zugleich eine außergerichtliche Streitschlichtung **in vermögensrechtlichen Streitigkeiten** (mit einem Gegenstandswert bis 750,00 €) sowie in bestimmten Streitigkeiten aus dem **Nachbarrecht,** wegen **Verletzung der persönlichen Ehre** und nach dem **Allgemeinen Gleichbehandlungsgesetz** ermöglichen.[108] Im Einzelnen ist der Anwendungsbereich durch die jeweiligen Landesschlichtungsgesetze geregelt (§ 15 a Abs. 5 EGZPO).

Beachte: Das Einführungsgesetz zur Zivilprozessordnung (EGZPO) ist im **Thomas/Putzo** kommentiert! Welche Länder Schlichtungsgesetze erlassen haben, lässt sich der Kommentierung entnehmen.[109]

84 Für den Zivilprozess begründet § 15 a EGZPO eine von Amts wegen zu prüfende besondere Prozessvoraussetzung.[110] Dabei muss das **obligatorische Schlichtungsverfahren zwingend vor der Klageerhebung** durchgeführt werden.[111] Denn anderenfalls ist die **Klage als unzulässig abzuweisen.**[112] Selbst eine Nachholung des Schlichtungsverfahrens bis zum Schluss der letzten mündlichen Verhandlung ist nicht möglich.[113]

b) Prüfung der Prozesshandlungsvoraussetzungen

85 Bei Anlass hat eine Auseinandersetzung mit der **Partei- und Prozessfähigkeit** sowie der **Prozessführungsbefugnis** sowohl des Mandanten als auch des Gegners zu erfolgen.

Beachte: Ausführungen zur **Postulationsfähigkeit** (§ 78 ZPO) erübrigen sich dagegen in aller Regel. Schließlich hat der Mandant Ihnen als Rechtsanwalt ein Mandat zur Wahrnehmung seiner Interessen erteilt. **Ausnahmsweise** kann aber Anlass dazu bestehen, auf die Postulationsfähigkeit einzugehen, sofern die Wirksamkeit von Prozesshandlungen der Parteien in einem Zeitraum vor Beauftragung eines der Rechtsanwälte zu überprüfen ist.

aa) Partei- und Prozessfähigkeit

Achtung bei juristischen Personen!

86 Sofern es sich bei dem Mandanten oder dem Gegner nicht um eine natürliche Person handelt, ist stets auf die **Partei- und Prozessfähigkeit** einzugehen. Bei natürlichen Personen sind Ausführungen zur Partei- und Prozessfähigkeit dagegen nur bei Anlass

108 Thomas/Putzo/Hüßtege § 15 a EGZPO Rn. 1.
109 Thomas/Putzo/Hüßtege § 15 a EGZPO Rn. 9.
110 Thomas/Putzo/Hüßtege § 15 a EGZPO Rn. 2.
111 OLG Saarbrücken BauR 2015, 1218; BGH VersR 2014, 601; Thomas/Putzo/Hüßtege § 15 a EGZPO Rn. 2.
112 Thomas/Putzo/Hüßtege § 15 a EGZPO Rn. 2.
113 OLG Saarbrücken, Urt. v. 30.08.2011 – 4 U 424/10 -127, BeckRS 2011, 22368; BGH NJW 2005, 437; Thomas/Putzo/Hüßtege § 15 a EGZPO Rn. 2.

(z.B. Minderjährigkeit) vorzunehmen. Ausgangspunkt der Überlegungen ist in Betreff der **Parteifähigkeit** § 50 Abs. 1 ZPO, wonach parteifähig ist, wer rechtsfähig ist. Unter **Prozessfähigkeit** versteht man hingegen die Fähigkeit, Prozesshandlungen selbst oder durch selbst bestellte Vertreter wirksam vorzunehmen oder entgegenzunehmen.[114]

Natürliche Personen sind gemäß § 1 BGB mit Vollendung der Geburt rechtsfähig und hierdurch gemäß § 50 Abs. 1 ZPO zugleich parteifähig. Nach § 51 Abs. 1 ZPO sind sie zudem kraft ihrer Geschäftsfähigkeit prozessfähig. Im Falle von **Geschäftsunfähigkeit** (§ 104 BGB) oder **beschränkter Geschäftsfähigkeit** (§ 106 BGB) ist eine natürliche Person nach Maßgabe der §§ 51, 52 ZPO grundsätzlich nicht selbst, sondern **durch ihre gesetzlichen Vertreter prozessfähig.**

Die Möglichkeiten zur Erlangung der Rechts- und damit Parteifähigkeit sind für **juristische Personen des Privatrechts** und **rechtsfähige Personengesellschaften** (spezial-)gesetzlich geregelt. Sie handeln rechtsgeschäftlich durch ihre Organe und sind nach Maßgabe der §§ 51, 52 ZPO durch ebendiese prozessfähig.

Rechtssubjekt	Rechtsfähigkeit	Vertretungsbefugnis
Verein	§§ 21, 22 BGB	Vorstand (§ 26 Abs. 1 S. 2 BGB)
Aktiengesellschaft (AG)	§ 1 Abs. 1 AktG	Vorstand (§ 78 Abs. 1 S. 1 AktG)
Kommanditgesellschaft auf Aktien (KGaA)	§ 278 Abs. 1 AktG	Komplementäre (§ 278 Abs. 2 AktG i.V.m. § 161 Abs. 2 HGB i.V.m. § 125 HGB)
Gesellschaft mit beschränkter Haftung (GmbH)	§ 13 Abs. 1 GmbHG	Geschäftsführer (§ 35 Abs. 1 S. 1 GmbHG)
Unternehmergesellschaft (UG haftungsbeschränkt)	§ 5 a Abs. 1 GmbHG i.V.m. § 13 Abs. 1 GmbHG	Geschäftsführer § 35 Abs. 1 S. 1 GmbHG
Eingetragene Genossenschaft (eG)	§ 17 Abs. 1 GenG	Vorstand (§ 25 Abs. 1 S. 1 GenG)
Offene Handelsgesellschaft (OHG)	§ 124 Abs. 1 HGB	Gesellschafter (§ 125 Abs. 1 HGB)
Kommanditgesellschaft (KG)	§ 161 Abs. 2 HGB i.V.m. § 124 Abs. 1 HGB	Komplementäre (§ 161 Abs. 2 HGB i.V.m. § 125 Abs. 1 HGB)
Partnerschaftsgesellschaft (PartG)	§ 7 Abs. 2 PartGG i.V.m. § 124 Abs.1 HGB	Partner (§ 7 Abs. 3 PartGG i.V.m. § 125 Abs. 1 HGB)
Gesellschaft des bürgerlichen Rechts (GbR)	Keine explizite Regelung	Gesellschafter (§ 714 BGB i.V.m. § 709 BGB)

114 Thomas/Putzo/Hüßtege § 51 Rn. 2.

87 In der Klausur kann **anlassbezogen** in unproblematischen Fällen bezüglich der Partei- und Prozessfähigkeit des Mandanten beispielhaft wie folgt formuliert werden:

Formulierungsbeispiel: Parteifähigkeit und Prozessfähigkeit

Die Mandantin ist als Gesellschaft mit beschränkter Haftung rechts- und damit parteifähig (§ 50 Abs. 1 ZPO i.V.m. § 13 Abs. 1 GmbHG) und durch ihren Geschäftsführer rechtsgeschäftlich handlungs- und zugleich prozessfähig (§ 51 Abs. 1 ZPO i.V.m. § 35 Abs. 1 S. 1 GmbHG)

bb) Prozessführungsbefugnis

88 Die **Prozessführungsbefugnis** ist das Recht, einen Prozess als die richtige Partei im eigenen Namen zu führen.[115] Sie gilt sowohl für Aktiv- als auch für Passivprozesse.[116] Macht der Mandant ein eigenes Recht in eigenem Namen geltend, erübrigen sich Ausführungen zur Prozessführungsbefugnis gewöhnlich. Wird demgegenüber ein fremdes Recht im eigenen Namen geltend gemacht, so ist dies nur bei Vorliegen der Voraussetzungen der **gesetzlichen** oder **gewillkürten Prozessstandschaft** zulässig.

(1) Gesetzliche Prozessstandschaft

89 Die **gesetzliche Prozessstandschaft** beruht unmittelbar auf dem Gesetz. Examensrelevante Beispiele sind die **Veräußerung oder Abtretung der Streitsache nach Rechtshängigkeit** (§ 265 Abs. 2 S. 1 ZPO), der **Aktiv- oder Passivprozess des Insolvenzverwalters** als „Partei kraft Amtes" nach Eröffnung des Insolvenzverfahrens (§ 80 Abs. 1 InsO), die **Revokationsklage des Ehegatten** (§ 1368 BGB), die **Einzelklage eines Miterben** (§ 2039 S. 1 BGB) sowie die gewohnheitsrechtlich anerkannte **Klage „actio pro socio" im Gesellschaftsrecht.**[117]

(2) Gewillkürte Prozessstandschaft

90 In den Fällen der **gewillkürten Prozessstandschaft** wird die Prozessführungsbefugnis durch den Rechteinhaber rechtsgeschäftlich auf den Prozessstandschafter übertragen. Zulässig ist die gewillkürte Prozessstandschaft unter den folgenden Bedingungen:

115 Thomas/Putzo/Hüßtege § 51 Rn. 20.

116 BGH RÜ 2012, 633; Thomas/Putzo/Hüßtege § 51 Rn. 20.

117 Lesen Sie zur gesetzlichen Prozessstandschaft im AS-Skript Die zivilgerichtliche Assessorklausur (2018), Rn. 436–445, sowie im AS-Skript Materielles Zivilrecht in der Assessorklausur (2018) zum revokatorischen Klagerecht, Rn. 457, und zur actio pro socio, Rn. 539.

Voraussetzungen der gewillkürten Prozessstandschaft[a]

1. Ermächtigung durch den Rechteinhaber zur Prozessführung des Prozessstandschafters im eigenen Namen, § 185 Abs. 1 BGB analog[b]
2. Offenlegung oder Offenkundigkeit der Ermächtigung in der Tatsacheninstanz[c]
3. „Überlassbarkeit" der Rechtsposition an Dritte zur prozessualen Geltendmachung[d]
4. Eigenes Interesse des Prozessstandschafters an der Prozessführung[e]
5. Keine unzumutbare Benachteiligung des Prozessgegners[f]

Thomas/Putzo § 51 Rn. 30 ff.

a) Lesen Sie hierzu im AS-Skript Die zivilgerichtliche Assessorklausur (2018), Rn. 446–451.
b) BGH RÜ2 2017, 51; Thomas/Putzo/Hüßtege § 51 Rn. 31.
c) BGH WM 2008, 1615; Thomas/Putzo/Hüßtege § 51 Rn. 31.
d) BGH RÜ2 2017, 51; Thomas/Putzo/Hüßtege § 51 Rn. 36.
e) Thomas/Putzo/Hüßtege § 51 Rn. 34 ff..
f) BGH NJW 1986, 850; Thomas/Putzo/Hüßtege § 51 Rn. 34.

Eine klassische Erscheinungsform der zulässigen gewillkürten Prozessstandschaft bilden die **Zessionsfälle**, in denen trotz Abtretung der Forderung an den Zessionar der Zedent aufgrund einer Ermächtigung zur Prozessführung analog § 185 Abs. 1 BGB Klage gegen den Schuldner erhebt.[118] **91**

Beispiel: Der Zedent K klagt in **offengelegter** gewillkürter Prozessstandschaft eine Darlehensrückzahlungsforderung gemäß § 488 Abs. 1 S. 2 BGB in Höhe von 10.000 € gegen den B ein. Die Forderung war von K nach ihrer Entstehung an den Zessionar D verkauft und abgetreten worden. D **ermächtigte** den K daraufhin, die Forderung im eigenen Namen gegen B einzuklagen. Der Anspruch aus § 488 Abs. 1 S. 2 BGB kann mangels Höchstpersönlichkeit **Dritten zur Einziehung überlassen** werden. Das **Eigeninteresse** des K an der Prozessführung ergibt sich daraus, dass er gegenüber dem Käufer der Forderung D für das Bestehen – nicht notwendig die Einziehbarkeit – der Forderung einzustehen hat. Die Klage des K führt auch zu **keiner unangemessenen Benachteiligung** des B, da dieser sich K zuvor als Vertragspartner ausgesucht hatte.

Gewillkürte Prozessstandschaft in Zessionsfällen

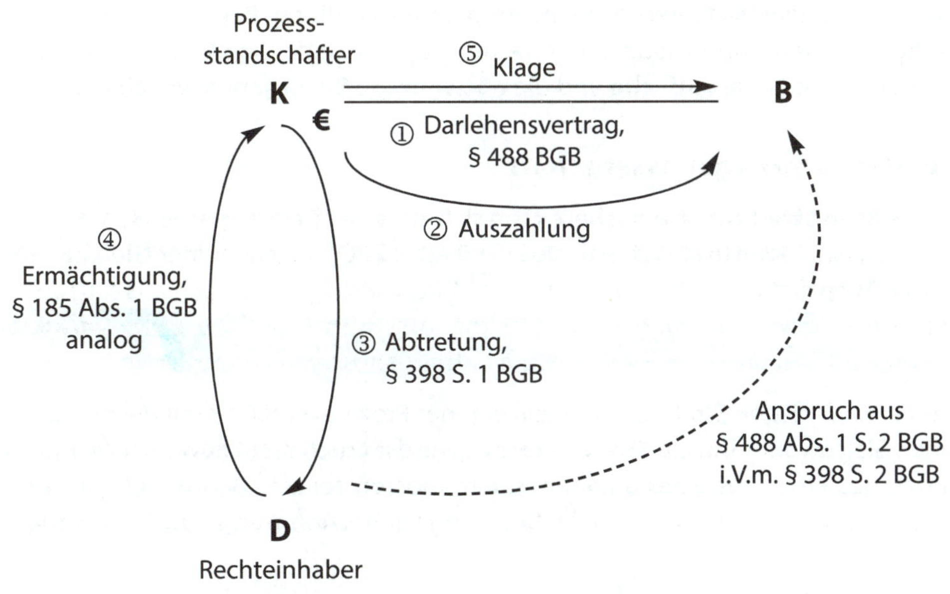

118 Weitere Beispiele finden sich bei Thomas/Putzo/Hüßtege § 51 ZPO Rn. 31 ff..

92 Sollte der Rechteinhaber den Mandanten zwar zur Prozessführung im Wege gewillkürter Prozessstandschaft ermächtigt, ihm jedoch **keine materiell-rechtliche Einziehungsermächtigung** analog § 185 Abs. 1 BGB erteilt haben, ist bei Vertretung des Prozessstandschafters als Kläger darauf zu achten, dass **auf Leistung an den Rechteinhaber geklagt** wird. Anderenfalls ist die Klage zwar zulässig, wegen fehlender Aktivlegitimation des Mandanten jedoch unbegründet.

Formulierungsbeispiel: Klageantrag des Prozessstandschafters auf Leistung an den Rechteinhaber

Namens und in Vollmacht des Klägers werde ich beantragen,

> ***den Beklagten zu verurteilen, an die Elise Alba Meier, Deichstraße 34, 20459 Hamburg, einen Betrag in Höhe von 10.000,00 € nebst Zinsen in Höhe von 5 Prozentpunkten über dem jeweiligen Basiszinssatz seit dem auf die Rechtshängigkeit folgenden Tag zu zahlen.***

c) Beteiligung Dritter am Rechtsstreit

93 Im Rahmen der Zweckmäßigkeitserwägungen ist weiter zu erörtern, **wer auf Kläger- und wer auf Beklagtenseite Partei des Rechtsstreits** werden soll. Auch ist zu überlegen, ob und auf welche Weise **Dritte von dem anstehenden Rechtsstreit in Kenntnis zu setzen** sind. Kommt nach der Aufgabenstellung allein der Mandant als Kläger und eine andere Person als Beklagter in Betracht, erübrigen sich weitere Ausführungen. Kommen hingegen mehrere Personen als Kläger und/oder als Beklagte in Betracht, können Ausführungen zur **Streitgenossenschaft** (§§ 59 ff. ZPO) sowie ggf. zur **Streitverkündung** (§§ 72 ff. ZPO) geboten sein.

aa) Streitgenossenschaft, §§ 59 ff. ZPO

94 Eine **Streitgenossenschaft** (oder auch „subjektive Klagehäufung") liegt vor, wenn in einem Verfahren entweder mehr als ein Kläger oder mehr als ein Beklagter auftreten, wobei als Streitgenossen dann diejenigen bezeichnet werden, die auf derselben Parteiseite stehen.[119] Es bestehen dann mehrere Prozessrechtsverhältnisse und Prozesse, die in einem Verfahren zu gemeinsamer Verhandlung, Beweisaufnahme und Entscheidung verbunden, jedoch der Sache nach selbstständige Verfahren sind.[120] Man unterscheidet die **einfache** und die **notwendige Streitgenossenschaft.**

(1) Einfache Streitgenossenschaft

95 Eine **einfache Streitgenossenschaft** kann sich aus einer **Rechtsgemeinschaft** (§ 59 Alt. 1 ZPO), einer **Identität des Grundes** (§ 59 Alt. 2 ZPO) oder aus einer **Gleichartigkeit der Ansprüche** (§ 60 ZPO) ergeben.[121] Ihre Wirkung ergibt sich aus § 61 ZPO, wonach die Prozesshandlungen der Streitgenossen im Grundsatz **Einzelwirkung** entfalten und den oder die jeweils anderen Streitgenossen nicht berühren.

Zwar verbindet jeden Streitgenossen ein eigenes Prozessverhältnis mit dem Prozessgegner. Gleichwohl kann ein **Streitgenosse grundsätzlich nicht zugleich Zeuge** im Rahmen des Prozesses eines anderen Streitgenossen sein.[122] Begründet wird dies mit der systematischen Verortung der Regelung zur **Vernehmung von Streitgenos-**

---

119 Thomas/Putzo/Hüßtege Vor § 59 Rn. 1.

120 Thomas/Putzo/Hüßtege Vor § 59 Rn. 1.

121 Lesen Sie hierzu im AS-Skript Die zivilgerichtliche Assessorklausur (2018), Rn. 454–472.

122 Thomas/Putzo/Hüßtege § 61 Rn. 7; Vgl. bereits oben Rn. 47.

sen (§ 449 ZPO) inmitten der Vorschriften über den Beweis durch Parteivernehmung. Lediglich **ausnahmsweise** kann einem Streitgenossen die Rolle eines Zeugen im Prozess eines anderen Streitgenossen zukommen, sofern die beweisgegenständlichen Tatsachen ausschließlich den anderen Streitgenossen betreffen[123] oder die Streitgenossenschaft bereits beendet wurde[124] (z.B. ein Streitgenosse scheidet durch rechtskräftiges Versäumnisurteil aus dem im Übrigen fortdauernden Rechtsstreit aus). Vor diesem Hintergrund kann es **zweckmäßig** sein, lediglich einen der potenziellen Streitgenossen tatsächlich als Kläger auftreten zu lassen, um dem anderen die **Zeugenstellung zu erhalten**.

(a) Sonderfall: Streitgenossenschaft bei Verkehrsunfall

Insbesondere in Verkehrsunfallklausuren sollten Sie im Rahmen der Zweckmäßig- **96**
keitserwägungen auf die Möglichkeiten einer **Streitgenossenschaft auf Beklagtenseite** zu sprechen kommen. Als potenzielle Beklagte kommen die gegnerische **Kfz-Haftpflichtversicherung**, der **Fahrer** sowie ggf. der **vom Fahrer personenverschiedene Halter** des gegnerischen Unfallfahrzeugs in Betracht.

Der Anspruch des Mandanten **gegen die Kfz-Haftpflichtversicherung des Unfall-** **97**
gegners resultiert aus § 115 Abs. 1 S. 1 Nr. 1 VVG i.V.m. § 7 Abs. 1 StVG. Es handelt sich um einen **Direktanspruch im Außenverhältnis** zwischen dem Mandanten und dem gegnerischen Versicherer. Die Klage gegen den Versicherer ist **zweckmäßig**, weil die Kfz-Haftpflichtversicherung **wirtschaftlich leistungsfähig** und mithin ein zahlungskräftiger (Vollstreckungs-)Schuldner ist.

> **Beachte:** Ist **außerhalb des Verkehrsunfallrechts** von der Einstandspflicht einer Haftpflichtversicherung auszugehen, wäre es bei der Vertretung des Geschädigten hingegen ein **schwerwiegender Fehler, den Haftpflichtversicherer direkt in Anspruch zu nehmen**. Denn nur bei der Kfz-Haftpflichtversicherung handelt es sich gemäß § 1 PflVG um eine Versicherung im Sinne des Pflichtversicherungsgesetzes mit der Folge eines Direktanspruchs des Geschädigten gemäß § 115 Abs. 1 S. 1 Nr. 1 VVG. Wenn ein Schadensfall nach Ihrer Einschätzung hingegen in den Leistungskatalog einer **privaten Haftpflichtversicherung**, einer **Vermögensschadenshaftpflichtversicherung von Berufsträgern** (Notare, Rechtsanwälte, Steuerberater, Ärzte, Architekten, etc.), einer **Betriebshaftpflichtversicherung** von Unternehmen oder einer **Tierhalterhaftpflichtversicherung** fällt, bestehen allenfalls Freihaltungsansprüche der Versicherungsnehmer gegen die Versicherer im Innenverhältnis. Eine nichtsdestotrotz im Außenverhältnis gegen die Versicherer erhobene Klage ist **wegen fehlender Passivlegitimation hingegen unbegründet.**

Daneben kann der Mandant **den Halter des gegnerischen Unfallfahrzeugs** aus § 7 Abs. 1 StVG und den **Fahrer des gegnerischen Unfallfahrzeugs** aus § 18 Abs. 1 StVG in Anspruch nehmen. Eine Klage gegen den Fahrer ist regelmäßig dann **zweckmäßig**, wenn der Unfallhergang und damit einhergehend die Verantwortlichkeit für die Unfallschäden zwischen den Beteiligten im Streit stehen. Als Beklagter wird er nämlich Partei des Rechtsstreits und hierdurch **als Zeuge ausgeschaltet.** Gleiches gilt für die Klage gegen den Halter, sofern dieser zugleich der Fahrer des gegnerischen Unfallfahrzeugs (oder zumindest in ebendiesem mitgefahren) ist.

---

123 BGH NJW 1983, 2508; Thomas/Putzo/Hüßtege § 61 Rn. 7.

124 Thomas/Putzo/Hüßtege § 61 Rn. 7.

Beachte: Die Kfz-Haftpflichtversicherung und der ersatzpflichtige Versicherungsnehmer – mitversichert sind sowohl der Halter als auch der Fahrer[125] – haften dem Geschädigten kraft gesetzlicher Anordnung in § 115 Abs. 1 S. 1, S. 4 VVG **als Gesamtschuldner.** Dies begründet in prozessualer Hinsicht einen Fall der **einfachen Streitgenossenschaft.**[126] Für das Innenverhältnis der Gesamtschuldner trifft § 116 VVG eine von dem Grundsatz des § 426 Abs. 1 S. 1 BGB abweichende Bestimmung.

98 Eine **Klage gegen den Halter oder den Fahrer des gegnerischen Unfallfahrzeugs** kann sich jedoch auch als **nachteilig** erweisen, wenn das durch einen Unfall unter Beteiligung mehrerer Kraftfahrzeuge geschädigte Fahrzeug des Mandanten nicht von ihm selbst, sondern von einem Dritten gefahren wurde.

Beispiel: Bei einem durch zwei Kfz verursachten Unfall mit Sachschäden ist der Mandant K Halter und Eigentümer und F Fahrer des bei der V-Versicherung haftpflichtversicherten Kfz Nr. 1, während B zugleich Halter und Eigentümer des bei der C-Versicherung haftpflichtversicherten Kfz Nr. 2 ist. Verklagt K zum Ersatz seiner Schäden an dem Kfz Nr. 1 neben der C-Versicherung auch B, besteht die Gefahr, dass dieser im Wege der **Widerklage K aus § 7 Abs. 1 StVG** und im Wege der **streitgenössischen Drittwiderklage auch F aus § 18 Abs. 1 S. 1 StVG** auf Ersatz der ihm aus dem Unfallereignis entstandenen eigenen Schäden an dem Kfz Nr. 2 verklagt. F wäre dann einfacher Streitgenosse und **als Zeuge zur Bestätigung der Unfallversion des Mandanten ausgeschaltet.** Verklagt K hingegen nur die C-Versicherung, dann besteht die Gefahr der zeugenausschaltenden Drittwiderklage regelmäßig nicht. Denn anders als der gegnerische Halter verfügt der gegnerische Haftpflichtversicherer üblicherweise über keinerlei Gegenansprüche, die zum Gegenstand einer Wider- oder Drittwiderklage gemacht werden könnten.

Erhalt von Zeugenstellungen im Verkehrsunfallprozess

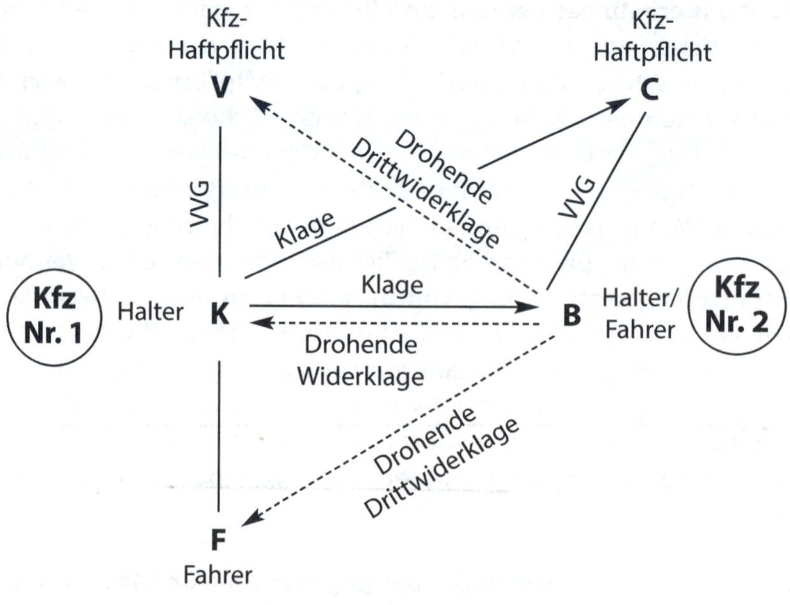

Die Klage gegen den Halter des gegnerischen Unfallfahrzeugs kann also für den Mandanten zum „Bumerang" werden. Gleiches gilt für die **Klage gegen den vom Halter personenverschiedenen Fahrer des gegnerischen Unfallfahrzeugs**, sofern dieser eigene Gegenansprüche (z.B. bei erlittenen Personenschäden) anzumelden hat. **Prozesstaktisch ratsam** ist in einer solchen Konstellation häufig, lediglich den Versicherer klageweise in Anspruch zu nehmen. Der Fahrer des klägerischen Fahr-

125 Vgl. zum Begriff des Versicherungsnehmers bei Kfz-Versicherungen die (unverbindlichen) allgemeinen Bedingungen der „Arbeitsgruppe Bedingungen und betriebliche Grundsatzfragen der Kommission Kraftfahrt Betrieb (KKB)", AKB 2015 (Stand 12.10.2017) Gliederungspunkt A.I.2..

126 BGH NJW-RR 2010, 1725; Thomas/Putzo/Hüßtege § 62 Rn. 8; lesen Sie zur einfachen Streitgenossenschaft bei Gesamtschuldnern in diesem Skript Rn. 100.

zeugs – Gleiches gilt dann allerdings auch für den Fahrer oder mitfahrenden Halter des gegnerischen Unfallfahrzeugs – kann im Prozess dann als Zeuge vernommen werden.[127]

Als weiterer potenzieller **Nachteil einer Klage gegen den Halter und/oder den Fahrer des gegnerischen Kfz** ist in die Abwägung einzustellen, dass eine kumulative Inanspruchnahme von Versicherer, Halter und Fahrer für den Mandanten zu einem **erhöhten Kostenrisiko** im Falle einer Teilabweisung der Klagen führt. Die Kostengefahr erhöht sich normalerweise allerdings nur marginal und kann daher letztlich vernachlässigt werden. Dies liegt daran, dass sowohl der Halter als auch der mitversicherte Fahrer versicherungsvertraglich nach den jeweiligen AKB[128] der Kfz-Haftpflichtversicherer **verpflichtet** sind, **dem Versicherer die Führung des Rechtsstreits zu überlassen**. Aus diesem Grunde werden gesamtschuldnerisch verklagte Versicherer, Halter und Fahrer regelmäßig von ein und demselben Rechtsanwalt im Prozess vertreten.[129] Beauftragen der Halter und/oder der Fahrer hingegen einen eigenen Rechtsanwalt, sind die hierdurch entstehenden Mehrkosten nur in **Ausnahmefällen** bei Vorliegen eines sachlichen Grundes als **notwendig i.S.d. § 91 Abs. 1 ZPO** anzusehen und erstattungsfähig.[130] 99

(b) Sonderfall: Gesamtschuldnerklage

Auch außerhalb des Verkehrsunfallrechts ist in Konstellationen **gesamtschuldnerischer Haftung** die Streitgenossenschaft auf Beklagtenseite zu thematisieren. Bei Gesamtschuldnern handelt es sich lediglich um **einfache Streitgenossen**, da die die einzelnen Gesamtschuldner betreffenden Umstände gemäß § 425 BGB im Grundsatz nur Einzelwirkung und lediglich in den Fällen der §§ 422, 423, 424 BGB Gesamtwirkung entfalten. Es ist daher im Einzelfall zu erörtern, ob zweckmäßigerweise **sämtliche oder nur einzelne** – und in letzterem Fall welche – **Gesamtschuldner** verklagt werden sollten. 100

Beispiele: Gesamtschuldnerklage gegen den Erwerber eines Handelsgeschäfts und den alten Geschäftsinhaber (vgl. §§ 25, 26 HGB), Gesamtschuldnerklage gegen eine rechtsfähige Personengesellschaft (z.B. OHG) und die persönlich haftenden Gesellschafter (§ 128 HGB)

Vorteile einer Klage gegen sämtliche Gesamtschuldner
■ Hemmung der Verjährung gegenüber sämtlichen Gesamtschuldnern, § 204 Abs. 1 Nr. 1 BGB
■ Ausschaltung sämtlicher Gesamtschuldner als Zeugen
■ Erhöhung der Vollstreckungschancen durch Mehrheit von Vollstreckungsschuldnern

Nachteil einer Klage gegen sämtliche Gesamtschuldner
■ Erhöhung des Kostenrisikos für den Mandanten bei Teilabweisung

Im Zweifel wird die **Klage gegen sämtliche Gesamtschuldner zweckmäßig** sein. Beim Klageantrag ist dann auf die Hervorhebung der Gesamtschuld zu achten.

127 Vgl. zum Umgang mit Gegenansprüchen Rn. 156.

128 Vgl. oben Rn. 125.

129 Der Rechtsanwalt verdient dann nicht etwa „doppelte" oder gar „dreifache" Gebühren. Die Vertretung weiterer Auftraggeber führt vielmehr zu einer Erhöhung der 1,3 Verfahrensgebühr (3100 VV RVG) um den Faktor 0,3 pro weiteren Auftraggeber (1008 VV RVG).

130 BGH NJW-RR 2004, 536.

Formulierungsbeispiel: Gesamtschuldnerklage

Namens und in Vollmacht des Klägers werde ich beantragen,

> ***die Beklagten zu 1) und 2) als Gesamtschuldner zu verurteilen, an den Kläger einen Betrag in Höhe von 12.000,00 € nebst Zinsen in Höhe von 5 Prozentpunkten über dem jeweiligen Basiszinssatz seit dem auf die Rechtshängigkeit folgenden Tag zu zahlen.***

(c) Sonderfall: Räumungsklage bei Mehrheit von Gewahrsamsinhabern

101 Begehrt der Mandant die Räumung eines Grundstücks oder von Räumen, so ist es **prozesstaktisch ratsam**, die Räumungsklage **gegen sämtliche Gewahrsamsinhaber als Streitgenossen** zu richten. Anderenfalls kann der für die Räumungsvollstreckung gemäß §§ 885, 885 a ZPO zuständige Gerichtsvollzieher aufgrund des **Formalisierungsgrundsatzes der Zwangsvollstreckung** ebendiese nicht erfolgreich durchführen. Zu den Mitgewahrsamsinhabern zählen **Ehegatten, Lebenspartner und nichteheliche Lebensgefährten sowie sonstige volljährige Mitbewohner,** sofern diese eigenen Gewahrsam an den Räumen ausüben und nicht lediglich Besitzdiener des beklagten Vertragspartners sind.[131] Im Haushalt lebende Kinder des beklagten Vertragspartners leiten ihren Besitz von ihren Eltern ab und sind nicht notwendig mit zu verklagen.[132] Materiell-rechtlich folgt der **Rückgabeanspruch des Mandanten gegen Dritte** in Bezug auf den vermieteten, verpachteten oder verliehenen Gegenstand im Falle der Miete aus § 546 Abs. 2 BGB, ebenso im Falle der Pacht über den Verweis in § 581 Abs. 2 BGB und im Falle der Leihe aus § 604 Abs. 4 BGB. Im Übrigen kommen auch die allgemeinen Herausgabeansprüche (z.B. §§ 985, 861 BGB) in Betracht.

> **Beachte:** Die Räumung von Wohnraum kann in besonders gelagerten Fällen auch aufgrund einer einstweiligen Verfügung gemäß § 940 a ZPO **(„Erleichterte Räumungsverfügung")** stattfinden.[133] Die für Wohnraummietverhältnisse geltende Vorschrift des § 940 a Abs. 2 ZPO ist indessen auf Mietverhältnisse über Gewerberaum weder unmittelbar noch entsprechend anwendbar.[134] Möglich ist im Bereich der Gewerberaummiete aber eine auf §§ 935, 940 ZPO gestützte **„gewöhnliche Räumungsverfügung"**, wenn die Voraussetzungen des § 940 a Abs. 2 ZPO erfüllt sind.[135]

102 Der Klageantrag ist bei einer Räumungsklage derart bestimmt zu formulieren, dass der Gerichtsvollzieher den Vollstreckungsgegenstand eindeutig identifizieren kann.

---

131 Thomas/Putzo/Seiler § 885 Rn. 6, 7, 9.

132 BGH NJW 2008, 1959; Thomas/Putzo/Seiler § 885 Rn. 5.

133 Lesen Sie zur einstweiligen Verfügung in diesem Skript Rn. 199–244.

134 OLG Dresden RÜ2 2018, 201; OLG Celle RÜ2 2015, 53.

135 OLG Dresden RÜ2 2018, 201.

Formulierungsbeispiel: Klageantrag bei Räumungsklage

Namens und in Vollmacht des Klägers werde ich beantragen,

> ***die Beklagten zu 1) und 2) als Gesamtschuldner zu verurteilen, die Wohnung im Hause Herderstr. 13, 21335 Lüneburg, im Dachgeschoss rechts, bestehend aus 3 Zimmern, einer Küche, einem Bad mit WC, einem Flur und einem Kellerraum zu räumen und geräumt an den Kläger herauszugeben.***

In verfahrensrechtlicher Hinsicht beantrage ich,

> ***die Sache gemäß § 272 Abs. 4 ZPO vorrangig und beschleunigt durchzuführen.***

Prozessuale Assoziationen zur Räumungsklage

- Ausschließliche Zuständigkeit des Amtsgerichts in sachlicher (Wohnraummietsachen) und örtlicher Hinsicht (Miet- und Pachtverhältnisse über Räume), § 23 Nr. 2 a) GVG, § 29 a ZPO
- Einfache Streitgenossenschaft bei Gesamtschuldnerklage gegen sämtliche Mitgewahrsamsinhaber, §§ 59, 60 ZPO
- Besondere Kostenregelung bei Räumungsklagen, § 93 b ZPO
- Möglichkeit zur Klage auf künftige Räumung, §§ 257, 259 ZPO
- Objektive Klagehäufung bei Zahlungsrückständen, § 260 ZPO
- Vorrangige und beschleunigte Durchführung von Räumungssachen, § 272 Abs. 4 ZPO
- Antrag auf Sicherungsanordnung, § 283 a ZPO
- Vorläufige Vollstreckbarkeit von Räumungsurteilen ohne Sicherheitsleistung, § 708 Nr. 7 ZPO
- Vollstreckungsschutzantrag des Schuldners, §§ 712, 714 ZPO
- Antrag auf Gewährung einer Räumungsfrist, § 721 ZPO
- Herausgabevollstreckung im Wege der „Berliner Räumung", §§ 885, 885 a ZPO
- Möglichkeit zur Erwirkung einer „erleichterten Räumungsverfügung", § 940 a ZPO

(2) Notwendige Streitgenossenschaft

Eine **notwendige Streitgenossenschaft** (§ 62 ZPO) zeichnet sich dadurch aus, dass **103** die für oder gegen die Streitgenossen ergehende **Entscheidung einheitlich** auszufallen hat. Eine Notwendigkeit der Streitgenossenschaft kann sich dabei aus prozessualen (§ 62 Abs. 1 Alt. 1 ZPO) oder materiell-rechtlichen Gründen (§ 62 Abs. 1 Alt. 2 ZPO) ergeben.[136]

- Eine notwenige Streitgenossenschaft aus **prozessualen Gründen** kann etwa in den Fällen gesetzlich angeordneter Rechtskrafterstreckung (z.B. §§ 326, 327 ZPO) vorliegen. Auch der drittwiderbeklagte Inhaber eines Rechts, das der Kläger in gewillkürter Prozessstandschaft geltend macht, ist aus prozessualen Gründen not-

136 Lesen Sie hierzu im AS-Skript Die zivilgerichtliche Assessorklausur (2018), Rn. 473–477.

wendiger Streitgenosse des Klägers, weil die Rechtskraft des auf die Klage ergehenden Urteils sich auch auf den Drittwiderbeklagten erstreckt.[137]

- **Materiell-rechtliche Gründe** für eine notwendige Streitgenossenschaft können etwa bei Aktiv- oder Passivprozessen von Gesamthandsgemeinschaften vorliegen, wobei für die Aktivprozesse teilweise Einzelklagebefugnisse zugunsten der Gesamthänder bestehen (z.B. §§ 432, 1422, 2039 BGB).

Beachte: Trotz der Rechtskrafterstreckung aus § 124 Abs. 1 VVG im **Kfz-Haftpflichtprozess** sind der Kfz-Haftpflichtversicherer und der versicherte Halter sowie der mitversicherte Fahrer **nicht notwendige**, sondern **lediglich einfache Streitgenossen**.

bb) Streitverkündung, §§ 72 ff. ZPO

104 Im Rahmen der Zweckmäßigkeit ist bei Anlass weiter zu erörtern, ob einem Dritten der Streit verkündet werden sollte. Eine **Streitverkündung** ist die förmliche Benachrichtigung eines außenstehenden Dritten von einem anhängigen Rechtsstreit („Vorprozess") durch eine der Parteien.[138] Sie ist unter den folgenden Bedingungen wirksam:

Aufbauschema: Voraussetzungen der Streitverkündung, §§ 72, 73 ZPO[a]
1. Anhängigkeit des Vorprozesses
2. Vorliegen eines Streitverkündungsgrundes, § 72 ZPO
3. Ordnungsgemäße Streitverkündungsschrift, § 73 ZPO

a) Lesen Sie hierzu im AS-Skript Die zivilgerichtliche Assessorklausur (2018), Rn. 498–512.

105 Bei der anwaltlichen Vertretung des Klägers ist insbesondere in Fällen der **Alternativhaftung** an eine Streitverkündung zu denken, bei denen die Person des richtigen Schuldners aus tatsächlichen oder rechtlichen Gründen nicht mit Bestimmtheit festgestellt werden kann.

Beispiel: Für die einzuklagende Kaufpreisforderung des Mandanten haftet entweder – im Falle bestehender Vertretungsmacht – der Vertretene aus § 433 Abs. 2 BGB oder – bei fehlender Vertretungsmacht – der Vertreter gemäß § 179 Abs. 1 BGB.

In Fällen der Kumulativhaftung ist die Streitverkündung aufgrund eines fehlenden Streitverkündungsgrundes gemäß § 72 ZPO dagegen unzulässig. Haften dem Mandanten beispielsweise die Gesamtschuldner A und B für eine Forderung, besteht zwar ein Wahlrecht dahingehend, entweder nur A oder nur B oder aber A und B als einfache Streitgenossen zu verklagen. Eine Klage gegen einen der Gesamtschuldner und eine Streitverkündung gegenüber dem anderen ist hingegen ausgeschlossen.[139]

137 OLG Hamm RÜ2 2019, 73.

138 Thomas/Putzo/Hüßtege § 72 Rn. 1.

139 Vgl. zur Streitverkündung im Innenverhältnis der Gesamtschuldner in diesem Skript Rn. 456–458.

Vorteile der Streitverkündung, §§ 72 ff. ZPO
■ Durch die Streitverkündung tritt die **Interventionswirkung gemäß §§ 74 Abs. 3, 68 ZPO** ein. Hierdurch wird das Gericht im Folgeprozess an die das Urteil aus dem Vorprozess tragenden tatsächlichen und rechtlichen Feststellungen (einseitig zugunsten des Streitverkünders und zuungunsten des Streitverkündeten!) gebunden.[a] Auf diesem Wege wird wiederum **verhindert**, dass der **in dem Vorprozess unterlegene Streitverkünder** mit einer dem Urteil aus dem Vorprozess widersprechenden Begründung **im Folgeprozess ein weiteres Mal unterliegt**. Die Interventionswirkung tritt **im Falle eines Beitritts des Streitverkündeten im Vorprozess ohne** die Voraussetzungen der Streitverkündung, **im Falle eines Nichtbeitritts hingegen nur bei Vorliegen der Streitverkündungsvoraussetzungen** ein.[b]
■ Eine **wirksame Streitverkündung hemmt die Verjährung** des bestehenden Regressanspruchs gegen den Streitverkündungsempfänger, § 204 Abs. 1 Nr. 6 BGB. Selbst im Falle eines Beitritts des Streitverkündeten tritt die Verjährungshemmung jedoch nur dann ein, wenn die Streitverkündung zulässig i.S.d. §§ 72, 73 ZPO ist.[c]

106

a) BGH RÜ 2015, 299; Thomas/Putzo/Hüßtege § 68 Rn. 5.

b) Thomas/Putzo/Hüßtege § 74 Rn. 2.

c) BGH RÜ2 2016, 33; BGH NJW 2009, 1488.

d) Wahl einer besonderen Verfahrensart

Im Rahmen der Zweckmäßigkeitserwägungen ist sodann anzudenken, ob die Wahl einer besonderen Verfahrensart prozesstaktisch ratsam ist. In Betracht kommen das **selbstständige Beweisverfahren** (§§ 485 ff. ZPO), eine Anregung des **Verfahrens nach billigem Ermessen** (§ 495 a ZPO), der **Urkundenprozess** (§§ 592 ff. ZPO), das **gerichtliche Mahnverfahren** (§§ 688 ff. ZPO) und das **Arrest- und einstweilige Verfügungsverfahren** (§§ 916 ff. ZPO). 107

aa) Das selbstständige Beweisverfahren, §§ 485 ff. ZPO

Das selbstständige Beweisverfahren[140] (früherer Name: „Beweissicherungsverfahren") dient in aller Regel einer **vorsorglichen Beweiserhebung vor Beginn eines möglichen Prozesses.**[141] Denkbar ist aber auch eine Einleitung während eines bereits laufenden Rechtstreits (vgl. § 485 Abs. 1 ZPO). Durch das selbstständige Beweisverfahren wird gewöhnlich die **Verhinderung von Rechtsnachteilen durch den drohenden Verlust von Beweismitteln** bezweckt. Inhaltlich kann Beweis durch **Augenschein, Sachverständige oder Zeugen** erhoben werden. 108

Beispiel: Einholung eines Sachverständigengutachtens über einen Kfz-Schaden bei bestehender Reparaturabsicht und Weiterbenutzungswunsch des Fahrzeughalters.

Voraussetzung für ein selbstständiges Beweisverfahren ist neben einem **Antrag** entweder die **Zustimmung des Gegners** oder die **Besorgnis, dass das Beweismittel verloren geht oder seine Benutzung erschwert** wird (§ 485 Abs. 1 ZPO). Sollte ein Rechtsstreit noch nicht anhängig sein, ist für den Beweis durch Sachverständige ein **rechtliches Interesse** erforderlich (§ 485 Abs. 2 S. 1 ZPO). Eine echte Hürde ergibt sich hieraus in aller Regel nicht, da der Sachverständigenbeweis gewöhnlich der Vermeidung eines Rechtstreits dienen kann (vgl. § 485 Abs. 2 S. 2 ZPO).

140 Lesen Sie zum selbstständigen Beweisverfahren ergänzend im AS-Skript Die zivilgerichtliche Assessorklausur (2018), Rn. 163 und 836.

141 Thomas/Putzo/Reichold Vorbem. § 485 Rn. 1.

Die **Durchführung eines selbstständigen Beweisverfahrens** kann sich aus verschiedenen Gründen als **zweckmäßig** erweisen:

Vorteile eines selbstständigen Beweisverfahrens
■ In Abhängigkeit von dem Beweisergebnis – insbesondere bei einem für den Mandanten erfolglosen Verfahrensausgang – kann **von einem Klageverfahren Abstand genommen** und können die hiermit einhergehenden **Kosten vermieden** werden.[a]
■ Die Zustellung des Antrags auf Durchführung eines selbstständigen Beweisverfahrens bewirkt eine **Hemmung der Verjährung**, § 204 Abs. 1 Nr. 7 BGB.
■ Ein im Rahmen eines selbstständigen Beweisverfahrens eingeholtes Sachverständigengutachten dient im Rahmen eines nachfolgenden Rechtsstreits als **Sachverständigenbeweis**, § 493 ZPO.

a) Zu beachten ist allerdings, dass der Gegner auf eine Erstattung der ihm im Rahmen des selbstständigen Beweisverfahrens entstandenen Kosten gemäß § 494 a ZPO hinwirken kann.

109 Eine Kostenentscheidung ergeht im selbstständigen Beweisverfahren – außer in den Fällen des § 494 a Abs. 2 ZPO – nicht.[142] Sollte zwischen denselben Parteien über denselben Gegenstand nachfolgend ein Klageverfahren durchgeführt werden, nehmen die Kosten des vorherigen selbstständigen Beweisverfahrens jedoch an der **Kostenentscheidung des Klageverfahrens** teil (§§ 91 ff. ZPO). Um unnötigen Streitigkeiten im Rahmen des späteren Kostenfestsetzungsverfahrens vorzubeugen, ist ein Kostenantrag im Rahmen der Klageschrift zwar **nicht erforderlich, aber zur Klarstellung ausnahmsweise zweckmäßig**.

Formulierungsbeispiel: Kostenantrag im Klageverfahren nach selbstständigem Beweisverfahren

In dem Termin zur mündlichen Verhandlung werde ich beantragen,

1. [Sachantrag]

2. dem Beklagten die Kosten des Rechtsstreits einschließlich der Kosten des selbstständigen Beweisverfahrens vor dem Amtsgericht … zu der Geschäftsnummer … aufzuerlegen.

bb) Das Verfahren nach billigem Ermessen, § 495 a ZPO

110 Übersteigt der Streitwert den Betrag von 600,00 € nicht, kann das angerufene Amtsgericht das **Verfahren nach billigem Ermessen** gestalten (§ 495 a S. 1 ZPO). Insbesondere die Durchführung einer mündlichen Verhandlung ist dann nur auf Antrag einer Partei notwendig (§ 495 a S. 2 ZPO). Für die Urteilsfassung gelten zudem die Erleichterungen des § 313 a ZPO. Denn das Urteil ist aufgrund des nicht erreichten Beschwerdegegenstands von mehr als 600,00 € (§ 511 Abs. 2 Nr. 1 ZPO) nicht berufungsfähig, es sei denn die Berufung wird durch das angerufene Amtsgericht gesondert zugelassen (§ 511 Abs. 2 Nr. 2 ZPO).

142 Im Rahmen des selbstständigen Beweisverfahrens fallen 1,0 Gerichtsgebühren (Nr. 1610 KV GKG) an. Diese erhöhen sich ggf. um die Zeugenentschädigung (§ 401 ZPO) oder Sachverständigenvergütung (§ 413 ZPO). An Anwaltskosten entsteht eine 1,3 Verfahrensgebühr (Nr. 3100 VV RVG), die im Falle einer nachfolgenden Klage vollständig auf die Verfahrensgebühr des Klageverfahrens angerechnet wird. Sollte ein Ortstermin stattfinden, fällt noch eine 1,2 Terminsgebühr (§ 3104 VV RVG) an, die im Falle einer nachfolgenden Klage hingegen nicht auf die Terminsgebühr im Klageverfahren angerechnet wird.

Beachte: Nicht ohne Grund heißt es: „Bei einem Streitwert bis 600,00 € existiert über dem Amtsgericht nur der blaue Himmel!"

Aus anwaltlicher Sicht ist zu überlegen, ob ein vereinfachtes Verfahren nach § 495 a ZPO angeregt werden sollte. **111**

Nachteile des Verfahrens gemäß § 495 a ZPO

- Die Freiheiten des Gerichts bei der Gestaltung des Verfahrens und vor allem die fehlende Möglichkeit zur Einflussnahme im Rahmen einer mündlichen Verhandlung bergen die **Gefahr eines überraschenden Urteils zum Nachteil des Mandanten**.

Vorteile des Verfahrens gemäß § 495 a ZPO

- Dem Mandanten bleibt eine ggf. **zeit- und kostenaufwändige Anreise zu einem Gerichtstermin bei einem entlegenen Amtsgericht** erspart, die möglicherweise außer Verhältnis zum geringen Streitwert steht.
- Es ergeben sich **Kostenvorteile hinsichtlich etwaiger Reisekosten des Rechtsanwalts** im Zusammenhang mit der Terminswahrnehmung (Nummern 7003 bis 7006 VV RVG)[a]
- Die Erledigung des Rechtsstreits im schriftlichen Verfahren hat mitunter auch **Beschleunigungsvorteile**.

a) In Betreff der eigentlichen Gerichts- und Anwaltsgebühren ergeben sich demgegenüber keine Kostenvorteile. So entsteht im Verfahren nach § 495 a ZPO vor allem die anwaltliche 1,2 Terminsgebühr (Nr. 3104 VV RVG) auch ohne mündliche Verhandlung.

Eine **Anregung des Verfahrens nach billigem Ermessen** wird hiernach in aller Regel **zweckmäßig** (und auch praxisnah) sein. Zu beachten ist dabei, dass letztlich ohnehin das Gericht unabhängig von einer Anregung darüber entscheidet, ob nach § 495 a ZPO verfahren wird oder nicht.[143] Sollten sich im Einzelfall aber tatsächlich konkrete Bedenken gegen eine Entscheidung im schriftlichen Verfahren ergeben, kann nach § 495 a S. 2 ZPO noch immer die **Anberaumung einer mündlichen Verhandlung beantragt** werden. Dann muss das Gericht eine mündliche Verhandlung durchführen. Kommt das Gericht einem solchen Antrag der Parteien nicht nach, bedeutet dies eine Verletzung des Anspruchs auf rechtliches Gehör,[144] wogegen dann mit der **Gehörsrüge** (§ 321 a ZPO) vorgegangen werden kann.[145]

cc) Das Urkundenverfahren, §§ 592 ff. ZPO

Der Urkundenprozess[146] ist eine besondere Verfahrensart, die der **raschen Erlangung eines Vollstreckungstitels** dient.[147] Im Wege des Urkundenverfahrens können lediglich **Zahlungsansprüche** und Ansprüche auf Leistung vertretbarer Sachen oder Wertpapiere geltend gemacht werden (§ 592 S. 1 ZPO). Der Klage muss sich entnehmen lassen, dass im Urkundenprozess geklagt wird (§ 593 ZPO). Sämtliche **beweisbedürftigen anspruchsbegründenden Tatsachen** müssen durch Vorlage von Urkunden beweisbar sein und durch den Kläger bewiesen werden (§ 592 S. 1 ZPO).[148] **112**

143 In der amtsgerichtlichen Praxis wird bei Streitwerten bis 600,00 € meist gemäß § 495 a ZPO verfahren.

144 Thomas/Putzo/Reichold § 495 a Rn. 2.

145 Thomas/Putzo/Reichold § 495 a Rn. 4.

146 Lesen Sie zum Urkundenprozess im AS-Skript Die zivilgerichtliche Assessorklausur (2018), Rn. 784–814.

147 Thomas/Putzo/Reichold Vorbem. § 592 Rn. 1.

148 Thomas/Putzo/Reichold § 592 Rn. 6.

Umgekehrt muss aber auch **der Beklagte die Voraussetzungen der Einwendungen**, auf die er sich beruft, durch Urkunden – oder durch Parteivernehmung (§ 595 Abs. 2 ZPO) – belegen.[149]

Beispiel: Wird im Urkundenprozess ein Vergütungsanspruch unter dem Gesichtspunkt des Annahmeverzugs geltend gemacht, muss der Kläger die Voraussetzungen des Annahmeverzugs, der Beklagte die Voraussetzungen des Unvermögenseinwands gemäß § 297 BGB durch Urkunden beweisen.[150]

Unstreitige Tatsachen bedürfen demgegenüber keines Beweises durch Urkunden.[151] Eine **Widerklage** ist im Urkundenverfahren ausgeschlossen (§ 595 Abs. 1 ZPO).

Beachte: Wird hingegen im ordentlichen Klageverfahren vorgegangen, ist eine **Widerklage im Urkundenprozess** möglich.[152]

Hat der Beklagte dem geltend gemachten Anspruch widersprochen und wird er gleichwohl im Urkundenverfahren verurteilt, ergeht eine **Entscheidung durch Vorbehaltsurteil** (§ 599 ZPO). Der Rechtsstreit bleibt dann im ordentlichen Klageverfahren anhängig (§ 600 ZPO). In diesem **Nachverfahren** fallen die Beschränkungen des Urkundenprozesses (v.a. Beweismittelbeschränkungen und Ausschluss der Widerklage) weg.

113 Sollten die Voraussetzungen zur **Klage im Urkundenverfahren** bestehen, ist im Einzelfall abzuwägen, ob ein solches Vorgehen **zweckmäßig** ist.

Nachteile des Urkundenprozesses

- Durch das sich an den Urkundenprozess womöglich anschließende Nachverfahren (§ 600 Abs. 1 ZPO) tritt ggf. eine **Verzögerung des Rechtsstreits** ein[a]
- Sollte das Vorbehaltsurteil im Nachverfahren aufgehoben werden, besteht für den Mandanten die Gefahr einer **Schadensersatzpflicht**, § 600 Abs. 2 ZPO i.V.m. § 302 Abs. 4 S. 3 ZPO

a) In Betreff der Anwaltskosten ist zu beachten, dass die im Urkundenprozess anfallende 1,3 Verfahrensgebühr (3100 VV RVG) auf die im Nachverfahren ebenfalls anfallende Verfahrensgebühr vollständig angerechnet wird. Eine im Urkundenprozess anfallende 1,2 Terminsgebühr (§ 3104 VV RVG) bleibt hingegen neben einer im Nachverfahren anfallenden Terminsgebühr ohne Anrechnung bestehen.

Vorteile des Urkundenprozesses

- Der Urkundenprozess (ohne Nachverfahren) führt zu einer **Beschleunigung des Rechtsstreits.** Durch den **Ausschluss der Widerklage** (§ 595 Abs. 1 ZPO) und die **Beschränkung des Gegners auf die Beweismittel des Urkundenbeweises** und des Antrags der Parteivernehmung (§§ 595 Abs. 2, 598 ZPO) sind regelmäßig eine sofortige Beweisaufnahme und Entscheidung durch Vorbehaltsurteil möglich.
- Ein im Urkundenprozess erlassenes Urteil ist **ohne Sicherheitsleistung vorläufig vollstreckbar**, § 708 Nr. 4 ZPO

149 OLG Hamm RÜ2 2018, 5; Thomas/Putzo/Reichold § 595 Rn. 3.
150 OLG Hamm RÜ2 2018, 5.
151 BGH NJW 2015, 475; Thomas/Putzo/Reichold § 592 Rn. 6.
152 BGH NJW 2002, 751; Thomas/Putzo/Reichold § 595 Rn. 1.

- Ist in ordentlichen Klageverfahren eine umfangreiche und langwierige Beweisaufnahme erforderlich, besteht häufig ein gewisser **„Vergleichsdruck" für den Kläger**. Existiert jedoch ein Vorbehaltsurteil aus einem Urkundenverfahren (§ 599 ZPO), wird im Nachverfahren zur Meidung von Vollstreckungsmaßnahmen in erster Linie dem **Beklagten an einem Vergleich gelegen** sein.

Beispiel: Zahlt der Mieter die vereinbarte Miete nicht oder nicht vollständig, ist für den Vermieter häufig ein Vorgehen im Wege des Urkundenprozesses ratsam. Die **anspruchsbegründenden Tatsachen** (Vertragsschluss, Mietbeginn und Höhe der vereinbarten Miete) sind durch Vorlage des Mietvertrags und mithin **urkundlich beweisbar**. Wendet der Mieter dann ein, die Miete sei aufgrund (nachträglicher) Mängel gemäß § 536 Abs. 1 BGB gemindert gewesen und daher in der geschuldeten Höhe gezahlt worden, wird der **Mangelnachweis regelmäßig nicht durch Urkunden** erbracht werden können. Der Vermieter erlangt im Ergebnis ein **ohne Sicherheitsleistung vorläufig vollstreckbares Vorbehaltsurteil**. Der Mieter kann dann allenfalls versuchen, den Mangelnachweis im Rahmen des Nachverfahrens (mittels Beweises durch Augenschein, Sachverständige oder Zeugen) zu führen. **Die Wahl des Urkundenverfahrens verschiebt hierbei die „Kräfteverhältnisse".** Im ordentlichen Klageverfahren wird der Vermieter einen Vollstreckungstitel oft erst nach einer kostenintensiven und langwierigen Beweisaufnahme erhalten, sodass unter kaufmännischen Gesichtspunkten **für den Vermieter ein gewisser „Vergleichsdruck"** besteht. Im Urkundenverfahren gelangt der Vermieter jedoch relativ schnell zu einem Vollstreckungstitel. Im Nachverfahren dürfte zur Vermeidung von Vollstreckungsmaßnahmen häufig **zuvorderst dem Mieter an einem Vergleich gelegen** sein.

Eine Klage im Urkundenverfahren erweist sich hiernach im Zweifel als **zweckmäßig**. Natürlich ist der Mandant auf potenzielle Risiken der Verfahrensart hinzuweisen. Zu bedenken ist auch, dass der **Kläger vom Urkundenprozess bis zum Schluss der mündlichen Verhandlung Abstand nehmen** kann, mit der Folge eines Übergangs in das ordentliche Klageverfahren (§ 596 ZPO).

Beachte: Sollten Sie im Rahmen Ihrer gedanklichen Vorprüfung dazu gelangen, dass ein Vorgehen im Wege des Urkundenprozesses zweckmäßig ist, befreit Sie diese Entscheidung (im Hinblick auf das drohende Nachverfahren) natürlich nicht von einer **Auseinandersetzung mit dem gegnerischen Vorbringen**, auch wenn dieses lediglich durch andere Beweismittel als den Urkundenbeweis belegt werden kann!

dd) Das gerichtliche Mahnverfahren, §§ 688 ff. ZPO

Ist der aussichtsreiche Anspruch des Mandanten **auf Zahlung gerichtet** und zudem **nicht (mehr) von einer noch zu erbringenden Gegenleistung abhängig** (§ 688 Abs. 2 Nr. 2 ZPO), ist statt der Einleitung eines Klageverfahrens die Durchführung eines **gerichtlichen Mahnverfahrens** (§§ 688 ff. ZPO) anzudenken.[153] 114

Bei dem gerichtlichen Mahnverfahren handelt es sich um ein **zweistufiges Verfahren**. Auf der ersten Stufe wird der **Erlass eines Mahnbescheids** gegenüber dem ausschließlich zuständigen Amtsgericht am allgemeinen Gerichtsstand des Antragstellers (§ 689 Abs. 1, Abs. 2 S. 1 ZPO) beantragt.[154] Nach Erlass des Mahnbescheids veranlasst das Gericht die Zustellung an den Antragsgegner. Erhebt der Antragsgegner nicht innerhalb der Widerspruchsfrist von zwei Wochen nach Zustellung (§ 692 Abs. 1 Nr. 3 ZPO) **Widerspruch gegen den Mahnbescheid** (§ 694 Abs. 1 ZPO), so besteht

153 Lesen Sie zum gerichtlichen Mahnverfahren im AS-Skript Die zivilgerichtliche Assessorklausur (2018), Rn. 764–770.

154 Zwischenzeitlich haben alle Bundesländer von der Ermächtigung des § 689 Abs. 3 ZPO Gebrauch gemacht und Zentrale Mahngerichte („ZEMA") bestimmt. Eine Auflistung findet sich im Thomas/Putzo § 689 Rn. 7. Dort wird allerdings fälschlich das AG Hamburg-Mitte (und nicht das tatsächlich zuständige AG Hamburg-Altona) als das für die Länder Hamburg und Mecklenburg-Vorpommern zuständige ZEMA angegeben.

für den Antragsteller die Möglichkeit, auf der zweiten Stufe des Verfahrens den **Erlass eines Vollstreckungsbescheids** zu beantragen. Dieser steht einem für vorläufig vollstreckbar erklärten Versäumnisurteil gleich (§ 700 Abs. 1 ZPO) und stellt mithin einen tauglichen Vollstreckungstitel dar (§ 794 Abs. 1 Nr. 4 ZPO). Nach Erlass des Vollstreckungsbescheids veranlasst das Gericht dessen Zustellung an den Antragsgegner, der nunmehr als statthaften Rechtsbehelf noch einen **Einspruch gegen den Vollstreckungsbescheid einlegen** (§ 700 Abs. 1, 338 ff. ZPO) kann.

Das gerichtliche Mahnverfahren hat in der Praxis eine große Bedeutung, da die Chance besteht, mit **geringerem Arbeits-**[155] **und Kostenaufwand**[156] und regelmäßig auch **deutlich schneller** als im Wege des Klageverfahrens einen Vollstreckungstitel zu erlangen. Eine **Schlüssigkeitsprüfung findet im gerichtlichen Mahnverfahren nicht statt** (§ 692 Abs. 1 Nr. 2 ZPO). Obwohl das gerichtliche Mahnverfahren somit einen einfacheren und billigeren Weg zur Erlangung eines Vollstreckungstitels darstellt, besteht dennoch die **freie Wahl** zwischen einer Klage und einem gerichtlichen Mahnverfahren.[157] Dies hängt nicht zuletzt mit den Unwägbarkeiten des Verfahrensablaufes zusammen, der maßgeblich vom Verhalten des Antragsgegners bestimmt wird. Wehrt sich der Antragsgegner nämlich im Wege des **Widerspruchs** gegen den Anspruch laut Mahnbescheid, wird das Verfahren auf Antrag einer Partei (§ 696 Abs. 1 ZPO) an das für die Durchführung des streitigen Prozessverfahrens im Mahnbescheidsantrag bezeichnete Gericht (§ 692 Abs. 1 Nr. 6 ZPO) abgegeben. Im Falle eines **Einspruchs** gegen den Vollstreckungsbescheid wird das Verfahren ohne Antrag an das benannte Streitgericht abgegeben (§ 700 Abs. 3 ZPO). Erst jetzt beginnt also das – um die Dauer des vorgeschalteten Mahnverfahrens **verzögerte – streitige Prozessverfahren.**

Ein Vorgehen im gerichtlichen Mahnverfahren ist daher **grundsätzlich nur sinnvoll,** wenn prognostisch zu erwarten ist, dass sich der Gegner gegen den ihm zugestellten Mahnbescheid **nicht verteidigen** wird.[158]

> **Beachte:** Da die Zustellung eines Mahnbescheids an den Antragsgegner allerdings die **Verjährung hemmt** (§ 204 Abs. 1 Nr. 3 BGB), wird das gerichtliche Mahnverfahren in der Praxis häufig aber auch in Konstellationen eingeleitet, in denen zwar sicher mit einem Widerspruch des Antragsgegners zu rechnen ist, die Zeit für die Anfertigung einer umfassenden Klageschrift vor Verjährungseintritt jedoch fehlt. Da **§ 167 ZPO in sämtlichen Fällen des § 204 BGB zur Anwendung** gelangt, wird die Verjährung des Anspruchs im Falle einer erfolgreichen Zustellung des Mahnbescheids an den Antragsgegner regelmäßig sogar rückwirkend auf den Zeitpunkt des Eingangs des Antrags auf Erlass eines Mahnbescheids beim erkennenden Gericht gehemmt.

115 In **klausurtaktischer Hinsicht** ist es regelmäßig verfehlt, im Rahmen einer zivilrechtlichen Anwaltsklausur dem gerichtlichen Mahnverfahren den Vorzug vor dem Klageverfahren zu gewähren. Im praktischen Teil müsste dann nämlich der Erlass eines Mahnbescheids beantragt werden, was aufgrund des in der Praxis bestehenden Zwangs zur Formularnutzung (§ 703 c Abs. 2 ZPO) schlicht keine allzu sinnvolle Auf-

155 Es bedarf keiner Erstellung einer Klageschrift, nur des Ausfüllens des nach § 703 c Abs. 2 ZPO zwingend zu benutzenden Antragsformulars.

156 Im Rahmen des gerichtlichen Mahnverfahrens entstehen Gerichtskosten in Höhe von 0,5 Gebühren (Nr. 1100 KV GKG), im Klageverfahren demgegenüber 3,0 Gebühren (Nr. 1210 KV GKG). Die Hinzuziehung eines Rechtsanwalts ist (auch bei Forderung über 5.000,00 €) zwar nicht erforderlich. Im Falle einer Hinzuziehung entstehen an Anwaltskosten aber lediglich 1,5 Gebühren (Nrn. 3305, 3308 VV RVG), im Klageverfahren regelmäßig 2,5 Gebühren (Nrn. 3100, 3104 VV RVG).

157 Thomas/Putzo/Hüßtege Vorbem. § 688 Rn. 1.

158 Thomas/Putzo/Hüßtege Vorbem. § 688 Rn. 1.

gabenstellung wäre.[159] Im Rahmen der Zweckmäßigkeitserwägungen sollte daher in der Regel lediglich eine kurze Auseinandersetzung mit dem gerichtlichen Mahnverfahren erfolgen und begründet werden, warum das **Klageverfahren vorzuziehen** ist.

Formulierungsbeispiel: Unzweckmäßigkeit des gerichtlichen Mahnverfahrens
Eine Geltendmachung der Forderung im Wege des gerichtlichen Mahnverfahrens ist nicht zweckmäßig, da nach Sichtung der von dem Mandanten überlassenen Unterlagen mit einem Widerspruch des Gegners gegen den Mahnbescheid zu rechnen ist und sich das Verfahren durch die Abgabe des Verfahrens an das Streitgericht und den Übergang in das streitige Prozessverfahren im Vergleich zu einer unmittelbaren Klageerhebung unnötig verzögern würde.

Beachte: Die Kenntnisse um den Verfahrensgang eines gerichtlichen Mahnverfahrens sind im Assessorexamen vor allem dann vonnöten, wenn der Mandant selbst das gerichtliche Mahnverfahren betrieben hat, der Antragsgegner aber Widerspruch gegen den Mahnbescheid erhoben oder Einspruch gegen den Vollstreckungsbescheid eingelegt hat. Ihre Aufgabe im praktischen Teil ist dann die Fertigung einer Anspruchsbegründung (vgl. §§ 697 Abs. 1, Abs. 2, Abs. 3, 700 Abs. 3, Abs. 4, Abs. 5 ZPO).[160]

ee) Das Arrest- und einstweilige Verfügungsverfahren, §§ 916 ff. ZPO

Ein Vorgehen im Wege des einstweiligen Rechtsschutzes (§§ 916 ff. ZPO)[161] erweist 116
sich als prozesstaktisch ratsam, wenn sowohl das Bestehen eines **Arrest- oder Verfügungsanspruchs** als auch eines **Arrest- oder Verfügungsgrundes** glaubhaft gemacht werden können. Der Mandant bringt in derartigen Klausurkonstellationen in aller Regel zuverlässig zum Ausdruck, dass die Angelegenheit für ihn „besonders eilig" sei, „keinen Aufschub" dulde oder „umgehend" gehandelt werden müsse.

Sollte die Eilbedürftigkeit den Kern des Mandantenbegehrens bilden und sämtliche im Raum stehenden Ansprüche betreffen, handelt es sich um ein **Angriffsmandat im einstweiligen Rechtsschutz.**[162] Es ist dann im **praktischen Teil** ein Antrag auf Erlass einer einstweiligen Verfügung (oder eines Arrestes) zu entwerfen. Im Zweifel und insbesondere wenn der Mandant auf eine endgültige Klärung der Angelegenheit sinnt, handelt es sich jedoch um ein **Angriffsmandat im Klageverfahren.** Die Möglichkeit, einstweiligen Rechtsschutz zu erreichen, ist dann regelmäßig nur im Rahmen der **Zweckmäßigkeitserwägungen** aufzuzeigen. Im **praktischen Teil** ist dann eine Klageschrift für das Hauptsacheverfahren zu entwerfen und nur in besonders gelagerten Fällen zugleich auch der verfahrenseinleitende Schriftsatz für das einstweilige Rechtsschutzverfahren.

e) Der unbestimmte Klageantrag, § 253 Abs. 2 Nr. 2 ZPO

Die Angabe eines bestimmten Antrags zählt zu den wesentlichen Inhalten einer Kla- 117
ge (§ 253 Abs. 2 Nr. 2 ZPO). Für die Zulässigkeit einer Zahlungsklage ist demnach grundsätzlich die Bezifferung des mit der Klage verfolgten Anspruchs erforderlich.[163]

159 Anders mag dies freilich in den (seltenen) Fällen sein, in denen die Ausarbeitung des praktischen Teils durch den Bearbeitervermerk erlassen sein sollte.

160 Ein Muster-Schriftsatz einer solchen Anspruchsbegründung findet sich in diesem Skript bei Rn. 192.

161 Lesen Sie zum einstweiligen Rechtsschutzverfahren im AS-Skript Die zivilgerichtliche Assessorklausur (2018), Rn. 995–1064.

162 Lesen Sie hierzu in diesem Skript Rn. 199–244.

163 Thomas/Putzo/Reichold § 253 Rn. 11.

Ausnahmsweise kann jedoch auch ein **unbezifferter Zahlungsantrag** zulässig sein, wenn dem Kläger die Ermittlung der Höhe seines Anspruchs unmöglich oder unzumutbar ist.[164] Dies gilt insbesondere bei Entschädigungen für erlittene **immaterielle Schäden**, bei denen die Höhe der Forderung durch das materielle Recht in das Ermessen der Gerichte gestellt ist (z.B. § 253 Abs. 2 BGB, § 651 n Abs. 2 BGB, § 15 Abs. 2 AGG) und sich die **Schadensermittlung nach § 287 ZPO** richtet. Aber auch bei eingetretenen **materiellen Schäden** kommt eine Schadensermittlung nach § 287 ZPO in Betracht (z.B. Entschädigung für Nutzungsausfall oder Bestimmung eines merkantilen Minderwerts nach Verkehrsunfall).

Voraussetzung für die Zulässigkeit eines unbezifferten Zahlungsantrags ist in jedem Fall, dass der Kläger dem Gericht durch **Darlegung der für die Bemessung maßgeblichen anspruchsbegründenden Tatsachen** eine Bezifferung des Anspruchs nach eigenem Ermessen ermöglicht.[165] Darüber hinaus hat der Kläger dem Gericht eine **ungefähre Größenordnung seines Begehrens** mitzuteilen. Da allerdings sowohl die Streitwertangabe in der Klageschrift als auch das bloße Schweigen des Klägers auf die gerichtliche Bestimmung des vorläufigen Streitwerts als eine hinreichende Angabe des klägerischen Begehrens angesehen werden, ist eine Unzulässigkeit der Klage aus diesem Grunde in der Praxis kaum denkbar.

Die zweifelsohne klausurrelevanteste Erscheinungsform des unbestimmten Klageantrags ist das **Schmerzensgeld (§ 253 Abs. 2 BGB)**. Sollte dem Mandanten nach dem materiell-rechtlichen Gutachten ein Schmerzensgeld zustehen, so sind im Rahmen der Zweckmäßigkeitserwägungen die unterschiedlichen Möglichkeiten zur Formulierung des Klageantrags gegeneinander abzuwägen:

aa) Bezifferter Schmerzensgeldantrag

118 Zunächst lässt sich erwägen, einen **bezifferten Schmerzensgeldantrag** zu stellen.

Vorteile des bezifferten Zahlungsantrags
■ Das Gericht erhält eine **klare Vorgabe für die Prüfung** der eigenen sachlichen Zuständigkeit (§§ 23 Nr. 1, 71 Abs. 1 GVG) und der Rechtmäßigkeit der beanspruchten Forderung.
■ Im Falle einer (teilweisen) Abweisung der Klage bestehen keine Zweifel bezüglich einer die **Berufung eröffnenden hinreichenden Beschwer** (§ 511 Abs. 2 Nr. 1 ZPO).

Nachteile des bezifferten Zahlungsantrags
■ Wenn das Gericht die Schmerzensgeldforderung dem Grunde nach für berechtigt, in der bezifferten Höhe jedoch für übersetzt hält, drohen dem Kläger eine Teilabweisung der Klage und eine **Beteiligung an den Kosten des Rechtsstreits** (§ 92 Abs. 1, Abs. 2 Nr. 1 ZPO).
■ Sollte das Gericht demgegenüber geneigt sein, dem Kläger zu seinen Gunsten sogar ein höheres Schmerzensgeld als gefordert zusprechen zu wollen, ist es von Gesetzes wegen (§ 308 Abs. 1 ZPO) daran **gehindert, über den Antrag des Klägers hinauszugehen** („ne ultra petita").

164 Thomas/Putzo/Reichold § 253 Rn. 12.

165 BGH NJW 1982, 340; Thomas/Putzo/Seiler § 253 Rn. 12.

bb) Unbezifferter Schmerzensgeldantrag und Mindestbetrag

Weiter kommt auch in Betracht, einen **unbezifferten Zahlungsantrag unter Angabe eines Mindestbetrags** zu stellen. 119

Vorteile eines unbezifferten Zahlungsantrags unter Angabe eines Mindestbetrags
■ Die Angabe des Mindestbetrags bringt zunächst sämtliche **Vorteile eines bezifferten Zahlungsantrags** mit sich.
■ Darüber hinaus ist das Gericht, was die Höhe der Schmerzensgeldforderung anbelangt, jedoch **nicht an den angegebenen Mindestbetrag gebunden**, sondern kann dem Kläger ein (auch erheblich) höheres Schmerzensgeld zusprechen.

Nachteil eines unbezifferten Zahlungsantrags unter Angabe eines Mindestbetrags
■ Die Kostenentscheidung beruht im Falle eines teilweisen Unterliegens auch weiterhin auf **§ 92 Abs. 1, Abs. 2 Nr. 1 ZPO**. Hiernach hat der Kläger anteilig die Kosten des Rechtsstreits zu tragen, es sei denn, der angegebene Mindestbetrag war lediglich geringfügig überhöht (**Negativabweichungen von bis zu 10% der Forderung**)[a] und hat keine oder nur geringe Kosten verursacht.

a) Thomas/Putzo/Reichold § 92 Rn. 8.

cc) Unbezifferter Schmerzensgeldantrag und Begehrensvorstellung

Darüber hinaus kann ein **unbezifferter Zahlungsantrag unter Nennung einer Begehrensvorstellung in der Begründung der Klage** gestellt werden. 120

Vorteile eines unbezifferten Schmerzensgeldantrags unter Angabe einer Begehrensvorstellung
■ Diese Vorgehensweise bringt zunächst die **Vorteile eines unbezifferten Zahlungsantrags unter Angabe eines Mindestbetrags** mit sich.
■ Darüber hinaus ergibt sich jedoch auch ein **geringes Kostenrisiko** für den Kläger. Denn die Kostenentscheidung beruht im Falle eines teilweisen Unterliegens auf **§ 92 Abs. 1, Abs. 2 Nr. 2 ZPO.** Im Falle eines teilweisen Unterliegens wird der Kläger hiernach lediglich an den Kosten beteiligt, wenn seine Begehrensvorstellung **weit übersetzt** sein sollte (**Negativabweichungen von mehr als 20% der Forderung**).[a]

a) Thomas/Putzo/Reichold § 92 Rn. 9.

Diese Variante ist somit gegenüber den anderen Möglichkeiten zur Antragstellung aufgrund einer Kumulation der Vorteile unter Minimierung der Nachteile **vorzugswürdig**. Die Umsetzung im Schriftsatz kann beispielsweise wie folgt aussehen:

Formulierungsbeispiel: Unbezifferter Schmerzensgeldantrag mit Begehrensvorstellung

Namens und in Vollmacht des Klägers werde ich beantragen,

1. den Beklagten zu verurteilen, an den Kläger ein angemessenes Schmerzensgeld, dessen Höhe in das Ermessen des Gerichts gestellt wird nebst Zinsen in Höhe von 5 Prozentpunkten über dem jeweiligen Basiszinssatz auf den zuerkannten Betrag seit dem auf die Rechtshängigkeit folgenden Tag zu zahlen.

2. […]

Begründung:

…

Diese Umstände rechtfertigen ein Schmerzensgeld in Höhe von 10.000,00 €.

f) Die Stufenklage, § 254 ZPO

121 Die Erhebung einer Stufenklage[166] ist dann in Betracht zu ziehen, wenn dem Mandanten die Formulierung eines bestimmten Leistungsantrags (z.B. Bezifferung eines Zahlungsanspruchs) in Ermangelung hinreichender Tatsachenkenntnisse erst infolge einer Rechnungslegung oder Auskunftserteilung durch den Gegner möglich wird und ihm zugleich ein Anspruch gegen den Gegner auf eine solche Rechnungslegung oder Auskunftserteilung zusteht.

Dabei erstreckt sich die **Antragstellung bei einer Stufenklage regelmäßig über drei Stufen**:

- Auf der **1. Stufe** steht ein Antrag auf Rechnungslegung (vgl. § 259 Abs. 1 BGB) oder Auskunftserteilung (vgl. § 260 Abs. 1 BGB).
- Auf der **2. Stufe** folgt sodann ein Antrag auf Abgabe einer eidesstattlichen Versicherung (z.B. Ansprüche aus §§ 259 Abs. 2, 260 Abs. 2, 2006 BGB).
- Auf der **3. Stufe** wird schließlich ein Leistungsantrag gestellt, der in der Regel auf Zahlung (oder aber auf Herausgabe von Sachen) gerichtet ist und bis zur Auskunftserteilung unbestimmt sein kann.

Beachte: Die §§ 259 Abs. 1, 260 Abs. 1 BGB gewähren keinen materiell-rechtlichen Anspruch auf Rechnungslegung oder Auskunftserteilung, sondern regeln lediglich den Umfang solcher Ansprüche. **Klausurrelevante Auskunftsansprüche** lassen sich vor allem bei Auftragsverträgen (§§ 662, 666 BGB), Geschäftsbesorgungsverträgen (§§ 675 Abs. 1, 666 BGB), bei Geschäftsführungen ohne Auftrag (§§ 677, 681 S. 2, 666 BGB), bei erbrechtlichen Fallkonstellationen (§§ 2027, 2057, 2127, 2314 Abs. 1 BGB) sowie mangels speziellerer Regelungen in § 242 BGB (z.B. Klage des Eigentümers gegen den Veräußerer einer fremden Sache) finden.

Bei der Stufenklage handelt es sich um einen **Sonderfall der objektiven Klagehäufung** (§ 260 ZPO), wobei als Ausnahme zu § 253 Abs. 2 Nr. 2 ZPO auf der 3. Stufe die Formulierung eines zunächst unbestimmten Klageantrags möglich ist.[167] Das Gericht hat im Grundsatz **sukzessive über jede Stufe** zu verhandeln und zu entscheiden. Erweist sich hiernach bei einer zulässigen Stufenklage das Auskunftsbegehren

166 Lesen Sie zur Stufenklage im AS-Skript Die zivilgerichtliche Assessorklausur (2018), Rn. 405–407.

167 Thomas/Putzo/Seiler § 254 Rn. 1.

auf der 1. Stufe als begründet, hat das Gericht hierüber durch **Teilurteil ohne Kostenausspruch** (§ 301 Abs. 1 S. 1 ZPO) zu entscheiden.[168] Nachdem der Beklagte in der Folge den tenorierten **Auskunftsanspruch durch Erteilung der Auskunft erfüllt** und ggf. auf der 2. Stufe auch die eidesstattliche Versicherung abgegeben hat, ist der Kläger wegen § 253 Abs. 2 Nr. 2 ZPO nunmehr **gehalten, sein Leistungsbegehren auf der 3. Stufe zu beziffern**. Anderenfalls ist die Klage auf der 3. Stufe als unzulässig abzuweisen.[169]

Die **Zweckmäßigkeit** der Erhebung einer Stufenklage rechtfertigt sich im Wesentlichen **unter drei rechtlichen Gesichtspunkten**: **122**

Vorteile einer Stufenklage, § 254 ZPO

- Mit **Erhebung der Klage** (§ 253 Abs. 1 ZPO) tritt die **Rechtshängigkeit** ein. Potenzielle Konsequenzen sind die **Hemmung der Verjährung** (§ 204 Abs. 1 Nr. 1 BGB), eine **verschärfte Haftung** (§§ 818 Abs. 4, 987, 989, 2023 BGB), der **Eintritt des Schuldnerverzugs** (§ 286 Abs. 1 S. 2 BGB), eine **Pflicht zur Zahlung von Prozesszinsen** (§ 291 BGB) auch und gerade **hinsichtlich des auf der 3. Stufe zunächst unbeziffert begehrten Zahlungsanspruchs** (und zwar im Umfang der späteren Bezifferung).
- Die Stufenklage bringt zudem **Kostenvorteile** gegenüber einer sukzessiven Geltendmachung der Ansprüche des Mandanten auf Auskunftserteilung, Abgabe einer eidesstattlichen Versicherung und Zahlung oder Herausgabe in verschiedenen Prozessen (§ 44 GKG, § 23 Abs. 1 S. 1 RVG).
- Ein weiterer Vorteil lässt sich in der **Flexibilität der Stufenklage** erkennen.
  - **Bei positiver Auskunft:** Erlangt der Kläger bereits vor einer Entscheidung durch Teilurteil (vgl. § 301 ZPO) die auf der 1. Stufe begehrte Auskunft von dem Beklagten oder auf anderem Wege, kann der Kläger **im Wege der stets zulässigen Klageerweiterung gemäß § 264 Nr. 2 Alt. 1 ZPO von der Auskunfts- zur Leistungsstufe wechseln.**[a] Von den Klageanträgen auf den ersten beiden Stufen kann hierbei schlicht Abstand genommen werden, und zwar ohne dass es einer Erledigungserklärung bedarf.[b] Es handelt sich nämlich um **prozessuale Anträge mit „Hilfscharakter"** zur Vorbereitung des Leistungsantrags auf der 3. Stufe.
  - **Bei negativer Auskunft:** Ergibt die Auskunft, dass der auf der 3. Stufe begehrte Leistungsanspruch von vornherein nicht besteht, war die Stufenklage auf der 3. Stufe von Anfang an unbegründet[c] und ist auf der 3. Stufe mit nachteiliger Kostenfolge abzuweisen. **Zweckmäßig** ist dann – vorausgesetzt der Beklagte befand sich bei Klageerhebung mit der Auskunftserteilung bereits in Verzug – die Stufenklage **im Wege der stets zulässigen Klagebeschränkung** (§ 264 Nr. 2 Alt. 2 ZPO) **in eine Feststellungsklage umzustellen** und zu beantragen, dass der Beklagte zur Tragung der Kosten des Rechtsstreits verpflichtet ist.[d] Diese **„Kostenerstattungsklage"** rechtfertigt sich nicht aus den prozessualen Regelungen zur Kostentragung (§§ 91 ff. ZPO),

a) BGH NJW 2013, 2597; Zöller/Greger § 254 Rn. 4.
b) Zöller/Greger § 254 Rn. 4, 12.
c) BGH NJW 1994, 2895; OLG Stuttgart NJW 1969, 1216.
d) Zöller/Greger § 254 Rn. 15.

168 Thomas/Putzo/Seiler § 254 Rn. 6.
169 Thomas/Putzo/Seiler § 254 Rn. 7.

sondern aus einem materiell-rechtlichen Schadensersatzanspruch (§§ 280 Abs. 1, Abs. 2, 286 BGB). Teilweise wird auch eine **Klagerücknahme unter Beantragung einer Kostenentscheidung analog § 269 Abs. 3 S. 3 ZPO** befürwortet.[a] Von diesem Weg ist aufgrund der Unwägbarkeiten bei der Annahme der Analogievoraussetzungen jedoch abzuraten. Auch eine **Erledigungserklärung** erweist sich als im Grundsatz **nicht zweckmäßig**, da der Leistungsantrag auf der 3. Stufe zu keiner Zeit begründet war.[b] Etwas anderes mag dann gelten, wenn etwaige auf der 3. Stufe begehrte Gegenstände erst nach Erhebung der Stufenklage untergegangen sind.

a) Zöller/Vollkommer § 91 a Rn. 58 unter Stichwort Stufenklage.

b) BGH NJW 1994, 2895; Zöller/Greger § 254 Rn. 15.

Formulierung der Klageanträge: Stufenklage

Namens und in Vollmacht des Klägers werde ich beantragen,

1. ***den Beklagten zu verurteilen, dem Kläger Auskunft zu erteilen über die Waren, die er aus dem Lager, belegen unter der Anschrift ... abtransportiert hat, unter schriftlicher Angabe der Anzahl, der Bezeichnung der einzelnen Waren und unter Nennung des derzeitigen Lagerorts.***
2. ***den Beklagten erforderlichenfalls zu verurteilen, die Richtigkeit und Vollständigkeit der Auskünfte nach Ziffer 1. eidesstattlich zu versichern.***
3. ***den Beklagten nach Erledigung von Ziffer 1. und 2. zu verurteilen, an den Kläger die Waren in dem sich aus der Auskunft ergebenden Umfang herauszugeben.***

g) Die Feststellungsklage, § 256 ZPO

123 Den Streitgegenstand der **selbstständigen Feststellungsklage**[170] (§ 256 Abs. 1 ZPO) bildet das behauptete Bestehen oder Nichtbestehen eines Rechtsverhältnisses (oder die behauptete Echtheit oder Unechtheit einer Urkunde). Eine besondere prozessuale Voraussetzung stellt dabei das **rechtliche Interesse an einer alsbaldigen Feststellung** dar. Hierbei handelt es sich um eine spezielle Ausprägung des allgemeinen Rechtsschutzbedürfnisses.

Entgegen einer weit verbreiteten Annahme besteht **keine allgemeine Subsidiarität der positiven Feststellungsklage gegenüber der Leistungsklage.**[171] Allerdings erweist sich die Feststellungsklage gegenüber der Leistungsklage teilweise als weniger rechtsschutzintensiv, da nur im Wege der Leistungsklage ein Urteil mit vollstreckbarem Inhalt erwirkt werden kann. Es **fehlt dann an einem Feststellungsinteresse für die Erhebung einer positiven Feststellungsklage**, beispielsweise wenn ein Zahlungsanspruch in vollem Umfang beziffert werden kann.[172]

Wenn hingegen nur eine teilweise Bezifferung des Anspruchs möglich sein sollte, steht dem Kläger faktisch ein **Wahlrecht** zu: **Zum einen** ist es zulässig, von einer Leistungsklage insgesamt abzusehen und lediglich auf Feststellung der Ersatzpflicht dem Grunde nach zu klagen. **Zum anderen** kann eine Leistungsklage hinsichtlich der bereits bezifferbaren Schäden auch mit einer Feststellungsklage hinsichtlich der

170 Lesen Sie zur Feststellungsklage im AS-Skript Die zivilgerichtliche Assessorklausur (2018), Rn. 353–368.

171 BGH NJW 2006, 2548; Thomas/Putzo/Reichold § 256 Rn. 18.

172 Thomas/Putzo/Reichold § 256 Rn. 18.

noch nicht bezifferbaren Schäden kombiniert werden, was den Vorteil eines Vollstreckungstitels über den bereits bezifferten Teil der Forderung mit sich bringt.

Beachte: Durch die Erhebung einer **positiven Feststellungsklage** (auf Feststellung des Bestehens eines Rechtsverhältnisses) wird die **Verjährung gehemmt** (§ 204 Abs. 1 Nr. 1 BGB). Dies gilt selbst im Falle einer unzulässigen Klage.[173] Die Erhebung einer **negativen Feststellungsklage** (auf Feststellung des Nichtbestehens eines Rechtsverhältnisses) hat dagegen **keine verjährungshemmende Wirkung**.[174]

aa) Positive Feststellungsklage, § 256 Abs. 1 ZPO

Besondere Klausurrelevanz genießt die selbstständige positive Feststellungsklage 124 zum einen bei **Zug-um-Zug zu erbringenden Leistungen** und zum anderen in **schadensrechtlichen Klausuren**.

(1) Feststellung des Annahmeverzugs bei Leistungen Zug-um-Zug

Bei Zug-um-Zug zu erbringenden Leistungen ist es **prozesstaktisch ratsam**, den 125 Gegner bezüglich der durch den Mandanten geschuldeten Gegenleistung im Vorwege des Rechtsstreits in Annahmeverzug (§§ 293 ff. BGB) zu setzen und den Verzugseintritt bereits im Erkenntnisverfahren gerichtlich feststellen zu lassen. Hierdurch ergeben sich **Vorteile für das Zwangsvollstreckungsverfahren** (§§ 756, 765 ZPO). Unter Hinweis auf diese Vorschriften kann zugleich auch das für die Feststellungsklage erforderliche **Feststellungsinteresse** begründet werden.

Wenn sich der **Gegner nicht ohnehin bereits in Annahmeverzug** befinden sollte, ist ein **außergerichtliches Aufforderungsschreiben an den Gegner**, gerichtet auf die **Erbringung der Leistung Zug-um-Zug gegen Erbringung der Gegenleistung** (z.B. Rückzahlung des Kaufpreises Zug-um-Zug gegen Rückgewähr des abholbereiten Kaufgegenstands), zu empfehlen. Der Gegner wird mit der Annahme der Gegenleistung daraufhin in Gläubigerverzug (§§ 293 ff. BGB) geraten, wenn er sich in Reaktion auf das Aufforderungsschreiben verweigern oder schlichtweg nicht reagieren sollte.

Darüber hinaus ist es bei Durchführung oder Rückabwicklung gegenseitiger Verträge **zweckmäßig**, in der zu entwerfenden Klage neben dem **hauptsächlichen Antrag auf Leistung Zug-um-Zug** (z.B. Rückzahlung des Kaufpreises gegen Rückgewähr des abholbereiten Kaufgegenstands) einen weiteren **Leistungsantrag auf Rücknahme der im Gegenzug zurück zu gewährenden Leistung** zu stellen. Der Vorteil besteht dann darin, dass der Mandant auf diesem Wege einen **eigenen gemäß § 887 ZPO vollstreckbaren Titel** über die Rücknahmepflicht des Gegners erlangt.

Beispiel: Der Mandant erklärt wirksam den mangelbedingten Rücktritt vom Kaufvertrag und verlangt von dem Verkäufer Rückgewähr des Kaufpreises Zug-um-Zug gegen Rückgewähr der abholbereiten Kaufsache am Wohnsitz des Mandanten. Der Verkäufer verweigert sowohl die Rückzahlung des Kaufpreises als auch die Rücknahme der Kaufsache.

Lösung: In diesem Fall ist **erstens** ein Leistungsantrag auf Rückzahlung des Kaufpreises Zug-um-Zug gegen Rückgewähr der Kaufsache zu stellen. **Zweitens** ist mittels weiteren Leistungsantrags eine Verurteilung des Verkäufers dahingehend zu beantragen, die Kaufsache zurückzunehmen und bei dem Kläger abzuholen. **Drittens** ist auf eine Feststellung hinzuwirken, dass sich der Beklagte mit der Rücknahme der Kaufsache im Annahmeverzug befindet.

---

173 Palandt/Ellenberger § 204 Rn. 2, 5.

174 Palandt/Ellenberger § 204 Rn. 3.

Beachte: Im Falle des Rücktritts vom Kaufvertrag liegt der **Erfüllungsort** der sich aus § 346 Abs. 1 BGB ergebenden **Rücknahmepflicht** des Verkäufers an dem Ort, an dem sich die Sache vertragsgemäß befindet.[175] Der Verkäufer hat die Kaufsache somit **regelmäßig am Wohnsitz des Käufers** abzuholen.

Formulierungsbeispiel: Klageanträge bei Zug-um-Zug zu erbringenden Leistungen

Namens und in Vollmacht des Klägers werde ich beantragen,

1. ***den Beklagten zu verurteilen, an den Kläger ... nebst Zinsen in Höhe von 5 Prozentpunkten über dem jeweiligen Basiszinssatz seit dem ... Zug-um-Zug gegen Übereignung und Herausgabe des PKW ... zu zahlen.***
2. ***den Beklagten zu verurteilen, den in dem Antrag zu Ziffer 1. bezeichneten PKW unter der Anschrift ... bei dem Kläger abzuholen.***
3. ***festzustellen, dass sich der Beklagte mit der Rücknahme des im Antrag zu Ziffer 1. bezeichneten PKW in Annahmeverzug befindet.***

(2) Feststellungsanträge in schadensrechtlichen Aufgabenstellungen

126 Bewegt sich die zu bearbeitende Aufgabenstellung materiell-rechtlich im Bereich des Schadensrechts, so kann es je nach Fallkonstellation prozesstaktisch geboten sein, die üblicherweise zu formulierenden **Leistungsanträge auf Ersatz materieller und immaterieller Schäden** durch **Feststellungsanträge** zu flankieren.

(a) Feststellungsantrag: Ersatz der noch nicht bezifferbaren Schäden

127 Der Vorteil eines **Feststellungsantrags hinsichtlich einer Ersatzpflicht noch nicht bezifferbarer Schäden** liegt zum einen darin begründet, dass die **Verjährung des Gesamtanspruchs gehemmt** wird (§ 204 Abs. 1 Nr. 1 BGB). Zum anderen bewirkt der Feststellungsantrag im Erfolgsfalle, dass nach Eintritt der Rechtskraft die **Verantwortlichkeit des Gegners dem Grunde nach nicht mehr angreifbar** ist und mithin einzig hinsichtlich der Fragen der haftungsausfüllenden Kausalität und der Höhe künftiger Schäden weitere Streitigkeiten entstehen können.

Das **Feststellungsinteresse** besteht, soweit der Schadensverlauf noch nicht abgeschlossen ist. Hierfür genügt – wenn die schädigende Handlung bereits zu einem Schadenseintritt geführt hat – die bloße, auch nur entfernte Möglichkeit künftiger weiterer Folgeschäden.[176] Hieran wird es aufgrund der Unwägbarkeiten bei der Entwicklung physischer und auch psychischer Schäden kaum jemals fehlen.

Ein **Formulierungsbeispiel** für die Antragstellung findet sich unter Rn. 128.

(b) Feststellungsantrag: Herrühren aus vorsätzlicher deliktischer Handlung

128 Der Anspruch auf **Feststellung des Herrührens einer Forderung aus einer vorsätzlich begangenen unerlaubten Handlung** stellt keinen materiell-rechtlichen Anspruch i. S. d. § 194 BGB dar. Als **„prozessualer Feststellungsanspruch"**[177] unter-

175 Palandt/Grüneberg § 269 Rn. 14.

176 Thomas/Putzo/Reichold § 256 Rn. 14 m.w.N.

177 Der Begriff des „prozessualen Anspruchs" ist eine andere Bezeichnung für den Begriff des „Streitgegenstands", vgl. Thomas/Putzo/Seiler Einl II Rn. 11.

liegt er nicht der Verjährung[178] und wirkt sich als Begleitantrag aufgrund der wirtschaftlichen Identität mit dem hauptsächlich verfolgten Leistungsantrag auch nicht auf den Streitwert[179] aus.

Das **Feststellungsinteresse** für die Feststellung eines Herrührens einer Forderung aus vorsätzlich deliktischer Handlung lässt sich verschiedentlich rechtfertigen. Die das Feststellungsinteresse rechtfertigenden Erwägungen belegen dabei zugleich die **Zweckmäßigkeit der Antragstellung:**

S. Fall 1 Ausbildung am Arbeitsplatz

Feststellungsinteresse bei Herrühren einer Forderung aus vorsätzlicher deliktischer Handlung

- **Gegen (!)** eine Forderung aus einer vorsätzlich begangenen unerlaubten Handlung ist die **Aufrechnung von Gesetzes wegen ausgeschlossen** (§ 393 BGB).
- Wird wegen einer Forderung aus einer vorsätzlich begangenen unerlaubten Handlung die Zwangsvollstreckung in das Arbeitseinkommen des Schuldners betrieben, so kann der Gläubiger unter Umständen einen **Zugriff auf an sich nicht pfändbare Einkommensanteile** erwirken (§ 850 f Abs. 2 ZPO).
- Falls über das Vermögen des Schuldners ein Privatinsolvenzverfahren eröffnet werden sollte, so würde eine Forderung aus einer vorsätzlich begangenen unerlaubten Handlung **nicht an dem sich anschließenden Restschuldbefreiungsverfahren teilnehmen** (§ 302 Nr. 1 InsO).

Formulierungsbeispiel: Klageanträge in schadensrechtlichen Klausuren

Namens und in Vollmacht des Klägers werde ich beantragen,

1. ***den Beklagten zu verurteilen, an den Kläger einen Betrag in Höhe von … nebst Zinsen in Höhe von 5 Prozentpunkten über dem jeweiligen Basiszinssatz auf diesen Betrag seit dem auf die Rechtshängigkeit folgenden Tag zu zahlen.***
2. ***den Beklagten zu verurteilen, an den Kläger ein angemessenes Schmerzensgeld, dessen Höhe in das Ermessen des Gerichts gestellt wird, nebst Zinsen in Höhe von 5 Prozentpunkten über dem jeweiligen Basiszinssatz auf den zuerkannten Betrag seit dem auf die Rechtshängigkeit folgenden Tag zu zahlen.***
3. ***festzustellen, dass der Beklagte verpflichtet ist, dem Kläger sämtliche materielle und immaterielle Schäden aus der am … in … zum Nachteil des Klägers begangenen Körperverletzung durch den Beklagten zu ersetzen, soweit sie nach dem Schluss der mündlichen Verhandlung entstanden, nicht auf Sozialversicherungsträger oder sonstige Dritte übergegangen und nicht bereits durch die Anträge zu den Ziffern 1. und 2. abgegolten sind.***
4. ***festzustellen, dass die Ansprüche zu den Ziffern 1. bis 3. aus einer vorsätzlich begangenen unerlaubten Handlung herrühren.***

bb) Negative Feststellungsklage, § 256 Abs. 1 ZPO

Die negative Feststellungsklage dient der **Feststellung des Nichtbestehens eines Rechtsverhältnisses.** Das gemäß § 256 Abs. 1 ZPO erforderliche **Feststellungsinteresse** besteht, wenn sich der Gegner nicht bestehender Ansprüche oder der Aus- 129

178 BGH NJW 2011, 1133.
179 BGH NJW-RR 2013, 1022; OLG Stuttgart NJW-RR 2009, 708.

übung nicht bestehender Gestaltungsrechte berühmt. Dabei obliegt dem **Anspruchsteller in der Rolle des Feststellungsbeklagten der Beweis** derjenigen Tatsachen, aus denen er seinen Anspruch herleitet.[180] Eine negative Feststellungsklage darf nur abgewiesen werden, wenn der Anspruch feststeht, dessen sich der Feststellungsbeklagte berühmt.[181]

Der **Gerichtsstand der negativen Feststellungsklage** bestimmt sich regelmäßig danach, **wo die gegenläufige Leistungsklage zu erheben** ist (sog. „Spiegelbildformel").[182] Hiernach kommen – vorbehaltlich eines im Einzelfall geltenden ausschließlichen Gerichtsstands – **regelmäßig der allgemeine Gerichtsstand des klagenden Mandanten** (§§ 12 ff. ZPO) und **auch der besondere Gerichtsstand des Erfüllungsortes** (§ 29 ZPO)[183] bezüglich der von dem Mandanten angeblich – wegen §§ 269, 270 BGB in der Regel am Ort des allgemeinen Gerichtsstands des Mandanten – zu erbringenden Leistung in Betracht.

Beachte: Der Beklagte kann auf die negative Feststellungsklage **widerklagend mit einer positiven Feststellungs- oder Leistungsklage** reagieren. Hierfür besteht ein Rechtsschutzbedürfnis des Beklagten, weil die positive Feststellungs- oder Leistungsklage (anders als die negative Feststellungsklage) geeignet ist, die Verjährung seiner Ansprüche zu hemmen. Sobald die Widerklage erhoben wurde und einseitig nicht mehr zurückgenommen werden kann (§ 269 Abs. 1 ZPO), **entfällt hierdurch regelmäßig das Feststellungsinteresse des Klägers** für die negative Feststellungsklage.[184] Für den Kläger ist es dann **zweckmäßig, die negative Feststellungsklage für erledigt zu erklären**, da die Klage durch ein Ereignis nach Eintritt der Rechtshängigkeit unzulässig geworden ist.

Formulierungsbeispiel: Klageantrag bei einer negativen Feststellungsklage

Namens und in Vollmacht des Klägers werde ich beantragen,

festzustellen, dass dem Beklagten gegen den Kläger der ausweislich der Abmahnung vom … behauptete Unterlassungsanspruch in Bezug auf die Firmierung des Klägers als „Die Bäckerei am Markt" nicht zusteht.

cc) Die Zwischenfeststellungsklage, § 256 Abs. 2 ZPO

130 Gegenstand der **materiellen Rechtskraft** gemäß § 322 Abs. 1 ZPO ist die gerichtliche Entscheidung letzter Instanz über den erhobenen prozessualen Anspruch.[185] Nicht in Rechtskraft erwachsen hingegen die das Urteil tragenden tatsächlichen Feststellungen und Vorfragen sowie die Anwendbarkeit bestimmter Rechtsnormen als solche.[186] Die **Zwischenfeststellungsklage** (§ 256 Abs. 2 ZPO) bezweckt eine **Ausdehnung der materiellen Rechtskraft** auf das die Entscheidung bedingende Rechtsverhältnis und die tragenden Entscheidungsgründe. Hierbei tritt die **Vorgreiflichkeit** an die Stelle des sonst bei Feststellungsklagen erforderlichen Feststellungsinteresses.[187] Eine Vorgreiflichkeit ist gegeben, wenn die Möglichkeit besteht, dass das inzident zu klärende Rechtsverhältnis zwischen den Parteien oder einer Partei

180 BGH NJW 1993, 1716.

181 BGH NJW 1993, 1716.

182 BGH, Urt. v. 31.10.2018 – I ZR 224/17, BeckRS 2018, 39993; Zöller/Greger § 256 Rn. 20.

183 OLG Stuttgart, Urt. v. 02.07.2019 – 6 U 312/18, NJW-RR 2019, 1067; Zöller § 29 Rn. 25 Stichwort Negative Feststellungsklage.

184 BGH NJW 1999, 2516; Thomas/Putzo/Reichold § 256 Rn. 19.

185 Thomas/Putzo/Reichold § 322 Rn. 17.

186 Thomas/Putzo/Reichold § 322 Rn. 19.

187 Thomas/Putzo/Reichold § 256 Rn. 13.

und einem Dritten **Bedeutung nicht nur für den konkreten Streitgegenstand**, sondern auch **über den Streitgegenstand hinaus** erlangen kann.[188]

> **Beachte:** Nicht zulässig ist die Zwischenfeststellungsklage (§ 256 Abs. 2 ZPO) – nichts anderes gilt auch für die selbstständige Feststellungsklage (§ 256 Abs. 1 ZPO) – bei **bloßen Feststellungen zur Klärung einzelner Vorfragen oder Elemente eines Rechtsverhältnisses.**[189]

Die Zwischenfeststellungsklage ist vor allem in Konstellationen **zweckmäßig**, in denen der Gegner das Bestehen eines dem geltend gemachten Anspruch zugrunde liegenden Rechtsverhältnisses oder einer Rechtsposition bestreitet.

Beispiel: Der K klagt gegen den B im Zusammenhang mit einem für die Dauer von 10 Jahren abgeschlossenen Geschäftsraummietverhältnis aus § 535 Abs. 2 BGB auf Zahlung der Miete für die Monate Januar und Februar 2019 in Höhe von 10.000,00 €. B bestreitet den wirksamen Abschluss eines Mietvertrags.

Das erkennende Gericht hat im Rahmen des Rechtsstreits als notwendige Vorfrage des behaupteten Zahlungsanspruchs zu klären, ob der Mietvertrag wirksam ist oder nicht. Gelangt das Gericht zu der Erkenntnis eines wirksamen Mietvertrags und obsiegt K in der Folge mit seiner Leistungsklage, erwächst die Vorfrage des wirksamen Vertragsverhältnisses jedoch nicht in Rechtskraft. Ein anderes Gericht oder auch nur ein anderer Spruchkörper desselben Gerichts ist in einem etwaigen zweiten Prozess über die Mieten für die Monate seit März 2019 also nicht an die Bewertungen des ersten Gerichts gebunden. Über eine Zwischenfeststellungsklage kann das wirksame Bestehen des Mietverhältnisses aber einer der Rechtskraft fähigen Entscheidung zugeführt werden.

In dem vorstehenden Beispiel können die Klageanträge wie folgt formuliert werden:

> ***Formulierungsbeispiel: Klageantrag einer Zwischenfeststellungsklage***
>
> *Namens und in Vollmacht des Klägers werde ich beantragen,*
>
> 1. ***den Beklagten zu verurteilen, an den Kläger einen Betrag in Höhe von 10.000,00 € nebst Zinsen in Höhe von 9 Prozentpunkten über dem jeweiligen Basiszinssatz aus 5.000,00 € seit dem 05.01.2019 und aus weiteren 5.000,00 € seit dem 06.02.2019 zu zahlen.***
> 2. ***festzustellen, dass der Kläger und der Beklagte aufgrund des Mietvertrags vom 12.12.2018 seit dem 01.01.2019 durch ein Mietverhältnis über die Räumlichkeiten Am Markt 2, 21335 Lüneburg, 3. Obergeschoss, verbunden sind.***

> **Beachte:** Eine Zwischenfeststellungsklage kann natürlich sowohl als **positive** wie auch als **negative Feststellungsklage** und sowohl **durch den Kläger** als auch (in Gestalt einer Widerklage) **durch den Beklagten** erhoben werden.

h) Die Teilklage

aa) Allgemeines zur Teilklage

Bei teilbaren Ansprüchen (z.B. Zahlung einer Geldsumme) kann in Erwägung gezogen werden, nicht den gesamten Anspruch des Mandanten, sondern lediglich einen **Teil des Anspruchs im Wege der Teilklage** geltend zu machen. Rein begrifflich ist dabei zwischen der **offenen Teilklage** (Die Geltendmachung nur eines Teils eines Anspruchs wird offengelegt) einerseits und der **verdeckten Teilklage** (Die Geltendmachung nur eines Teils eines Anspruchs wird nicht offengelegt) andererseits zu un- **131**

188 Thomas/Putzo/Reichold § 256 Rn. 28.

189 BGH RÜ2 2018, 217.

terscheiden. Ein Vorgehen im Wege der Teilklage erweist sich im Hinblick auf die einhergehenden Nachteile jedenfalls in Examensklausuren im Zweifel **nicht als zweckmäßig.**

Vorteile einer Teilklage:
■ Aufgrund des niedrig gehaltenen Streitwerts bleibt die **Kostenbelastung für den Mandanten** im Falle eines Unterliegens überschaubar.
■ Im Falle eines Unterliegens mit der Teilklage entsteht **keine Rechtskraft bezüglich des nicht eingeklagten Teils** des Anspruchs.

Nachteile einer Teilklage:
■ Hinsichtlich des nicht eingeklagten Teils des Anspruchs tritt **keine Verjährungshemmung** ein.
■ Im Falle des Obsiegens mit der Teilklage entsteht **keine Rechtskraft bezüglich des nicht eingeklagten Teils** des Anspruchs.
■ Der Gegner kann auf die Teilklage mit einer **negativen Feststellungsklage bezüglich des nicht eingeklagten Teils** des Anspruchs reagieren. Hierdurch erhöht sich der Gesamtstreitwert auf den Wert des angeblichen Gesamtanspruchs.[a] In der Folge wird rechtskräftig auch über den mit der Teilklage nicht geltend gemachten Teil des Anspruchs entschieden. Im Falle des Unterliegens trägt der Mandant dann die Kosten nach dem erhöhten Streitwert.

a) BGH NJW-Spezial 2015, 700.

bb) Sonderfall: Teilschmerzensgeld

132 Um einen besonders praxisrelevanten Fall der Teilklage handelt es sich bei der **Beanspruchung eines Teilschmerzensgeldes**. Zwar ist die Höhe des dem Geschädigten zustehenden Schmerzensgeldes aufgrund einer ganzheitlichen Betrachtung der den Schadensfall prägenden Umstände unter Einbeziehung der absehbaren künftigen Entwicklung des Schadensbildes zu bemessen (sog. **„Grundsatz der Einheitlichkeit des Schmerzensgeldes“**).[190] Eine Nachforderung kommt daher in der Regel allenfalls bei **objektiv unvorhersehbaren Spätfolgen** in Betracht.

Da Schmerzensgeldansprüche jedoch auf Zahlung einer Geldsumme gerichtet sind, können sie **in Ausnahmefällen auch im Wege einer Teilklage geltend gemacht** werden. Anlass hierfür besteht vor allem bei schweren Unfällen, in deren Folge es zu im Einzelnen schadensrechtlich noch nicht bewertbaren „Chronifizierungen“ oder „posttraumatischen Belastungsstörungen“ kommen kann (z.B. besonders schwere Unfälle von Kindern und Jugendlichen, Fälle schwerer Schädel-Hirn-Verletzungen oder fortdauernde Beschwerden bei HWS-Distorsionen). Durch Kenntlichmachung der Klageforderung als Teilschmerzensgeld bleibt eine **Nachforderung dann auch hinsichtlich vorhersehbarer Spätfolgen** möglich.

Beachte: Wird ein Teilschmerzensgeldanspruch geltend gemacht, ist zweckmäßigerweise immer auch ein **Feststellungsantrag bezüglich der Haftung des Gegners dem Grunde nach für künftige Schadensfolgen** zu stellen.[191] Durch die auf das Teilschmerzensgeld gerichtete **Teilklage tritt nämlich keine Verjährungshemmung** hinsichtlich etwaiger Nachforderungsansprüche ein!

190 BGH RÜ 2019, 13.

191 Vgl. hierzu oben Rn. 128.

i) Klage auf künftige Leistungen, §§ 257 ff. ZPO

In den §§ 257 ff. ZPO sind die verschiedenen zivilprozessualen Möglichkeiten zur Klage auf künftige Leistungen geregelt. 133

aa) Künftige Zahlung oder Räumung, § 257 ZPO

Sofern die Geltendmachung einer **nicht von einer Gegenleistung abhängenden Geldforderung oder eines Anspruchs auf Räumung eines Grundstückes oder Raumes, der anderen als Wohnzwecken dient, von dem Eintritt eines Kalendertages abhängt,** kann gemäß § 257 ZPO Klage auf künftige Zahlung oder Räumung erhoben werden. Ein besonderes Interesse des Mandanten an der frühen Klage oder eine Veranlassung durch den Anspruchsgegner ist (anders als bei § 259 ZPO) nicht erforderlich.[192] Allerdings besteht im Falle eines sofortigen Anerkenntnisses durch den Beklagten wie gewohnt die Gefahr, als Kläger trotz Obsiegens in der Sache gemäß § 93 ZPO zur Kostentragung herangezogen zu werden, wenn der Beklagte keinen Anlass zur Klageerhebung gegeben haben sollte. 134

Zweckmäßig ist ein Vorgehen gemäß § 257 ZPO daher einzig in Fällen, in denen der Gegner bereits durch sein Verhalten in Aussicht gestellt hat, die in Zukunft geschuldete Leistung bei Eintritt des Kalendertages nicht erbringen zu wollen.

> **Beachte:** Bei **Klagen auf künftige Räumung von Wohnräumen** findet § 257 ZPO keine Anwendung. Es sind vielmehr die Voraussetzungen des § 259 ZPO zu beachten.

bb) Wiederkehrende Leistungen, § 258 ZPO

Im Falle des § 258 ZPO muss die Klage auf erst **nach Urteilserlass fällig werdende wiederkehrende Leistungen** (nicht notwendig in Geld) gerichtet sein.[193] Zur Anwendung kommt die Vorschrift vor allem bei der Geltendmachung von Ansprüchen auf Unterhaltsgewährung (§§ 1601, 1608 BGB – geltend zu machen über §§ 112, 113 Abs. 1 S. 2 FamFG) oder auf Rentenleistung (z.B. §§ 759 ff. BGB, §§ 843 ff. BGB, § 912 Abs. 2 BGB), nicht dagegen bei Miet-, Pacht- oder Gehaltszahlungen.[194] Eine Besorgnis nicht rechtzeitiger Leistung ist (anders als bei § 259 ZPO) nicht erforderlich.[195] 135

cc) Besorgnis nicht rechtzeitiger Leistung, § 259 ZPO

Eine Klage auf künftige Leistungen kommt außer in den Konstellationen der §§ 257, 258 ZPO auch unter den Voraussetzungen des § 259 ZPO in Betracht. Ein **Rechtsschutzbedürfnis** besteht für den Fall der **Besorgnis, dass der Schuldner bei Fälligkeit nicht leisten werde**. Hierfür genügt zwar ein ernstliches Bestreiten des Anspruchs,[196] nicht dagegen eine voraussichtliche Zahlungsunfähigkeit, oder ein künftiges Unvermögen des Schuldners oder die Ankündigung einer Aufrechnung.[197] Der Anspruch darf im Falle des § 259 ZPO nicht erst künftig entstehen, sondern muss seine Grundlage in einem Rechtsverhältnis finden, dessen rechtserzeugende Tatsachen schon eingetreten sind.[198] 136

192 Thomas/Putzo/Reichold § 257 Rn. 5.
193 Thomas/Putzo/Reichold § 258 Rn. 1.
194 Thomas/Putzo/Reichold § 258 Rn. 2.
195 Thomas/Putzo/Reichold § 258 Rn. 2.
196 BGH NJW 1999, 954.
197 Vgl. Thomas/Putzo/Reichold § 259 Rn. 2.
198 BGH NJW-RR 2006, 1485.

(1) Isolierte Klage auf künftige Leistung

137 Zweckmäßig ist ein **isoliertes Vorgehen gemäß § 259 ZPO** in Fällen, in denen aufgrund tatsächlicher Anhaltspunkte zu besorgen ist, dass der Schuldner den Anspruch auf künftige Leistung nicht erfüllen wird. Relevant für Ausbildung und Praxis ist dabei vor allem die bereits nach dem Wortlaut des Gesetzes nicht von § 257 ZPO erfasste **Klage auf künftige Räumung von Wohnraum.**

(2) Klage auf künftige Leistung und Fristbestimmung durch Urteil

(a) Allgemeines zur Antragstellung gemäß §§ 255, 259 ZPO

138 Von erheblicher Examensrelevanz ist vor allem jedoch die **Kombination der Klage wegen Besorgnis nicht rechtzeitiger Leistung (§ 259 ZPO) mit einer Fristbestimmung durch Urteil (§ 255 ZPO).** Sinn und Zweck dieser Vorgehensweise ist die prozessökonomische Titulierung eines Primäranspruchs und für den Fall eines fruchtlosen Fristablaufs eines Sekundäranspruchs in ein und demselben Rechtsstreit. Grundvoraussetzung dieser prozessualen Vorgehensweise ist ein Sekundäranspruch des Klägers, dessen Geltendmachung **nach dem materiellen Recht von einer erfolglosen Fristsetzung** zur Erfüllung des primären Leistungsanspruchs abhängt.[199] Hauptanwendungsfälle des § 255 ZPO sind der Schadensersatz in Geld nach Fristsetzung (§ 250 BGB), Schadenersatz statt der Leistung (§§ 280 Abs. 1, Abs. 3, 281 BGB) und die Rückgewähr empfangener Leistungen nach erklärtem Rücktritt vom Vertrag (§ 346 BGB i.V.m. § 323 Abs. 1 BGB).

Motorrad-Diebstahl-Fall

Beachte: Im **amtsgerichtlichen Verfahren bringt der § 510 b ZPO gegenüber §§ 255, 259 ZPO Erleichterungen für den Kläger**, da die Einschränkungen des § 259 ZPO nicht beachtet werden müssen. Voraussetzung für die Anwendbarkeit des § 510 b BGB ist wiederum ein **gemäß §§ 887, 888 ZPO vollstreckbarer Anspruch auf Vornahme einer Handlung**. Im Gegensatz hierzu richtet sich die Zulässigkeit einer Fristsetzung bei **gemäß §§ 883, 884, 885 ZPO vollstreckbaren Herausgabeansprüchen** und eines gleichzeitig gestellten Antrags auf Zahlung von Schadensersatz nach fruchtlosem Fristablauf nicht nach den erleichterten Voraussetzungen des § 510 b ZPO, sondern stets nach §§ 255, 259 ZPO.[200]

139 Die prozessuale Vorgehensweise gemäß §§ 255, 259 ZPO führt zu einer **in drei Anträge gestaffelten Antragstellung**:

Antragstellung gemäß §§ 255, 259 ZPO

- Mit dem **Klageantrag zu 1)** und Hauptantrag verfolgt der Kläger seinen Primäranspruch (z.B. Vertragserfüllung gemäß § 433 Abs. 1 S. 1 BGB).
- Mit dem **Klageantrag zu 2)** begehrt der Kläger die Bestimmung einer für die Erfüllung des Hauptantrags vorgegebenen oder in das Ermessen des Gerichts gestellten Frist im Urteil.
- Mit dem **Klageantrag zu 3)** beantragt der Kläger die Zuerkennung des von dem Ablauf einer vorherigen Frist abhängigen Sekundäranspruchs (z.B. Schadensersatz statt der Leistung gemäß §§ 280 Abs. 1, Abs. 3, 281 BGB).

Bei dem mit dem Klageantrag zu 3) verfolgten Sekundäranspruch handelt es sich aufgrund des Fristsetzungserfordernisses um einen **Anspruch auf künftige Leistung**

199 Thomas/Putzo/Reichold § 255 Rn. 2.

200 BGH RÜ2 2018, 126.

i.S.d. § 259 ZPO. Die erforderliche Besorgnis einer nicht rechtzeitigen Leistung ergibt sich regelmäßig daraus, dass der Anspruchsgegner die Erfüllung des Primäranspruchs verweigert hat. In prozessualer Hinsicht stellen die **Klageanträge zu 2) und zu 3) unechte Hilfsanträge**[201] dar, deren Zuerkennung von einem Erfolg des Klageantrags zu 1) abhängt. Der nicht zu unterschätzende **prozessuale Vorteil dieser Vorgehensweise gemäß §§ 255, 259 ZPO** besteht darin, dass durch die Titulierung von Primär- und Sekundäranspruch in einem Urteil ein sonst ggf. erforderlicher weiterer Rechtsstreit zwischen den Parteien über den Sekundäranspruch entbehrlich wird.

Beachte: Auch der **Vindikationsanspruch aus § 985 BGB** kann nach der Auffassung des Bundesgerichtshofs prozessual im Wege der Antragsstellung gemäß §§ 255, 259 ZPO geltend gemacht werden.[202] Der Sekundäranspruch auf Schadensersatz folgt dabei allerdings nicht aus §§ 990 Abs. 1, 989 BGB, sondern aus **§§ 280 Abs. 1, Abs. 3, 281 BGB**, und zwar unter der weiteren Voraussetzung, dass der in Anspruch genommene Besitzer unredlich (also bereits verklagt oder bösgläubig i.S.d. §§ 989, 990 BGB) ist.

(b) Sonderfall: Der Unvermögens-Fall

Eine häufige Erscheinungsform der §§ 255, 259 ZPO in zivilrechtlichen Anwaltsklausuren ist der sog. **„Unvermögens-Fall"**. Die Fallkonstellation zeichnet sich dadurch aus, dass der Anspruchsgegner behauptet, zu einer Erfüllung des Primärleistungsanspruchs (z.B. Vertragserfüllung, Herausgabe, Rückgabe) nicht in der Lage zu sein, was von dem Mandanten in der Rolle des Anspruchstellers allerdings in Abrede gestellt wird. Zu unterscheiden ist insoweit zwischen einem angeblichen **Unvermögen des Anspruchsgegners vor oder nach Rechtshängigkeit** des Primäranspruchs. **140**

(aa) Unvermögen nach Eintritt der Rechtshängigkeit

Beispiel: Der frühere Rechtsanwalt des Mandanten hat in dessen Namen Klage auf Herausgabe eines im Eigentum des Mandanten stehenden wertvollen Hundes erhoben. Der Gegner trägt im Rahmen des Rechtsstreits vor, das Tier **nach Rechtshängigkeit** weiterveräußert zu haben und aus diesem Grunde zu einer Herausgabe außerstande zu sein. Der Mandant hält dies für eine bloße Schutzbehauptung und möchte vorrangig seinen geliebten Hund zurück und lediglich nachrangig eine finanzielle Entschädigung für den endgültigen Verlust des Tieres. Wie ist prozessual vorzugehen? **141**

- Zunächst besteht die Möglichkeit einer **subjektiven Klageänderung analog §§ 263 ff., 269 ZPO** in Gestalt eines gewillkürten Parteiwechsels auf Beklagtenseite. Dies erweist sich jedoch als **unzweckmäßig:** Denn entweder befindet sich der bisherige Beklagte noch im Besitz der Streitsache oder aber er ist infolge der Weiterveräußerung tatsächlich zur Herausgabe außerstande, wobei dann das gegen den bisherigen Beklagten ergehende Urteil wegen § 265 Abs. 2 S. 1 ZPO grundsätzlich auch gegen den Erwerber des Tieres gelten würde. Der Mandant würde im Prozess gegen den bisherigen Beklagten also in beiden denkbaren Konstellationen auch ohne gewillkürten Parteiwechsel obsiegen und könnte anschließend (ggf. nach Erteilung einer Rechtsnachfolgeklausel gemäß § 727 ZPO) die Zwangsvollstreckung betreiben.
- Aus den vorerwähnten Gründen ist auch von einer **Klagerücknahme gemäß § 269 ZPO in Kombination mit einer neuen Klage** gegen den potenziellen Erwerber **abzuraten**. Diese Lösung hat gegenüber dem gewillkürten Parteiwechsel lediglich den weiteren Nachteil einer Kostentragungspflicht gemäß § 269 Abs. 3 S. 2 ZPO.
- Auch eine **Erledigungserklärung** erweist sich als **nicht zweckmäßig**. Bleibt die Erledigungserklärung einseitig, hat der Mandant die Kosten des Rechtsstreits gemäß § 91 Abs. 1 ZPO zu tragen. Denn die Klage ist durch ein nach Rechtshängigkeit eingetretenes Ereignis wegen § 265 Abs. 2 S. 1 ZPO weder unzulässig noch unbegründet geworden ist. Schließt sich der Beklagte der

201 Vgl. zu den Begriffen „echter" und „unechter" Hilfsantrag oben Rn. 147.

202 BGH RÜ 2016, 681 (zur materiell-rechtlichen Problematik) und BGH RÜ2 2016, 250 (zur prozessualen Problematik der Antragstellung).

Erledigungserklärung hingegen an, besteht zumindest die Gefahr einer Beteiligung an den Kosten gemäß § 91 a ZPO.

- Auch eine **Umstellung der Klage auf ein Schadensersatzverlangen gemäß § 264 Nr. 3 ZPO** ist in der Regel **unzweckmäßig**, weil hierdurch das vorrangige Mandantenbegehren auf Herausgabe der Streitsache aufgegeben wird.
- **Zweckmäßig** ist nach alledem einzig der **Klageantrag gemäß §§ 255, 259 ZPO**.

142 Die Umsetzung einer Antragstellung gemäß §§ 255, 259 ZPO kann etwa wie folgt aussehen:

Formulierungsbeispiel: Unvermögen des Beklagten nach Rechtshängigkeit

Namens und in Vollmacht des Klägers werde ich beantragen,

1. ***den Beklagten zu verurteilen, den Hund ... an den Kläger herauszugeben.***
2. ***dem Beklagten eine in das Ermessen des Gerichts gestellte Frist zur Erfüllung des Herausgabeanspruchs zu Ziffer 1. ab Rechtskraft des Urteils zu setzen.***
3. ***den Beklagten zu verurteilen, an den Kläger für den Fall, dass die Frist zu Ziffer 2. fruchtlos verstreicht und der Kläger nach Fristablauf Schadensersatz statt der Leistung verlangt, einen Betrag in Höhe von ... € zu zahlen.***

Beachte: Vor allem bei der Antragsstellung zu Ziffer 3. Ist besondere Aufmerksamkeit geboten! Denn der begehrte **Schadensersatzanspruch statt der Leistung** ist **sowohl von einem Fristablauf als auch von einem gesonderten Schadensersatzverlangen abhängig** zu machen. Von der **Beantragung einer Verzinsung des Schadensersatzanspruchs** ist hingegen abzusehen.

- Wird Klage im Wege der Antragstellung gemäß §§ 255, 259 ZPO erhoben, so steht dies dem **Erhalt eines Wahlrechts des Klägers** zwischen der Geltendmachung des Primär- und des durch den Fristablauf bedingten Sekundäranspruchs **nicht grundsätzlich entgegen**. Die Klage ist aber zumindest dann als ein einzig durch den Fristablauf bedingtes Schadensersatzverlangen i.S.d. § 281 Abs. 4 BGB anzusehen, wenn der Kläger nicht klarstellt, sein Wahlrecht erst künftig ausüben zu wollen. Ist dem Kläger also tatsächlich am Erhalt seines Primäranspruchs gelegen, so hat er im Rahmen der Antragstellung Klarheit darüber zu schaffen, dass der Sekundäranspruch **nicht nur durch den Fristablauf, sondern auch durch ein gesondertes Schadensersatzverlangen bedingt** sein soll.[203]
- Bei dem **späteren Schadensersatzverlangen gemäß § 281 Abs. 4 BGB** handelt es sich dann zwar nicht um eine innerprozessuale Bedingung. Gleichwohl ist der Klageantrag zu 3) jedoch in der dargestellten Form prozessual zulässig. Im Rahmen der Zwangsvollstreckung lässt sich nämlich der Eintritt der beiden Bedingungen (Fristablauf und Schadensersatzverlangen) mit hinreichender Sicherheit feststellen, da **das Schadensersatzverlangen jedenfalls in dem späteren Vollstreckungsantrag gesehen** werden kann.[204]
- Von einem **Antrag auf Zuerkennung von Prozesszinsen ist hingegen abzusehen.** Denn § 291 Abs. 1 Hs. 2 BGB setzt die (erst mit dem Schadensersatzverlangen eintretende) Fälligkeit des Anspruchs aus §§ 280 Abs. 1, Abs. 3, 281 BGB voraus, sodass der Zinsbeginn nicht bereits von dem früheren Eintritt der Rechtshängigkeit oder der Rechtskraft abhängig gemacht werden kann. Die **Beanspruchung von Prozesszinsen seit Schadensersatzverlangen ist ebenfalls nicht**

203 BGH RÜ 2018, 94.

204 Vgl. Anders/Gehle L-5b m.w.N.

zulässig, da sich der exakte Zeitpunkt des Schadensersatzverlangens durch das Vollstreckungsorgan nicht sicher auf der Grundlage des Vollstreckungstitels klären lässt und die Berechnung der Vollstreckungsforderung somit nicht möglich ist.

(bb) Unvermögen vor Eintritt der Rechtshängigkeit

Sofern die von der Gegenseite behauptete (und von dem Mandanten bestrittene) Veräußerung der Sache bereits **vor Rechtshängigkeit** erfolgt sein kann, ist ein **Vorgehen allein nach §§ 255, 259 ZPO nicht zweckmäßig**. Denn wenn der Beklagte mit seinem Vorbringen durchdringt, ist die Klage insgesamt abzuweisen. Der mit dem Klageantrag zu 1) verfolgte Primäranspruch auf Herausgabe gemäß § 985 BGB (oder auch Rückgabe gemäß §§ 546 Abs. 1, 604 Abs. 1, 695 S. 1 BGB) besteht im Falle fehlenden Besitzes des Beklagten materiell-rechtlich nämlich nicht und **§ 265 Abs. 2 S. 1 ZPO gelangt bei Veräußerungen vor Rechtshängigkeit nicht zur Anwendung**. Die Klageanträge zu 2) und 3) unterliegen dann ebenfalls der Abweisung, da es sich um „unechte Hilfsanträge" handelt, deren Voraussetzung der Erfolg des Hauptantrages ist. 143

Beispiel: In dem unter Rn. 141 beschriebenen Beispiel behauptet der Prozessgegner ein **Unvermögen vor Rechtshängigkeit** der Streitsache.

- Treibt den Mandanten ein **rein materielles Interesse an der Streitsache** um, so ist die Klage nunmehr auf das Sekundärbegehren (Schadensersatz oder Erlösherausgabe) umzustellen. Als Anspruchsgrundlagen kommen dann vor allem §§ 280 Abs. 1, Abs. 3, 283 BGB und §§ 990 Abs. 1, 989 BGB, gerichtet auf Schadensersatz in Betracht. Bei Überwertveräußerungen wären Erlösherausgabeansprüche zu bemühen.[205]
- Ist die **Streitsache für den Mandanten hingegen von ideellem Wert**, so ist der gestaffelte Hauptantrag gemäß §§ 255, 259 ZPO, gerichtet auf (primär) Herausgabe und (sekundär) Schadensersatz, zu stellen und durch einen „echten Hilfsantrag" für den Fall des Misserfolgs des Hauptantrags abzusichern.

Die Umsetzung der Antragstellung kann beispielsweise wie folgt aussehen: 144

Formulierungsbeispiel: Unvermögen des Beklagten vor Rechtshängigkeit

Namens und in Vollmacht des Klägers werde ich beantragen,

1. ***den Beklagten zu verurteilen, den Hund … an den Kläger herauszugeben.***
2. ***dem Beklagten eine in das Ermessen des Gerichts gestellte Frist zur Erfüllung des Herausgabeanspruchs zu Ziffer 1. ab Rechtskraft des Urteils zu setzen.***
3. ***den Beklagten zu verurteilen, an den Kläger für den Fall, dass die Frist zu Ziffer 2. fruchtlos verstreicht und der Kläger nach Fristablauf Schadensersatz statt der Leistung verlangt, einen Betrag in Höhe von … € zu zahlen.***

Hilfsweise *werde ich beantragen,*

4. ***den Beklagten zu verurteilen, an den Kläger einen Betrag in Höhe von … € nebst Zinsen in Höhe von 5 Prozentpunkten über dem jeweiligen Basiszinssatz seit dem auf die Rechtshängigkeit folgenden Tag zu zahlen.***

Wenn das Gericht nämlich nach Durchführung der Beweisaufnahme zu der Überzeugung gelangt, dass der **Beklagte (jedenfalls bis zum Eintritt der Rechtshängigkeit) zur Herausgabe der Streitsache in der Lage (gewesen)** ist, so würde dem gestaffelten Hauptantrag nach §§ 255, 259 ZPO stattgegeben werden. In der Folge kann

205 Vgl. zu den Vorteilen der Erlösherausgabeansprüche gegenüber den Schadensersatzansprüchen unten Rn. 144.

der Mandant dann sein eigentliches Primärinteresse auf Herausgabe der Streitsache vollstrecken. Wenn das Gericht allerdings die Überzeugung von einer **Veräußerung der Sache durch den Beklagten vor Rechtshängigkeit** gewinnt, so ist zwar der gestaffelte Hauptantrag nach §§ 255, 259 ZPO insgesamt abzuweisen, dem Mandanten kann in diesem Fall aufgrund des echten Hilfsantrags jedoch immerhin ein Anspruch auf Schadensersatz zuerkannt werden.

Beachte: In den Fällen der **Veräußerung einer fremden Sache** kommt neben dem **Anspruchsziel „Schadensersatz"** stets auch das **Anspruchsziel „Erlösherausgabe"** in Betracht. Zu denken ist dann insbesondere an die Anspruchsgrundlagen gemäß § 285 Abs. 1 BGB, §§ 667, 681 S. 1 (i.V.m. § 677 BGB oder § 687 Abs. 2 BGB) und § 816 Abs. 1 S. 1 BGB. Der Vorteil gegenüber den Schadensersatzansprüchen liegt zum einen darin, dass **Ansprüche auf Erlösherausgabe nicht von einem Vertretenmüssen des Anspruchsgegners abhängen**. Zum anderen sind die Ansprüche nicht lediglich auf den objektiven Sachwert beschränkt, sondern erfassen auch einen etwaigen **Veräußerungsgewinn in Konstellationen einer „Überwertveräußerung"**.

145 Legt der Gegner im **Unvermögensfall vor Rechtshängigkeit** den genauen Veräußerungserlös aus der angeblichen Veräußerung der Streitsache nicht offen, ist ergänzend an ein Vorgehen im Wege der Stufenklage (§ 254 ZPO) zu denken.[206] Es ist dann zweckmäßigerweise der **Staffelantrag gemäß §§ 255, 259 ZPO als Haupantrag** und der **Stufenantrag gemäß § 254 ZPO als echter Hilfsantrag** in eventueller Klagehäufung zu stellen.

Formulierungsbeispiel: Unvermögen des Beklagten vor Rechtshängigkeit (bei unklarem Erlös aus der vom Beklagten behaupteten Veräußerung)

Namens und in Vollmacht des Klägers werde ich beantragen,

1. ***den Beklagten zu verurteilen, den Hund … an den Kläger herauszugeben.***
2. ***dem Beklagten eine in das Ermessen des Gerichts gestellte Frist zur Erfüllung des Herausgabeanspruchs zu Ziffer 1. ab Rechtskraft des Urteils zu setzen.***
3. ***den Beklagten zu verurteilen, an den Kläger für den Fall, dass die Frist zu Ziffer 2. fruchtlos verstreicht und der Kläger nach Fristablauf Schadensersatz statt der Leistung verlangt, einen Betrag in Höhe von … € zu zahlen.***

Hilfsweise *werde ich beantragen,*

4. ***a) den Beklagten zu verurteilen, dem Kläger schriftlich Auskunft zu erteilen über die Umstände des Verkaufs des Hundes … unter Angabe des Namens und der Anschrift des Käufers, der Höhe des Kaufpreises sowie der Zeitpunkte des Abschlusses des Kaufvertrags und des wechselseitigen Leistungsaustausches.***

   b) den Beklagten erforderlichenfalls zu verurteilen, die Richtigkeit und Vollständigkeit der Auskünfte nach Ziffer 1. eidesstattlich zu versichern.

   c) den Beklagten nach Erledigung von Ziffer 1. und 2. zu verurteilen, an den Kläger einen Betrag in Höhe des sich aus der Auskunft zu Ziffer 1. und 2. ergebenden Kaufpreises nebst Zinsen in Höhe von 5 Prozentpunkten über dem jeweiligen Basiszinssatz auf diesen Betrag seit dem auf die Rechtshängigkeit folgenden Tag zu zahlen.

206 Vgl. zur Stufenklage oben Rn. 121–122.

j) Die objektive Klagehäufung, § 260 ZPO

Eine objektive Klagehäufung gemäß § 260 ZPO[207] liegt vor bei einer **Mehrheit von Streitgegenständen und gleichzeitiger Einheit des Verfahrens.**[208] Soweit das Gesetz von einer „Anspruchshäufung" spricht, ist hiermit also die Mehrheit prozessualer Ansprüche (= Streitgegenstände)[209] gemeint. Eine objektive Klagehäufung kommt gleichwohl vor allem in Konstellationen in Betracht, in denen dem Mandanten **mehrere materiell-rechtliche Ansprüche** zustehen. Liegen die Voraussetzungen der objektiven Klagehäufung vor, wird gemeinsam über die unterschiedlichen Streitgegenstände verhandelt und insbesondere eine einheitliche Beweisaufnahme durchgeführt. Sollten die Voraussetzungen hingegen nicht erfüllt sein, kommt es zu einer Prozesstrennung (§ 145 ZPO), nicht aber zu einer (teilweisen) Abweisung der Klage als unzulässig. 146

Voraussetzungen der objektiven Klagehäufung, § 260 ZPO
■ Identität der Parteien
■ Identität der Prozessart (z.B. Keine Verbindung von Familiensachen und Nichtfamiliensachen)
■ Zuständigkeit des Gerichts für sämtliche Streitgegenstände

Es ist zwischen unterschiedlichen **Arten der Anspruchshäufung** zu differenzieren. 147

Arten der objektiven Klagehäufung, § 260 ZPO

- Bei einer **kumulativen objektiven Klagehäufung** werden mehrere Streitgegenstände nebeneinander geltend gemacht. **Zweckmäßig** ist ein solches Vorgehen, wenn dem Mandanten die geltend gemachten Ansprüche gleichzeitig zustehen.
- Hiervon zu unterscheiden ist die ebenfalls zulässige **eventuelle objektive Klagehäufung**, bei der die unterschiedlichen Streitgegenstände in einen Haupt- und einen Hilfsantrag gestaffelt werden. Der Hilfsantrag greift in diesen Fällen ein, sofern der Hauptantrag keinen Erfolg hat (sog. echter Hilfsantrag). **Zweckmäßig** ist ein solches Vorgehen, wenn der hilfsweise geltend gemachte Anspruch nur bei Nichtbestehen des mit dem Hauptantrag verfolgten Anspruchs besteht. Möglich ist es bei der **eventuellen objektiven Klagehäufung** auch, die Entscheidung über den Hilfsantrag von dem Erfolg des Hauptantrags abhängig zu machen. Man spricht dann von einer **unechten oder uneigentlichen Anspruchshäufung**. Ein solches Vorgehen erweist sich als **zweckmäßig**, wenn die Ansprüche des Haupt- und Hilfsantrags nebeneinander bestehen können, der Erfolg der Klage jedoch unsicher erscheint. Im Falle des Unterliegens wird über den Hilfsantrag dann nicht entschieden, sodass der Mandant die Kosten des Rechtsstreits lediglich nach dem nicht erhöhten Streitwert des Hauptantrags zu tragen hat. Allerdings kann der Gegner diesen Kostenvorteil wiederum durch die Erhebung einer negativen Feststellungsklage zunichtemachen.

207 Lesen Sie zur objektiven Klagehäufung ausführlich auch im AS-Skript Die zivilgerichtliche Assessorklausur (2018), Rn. 369–407.

208 Thomas/Putzo/Reichold § 260 Rn. 1.

209 Thomas/Putzo/Seiler Einleitung II Rn. 1.

- Unzulässig ist hingegen grundsätzlich die **alternative objektive Klagehäufung**, bei der der Kläger gegenüber dem erkennenden Gericht beantragt, **entweder den einen oder den anderen Anspruch** zuzuerkennen. Ein solcher Alternativantrag verstößt gegen das Bestimmtheitserfordernis des § 253 Abs. 2 Nr. 2 ZPO. Ausnahmsweise zulässig ist eine solche alternative Antragsstellung bei Wahlschulden (§§ 262, 263 BGB). Die alternative Klagehäufung ist dabei nicht zu verwechseln mit der zulässigen Angabe alternativer Klagegründe (z.B. der Kläger begehrt von dem Beklagten Zahlung von 5.000,00 € aus Kaufvertrag oder aus Darlehensvertrag).

148 Eine objektive Klagehäufung erweist sich in aller Regel als **zweckmäßig:**

Vorteile der objektiven Klagehäufung, § 260 ZPO

- Die Geltendmachung unterschiedlicher Ansprüche in einem Verfahren schafft im Vergleich zu einer Geltendmachung in zwei Verfahren wegen der Degression der Gebührentabellen für die Anwalts- und Gerichtskosten stets **Kostenvorteile.**
- Die Geltendmachung in einem Verfahren erweist sich auch im Übrigen als **prozessökonomisch,** da insbesondere eine einheitliche Beweisaufnahme stattfinden kann.
- Die objektive Klagehäufung bewirkt (auch in Fällen einer eventuellen Klagehäufung) eine **Hemmung der Verjährung** (§ 204 Abs. 1 Nr. 1 ZPO).

k) Der Gebührenschaden des Mandanten

149 Bei dem Gebührenschaden handelt es sich um die dem Mandanten durch die vorgerichtliche anwaltliche Tätigkeit entstehenden Kosten. Konkret geht es hierbei in aller Regel um die **Geschäftsgebühr** (Nr. 2300 VV RVG) nebst **Post- und Telekommunikationspauschale** (Nr. 7002 VV RVG) und – sofern der Mandant nicht zum Vorsteuerabzug berechtigt ist – die **Umsatzsteuer** (Nr. 7008 VV RVG). Bei der Geschäftsgebühr handelt es sich um eine Satzrahmengebühr[210] mit einem Gebührensatzrahmen zwischen 0,5 und 2,5 Gebühren. Bei Angelegenheiten, die weder besonders einfach noch besonders schwierig sind, fällt der **Regelgebührensatz von 1,3 Gebühren** an. Hiervon ist in den Examensklausuren in aller Regel auszugehen.

aa) Art und Weise der Geltendmachung

150 Die vorgerichtlichen Anwaltskosten nehmen nicht am Kostenfestsetzungsverfahren (§§ 103 ff. ZPO) teil. Es ist daher **prozesstaktisch ratsam, den Gebührenschaden mit der Klage geltend zu machen**. Dabei stellt sich jedoch die Frage, in welcher Höhe die vorgerichtlichen Anwaltskosten einzuklagen sind. Zwischen der Geschäftsgebühr (Nr. 2300 VV RVG) und der Verfahrensgebühr (Nr. 3100 VV RVG) kommt es nämlich zu einer Anrechnung, wonach die **Geschäftsgebühr hälftig, höchstens jedoch mit einem Gebührensatz von 0,75 auf die Verfahrensgebühr angerechnet** wird.[211] Die Geschäftsgebühr ist demnach in voller Höhe einzuklagen. Die Anrechnung findet dann im Rahmen des Kostenfestsetzungsverfahrens bei der Verfahrensgebühr statt. Zum besseren Verständnis soll das folgende Berechnungsbeispiel beitragen:

---

210 Beispiele für hiervon zu unterscheidende Betragsrahmengebühren sind etwa die Gebührentatbestände in Strafsachen (vgl. 4100 ff. VV RVG).

211 Vgl. Teil 3 Vorbemerkung 3 Abs. 4 der Anlage 1 zu § 2 Abs. 2 RVG.

I. Gebühren und Auslagen des Anwalts für die außergerichtliche Tätigkeit

Gegenstandswert: 5.000,00 €	
1,3 Geschäftsgebühr, Nr. 2300 VV RVG	393,90 €
Post- und Telekommunikationspauschale, Nr. 7002 VV RVG	20,00 €
19% Umsatzsteuer, Nr. 7008 VV RVG	78,64 €
Gesamtsumme	**492,54 €**

II. Gebühren und Auslagen des Anwalts für die Tätigkeit im erstinstanzlichen Verfahren:

Gegenstandswert: 5.000,00 €	
1,3 Verfahrensgebühr, Nr. 3100 VV RVG	393,90 €
Anzurechnen: 0,65 Geschäftsgebühr, Nr. 2300 VV RVG	*– 196,95 €*
1,2 Terminsgebühr, Nr. 3104 VV RVG	363,60 €
Post- und Telekommunikationspauschale, Nr. 7002 VV RVG	20,00 €
19% Umsatzsteuer, Nr. 7008 VV RVG	110,30 €
Gesamtsumme	**690,85 €**

Beachte: Die Anrechnung trägt dem Umstand Rechnung, dass der Rechtsanwalt bereits vorgerichtlich mit der Sache befasst war und die im Rahmen des Klageverfahrens anzufertigenden Schriftsätze daher weniger Einarbeitungsaufwand erfordern. Vor diesem Hintergrund wird verständlich, dass eine **Anrechnung unterbleibt**, wenn sich **eine Partei im Rahmen des gerichtlichen Verfahrens durch einen anderen Anwalt als im vorgerichtlichen Verfahren vertreten** lässt.[212]

bb) Materiell-rechtliche Anspruchsgrundlage

Die **materiell-rechtliche Anspruchsgrundlage** für den Ersatz des Gebührenschadens ist in der Regel der **Verzögerungsschadensersatz gemäß §§ 280 Abs. 1, Abs. 2, 286 BGB**. Dies setzt allerdings voraus, dass sich der Gegner **bereits in Schuldnerverzug befunden** hat, als der Mandant Sie als Anwalt beauftragt hat. Die Geschäftsgebühr entsteht nämlich „für das Betreiben des Geschäfts". Sofern der Gegner jedoch erst durch ein Anwaltsschreiben in Verzug gesetzt wird, lässt sich dieses Betreiben des Geschäfts nicht ursächlich auf den Verzug des Schuldners zurückführen. Die Beanspruchung des Gebührenschadens als Verzögerungsschaden kommt dann nicht in Betracht. 151

Sofern es sich bei der **Hauptforderung um einen Schadensersatzanspruch** handelt, die Sach- und Rechtslage überdies komplex und es dem Mandanten daher nicht zumutbar ist, eine Regulierung entstandener Schäden ohne anwaltliche Hilfe anzustrengen, kommt ein **Ersatz des Gebührenschadens auch ohne Schuldnerverzug als allgemeine Schadensfolge gemäß § 249 Abs. 2 S. 1 BGB** in Betracht. Das Paradebeispiel hierfür ist die **Verkehrsunfallregulierung**: Denn ob und in welcher Höhe infolge eines Verkehrsunfalls die Reparaturkosten konkret oder fiktiv abgerechnet und die Kosten eines Kfz-Schadensgutachtens, eines etwaigen merkantilen Minderwertes des Kfz, eine Nutzungsausfallentschädigung oder Mietwagenkosten, ein Prämienschaden für die Rückstufung bei der Kaskoversicherung, ein Haushaltsführungsschaden sowie Schmerzensgeld beansprucht werden können, ist eine Wissenschaft für sich.

Besonderheiten ergeben sich insbesondere im **Bereich des Wettbewerbs-, Marken-, Kennzeichen-, Urheber- und im Äußerungsrecht**. Beispielsweise kommt im Bereich

212 BGH MDR 2010, 293.

des Wettbewerbsrechts **§ 12 Abs. 1 S. 2 UWG** als Anspruchsgrundlage für den Ersatz von anwaltlichen Abmahnkosten in Betracht. Im Bereich des Wettbewerbs-, Marken-, Kennzeichen-, Urheber- und im Äußerungsrecht kann ein Anspruch auf Ersatz vorgerichtlicher Anwaltskosten auch unter dem Gesichtspunkt der Geschäftsführung ohne Auftrag gemäß **§§ 677, 683 S. 1, 670 BGB** bestehen. Denn die berechtigte anwaltliche Abmahnung verbunden mit der Aufforderung zur Abgabe einer **strafbewehrten Verpflichtungs- und Unterlassungserklärung** stellt die Besorgung eines fremden Geschäfts für den Unterlassungsschuldner durch den seitens des Unterlassungsgläubiger beauftragten Rechtsanwalt dar.[213]

cc) Modalitäten der Antragstellung

152 Was die Formulierung des Antrags anbelangt, ist danach zu differenzieren, ob der **Mandant die vorgerichtlichen Anwaltskosten bereits an den eigenen Rechtsanwalt gezahlt** hat oder nicht.

(1) Zahlungsantrag

153 Im Falle eines bereits erfolgten Ausgleichs der Anwaltskosten durch den Mandanten ist der **Gebührenschaden als Zahlungsantrag** zu formulieren. Auf ein Bestreiten des Gegners hin ist der Ausgleich der anwaltlichen Kostennote durch den Mandanten ggf. zu beweisen. Die Vollstreckung des zuerkannten Zahlungsantrags richtet sich nach den Vorschriften über die Zwangsvollstreckung wegen Geldforderungen (§§ 802 a–882 h ZPO). Im Schriftsatz kann die Antragstellung beispielsweise wie folgt aussehen.

Formulierungsbeispiel: Gebührenschaden als Zahlungsantrag

Namens und in Vollmacht des Klägers werde ich beantragen,

1. ***[Sachanträge]***
2. ***den Beklagten zu verurteilen, an den Kläger vorgerichtliche Rechtsanwaltsgebühren in Höhe von 492,54 € nebst Zinsen in Höhe von 5 Prozentpunkten über dem jeweiligen Basiszinssatz seit dem auf die Rechtshängigkeit folgenden Tag zu zahlen.***
3. ***[Verfahrensanträge]***

Beachte: Bei einer **Zahlung der Anwaltskosten durch die Rechtsschutzversicherung** des Mandanten geht der Erstattungsanspruch wegen § 86 VVG auf den Versicherer über. Die Geltendmachung des Gebührenschadens im Rahmen der Klage kann dann allerdings **in gewillkürter Prozessstandschaft analog § 185 Abs. 1 BGB** für den Versicherer erfolgen.[214]

(2) Freihaltungsantrag

Wenn der Mandant die Anwaltskosten hingegen noch nicht an Sie als Rechtsanwalt gezahlt hat, kann hinsichtlich des **Gebührenschadens lediglich Freihaltung** von dem Prozessgegner beansprucht werden. Die Vollstreckung richtet sich dann nach den für die **Zwangsvollstreckung wegen vertretbarer Handlungen** (§ 887 ZPO) geltenden Grundsätzen. Im Schriftsatz kann dies dann wie folgt umgesetzt werden.

---

213 Vgl. BGH NJW-RR 2010, 1130.

214 Lesen Sie zur gewillkürte Prozessstandschaft in diesem Skript oben die Rn. 90–92.

Formulierungsbeispiel: Gebührenschaden als Freihaltungsantrag

Namens und in Vollmacht des Klägers werde ich beantragen,

1. [Sachanträge]

2. den Beklagten zu verurteilen, den Kläger von vorgerichtlichen Rechtsanwaltsgebühren des Rechtsanwalts ... in Höhe von 492,54 € nebst Zinsen in Höhe von 5 Prozentpunkten über dem jeweiligen Basiszinssatz seit dem auf die Rechtshängigkeit folgenden Tag freizuhalten.

3. [Verfahrensanträge]

Beachte: Werden vorgerichtliche Anwaltskosten **neben der eigentlichen Hauptforderung** eingeklagt, so wirken sie sich **nicht streitwerterhöhend** aus (§ 4 Abs. 1 Hs. 2 ZPO, § 43 Abs. 1 GKG). Als „Dienstleistung gegenüber dem Gericht" werden die vorgerichtlichen Anwaltskosten daher unter Klarstellungsgesichtspunkten gewöhnlich mit einem gesonderten Antrag eingeklagt. Ist die **eigentliche Hauptforderung nicht Verfahrensgegenstand** und wird mit der Klage lediglich der Gebührenschaden beansprucht, so **rücken die vorgerichtlichen Anwaltskosten zur Hauptforderung auf** und geben dann zugleich den Streitwert vor (§ 3 ZPO, § 42 Abs. 2 GKG).

l) Die Klage auf Unterlassung

Bei der Geltendmachung von Unterlassungsansprüchen ist in der Regel zunächst **154**
eine **außergerichtliche Abmahnung** des beanstandungswürdigen Verhaltens verbunden mit der **Aufforderung zur Abgabe einer strafbewehrten Unterlassungsverpflichtungserklärung** angezeigt. Bei einer ohne dieses erhobenen Klage würde den Mandanten in der Rolle als Kläger gemäß § 93 ZPO das Kostenrisiko für den Rechtsstreit treffen.[215]

Beachte: In besonders dringlichen Fällen ist die Beantragung des Erlasses einer **einstweiligen Verfügung** zweckmäßig.[216]

Während ein Verstoß gegen eine strafbewehrte Unterlassungsverpflichtungserklärung durch die **Zahlung einer vereinbarten Vertragsstrafe** nach Maßgabe der §§ 339 ff. BGB sanktioniert wird, wird der Verstoß gegen einen titulierten Unterlassungsanspruch durch **Ordnungsmittel (Ordnungsgeld oder Ordnungshaft)** sanktioniert. Die Umsetzung im praktischen Teil bereitet vielen Kandidaten Schwierigkeiten.

215 Ein Formulierungsbeispiel für die außergerichtliche Aufforderung zur Abgabe einer strafbewehrten Unterlassungsverpflichtungserklärung im Vorwege einer Klage findet sich unter Rn. 198.

216 Vgl. zum einstweiligen Rechtsschutzverfahren in diesem Skript Rn. 199–244.

Formulierungsbeispiel: Klageanträge auf Unterlassung, Geldentschädigung und Ersatz vorgerichtlicher Anwaltskosten

Namens und in Vollmacht des Klägers werde ich beantragen,

1. ***die Beklagte bei Vermeidung eines vom Gericht für jeden Fall der Zuwiderhandlung festzusetzenden Ordnungsgeldes und für den Fall, dass dieses nicht beigetrieben werden kann, einer Ordnungshaft oder Ordnungshaft bis zu 6 Monaten (Ordnungsgeld im Einzelfall höchstens 250.000,00 €; Ordnungshaft insgesamt höchstens 2 Jahre) zu verurteilen, es zu unterlassen, in Bezug auf die Person des Klägers zu behaupten, zu verbreiten und / oder verbreiten zu lassen,***
   a) ***dass der Kläger die Beklagte vergewaltigt oder anderweitig sexuell genötigt habe,***
   b) ***dass der Kläger Gewalt gegenüber der Beklagten oder anderen Frauen verübt habe,***
2. ***die Beklagte zu verurteilen, an den Kläger eine Geldentschädigung in Höhe von 2.000,00 € nebst Zinsen in Höhe von 5 Prozentpunkten über dem jeweiligen Basiszinssatz seit dem auf die Rechtshängigkeit folgenden Tag zu zahlen.***[a]
3. ***die Beklagte zu verurteilen, an den Kläger vorgerichtliche Rechtsanwaltsgebühren in Höhe von 887,03 € nebst Zinsen in Höhe von 5 Prozentpunkten über dem jeweiligen Basiszinssatz seit dem auf die Rechtshängigkeit folgenden Tag zu zahlen.***
4. ***[Verfahrensanträge]***

a) Der Anspruch auf Zahlung einer Geldentschädigung in Fällen schwerwiegender Verletzung des allgemeinen Persönlichkeitsrechts wird aus § 823 Abs. 1 BGB i.V.m. Art. 1 Abs. 1 GG, Art. 2 Abs. 1 GG abgeleitet.

Beachte: Wird auf Unterlassung unter Androhung von Ordnungsmitteln geklagt und schließen die Parteien im Rahmen des Rechtsstreits einen **Prozessvergleich**, wonach sich der Beklagte zur Unterlassung verpflichtet, ist es **ratsam**, in Betreff der Sanktion eines Verstoßes gegen die Unterlassungsverpflichtung in Abkehr von den Klageanträgen **nicht eine Androhung von Ordnungsmitteln, sondern stattdessen ein Vertragsstrafeversprechen** des Beklagten in die Sprachregelung des Vergleiches aufzunehmen. Denn die **Androhung von Ordnungsmitteln im Rahmen eines Prozessvergleichs ist unzulässig**, da die Androhung gemäß § 890 Abs. 2 ZPO allein dem Richter obliegt und nicht durch die Parteien vereinbart werden kann.[217]

m) Der Umgang mit Gestaltungsrechten

155 Im Rahmen der Zweckmäßigkeit ist bei Anlass weiter zu erörtern, ob für den Mandanten sinnvollerweise Gestaltungsrechte auszuüben sind. Die **Erscheinungsformen der Gestaltungsrechte** in den Klausuren sind vielfältig. Beispielhaft zu nennen sind die Anfechtung, die Kündigung, der Rücktritt, die Minderung, das Schadensersatzverlangen, der Verbraucherwiderruf und die Aufrechnung. Zu prüfen ist jeweils, ob die Voraussetzungen des konkreten Gestaltungsrechts vorliegen oder womöglich noch von selbst durch Zeitablauf eintreten oder aber aktiv geschaffen werden müssen.

217 BGH MDR 2012, 1060.

Beachte: Gibt ein Rechtsanwalt mit Vollmacht seines Mandanten Gestaltungserklärungen ab, ist wegen § 174 BGB grundsätzlich eine **Originalvollmacht beizufügen**. Ist dem Rechtsanwalt hingegen eine Prozessvollmacht i.S.d. §§ 78 ff. ZPO eingeräumt worden, gelangt § 174 BGB nicht zur Anwendung, und zwar unabhängig davon, ob die fragliche Willenserklärung als „Prozesshandlung" innerhalb oder außerhalb des laufenden Rechtsstreits erklärt wird.[218] Die Vorschriften der §§ 78 ff. ZPO bilden für die Prozessvollmacht gegenüber den allgemeinen Regelungen der §§ 164 ff. BGB nämlich ein Sonderrecht.[219]

n) Der Umgang mit Gegenansprüchen des Beklagten

Im Rahmen der Zweckmäßigkeitserwägungen ist weiter auch auf die im Rahmen des Gutachtens geprüften Gegenansprüche des Gegners einzugehen. Im Einzelnen ist das Risiko darzustellen, dass der Gegner sich mittels einer **Aufrechnung** oder eines **Zurückbehaltungsrechts** gegen die Klageforderung zur Wehr setzen oder durch die **Erhebung einer Widerklage** zum Gegenangriff übergehen kann. Wie diesen Gefahren im Interesse des Mandanten begegnet werden kann, hängt von den Umständen des Einzelfalls ab und ist von Ihnen im Rahmen der Zweckmäßigkeitserwägungen darzustellen. 156

aa) Bestehen der Gegenansprüche ist sicher

Ist ein **Bestehen der Gegenansprüche sicher**, ist die anzufertigende Klage im Interesse des Mandanten regelmäßig an diesen Umstand anzupassen. 157

(1) Gleichartigkeit der Ansprüche

Bei sicher bestehenden **gleichartigen Ansprüchen** ist es in der Regel **zweckmäßig**, selbst die Aufrechnung für den Mandanten zu erklären und lediglich die überschießende Differenz einzuklagen. Die **Vorteile** liegen auf der Hand: Zum einen werden der **Streitwert und damit zugleich auch das Kostenrisiko des Mandanten minimiert.** Zum anderen wird eine **Teilabweisung der Klage** im Falle einer – ohne Aufrechnung durch den Mandanten – zu erwartenden Prozessaufrechnung durch den Gegner oder eine **Verurteilung des Mandanten** im Falle einer – ohne Aufrechnung durch den Mandanten – möglichen Widerklage durch den Gegner verhindert. Auch auf diesem Wege wird das **Kostenrisiko des Mandanten minimiert.**[220] 158

Beispiel: Der Mandant K hat eine Forderung gegen B in Höhe von 12.000,00 €. Der B hat gegen den K seinerseits eine sicher bestehende Forderung in Höhe von 5.000,00 €. Es sollten für den Mandanten K in Höhe von 5.000,00 € aufgerechnet und lediglich die überschießenden 7.000,00 € eingeklagt werden.

Beachte: Die Aufrechnung kann für den Mandanten entweder innerhalb der Klageschrift oder durch ein außergerichtliches Schreiben gegenüber dem Gegner erklärt werden. In beiden Fällen ist das Vorgehen des Rechtsanwalts von seiner Prozessvollmacht gedeckt, sodass § 174 BGB richtigerweise nicht zur Anwendung gelangt.[221] Um aber auch einem potenziellen Streit über die Rüge der Bevollmächtigung vorzubeugen, ist es gleichwohl zweckmäßig, einer durch außergerichtliches Schreiben erklärten Aufrechnung eine **Originalvollmacht** beizufügen.

---

218 BGH NJW 2003, 963; BAG BB 1978, 208.

219 BGH NJW 2003, 963.

220 Lesen Sie zur Möglichkeit einer (teilweisen) Erledigungserklärung in Reaktion auf eine Prozessaufrechnung des Gegners Rn. 162.

221 Vgl. zum Umgang mit Gestaltungsrechten Rn. 155.

(2) Ungleichartigkeit der Ansprüche

159 Bei sicher bestehenden **ungleichartigen Ansprüchen** ist es dagegen **zweckmäßig**, lediglich auf Leistung Zug-um-Zug zu klagen, sofern sich der Gegner auf ein Zurückbehaltungsrecht (z.B. §§ 320 Abs. 1, 322 Abs. 1 BGB) berufen kann. Anderenfalls droht auch hier eine **teilweise Kostentragung des Mandanten,** sofern sich der Gegner im Prozess auf das ihm zustehende Zurückbehaltungsrecht beruft.

Beispiel: Hat der Mandant V an den K ein Kfz für 15.000,00 € verkauft und sind die Erfüllungshandlungen wechselseitig bisher nicht geleistet worden, sollte auf Zahlung der 15.000,00 € Zug-um-Zug gegen Lieferung des Fahrzeugs geklagt werden, sofern eine außergerichtliche Aufforderung zur Leistung erfolglos geblieben ist.[222]

(3) Gefahr der Widerklage

160 Einer sowohl **bei Gleichartigkeit** als auch **bei Ungleichartigkeit** der gegenseitigen Forderungen grundsätzlich möglichen **Widerklage** kann ggf. im „Replikschriftsatz"[223] mit einem **(beschränkten) Anerkenntnis der Widerklageforderung** mit einer für den Mandanten günstigen Kostenfolge gemäß § 93 ZPO begegnet werden, sofern der Mandant **keine Veranlassung zur Widerklage** gegeben hat.[224] Ein solcher Anlass zur Widerklage fehlt, wenn der Mandant vor Erhebung der Widerklage weder in Verzug war noch die Widerklageforderung bestritten noch die Leistung verweigert hat.[225] Selbst wenn der Mandant die Leistung aber verweigert hat, weil er sich zu Recht auf einen noch von dem Widerkläger zu erfüllenden Gegenanspruch beruft und ein Zurückbehaltungsrecht geltend macht, besteht für die Widerklage kein Anlass i.S.d. § 93 ZPO.[226]

Beispiel: Der Mandant K kaufte durch notariellen Vertrag ein Grundstück von B. Im Grundstückskaufvertrag wird B ein vertragliches Rücktrittsrecht eingeräumt und vereinbart, dass im Falle eines Rücktritts B dem K etwaige Notars- und Gerichtskosten für erfolgte Eintragungen im Grundbuch zu erstatten hat. Nach Eintragung der Auflassungsvormerkung zugunsten des K tritt B vom Kaufvertrag zurück.

K fordert B daraufhin außergerichtlich zur Zahlung der angefallenen 10.000 € Notars- und Gerichtskosten Zug-um-Zug gegen Erteilung der Löschungsbewilligung hinsichtlich der Auflassungsvormerkung auf. B lehnt eine Zahlung kategorisch ab, fordert seinerseits aber von K die Zustimmung zur Löschung der Auflassungsvormerkung im Grundbuch. In Reaktion auf diese Aufforderung des B beruft sich K auf ein Zurückbehaltungsrecht wegen des ihm gegen B zustehenden Zahlungsanspruchs.

K klagt schließlich auf **Zahlung der angefallenen Notars- und Gerichtskosten Zug-um-Zug gegen Erteilung der Löschungsbewilligung hinsichtlich der Auflassungsvormerkung.** B beantragt Klageabweisung und beantragt **widerklagend, K zur Zustimmung zur Löschung der Auflassungsvormerkung im Grundbuch** zu verurteilen. K sollte nun die Widerklage unter Verwahrung gegen die Kostenlast mit der Maßgabe anerkennen, dass auf die Widerklage hin seine Verurteilung zur Erteilung der Löschungsbewilligung nur Zug-um-Zug gegen Zahlung der angefallenen 10.000 € Notars- und Gerichtskosten durch den B erfolgt (sog. beschränktes Anerkenntnis).

Der Mandant K hat in diesem Beispiel zur Widerklage keinen Anlass i.S.d. § 93 ZPO gegeben und ist an den Kosten des Rechtsstreits daher richtigerweise auch nicht zu beteiligen.

---

222 Vgl. zur Antragstellung Rn. 125.

223 Lesen Sie insoweit den Hinweis unter Rn. 161.

224 Vgl. zum beschränkten Anerkenntnis Rn. 440.

225 OLG Köln NJW-RR 1992, 1529; Thomas/Putzo/Hüßtege § 93 Rn. 6.

226 BGH RÜ2 2016, 105; Thomas/Putzo/Hüßtege § 93 Rn. 6.

> **Beachte:** Wenn der Gegner seinerseits außergerichtlich lediglich zur unbedingten Leistung aufgefordert wurde, besteht natürlich umgekehrt gleichermaßen die Gefahr eines **(beschränkten) Anerkenntnisses der Klageforderung** durch den Beklagten einhergehend mit einer für den Mandanten drohenden ungünstigen Kostenfolge gemäß § 93 ZPO. Aus anwaltlicher Vorsicht ist der Gegner von Ihnen dann vor Einreichung einer Klage nochmals **außergerichtlich zur Leistung Zug-um-Zug aufzufordern**.

bb) Bestehen der Gegenansprüche ist unsicher

Ist das Bestehen der Gegenansprüche des Beklagten hingegen aus tatsächlichen **161** oder rechtlichen Gründen unsicher, so ist es **zweckmäßig**, die Ansprüche des Mandanten sowohl bei Gleichartigkeit als auch bei Ungleichartigkeit der Gegenforderung **ohne Rücksicht auf die Gegenforderung in voller Höhe einzuklagen** anstatt sie vorschnell durch eine Aufrechnung zu opfern oder die Erfolgsaussichten des Mandanten durch eine Klage auf Leistung Zug-um-Zug zu schwächen.

> **Beachte:** Im Rahmen der Zweckmäßigkeitserwägungen hat gleichwohl eine gedankliche Auseinandersetzung damit zu erfolgen, **wie der Mandant auf eine etwaige Prozessaufrechnung, die Geltendmachung eines Zurückbehaltungsrechts oder eine Widerklage des Gegners prozessual reagieren** kann. Hierbei handelt es sich dann um Erwägungen, deren schriftsätzliche Ausführung im bevorstehenden Rechtsstreit zwar nicht bereits im Rahmen der Klageschrift, sondern allenfalls im Rahmen eines „Replikschriftsatzes" vorzunehmen ist. Als Rechtsanwalt sollten Sie der Gegenseite **taktisch jedoch stets einen Schritt voraus** sein. Hierzu gehört auch, mögliche prozessuale Reaktionen der Gegenseite auf die Klageschrift zu antizipieren und **geeignete prozessuale Reaktionen des Mandanten auf das erwartete prozessuale Verhalten des Gegners** zu durchdenken. Durch derlei Erörterungen zeigen Sie Ihren Prüfern, dass Sie die „Anwaltsdenke" beherrschen!

(1) Gleichartigkeit der Ansprüche

Wenn der Gegner sich **bei Gleichartigkeit** der Ansprüche mit einer **Prozessaufrechnung** gegen die Klageforderung zur Wehr setzt, bestehen zwei Möglichkeiten, hierauf zu reagieren: **162**

- Es kann zum einen **streitig über Haupt- und Gegenforderung verhandelt** werden.
- Die Gegenforderung und die Wirksamkeit der Aufrechnung können mit Rücksicht auf einen ggf. soliden Vortrag des Gegners zum anderen aber auch immer noch „unstreitig gestellt" werden, indem der **Rechtsstreit (teilweise) in der Hauptsache für erledigt erklärt** wird, soweit die Aufrechnung des Gegners reicht.
  - Stimmt der Beklagte der Erledigungserklärung daraufhin zu, ist eine **zugunsten des Mandanten lautende Kostenentscheidung gemäß § 91 a ZPO** jedenfalls dann zu erwarten, wenn der Beklagte die Möglichkeit zur Aufrechnung bereits vor Eintritt der Rechtshängigkeit und nicht erst im laufenden Rechtsstreit erlangt hat.[227]

227 Vgl. Thomas/Putzo/Hüßtege § 91 a Rn. 48.

- Bleibt die Erledigungserklärung des Klägers hingegen einseitig, ist der auf den für erledigt erklärten Teil der Klageforderung entfallende Teil der Kosten **ebenfalls gemäß § 91 Abs. 1 ZPO von dem Beklagten zu tragen**. Bei der wirksamen Prozessaufrechnung handelt es sich nämlich um ein Ereignis, durch das eine **ursprünglich zulässige und begründete Klage nach Eintritt der Rechtshängigkeit (teilweise) unbegründet** wird. Anders als bei der Präklusion im Rahmen des § 767 Abs. 2 ZPO[228] kommt es bei einer in Reaktion auf eine Prozessaufrechnung erklärten Erledigungserklärung insoweit auch nicht auf den Zeitpunkt des Entstehens der Aufrechnungslage, sondern auf den **Zeitpunkt der Aufrechnungserklärung** an.[229]

Beachte: Bei einer **Klage über die volle Forderung des Mandanten kombiniert mit einer Erledigungserklärung nach Prozessaufrechnung** (im Folgenden: „Variante Nr. 1“) entstehen dem Mandanten grundsätzlich also keine Kostennachteile. Bei einer **sicher bestehenden Gegenforderung** (vgl. hierzu Rn. 157–160) erscheint die Handlungsoption einer **durch den Mandanten selbst erklärten Aufrechnung und einer anschließenden Klage lediglich über den überschießenden Teil der Forderung des Mandanten** (im Folgenden: „Variante Nr. 2“) aus anwaltlicher Vorsicht nichtsdestotrotz **vorzugswürdig:**

- Bei der Variante Nr. 1 lässt sich nämlich eine **für den Mandanten nachteilige Kostengrundentscheidung des Gerichts kaum jemals vollständig ausschließen.**
- Auch läuft der Mandant in der Variante Nr. 1 Gefahr, auf den wegen §§ 6 Abs. 1, 12 Abs. 1 GKG von ihm vorzuschießenden und im Vergleich zu der Variante Nr. 2 **aufgrund des höheren Gebührenstreitwerts potenziell höheren Gerichts- und Anwaltskosten** in Fällen fehlender Leistungsfähigkeit des Gegners „sitzen zu bleiben“.
- Zudem ist letztlich auch **nicht sicher prognostizierbar, ob der Beklagte die Gegenforderung** im Wege der Aufrechnung und/oder der Widerklage **überhaupt zum Gegenstand des Rechtsstreits machen** wird, wobei auch dem Mandanten an der Erfüllung der sicher bestehenden Gegenforderung des Gegners und einer Befreiung von dieser Verbindlichkeit durchaus ausdrücklich gelegen sein kann.

(2) Ungleichartigkeit der Ansprüche

163 Im Falle einer **Ungleichartigkeit der Ansprüche** wird sich der Beklagte bei Vorliegen der weiteren Voraussetzungen voraussichtlich auf ein Zurückbehaltungsrecht (z.B. § 273 Abs. 1 BGB) berufen und auf diesem Wege eine Zug-um-Zug-Verurteilung (vgl. § 274 Abs. 1 BGB) erwirken wollen. Es ist dann streitig darüber zu verhandeln, ob die **Klageforderung unbeschränkt oder lediglich durch ein Zurückbehaltungsrecht beschränkt** besteht. Im Falle einer Klage auf unbeschränkte Leistung und einer daraufhin ergehenden Zug-um-Zug-Verurteilung des Beklagten besteht zwar die Gefahr eines Teilunterliegens des klagenden Mandanten einhergehend mit einer Beteiligung an den Kosten des Rechtsstreits gemäß § 92 Abs. 1 S. 1 Alt. 2 ZPO. Bietet die Gegenforderung des Gegners allerdings Angriffspunkte, ist dieses Kostenrisiko – anders als bei einer sicher bestehenden Gegenforderung des Gegners (vgl. hierzu Rn. 157–160) – in der Regel hinnehmbar und mithin **auf unbeschränkte Leistung zu**

---

228 Vgl. ausführlich unter Rn. 301.

229 BGH RÜ 2003, 454.

klagen, da die **realistische Chance einer Verurteilung des Gegners zur unbeschränkten** (d.h. nicht durch ein Zurückbehaltungsrecht abgeschwächten) **Leistung** anderenfalls vorschnell aufgegeben würde.

(3) Gefahr der Widerklage

Im Falle einer **Widerklage** kann unter Kostenaspekten ein **(beschränktes) Anerkenntnis der Widerklageforderung** sinnvoll sein, sofern der Mandant keine Veranlassung zur Widerklage gegeben hat und somit die für ihn günstige Kostenfolge gemäß § 93 ZPO erreicht werden kann. Anderenfalls ist die Verteidigung gegen die Widerklage aufzunehmen und Abweisung zu beantragen. 164

> **Beachte:** Ein etwaiges **(beschränktes) Anerkenntnis** der Widerklageforderung bleibt natürlich dem „Replikschriftsatz" vorbehalten und hat **nicht innerhalb der Klageschrift** „für den Fall einer Widerklage durch den Beklagten" zu erfolgen!

cc) Sonderfall: Verkehrsunfallprozess

Besonderheiten zum Umgang mit den Gegenansprüchen des Beklagten gelten im Verkehrsunfallprozess, sofern **beiderseits Schäden entstanden** sind und **beiderseitige Mitverantwortung für den Unfall** besteht. 165

Beispiel: Der infolge eines Verkehrsunfalls entstandene Sachschaden des Mandanten beläuft sich auf 10.000,00 €, der des Gegners auf 5.000,00 €. Die Haftungsquote des Mandanten ist nach anwaltlicher Einschätzung mit 30% und die des Gegners mit 70% zu bewerten.

Verkehrsunfall mit beiderseitigen Haftungsanteilen

- **Können Ansprüche für den Mandanten schlüssig vorgebracht werden?** (+), und zwar ein Schadensersatzanspruch in Höhe von 7.000,00 € (= 70% von 10.000,00 €)
- **Ist mit der Geltendmachung von Gegenansprüchen zu rechnen?** (+), und zwar in Höhe von zumindest 1.500,00 € (= 30% von 5.000,00 €)
- **Wie kann der Gegner die Gegenansprüche in den Rechtsstreit einbringen?** Durch eine Aufrechnung (unwahrscheinlich) oder eine Widerklage und ggf. eine streitgenössische Drittwiderklage gegen die Kfz-Haftpflichtversicherung des Mandanten (wahrscheinlich)
- **Sollte den Gegenansprüchen im Kosteninteresse des Mandanten dadurch begegnet werden, dass selbst die Aufrechnung (i.H.v. 1.500,00 €) erklärt und lediglich die verbleibende Differenz (in Höhe von 5.500,00 €) eingeklagt wird?** (–), zwar führt die selbst erklärte Aufrechnung zu einem geringeren Streitwert und einer Verringerung des bestehenden Kostenrisikos für den Mandanten im Prozess, jedoch würde die Klageforderung des Mandanten ohne Not in Höhe von 1.500,00 € durch eine Aufrechnung „geopfert" werden, obwohl die dem Gegner zustehenden Beträge wirtschaftlich letztlich von der Kfz-Haftpflichtversicherung des Mandanten zu tragen sein werden
- **Wie sollte stattdessen verfahren werden?** Zweckmäßig ist stattdessen die Kombination einer Leistungsklage über die den Mandanten zustehenden 7.000,00 € und einer negativen Feststellungsklage bezüglich des Umfangs der Verantwortlichkeit des Mandanten für die gegnerischen Unfallschäden
- **Wie kann im Rahmen des Replikschriftsatzes reagiert werden, wenn der Beklagte hinsichtlich der negativen Feststellungsklage Klageabweisung beantragt und zugleich eine Widerklage auf Zahlung der ihm zustehenden 1.500,00 € (oder eines höheren Betrags) erhebt?** Durch die Widerklage gerichtet auf Zahlung entfällt in der Regel das Feststellungsinte-

resse für die negative Feststellungsklage. **Prozesstaktisch ratsam** ist im Falle einer Widerklage daher, den Rechtsstreit hinsichtlich der negativen Feststellungsklage für erledigt zu erklären, um einer Teilabweisung der Klage als unzulässig zu entrinnen. Hinsichtlich der Widerklageforderung ist es mit Rücksicht auf § 93 ZPO hingegen **zweckmäßig**, in Höhe von 1.500,00 € ein (Teil-)Anerkenntnis zu erklären, sofern der Mandant keine Veranlassung zur Widerklage gegeben hat. Anderenfalls ist ein Antrag auf Abweisung der Widerklage zu stellen.

166 Die Umsetzung der Klageanträge kann dabei beispielsweise wie folgt aussehen:

Formulierungsbeispiel: Klage bei Verkehrsunfall mit beiderseitigen Haftungsanteilen

Namens und in Vollmacht des Klägers werde ich beantragen,

1. ***den Beklagten zu verurteilen, an den Kläger einen Betrag in Höhe von 7.000,00 € nebst Zinsen in Höhe von 5 Prozentpunkten über dem jeweiligen Basiszinssatz seit dem auf die Rechtshängigkeit folgenden Tag zu zahlen.***
2. ***festzustellen, dass der Kläger nicht verpflichtet ist, dem Beklagten mehr als 30% seiner Schäden aus dem Verkehrsunfall zu ersetzen, der sich am 14.07.2018 in der Apothekenstraße in 21335 Lüneburg ereignet hat.***

o) Drohende Präklusion des eigenen Vorbringens

167 Die Fragestellung einer drohenden Verspätung des eigenen Vorbringens stellt sich vorrangig aus der Sicht des Beklagten. Die grundlegend im Rahmen des Verteidigungsmandates im Klageverfahren (hierzu 3. Teil A.) dargestellten Erwägungen zu einer **bloß scheinbar bestehenden Gefahr einer Präklusion**, einer **Flucht in die Säumnis** und einer **Flucht in den Befangenheitsantrag** können sinngemäß jedoch auf die Gefahr einer Präklusion des klägerischen Vorbringens übertragen werden.[230]

Das **Gegenstück zur Flucht des Beklagten in die Widerklage**[231] bildet die **Flucht des Klägers in die Klageerweiterung**. Die Erweiterung der Klage stellt ebenso wie eine Widerklage den Angriff selbst dar und ist nicht bloßes Angriffs- oder Verteidigungsmittel i.S.d. § 296 Abs. 1, Abs. 2 ZPO.[232] Eine **Zurückweisung einer Klageerweiterung als verspätet kommt daher naturgemäß nicht in Betracht**.

Denkbar ist daneben auch eine klägerische **Flucht in die Klagerücknahme.** Wegen der für den Mandanten nachteiligen Kostenfolge des § 269 Abs. 3 S. 2 ZPO ist eine solche Vorgehensweise angesichts der ebenfalls denkbaren **Fluchtwege in die Klageerweiterung oder in die Säumnis** indessen kaum jemals zweckmäßig.

p) Verfahrensrechtliche Anträge

168 Neben den Sachanträgen ist stets auch an **verfahrensrechtliche Anträge** zu denken, die **zweckmäßigerweise** bereits in den Entwurf der Klageschrift aufzunehmen sind.

aa) Versäumnisurteil im schriftlichen Vorverfahren, § 331 Abs. 3 ZPO

169 Allem voran betrifft dies den **Antrag auf Erlass eines Versäumnisurteils im schriftlichen Vorverfahren** (§ 331 Abs. 3 ZPO). Ordnet das Gericht zur Vorbereitung der mündlichen Verhandlung die Durchführung eines schriftlichen Vorverfahrens an und zeigt der Gegner seine Absicht, sich gegen die Klage verteidigen zu wollen, nicht

230 Vgl. Rn. 459–467.

231 Vgl. hierzu Rn. 466.

232 BGH NJW 2017, 491.

rechtzeitig an, so wird das Gericht bei Vorliegen der weiteren gesetzlichen Voraussetzungen ohne mündliche Verhandlung durch Versäumnisurteil entscheiden.

> **Beachte:** Der Beklagte kann den Erlass eines Versäumnisurteils allerdings auch **nach dem Ablauf der Notfrist des § 276 Abs. 1 S. 1 ZPO noch verhindern**, sofern seine Verteidigungsanzeige bei Gericht eingeht, bevor das von den Richtern unterschriebene Urteil der Geschäftsstelle übermittelt ist (vgl. § 331 Abs. 3 S. 1 Hs. 2 ZPO).

Die praktische Umsetzung in der Klageschrift kann dabei beispielsweise wie folgt aussehen: **170**

> ***Formulierungsbeispiel: Antrag auf Erlass eines Versäumnisurteils im schriftlichen Vorverfahren***
>
> *Namens und in Vollmacht des Klägers werde ich beantragen,*
>
> ***[Sachantrag]***
>
> *In verfahrensrechtlicher Hinsicht beantrage ich für den Fall des Vorliegens der gesetzlichen Voraussetzungen*
>
> ***den Erlass eines Versäumnisurteils im schriftlichen Vorverfahren gegen den Beklagten gemäß §§ 331 Abs. 3, 276 Abs. 1 S. 1, Abs. 2 ZPO.***

> **Beachte:** Der Antrag auf Erlass eines Versäumnisurteils im schriftlichen Vorverfahren dient der Vermeidung einer mündlichen Verhandlung und wird im Rahmen der Klageschrift daher nicht lediglich angekündigt, sondern bereits gestellt. Der Antrag ist daher richtigerweise **im Präsens zu formulieren.**

bb) Antrag auf Gewährung von Prozesskostenhilfe, §§ 114 ff. ZPO

Wenn der Mandant andeutet, im Zusammenhang mit einem Rechtsstreit entstehende Kosten nicht tragen zu können, ist an einen **Antrag auf Gewährung von Prozesskostenhilfe** (§§ 114 ff. ZPO) zu denken. Die Bewilligung von Prozesskostenhilfe setzt neben der **wirtschaftlichen Bedürftigkeit** des Mandanten voraus, dass die beabsichtigte Rechtsverfolgung **hinreichende Aussicht auf Erfolg bietet und nicht mutwillig** ist. **171**

Durch Veranlassung der Bekanntgabe des erstmaligen Antrags auf Gewährung von Prozesskostenhilfe an den Gegner wird **die Verjährung der mit der beabsichtigten Klage verfolgten Ansprüche gehemmt** (§ 204 Abs. 1 N. 14 BGB). Vor allem führt die Bewilligung von Prozesskostenhilfe aber natürlich zu **wirtschaftlichen Entlastungen des Mandanten**, die ihm in vielen Fällen eine Prozessführung überhaupt erst ermöglichen. Unterliegt der Mandant nämlich mit seiner Klage, werden in dem sich anschließenden Kostenfestsetzungsverfahren (§§ 103 ff. ZPO) im Falle bewilligter Prozesskostenhilfe **keine Gerichtskosten** (hierzu zählen auch etwaige Zeugenentschädigungen, Sachverständigenkosten, etc.) gegen ihn festgesetzt. Auch die **Kosten des eigenen Rechtsanwalts werden von der Staatskasse getragen.**[233] Der Mandant kann allenfalls verpflichtet werden, der Staatskasse die von ihr verauslagten Beträge in Raten zurückzuerstatten (vgl. § 120 ZPO). Von einer Erstattung der **der Gegenseite entstandenen außergerichtlichen Kosten** wird der Mandant demgegenüber nicht

233 Für die Anwaltskosten gelten dabei gemäß § 49 RVG reduzierte Wertgebühren.

befreit (vgl. § 123 ZPO). **Auf diese verbleibende Kostengefahr ist der Mandant unbedingt hinzuweisen!**

> **Beachte:** Die Bewilligung von Prozesskostenhilfe bringt **auch für den Prozessgegner des PKH-Antragstellers gewisse Vorteile**. Denn im Falle eines Obsiegens richten sich die Erstattungsansprüche des Prozessgegners bezüglich vorgeschossener Gerichtskosten für die allgemeine Durchführung des Verfahrens und ggf. einer Beweisaufnahme gegen die Staatskasse und nicht gegen den wirtschaftlich schwachen PKH-Antragsteller.

172 Für die Beantragung von Prozesskostenhilfe kommen letztlich drei verschiedene Wege in Betracht:

Modalitäten des Antrags auf Bewilligung von Prozesskostenhilfe, §§ 114 ff. ZPO

- **Erstens** kann der **PKH-Antrag mit einer unbedingten Klage verbunden** werden. Diese Vorgehensweise empfiehlt sich nur, wenn verhältnismäßig sicher von einem Erfolg der Klage ausgegangen werden kann und/oder der Mandant auch unabhängig von der Entscheidung über den PKH-Antrag klagen möchte. Ein Prozessverhältnis mit dem Gegner wird nämlich auch dann begründet, wenn der PKH-Antrag abgelehnt wird. Der Mandant hat im Falle eines Unterliegens mit der Klage dann die gesamten Kosten des Rechtsstreits zu tragen (§ 91 Abs. 1 ZPO).
- **Zweitens** kann der **PKH-Antrag mit einer bedingten Klage verbunden** werden. Zweckmäßig ist dieses Vorgehen, wenn der Erfolg der Klage unsicher erscheint. Eine Zustellung der Klage an den Beklagten und mithin ein Prozessverhältnis finden dann nur im Falle einer PKH-Bewilligung statt. Zwar ist die Klageeinreichung (= Begründung der Anhängigkeit) bedingungsfeindlich. Die **Zustellung der Klage** (= Begründung der Rechtshängigkeit) kann jedoch **unter die Bedingung der Bewilligung von PKH gestellt** werden.[a]
- **Drittens** kann der **PKH-Antrag als isolierter Antrag** gestellt werden. Es ist dann die **Klageschrift lediglich im Entwurf** beizufügen, um die hinreichenden Erfolgsaussichten der Rechtsverfolgung darzulegen, und gleichzeitig darzulegen, dass die Entscheidung zur Klage von der gerichtlichen Entscheidung über den Prozesskostenhilfeantrag abhängen soll. Nach Bewilligung der Prozesskostenhilfe ist die Klage sodann nochmals gesondert einzureichen. Dieser Weg erscheint ebenfalls zweckmäßig, wenn der Erfolg der Rechtsverfolgung ungewiss ist, da von einer Klageeinreichung bei Misserfolg des PKH-Antrags abgesehen werden kann.

a) OLG Naumburg, Urt. v. 10.11.1998 – 1 U 181/98, OLG-NL 2000, 91; Thomas/Putzo/Seiler § 117 Rn. 4.

173 Die Umsetzung im Schriftsatz kann beispielsweise wie folgt aussehen:

Formulierungsbeispiel: Antrag auf Gewährung von Prozesskostenhilfe und unbedingte Klage

Namens und in Vollmacht des Klägers erhebe ich Klage zum Amtsgericht Münster und beantrage zunächst,

> ***dem Kläger unter Beiordnung des Unterzeichners Prozesskostenhilfe für die Klage zu gewähren.***

In der mündlichen Verhandlung werde ich beantragen,

[...]

Begründung:

...

Der Kläger ist nach seinen persönlichen und wirtschaftlichen Verhältnissen nicht in der Lage, die Kosten der Klage aufzubringen. Die Erklärungen nach §§ 114 ff. ZPO liegen diesem Schriftsatz bei. Wie sich aus den nachfolgenden Ausführungen ergibt, hat die Klage Aussicht auf Erfolg und ist nicht mutwillig.

cc) Kostenanträge

Ein **Kostenantrag** ist in der Klageschrift grundsätzlich nicht zu stellen. Wegen § 308 Abs. 2 ZPO entscheidet das Gericht über die Kosten des Rechtsstreits nämlich von Amts wegen. Ausnahmsweise kann es in atypischen Konstellationen gleichwohl ratsam sein, einen (deklaratorischen) Kostenantrag zu stellen. Dies gilt zum einen in den Fällen, in denen das Gesetz **Abweichungen von dem „Grundsatz der Einheitlichkeit der Kostenentscheidung"** vorsieht. 174

Beispiele für Ausnahmen von dem Grundsatz der Einheitlichkeit der Kostenentscheidung

- Kosten bei Säumnis oder Verschulden, § 95 ZPO
- Kosten erfolgloser Angriffs- oder Verteidigungsmittel, § 96 ZPO
- Kosten bei Streitgenossen, § 100 Abs. 3 ZPO
- Kosten einer Nebenintervention, § 101 ZPO
- Verfahren bei Wiedereinsetzung, § 238 Abs. 4 ZPO
- Verweisung bei Unzuständigkeit, § 281 Abs. 3 S. 2 ZPO
- Versäumniskosten, § 344 ZPO

Zum anderen lässt sich ein Kostenantrag aber auch dann empfehlen, wenn **dem Klageverfahren ein obligatorisches Streitschlichtungs- oder selbstständiges Beweisverfahren vorausgegangen** ist. Die im Rahmen dieser Verfahren entstehenden Kosten zählen im Falle einer nachfolgenden Klage zwar zu den Kosten des Rechtsstreits. Durch das Hinwirken auf eine aussagekräftige Kostengrundentscheidung des Gerichts lässt sich hierüber ggf. jedoch Klarheit für das sich anschließende Kostenfestsetzungsverfahren schaffen.

Formulierungsbeispiel: Atypischer Kostenantrag

Namens und in Vollmacht des Klägers werde ich beantragen,

1. *[...]*
2. ***Der Beklagte hat die Kosten des Rechtstreits einschließlich der Kosten des selbstständigen Beweisverfahrens vor dem Amtsgericht ... zu der Geschäftsnummer ... zu tragen.***

dd) Erteilung einer vollstreckbaren Ausfertigung

175 Als **zweckmäßig** erweist es sich zudem, die **Erteilung der vollstreckbaren Ausfertigung** des den Klageanspruch zuerkennenden Urteils bereits im Rahmen der Klageschrift zu beantragen. Dies vermag im Falle eines Obsiegens im Prozess womöglich einen gewissen Zeitvorteil bei der Einleitung der Zwangsvollstreckung zu verschaffen.

> ***Formulierungsbeispiel: Antrag auf Erteilung der vollstreckbaren Ausfertigung des Urteils***
>
> *Namens und in Vollmacht des Klägers werde ich beantragen,*
>
> ***1. […]***
>
> ***2. die Erteilung einer vollstreckbaren Ausfertigung des Urteils gemäß § 724 Abs. 2 ZPO***

q) Ermittlung des zuständigen Gerichts

176 Die Klage ist an das **örtlich, sachlich und funktionell zuständige Gericht** zu richten.[234]

aa) Allgemeines zur Zuständigkeit

177 Die **örtliche Zuständigkeit** ist in den §§ 12 ff. ZPO geregelt. Es ist zwischen ausschließlichen (z.B. §§ 24, 29 a, 29 c Abs. 1 S. 2 ZPO), allgemeinen (z.B. §§ 12, 13, 17 ZPO) und besonderen (z.B. §§ 29, 32, 33 ZPO) Gerichtsständen zu unterscheiden. Zwischen allgemeinen und besonderen Gerichtsständen hat der Kläger ein **Wahlrecht (§ 35 ZPO), sofern nicht ein ausschließlicher Gerichtsstand** gegeben ist.

Die **sachliche Zuständigkeit** richtet sich nach § 1 ZPO i.V.m. §§ 23 ff., 71 GVG. Hiernach sind in bürgerlichen Rechtsstreitigkeiten die Landgerichte in erster Instanz zuständig, sofern keine gesonderte Zuweisung zu den Amtsgerichten erfolgt. Eine solche Zuweisung sieht § 23 Nr. 1 GVG für Streitigkeiten mit einem Streitwert bis 5.000,00 € vor. Die Amtsgerichte sind ferner streitwertunabhängig ausschließlich vor allem für Wohnraummietsachen (§ 23 Nr. 2 a) GVG) und bestimmte Wohnungseigentumssachen (§ 23 Nr. 2 c) GVG) zuständig.

In Betreff der **funktionellen Zuständigkeit** ist zu bedenken, dass vor den Landgerichten in Handelssachen (§ 95 GVG) auf Antrag des Klägers (§ 96 GVG) oder auf Verweisungsantrag des Beklagten (§§ 98 Abs. 1, 101 GVG) die Kammern für Handelssachen anstelle der allgemeinen Zivilkammern angerufen werden können.

an die Kammer für Handelssachen denken!

bb) Gerichtsstandsvereinbarungen

178 Bei der Prüfung der Zuständigkeit des Gerichts spielen zudem zwischen den Parteien geschlossene **Gerichtsstandsvereinbarungen** eine Rolle. Durch eine Gerichtsstandsvereinbarung werden ein an sich unzuständiges Gericht des ersten Rechtszuges zuständig (sog. **Prorogation**) und von Gesetzes wegen an sich zuständige Gerichte unzuständig (sog. **Derogation**).

Bei den Parteien muss es sich im Grundsatz um **Kaufleute** oder sonstige prorogationsbefugte Rechtssubjekte handeln (§ 38 Abs. 1 ZPO). Darüber hinaus muss sich die Vereinbarung auf ein **bestimmtes Rechtsverhältnis** beziehen (§ 40 Abs. 1 ZPO). Wei-

234 Lesen Sie hierzu im AS-Skript Die zivilgerichtliche Assessorklausur (2018), Rn. 528–549.

tere Voraussetzungen einer wirksamen Gerichtsstandsvereinbarung (§ 40 Abs. 2 ZPO) sind, dass es sich nicht um **nichtvermögensrechtliche Ansprüche handelt, die streitwertunabhängig in die Zuständigkeit der Amtsgerichte** zugewiesen sind (§§ 23 Nr. 2, 23a GVG) und dass **kein ausschließlicher gesetzlicher Gerichtsstand** besteht.

r) Sonstige Zweckmäßigkeitserwägungen

Auf einige weitere prozesstaktische Erwägungen ist abschließend hinzuweisen. **179**

aa) Eilbedürftigkeit der Angelegenheit

Sofern die **Angelegenheit für den Mandanten besonders eilbedürftig** ist, haben Sie dies bei der Einreichung des verfahrensbestimmenden Schriftsatzes aufzugreifen. Zum einen kann die Klage unter Beschleunigungsaspekten **vorab per Telefax** (§ 253 Abs. 4 ZPO i.V.m. § 130 Nr. 6 ZPO) oder durch **Einwurf in den Hausbriefkasten des Gerichts** übermittelt werden. Im Hinblick auf §§ 6 Abs. 1, 12 Abs. 1 GKG sollte der **Gerichtskostenvorschuss** direkt per Gerichtskostenstempel oder durch Verrechnungsscheck direkt mit der Klage gezahlt werden. Auch ist ggf. auf die Möglichkeit zur Durchführung eines **Arrest- und einstweiligen Verfügungsverfahrens** hinzuweisen. **180**

BEA-Pflicht

> **Beachte:** In der Praxis etabliert sich nach anfänglichen Startschwierigkeiten zunehmend die Nutzung des **besonderen elektronischen Anwaltspostfachs (beA)** für die Übermittlung der verfahrensbestimmenden Schriftsätze an die Gerichte. Bereits seit dem 01.01.2018 gilt für Rechtsanwälte die passive Nutzungspflicht für den Empfang von Mitteilungen über das beA. Die aktive Nutzungspflicht tritt – je nach Bundesland – teilweise bereits im Jahre 2020, spätestens jedoch am 01.01.2022 in Kraft, sodass Rechtsanwälte spätestens dann flächendeckend verpflichtet sein werden, den Gerichten Dokumente elektronisch über das beA zu übermitteln.

bb) Außergerichtliche Schreiben

Häufig erscheint es **zweckmäßig**, neben einem Schriftsatzentwurf auch außergerichtliche Schreiben auszuformulieren. Zu denken ist etwa an ein **Schreiben an den Mandanten**, in dem wichtige Hinweise erteilt, Nachfragen gestellt und weitere Unterlagen angefordert werden. Auch ein außergerichtliches **Schreiben an den Gegner** kann sich im Einzelfall als sinnvoll erweisen, insbesondere um der Kostenfalle gemäß § 93 ZPO zu entgehen. Daneben ist zu überlegen, ob **Schreiben an Dritte** zu fertigen sind, beispielsweise die Einholung einer **Deckungszusage durch die Rechtsschutzversicherung** des Mandanten oder der **verschriftlichten Aussage eines in Betracht kommenden Zeugen**. **181**

> **Beachte:** Häufig wird Ihnen die Ausformulierung der außergerichtlichen Schreiben an den Mandanten, den Gegner oder Dritte durch den Bearbeitervermerk erlassen sein. Sie können und sollen sich dann darauf beschränken, im Rahmen der Zweckmäßigkeit festzuhalten, dass solche Schreiben sinnvollerweise anzufertigen sind.

V. Praktischer Teil

Im praktischen Teil geht es nunmehr um die Umsetzung des im vorangehenden Gutachten gefundenen Ergebnisses in einen **praxistauglichen Schriftsatz** und/oder in **182** ein **praktisch verwertbares außergerichtliches Schreiben**. Ausgangspunkt der Überlegungen ist für Sie natürlich immer der **Vermerk zur Bearbeitung**. Denn hierin wird Ihnen vorgegeben, was genau Sie zu verschriftlichen haben und vor allem, was Sie ausdrücklich nicht zu verschriftlichen haben.

1. Schriftsätze an das Gericht

In der Regel wird Ihnen der **Entwurf des „verfahrensbestimmenden Schriftsatzes"** abverlangt werden, was zumeist auf einen Entwurf einer **Klageschrift** hinausläuft. Denkbar sind aber natürlich auch andere Arten von Schriftsatzentwürfen.

a) Formalien

183 Im **Kopf des Schriftsatzentwurfs** ist auf einen Korrekturrand zu verzichten. Hierdurch entsteht auch visuell ein möglichst praxisnahes Abbild eines anwaltlichen Schriftsatzes an das Gericht. Bei der **Begründung des Schriftsatzentwurfs** setzen Sie hingegen wie gewohnt einen Korrekturrand.

184 Die zu stellenden **Anträge** sind im Schriftsatz **durch Einrückung hervorzuheben**. Die Sachanträge werden im Schriftsatz lediglich angekündigt und erst in der mündlichen Verhandlung gestellt (§§ 253 Abs. 4, 130 Nr. 2 ZPO). Die Antragstellung hat aus diesem **Grunde in der Zeitform Futur** zu erfolgen. Eine Ausnahme gilt lediglich für Anträge, über die im schriftlichen Verfahren entschieden werden soll (z.B. Anträge auf Gewährung von Prozesskostenhilfe, auf Erlass eines Versäumnisurteils gemäß § 331 Abs. 3 ZPO oder bei Anregung des Verfahrens gemäß § 495 a ZPO). Dann sind die Anträge **in der Zeitform Präsens** zu formulieren.

185 Im Rahmen der Begründung sind sämtliche zur Begründung der geltend gemachten Ansprüche erforderlichen Tatsachen vorzutragen. Darüber hinaus ist an die **Beweisangebote** zu denken, die ähnlich wie die Anträge **durch Absätze und / oder Einrückung hervorzuheben** sind. Soweit **rechtliche Ausführungen** nicht durch den Bearbeitervermerk erlassen sind, haben diese **im Urteilsstil** zu erfolgen.

186 Im Rahmen des Schriftsatzes ist der **Mandant als „Kläger"** und der **Gegner als „Beklagter"** zu bezeichnen. Bei juristischen Personen und Gesellschaften ohne Rechtspersönlichkeit ist auf eine korrekte Bezeichnung sowohl der Parteien als auch ihrer gesetzlichen Vertreter zu achten.

b) Zinsanträge

187 Bei der Beanspruchung von **Verzugs- und Prozesszinsen gemäß §§ 288, 291 BGB** haben Sie darauf zu achten, eine Verzinsung mit **„Prozentpunkten über dem jeweiligen Basiszinssatz"** zu beantragen.

Beispiel: Bei einer Forderung in Höhe von 10.000,00 € führt eine Verzinsung mit 5 Prozentpunkten über dem jeweiligen Basiszinssatz im Zeitraum vom 01.01. bis 31.12.2018 unter Berücksichtigung des in diesem Zeitraum geltenden Basiszinssatz von -0,88 Prozent beispielsweise zu einer Jahresverzinsung von 4,12 Prozent (von 10.000,00 €) und mithin Zinsansprüchen in Höhe von 412,00 €.

Beachte: Es ist ein **häufiger Fehler** der Kandidaten, einen Zinsantrag zu stellen, wonach eine Verzinsung mit **„Prozent über dem jeweiligen Basiszinssatz"** oder **„% über dem jeweiligen Basiszinssatz"** beansprucht wird. Dies ist sowohl sprachlich als auch in Betreff der wirtschaftlichen Berechnung fehlerhaft. Die Möglichkeiten des Gerichts zur Auslegung der gestellten Anträge befreien den Rechtsanwalt nicht von einer sorgsamen Antragsstellung!

Weiter ist bezüglich der **Prozesszinsen gemäß § 291 BGB** darauf zu achten, dass der **Zinsbeginn analog § 187 Abs. 1 BGB** wie bei einer Ereignisfrist zu bestimmen ist. Zinsen können somit erst seit dem Tag, der auf den Tag des Eintritts der Rechtshängigkeit folgt, beansprucht werden. 188

Beispiel: Wird die Klageschrift dem Beklagten am 25.06.2018 zugestellt, tritt hierdurch zugleich gemäß §§ 261 Abs. 1, 253 Abs. 1 ZPO die Rechtshängigkeit der Streitsache ein. Rechtshängigkeitszinsen können dann seit dem auf das Ereignis der Zustellung folgenden Tag, mithin seit dem 26.06.2018, beansprucht werden.

Beachte: Da bei der Erstellung der Klageschrift der Tag ihrer Zustellung an den Beklagten noch nicht bekannt ist, kann **im Klageantrag kein konkreter Tag benannt** werden. Anders verhält es sich freilich in einer zivilgerichtlichen Assessorklausur und der Aufgabenstellung der Anfertigung eines Urteils. Hier ist der Tag der Rechtshängigkeit aus dem Aktenauszug herauszusuchen und der Zinsantrag unter Angabe eines konkreten Datums für den Zinsbeginn zu tenorieren.

In der praktischen Umsetzung kann der Zinsantrag dann beispielsweise wie folgt aussehen: 189

Formulierungsbeispiel: Zahlungsantrag mit Prozesszinsen

Namens und in Vollmacht des Klägers beantrage ich,

> ***den Beklagten zu verurteilen, an den Kläger einen Betrag in Höhe von 10.000,00 € nebst Zinsen in Höhe von 5 Prozentpunkten über dem jeweiligen Basiszinssatz seit dem auf den Eintritt der Rechtshängigkeit folgenden Tag zu zahlen.***

c) Schriftsatzentwürfe

190

Muster: Entwurf einer Klageschrift

– ENTWURF –

Rechtsanwalt Hans-Dieter Schuster
Colonnaden 104
20457 Hamburg

An das
Landgericht Hamburg
Sievekingplatz 1
20355 Hamburg

25.08.2019
Az. 189/2019

Klage

der Frau Elise Alba Meier, Deichstraße 34, 20459 Hamburg,

– Klägerin –

Prozessbevollmächtigter: Rechtsanwalt Hans-Dieter Schuster, Colonnaden 104, 20457 Hamburg,

gegen

die Frau Emilia Vida Schmidt, Heussweg 107, 20255 Hamburg,

– Beklagte –

191 *wegen: Miete aus Geschäftsraummietverhältnis*
vorläufiger Streitwert: 8.200,00 €

Namens und in Vollmacht der Klägerin erhebe ich Klage zum Landgericht Hamburg. In dem Termin zur mündlichen Verhandlung werde ich beantragen,

[Sachanträge]

In verfahrensrechtlicher Hinsicht beantrage ich für den Fall des Vorliegens der gesetzlichen Voraussetzungen

[Verfahrensanträge]

Begründung:
Einleitungssatz
Sachverhalt (Gliederung I.)
Rechtliche Würdigung (Gliederung II.)
Schlussbemerkungen (Gliederung III.)
Unterschrift

Beachte: In den Schlussbemerkungen kann beispielsweise die Zustimmung mit einer Entscheidung durch den Einzelrichter im Falle einer Klage zum Landgericht (§ 253 Abs. 3 Nr. 3 ZPO) oder die Anregung zur Erteilung eines schriftlichen richterlichen Hinweises gemäß § 139 ZPO verortet werden.

192 ***Muster: Entwurf einer Anspruchsbegründung nach Widerspruch gegen Mahnbescheid***

– ENTWURF –

Rechtsanwalt Hans-Dieter Schuster
Colonnaden 104
20457 Hamburg

An das
Amtsgericht Hamburg-Altona
– Zentrales Mahngericht –
Max-Brauer-Allee 89
22765 Hamburg

25.08.2019
Az. 189/2019

In dem gerichtlichen Mahnverfahren

Meier ./. Schmidt
***– Az. 19-8301650-0-5 –*–**

zeige ich an, dass ich die Vertretung der Antragstellerin übernommen habe. Weitere Gerichtskosten in Höhe von 555,00 € habe ich heute auf das mitgeteilte Gerichtskonto überwiesen. Es wird beantragt,

das Verfahren an das für die Durchführung des streitigen Verfahrens zuständige Landgericht Hamburg abzugeben.

In dem Termin zur mündlichen Verhandlung vor dem Landgericht Hamburg werde ich namens und in Vollmacht der Klägerin beantragen,

[Sachanträge]

In verfahrensrechtlicher Hinsicht beantrage ich für den Fall des Vorliegens der gesetzlichen Voraussetzungen

[Verfahrensanträge]

Begründung:
Einleitungssatz
Sachverhalt (Gliederung I.)
Rechtliche Würdigung (Gliederung II.)
Schlussbemerkungen (Gliederung III.)
Unterschrift

193

Muster: Entwurf einer Streitverkündungsschrift

– ENTWURF–

Rechtsanwalt Hans-Dieter Schuster
Colonnaden 104
20457 Hamburg

An das
Landgericht Hamburg
Sievekingplatz 1
20355 Hamburg

25.08.2019
Az. 189/2019

In dem Rechtsstreit

Meier ./. Schmidt
– Az. 3 O 245/19 –

verkünden wir namens und in Vollmacht der Klägerin

der Frau Anna-Maria Schulz, An der Alster 21, 20099 Hamburg,

den Streit, verbunden mit der Aufforderung, dem Rechtsstreit aufseiten der Klägerin beizutreten. Anliegend überreichen wir Abschriften

der Klageschrift vom 14.03.2019,

der Klageerwiderung vom 30.05.2019,

sowie dieser Streitverkündungsschrift mit dem an das Gericht gerichteten Ersuchen,

die benannten Anlagen der Streitverkündeten alsbald zuzustellen.

Begründung:

Für den Fall des Unterliegens der Klägerin im laufenden Prozess steht ihr ein Regressanspruch gegen die Streitverkündete zu.

Die Beklagte wird im Rahmen dieses Rechtsstreits von der Klägerin gemäß § 179 Abs. 1 BGB als Vertreterin ohne Vertretungsmacht in Anspruch genommen. Die Beklagte behauptet, dass die Streitverkündete, in deren Namen sie den streitgegenständlichen Kaufvertrag abgeschlossen hat, ihr für den Abschluss des konkreten Vertrags Vollmacht eingeräumt habe. Sollte sich dieser Vortrag der Beklagten als wahr herausstellen, würde der Klägerin ein vertraglicher Erfüllungsanspruch gegen die Streitverkündete aus § 433 Abs. 2 BGB zustehen.

Unterschrift
Rechtsanwalt

2. Außergerichtliche Schreiben

194 Denkbare Aufgabenstellungen bei der Anfertigung außergerichtlicher Schreiben sind etwa das **Mandantenschreiben**, das **anwaltliche Aufforderungsschreiben an den Gegner** oder die **Einholung der Deckungszusage durch die Rechtsschutzversicherung**. In der außergerichtlichen Korrespondenz bezeichnen Sie die Beteiligten als „Mandant" und „Gegner" bzw. mit ihren jeweiligen Namen („Unser Mandant hat gegen Sie, sehr geehrter Herr Meier, einen Anspruch aus …")

195

Muster: Entwurf eines Mandantenschreibens

Rechtsanwalt Hans-Dieter Schuster
Colonnaden 104
20457 Hamburg

Elise Alba Meier
Deichstraße 34
20459 Hamburg

13.08.2019
Az. 189/2019

Angelegenheit gegen die Frau Emilia Vida Schmidt

Sehr geehrte Frau Meier,

in der vorbezeichneten Angelegenheit übersende ich Ihnen anliegenden Entwurf einer Klageschrift verbunden mit der freundlichen Bitte um Kenntnisnahme sowie gelegentliche Freigabe bzw. Mitteilung etwaiger Änderungswünsche.

Nach Einreichen der Klage wird das Gericht zur Einzahlung eines Gerichtskostenvorschusses in Höhe von voraussichtlich 666,00 € auffordern. Die Gerichtskostenrechnung werde ich Ihnen nach Erhalt umgehend zur weiteren Veranlassung weiterleiten.

Für Rückfragen stehe ich Ihnen jederzeit gerne zur Verfügung.

Mit freundlichen Grüßen

Unterschrift
Rechtsanwalt

196

Muster: Entwurf eines anwaltlichen Aufforderungsschreibens

Rechtsanwalt Hans-Dieter Schuster
Colonnaden 104
20457 Hamburg

Emilia Vida Schmidt
Heussweg 107
20255 Hamburg

13.08.2019
Az. 189/2019

Sehr geehrte Frau Schmidt,

hiermit zeige ich an, dass mich die Frau Elise Alba Meier, Deichstraße 34, 20459 Hamburg, mit der Wahrnehmung ihrer Interessen beauftragt hat. Ordnungsgemäße Bevollmächtigung wird anwaltlich versichert.

Sie schulden meiner Mandantin für die Monate April und Mai 2019 Miete für die Gebrauchsüberlassung der Bürofläche Neuer Wall 80, 20354 Hamburg, 3. Obergeschoss, in Höhe von insgesamt 8.200,00 €. Hinzu kommen noch die entstandenen Zinsen und Kosten, die Sie meiner Mandantin unter dem Gesichtspunkt des Schuldnerverzuges zu ersetzen haben. Die Gesamtforderung beläuft sich per 13.08.2019 auf insgesamt ***9.095,71 €*** *und setzt sich wie folgt zusammen:*

1. Hauptforderung	*8.200,00 €*
2. Vorgerichtliche Mahnkosten	*5,00 €*
3. Zinsen in Höhe von 9 Prozentpunkten über dem jeweiligen Basiszinssatz[a] aus 4.100,00 € seit dem 04.04.2019 und aus weiteren 4.100,00 € seit dem 06.05.2019	*211,61 €*
4. Vorgerichtliche Anwaltskosten (berechnet nach Gegenstandswert: 8.200,00 €)[b]	
a) 1,3 Geschäftsgebühr, Nr. 2300 VV RVG	*659,10 €*
b) Post- und Telekommunikationspauschale, Nr. 7002 VV RVG	*20,00 €*
	9.095,71 €

Ich habe Sie aufzufordern, diesen Betrag bis spätestens zum

23.08.2019

bei mir eingehend auf mein oben angegebenes Geschäftskonto zu überweisen. Bestehende Geldempfangsvollmacht wird anwaltlich versichert.

Bitte beachten Sie, dass ich nach fruchtlosem Fristablauf gehalten sein werde, meiner Mandantin die gerichtliche Geltendmachung der bestehenden Forderungen anzuraten. Ich weise darauf hin, dass Ihnen in der Folge ggf. weitere Kosten und Unannehmlichkeiten entstehen würden.

Mit freundlichen Grüßen

Unterschrift
Rechtsanwalt

a) Aufgrund gewerblicher Vermietung gelangt im Beispiel § 288 Abs. 2 BGB zur Anwendung.

b) Ist die Mandantschaft nicht vorsteuerabzugsberechtigt, müsste die Anspruchsgegnerin die Mandantin außer von der Geschäftsgebühr (Nr. 2300 VV RVG) und der Post- und Telekommunikationspauschale (Nr. 7002 VV RVG) auch von 19% Umsatzsteuer auf die anwaltlichen Gebühren- und Auslagentatbestände (Nr. 7008 VV RVG) freihalten.

197

Muster: Entwurf einer Deckungsanfrage an die Rechtsschutzversicherung

Rechtsanwalt Hans-Dieter Schuster
Colonnaden 104
20457 Hamburg

An die
ARAG SE
ARAG Platz 1
40472 Düsseldorf

25.08.2019
Az. 189/2019

Versicherungsnummer: 11004715739990

Sehr geehrte Damen und Herren,

unter Hinweis auf die beigefügte Vollmacht zeige ich an, dass mich Ihre Versicherungsnehmerin, Frau Elise Alba Meier, Deichstraße 34, 20459 Hamburg, mit der Wahrnehmung ihrer rechtlichen Interessen beauftragt hat.

Gegenstand meiner Beauftragung ist eine Streitigkeit aus dem Bereich des Geschäftsraummietrechts. Im Einzelnen verweise ich auf die beigefügte außergerichtliche Korrespondenz mit der Gegenseite sowie den beigefügten Entwurf einer Klageschrift.

Es wird um Erteilung der Kostendeckungszusage für die außergerichtliche anwaltliche Tätigkeit sowie für das Verfahren in erster Instanz gebeten.

Mit freundlichen Grüßen

Unterschrift
Rechtsanwalt

198

Muster: Entwurf einer strafbewehrten Unterlassungsverpflichtungserklärung

Strafbewehrte Unterlassungsverpflichtungserklärung

Hiermit verpflichtet sich

Frau Inge Müller, Waldring 9, 44787 Bochum,

– Unterlassungsschuldnerin –

gegenüber

Herrn Thomas Meyer, Lindenallee 18, 45127 Essen,

– Unterlassungsgläubiger –

1. *es zu unterlassen, in Bezug auf die Person des Unterlassungsgläubigers zu behaupten, zu verbreiten und / oder verbreiten zu lassen,*
   a) *dass der Unterlassungsgläubiger die Unterlassungsschuldnerin vergewaltigt oder anderweitig sexuell genötigt habe,*
   b) *dass der Unterlassungsgläubiger Gewalt gegenüber der Unterlassungsschuldnerin oder anderen Frauen verübt habe,*

2. *für jeden Fall der Zuwiderhandlung gegen eine der unter Ziffer 1. übernommenen Verpflichtungen eine Vertragsstrafe in Höhe von 5.000,01 €*[a] *an den Unterlassungsgläubiger zu zahlen,*

3. *dem Unterlassungsgläubiger Rechtsanwaltsgebühren und -auslagen, berechnet nach einem Gegenstandswert bis 10.000,00 €, in Höhe von 887,03 €*[b] *zu erstatten, die ihm durch die Beauftragung der Rechtsanwälte Sonnig & Kollegen, Lindenallee 30, 45127 Essen, entstanden sind.*

nicht Ordnungsgeld, kann nur durch Gericht verhängt werden!

-------------------------------- --

Ort / Datum *Unterschrift Inge Müller*

a) Bei einem Streit über die Verwirkung der Vertragsstrafe gemäß § 339 S. 1 BGB wäre hierdurch die Zuständigkeit des Landgerichts begründet und ein Anwaltsprozess gewährleistet (§ 78 Abs. 1 S. 1 ZPO).

b) Der Betrag setzt sich zusammen aus einer 1,3 Geschäftsgebühr (Nr. 2300 VV RVG), der Post- und Telekommunikationspauschale (Nr. 7002 VV RVG) sowie 19% Umsatzsteuer (Nr. 7008 VV RVG).

B. Das Angriffsmandat im einstweiligen Rechtsschutz

I. Einleitung

Eine weitere Erscheinungsform der zivilrechtlichen Anwaltsklausur im Assessorexa- **199**
men ist das Angriffsmandat im einstweiligen Rechtsschutz.[235] Auch dieser Klausurtyp lässt sich grob in die bereits aus dem Angriffsmandat im Klageverfahren bekannten **drei Klausurteile** unterteilen, namentlich das **Mandantenbegehren** (1. Teil), das **Gutachten** (2. Teil) und den **praktischen Teil** (3. Teil).

Aufbauhinweis: Im Rahmen des einstweiligen Rechtsschutzes wirken sich die prozessualen Besonderheiten der Verfahrensart auf die materiell-rechtliche Begutachtung der Sach- und Rechtslage aus. So ist im Rahmen des materiell-rechtlichen Gutachtens das **Vorliegen eines Arrest- oder Verfügungsgrundes** zu überprüfen. Im Rahmen der beweisrechtlichen Prüfung ist zudem **nicht das Beweismaß des Vollbeweises,** sondern **der Glaubhaftmachung** zu thematisieren. Dies bedingt, dass beim Angriffsmandat im einstweiligen Rechtsschutz (in Abkehr von dem Klausuraufbau beim Angriffsmandat im Klageverfahren) **das „prozessuale Gutachten" vor dem „materiell-rechtlichen Gutachten"** anzufertigen ist.

Bei Angriffsmandaten im einstweiligen Rechtsschutz ist hiernach der folgende **ein-** **200**
schichtige Klausuraufbau zu empfehlen.

Gliederung der Klausur bei Angriffsmandaten im einstweiligen Rechtsschutz (einschichtiger Aufbau):

I. Mandantenbegehren

II. Gutachten

   1. Prozessuales Gutachten

   2. Materiell-rechtliches Gutachten

   3. Zweckmäßigkeitserwägungen

III. Praktischer Teil

235 Lesen Sie zum einstweiligen Rechtsschutz im AS-Skript Die zivilgerichtliche Assessorklausur (2018), Rn. 995–1064.

201 Für einen relationsmäßigen **zweischichtigen Klausuraufbau** kann bei Angriffsmandaten im einstweiligen Rechtsschutz demgegenüber nach dem folgenden Schema verfahren werden.

Gliederung der Klausur bei Angriffsmandaten im einstweiligen Rechtsschutz (zweischichtiger Aufbau):

I. Mandantenbegehren

II. Gutachten

1. Prozessstation
2. Antragstellerstation
3. Antragsgegnerstation
4. Beweisstation
5. Zweckmäßigkeitsstation

III. Praktischer Teil

II. Mandantenbegehren

202 Ebenso wie beim Angriffsmandat im Klageverfahren beginnt Ihre Klausurlösung mit einer **Darlegung des Mandantenbegehrens**. Insoweit kann grundlegend auf die obigen Ausführungen verwiesen werden.[236] Den Klausurtyp des Angriffsmandats im einstweiligen Rechtsschutz erkennen Sie dabei daran, dass der Mandant Ihnen besonders eindringlich die **Eilbedürftigkeit des Begehrens** schildert. Bei der Darstellung des Mandantenbegehrens ist die skizzierte **besondere Dringlichkeit eines anwaltlichen Tätigwerdens** dann unbedingt herauszustellen.

Formulierungsbeispiel: Mandantenbegehren

*Der Mandant K bittet um **sofortige Prüfung und Wahrung seiner Rechte** in Bezug auf eine in Kassel gelegene Immobilie. Der K habe seinen vor wenigen Wochen verstorbenen Vater E beerbt. Der zuletzt **schwer an Demenz erkrankte E** sei seit jeher Eigentümer des besagten Kasseler Grundstücks gewesen. Das fragliche Objekt werde derzeit indessen von einem gewissen B **bei einer Immobilienbörse im Internet zum Verkauf angeboten**. Tatsächlich habe E dem B das Grundstück wohl noch vor seinem Tod aufgelassen. Die Auflassung habe sich jedoch zu einem Zeitpunkt ereignet, in dem E aufgrund seiner Erkrankung bereits **geschäftsunfähig** gewesen sei. K befürchtet nunmehr aus gegebenem Anlass, dass B das Grundstück unwiederbringlich an Dritte weiter veräußern könnte. Aufgrund der **besonderen Dringlichkeit der Angelegenheit** bittet der Mandant, **umgehend sämtliche erforderlichen Schritte einzuleiten**, um eine Veräußerung des Grundstücks an Dritte bis zur endgültigen Klärung der Sach- und Rechtslage zu verhindern.*

236 Vgl. Rn. 27–29.

Beachte: In manchen Klausuren kann es sich nach dem Ergebnis Ihrer gedanklichen Vorprüfung durchaus als **zweckmäßig** darstellen, zur Sicherung der Rechte des Mandanten **zusätzlich** zu einem Hauptsacheverfahren auch ein Arrest- oder einstweiliges Verfügungsverfahren einzuleiten. Sie befinden sich dann im **Klausurtyp „Das Angriffsmandat im Klageverfahren"** und entwerfen **im praktischen Teil** vorbehaltlich eines anderslautenden Bearbeitervermerks eine Klageschrift. Die zusätzliche Anfertigung eines Antrags auf Erlass einer Eilanordnung wird sich zumeist bereits unter Zeitaspekten verbieten. Stattdessen können Sie sich im Rahmen der **Zweckmäßigkeit** auf einen Hinweis beschränken, dass parallel zu dem Klageverfahren ein einstweiliges Rechtsschutzverfahren einzuleiten bzw. der Mandant zumindest auf diese Möglichkeit hinzuweisen ist.

III. Prozessuales Gutachten

Im Folgenden ist der Einstieg in das prozessuale Gutachten zu finden. Hierbei ist von Ihnen zu erläutern, aus welchem Grunde ein **einstweiliges Rechtsschutzverfahren gemäß §§ 916 ff. ZPO** und nicht ein gewöhnliches Klageverfahren einzuleiten ist. 203

Formulierungsbeispiel: Obersatz des prozessualen Gutachtens

Der Mandant begehrt eine schnelle Sicherung (oder Regelung) seiner Rechte. Dies kann im Rahmen eines langwierigen Erkenntnisverfahrens nicht erreicht werden, sondern allenfalls im Rahmen eines einstweiligen Rechtsschutzverfahrens. Hierfür müssten die Voraussetzungen der §§ 916 ff. ZPO vorliegen.

1. Statthaftigkeit der Antragsart

Im Rahmen der Zulässigkeitsprüfung ist sodann die statthafte Antragsart herauszuarbeiten. Die Zivilprozessordnung unterscheidet in Betreff des einstweiligen Rechtsschutzes zwischen dem **Arrest** (§§ 916 ff. ZPO) und der **einstweiligen Verfügung** (§§ 935 ff. ZPO). 204

a) Arrest, §§ 916 ff. ZPO

Der **Arrest** findet zur Sicherung der Zwangsvollstreckung in das bewegliche oder unbewegliche Vermögen **wegen einer Geldforderung** oder wegen eines **Anspruchs** statt, **der in eine Geldforderung übergehen** kann (§ 916 Abs. 1 ZPO). Für die Zulässigkeit des Antrags genügt es, wenn (neben dem Vorliegen der allgemeinen Prozessvoraussetzungen) als qualifizierte Prozessvoraussetzungen der **Arrestanspruch und der Arrestgrund von dem Antragssteller behauptet** werden.[237] Die Bestimmtheit eines Arrestgesuchs setzt insoweit voraus, dass konkrete Umstände behauptet werden, die im Punkte des Arrestgrundes entweder auf einen **dinglichen Arrest** (§ 917 ZPO) oder einen **persönlichen Arrest** (§ 918 ZPO) schließen lassen.[238] 205

237 Thomas/Putzo/Seiler § 916 Rn. 2.

238 Zöller/Vollkommer § 920 Rn. 3.

> **Beachte:** Der nach §§ 929 ff. ZPO vollstreckbare **dingliche Arrest** berechtigt dazu, **das Vermögen des Schuldners zu arrestieren**. Die Vermögensgegenstände des Schuldners dürfen dabei zwar gepfändet, wegen des bloßen Sicherungszwecks des Arrestes aber nicht verwertet werden. Der nach § 933 ZPO vollstreckbare **persönliche Arrest** sichert die Forderung hingegen dadurch, dass **die Person des Schuldners arrestiert** wird. Hierbei wird der Schuldner durch Verhaftung gehindert, die künftige Vollstreckung der Forderung zu vereiteln.

b) Einstweilige Verfügung, §§ 935 ff. ZPO

206 In Abgrenzung zum Arrest ist der Antrag auf Erlass einer **einstweiligen Verfügung** statthaft in Bezug auf **andere Ansprüche als Geldforderungen** (z.B. Herausgabe- oder Unterlassungsansprüche).

> **Beachte:** Zwar enthält § 936 ZPO für die Anordnung einstweiliger Verfügungen einen Verweis auf die Arrestvorschriften. Entgegen der gesetzlichen Regelung ist aber sowohl in der Praxis als auch im Assessorexamen **die einstweilige Verfügung die Regel und der Arrest die Ausnahme**.

207 Die einstweilige Verfügung lässt sich in die Kategorien **Sicherungs-, Regelungs-** oder **Leistungsverfügung** einordnen. Im Rahmen der Antragstellung ist eine Festlegung auf eine der Verfügungsarten vorzunehmen.

- Die in § 935 ZPO geregelte **Sicherungsverfügung** bezweckt die vorläufige Sicherung der zukünftigen Zwangsvollstreckung des Verfügungsanspruchs (z.B. Herausgabe einer Sache an einen Gerichtsvollzieher/Sequester zur Sicherung eines Herausgabeanspruchs).[239]
- Die in § 940 ZPO geregelte **Regelungsverfügung** dient demgegenüber der einstweiligen Regelung eines streitigen Rechtsverhältnisses (z.B. Vorläufige Entziehung der Geschäftsführungs- und Vertretungsbefugnis des Gesellschafters einer OHG durch Übertragung auf einen Dritten).[240]
- Die nur in bestimmten Ausnahmefällen zulässige **Leistungsverfügung** bezweckt dagegen die vorläufige Befriedigung des Antragstellers (z.B. Geltendmachung der possessorischen Besitzschutzansprüche gemäß §§ 861, 862 BGB).[241]

> **Beachte:** Die Leistungsverfügung ist gesetzlich geregelt, und zwar beschränkt auf die Räumung von Wohnraum und somit nicht abschließend in § 940 a ZPO. Gemäß § 940 a Abs. 1 ZPO ist die Räumung von Wohnraum aufgrund einstweiliger Verfügung wegen **verbotener Eigenmacht** oder **Gefahr für Leib oder Leben** möglich. § 940 a Abs. 2 ZPO sieht hingegen einen – gegenüber einem erneuten Klageverfahren vorzugswürdigen – Weg zur **Erstreckung der Vollstreckbarkeit eines gegen den Mieter ergangenen Räumungstitels auf Dritte** vor.[242]

2. Zuständigkeit des Gerichts

208 Die **Zuständigkeit des Arrestgerichts** ergibt sich aus den § 919 ZPO. Hiernach ist **wahlweise** das Gericht der Hauptsache (§ 943 ZPO) oder das Amtsgericht zuständig, in dessen Bezirk der Arrest vollstreckt werden soll.

---

239 Thomas/Putzo/Seiler Vorbem. § 916 Rn. 7.
240 Thomas/Putzo/Seiler Vorbem. § 940 Rn. 4.
241 Thomas/Putzo/Seiler § 940 Rn. 12.
242 Thomas/Putzo/Seiler § 940a Rn. 3.

Für den Erlass einer **einstweiligen Verfügung** ist gemäß § 937 Abs. 1 ZPO das Gericht der Hauptsache (§ 943 ZPO) zuständig. In besonders gelagerten Fällen (z.B. einstweilige Verfügung zur Eintragung einer Vormerkung gemäß § 885 Abs. 1 S. 1 BGB oder eines Widerspruchs gegen die Richtigkeit des Grundbuchs gemäß § 899 Abs. 2 S. 1 BGB) ist **wahlweise** auch gemäß § 942 ZPO das Amtsgericht der belegenen Sache zuständig.

> **Beachte:** Das einstweilige Rechtsschutzverfahren ist zwar ein Erkenntnisverfahren, systematisch ist es jedoch im 8. Buch der Zivilprozessordnung („Zwangsvollstreckung") verortet. Dies hat zur Folge, dass die **in den §§ 919, 937, 942, 943 ZPO geregelten Zuständigkeiten der Gerichte** wegen § 802 ZPO **ausschließliche** sind.

3. Rechtsschutzbedürfnis

Im Rahmen der Zulässigkeit ist bei Anlass weiter auf das **Rechtsschutzbedürfnis** für den Antrag auf Gewährung einstweiligen Rechtsschutzes einzugehen. 209

a) Rechtshängigkeit der Klage in der Hauptsache

Die **Rechtshängigkeit der Streitsache im Hauptsacheverfahren** lässt das Rechts- 210 schutzbedürfnis für das einstweilige Rechtsschutzverfahren nicht entfallen.[243] Denn während das **Klageverfahren** eine **verbindliche Entscheidung** über den geltend gemachten Anspruch bezweckt, befasst sich das einstweilige Rechtsschutzverfahren allein mit dessen vorläufiger Sicherung. Die beiden Verfahren haben hiernach **unterschiedliche Streitgegenstände**, sodass **keine anderweitige Rechtshängigkeit der Streitsache** i.S.d. § 261 Abs. 3 Nr. 1 ZPO besteht und einer Einholung einstweiligen Rechtsschutzes somit auch nicht entgegenstehen kann.

> **Beachte:** Die Einholung einstweiligen Rechtsschutzes ist **zulässig vor und während des Hauptsacheprozesses**, hingegen **nicht mehr nach seiner rechtskräftigen Entscheidung.**[244]

b) Frühere Entscheidung im einstweiligen Rechtsschutz

Wenn bereits eine frühere Entscheidung im einstweiligen Rechtsschutz über den 211 identischen Streitgegenstand ergangen ist, ist an den **Einwand einer entgegenstehenden Rechtskraft** gemäß § 322 Abs. 1 ZPO zu denken.

- Wurde eine frühere Entscheidung im einstweiligen Rechtsschutz zugunsten des Antragstellers **angeordnet**, sind die **Fristen für die Vollziehung der Eilanordnung** (vgl. § 929 Abs. 2, Abs. 3 S. 2 ZPO) aber inzwischen **abgelaufen**, steht dies dem Neuerlass eines Arrestes oder einer einstweiligen Verfügung nicht entgegen.[245]
- Wurde ein früherer Antrag auf Erlass einer Entscheidung im einstweiligen Rechtsschutz hingegen **zurückgewiesen**, weil der **Arrest- oder Verfügungsanspruch** bzw. der **Arrest- oder Verfügungsgrund nicht glaubhaft gemacht** waren, so ist für einen neuen Antrag nur eine Glaubhaftmachung zulässig, die der Antragsteller im ersten Verfahren nicht vorbringen konnte.[246]

---

243 Vgl. Thomas/Putzo/Seiler Vorbem. § 916 Rn. 2.
244 Thomas/Putzo/Seiler Vorbem. § 916 Rn. 3.
245 Thomas/Putzo/Seiler § 922 Rn. 9.
246 Thomas/Putzo/Seiler § 922 Rn. 10.

- Wurde ein früherer Antrag auf Erlass einer Entscheidung im einstweiligen Rechtsschutz **zurückgewiesen**, weil der **Arrest-/oder Verfügungsanspruch** bzw. der **Arrest- oder Verfügungsgrund verneint** wurden, so ist eine Wiederholung des Antrags nur zulässig, wenn er auf neue, also nach der ersten Entscheidung entstandene Tatsachen gestützt wird[247]

IV. Materiell-rechtliches Gutachten

212 Im Folgenden ist auf die **materiell-rechtlichen Voraussetzungen** für den Erlass eines Arrestes / einer einstweiligen Verfügung einzugehen.

1. Prüfung der Schlüssigkeit

213 Der im Wege des einstweiligen Rechtsschutzes verfolgte Anspruch ist **schlüssig vorgetragen**, wenn das Bestehen eines **Arrestanspruchs und -grundes** oder **Verfügungsanspruchs und -grundes substantiiert dargelegt** wird.

a) Darlegung eines Arrest- oder Verfügungsanspruchs

214 Gegenstand eines **Arrestanspruchs** ist in der Regel eine bestimmte Geldforderung (§ 916 Abs. 1 ZPO). In Abgrenzung hierzu ist der **Verfügungsanspruch** seiner Natur nach nicht auf eine Geldforderung, sondern anderweitige Individualansprüche gerichtet.

Klassische Erscheinungsformen eines Verfügungsanspruchs

- die **possessorischen Besitzschutzansprüche** (§§ 861, 862 BGB)
- der **quasinegatorische Unterlassungsanspruch** bei Verletzungen des allgemeinen Persönlichkeitsrechts (§ 1004 Abs. 1 S. 2 BGB analog i.V.m. § 823 Abs. 1 BGB)
- der **Grundbuchberichtigungsanspruch** (§ 894 BGB)
- der **Anspruch auf Einräumung einer Sicherungshypothek des Bauunternehmers** (§ 650 e BGB)
- der **vertragliche Auflassungsanspruch** (z.B. § 433 Abs. 1 S. 1 BGB)

b) Darlegung eines Arrest- oder Verfügungsgrundes

215 Der **Arrest- oder Verfügungsgrund** liegt jeweils in der **Dringlichkeit** der Entscheidung über die vorläufige Sicherung eines Anspruchs (§§ 916, 935 ZPO) oder Regelung eines einstweiligen Zustandes (§ 940 ZPO). Eine solche Dringlichkeit kann sich **im Falle des Arrestes** etwa aus einer auffälligen Belastung oder beabsichtigten Veräußerung des Vermögens, Verschwendungssucht oder auch einem häufigen Wohnsitzwechsel des Gegners ergeben.[248] **Im Falle einer einstweiligen Verfügung** kann sich die Dringlichkeit beispielsweise aus einer drohenden Veräußerung oder Zerstörung der konkret geschuldeten Sache[249] oder auch eines bevorstehenden Eingriffs in die betroffenen Rechte (z.B. bevorstehende APR-Verletzung durch Veröffentlichung in Presse oder Rundfunk)[250] ergeben.

---

247 Thomas/Putzo/Seiler § 922 Rn. 11.

248 Vgl. Thomas/Putzo/Seiler § 917 Rn. 1 mit weiteren Beispielen.

249 Vgl. Thomas/Putzo/Seiler § 935 Rn. 7 mit weiteren Beispielen.

250 Vgl. Thomas/Putzo/Seiler § 935 Rn. 7 mit weiteren Beispielen.

Die erforderliche **Dringlichkeit des Rechtsschutzbegehrens fehlt hingegen**, wenn der Antragsteller in Kenntnis der maßgeblichen Umstände untätig bleibt und den Antrag auf Erlass eines Arrestes oder einer einstweiligen Verfügung erst nach längerer Zeit stellt **(„Selbstwiderlegung der Dringlichkeit")**.[251] Vorzugswürdig erscheint es, entgegen der Auffassung mancher Oberlandesgerichte nicht von festen Regelfristen des tatenlosen Zuwartens für das Entfallen der Dringlichkeit auszugehen, sondern stets eine **Prüfung des Einzelfalls** vorzunehmen.[252] Eine Selbstwiderlegung der Dringlichkeit kann auch dadurch erfolgen, dass der Antragsteller vor Erlass einer einstweiligen Verfügung ein Versäumnisurteil gemäß § 330 ZPO gegen sich ergehen lässt.[253] 216

Beachte: Wird mit der einstweiligen Verfügung die **Eintragung einer Vormerkung** in das Grundbuch oder eines **Widerspruchs gegen die Richtigkeit des Grundbuchs** oder das **wettbewerbsrechtliche Verbot einer unzulässigen geschäftlichen Handlung** bezweckt, wird die **Gefährdung des Verfügungsanspruchs widerleglich vermutet** (vgl. §§ 885 Abs. 1 S. 2, 899 Abs. 2 S. 2 BGB, § 12 Abs. 2 UWG). Das **Erfordernis zur Glaubhaftmachung** gemäß § 920 Abs. 2 ZPO erstreckt sich dann **nicht auf den Verfügungsgrund,** sondern einzig auf den Verfügungsanspruch. In Fällen **verbotener Eigenmacht** ist das Bestehen eines Verfügungsgrundes sogar ohne gesetzliche Regelung indiziert.[254] Wenn sich aber konkrete Anhaltspunkte für die Dringlichkeit aus dem Aktenauszug entnehmen lassen, sind diese zweckmäßigerweise natürlich gleichwohl darzustellen.

2. Prüfung der Erheblichkeit

Zwar ergeht der beantragte Arrestbefehl oder die beantragte einstweilige Verfügung im Interesse des Antragstellers optimaler Weise im Beschlusswege ohne mündliche Verhandlung. Im Rahmen des materiell-rechtlichen Gutachtens haben Sie sich gleichwohl immer auch **mit dem bekannten und dem zu erwartenden Gegenvorbringen des Gegners auseinanderzusetzen**. Denn bei fehlenden Erfolgsaussichten ist der Antrag auf eine gerichtliche Entscheidung im einstweiligen Rechtsschutzverfahren von vornherein **nicht zweckmäßig,** und zwar auch wenn sich auf diesem Wege womöglich zunächst eine vorläufige Entscheidung im Sinne des Mandanten erreichen lässt. 217

Das Gericht wird trotz bestehender Eilbedürftigkeit in der Regel einen Termin zur mündlichen Verhandlung anberaumen, sodass der Verfügungsbeklagte die Möglichkeit erhält, vor Erlass einer gerichtlichen Entscheidung auf den Antrag zu erwidern. Bei fehlenden Erfolgsaussichten ist in diesem Fall **eine kostenpflichtige Abweisung des Antrags des Mandanten** durch Urteil zu erwarten. Gibt das Gericht des ersten Rechtszuges dem Antrag des Mandanten hingegen statt, erhöht sich das Kostenrisiko des Mandanten letztlich noch, weil der Verfügungsbeklagte dann **Berufung gegen das Urteil einlegen** kann (§§ 511 ff. ZPO). Setzt er sich hiermit durch, hat der Mandant nicht nur die **Kosten des Verfahrens** zu tragen, sondern womöglich auch noch **Schadensersatz gemäß § 945 ZPO** zu leisten.

Ergeht die beantragte gerichtliche Entscheidung hingegen ohne mündliche Verhandlung im Beschlusswege, steht es dem Antragsgegner frei, gegen die Entscheidung gemäß § 924 ZPO Widerspruch zu erheben und auf eine **Aufhebung des erlassenen Arrestbefehls** bzw. **der erlassenen einstweiligen Verfügung** hinzuwirken.

251 Thomas/Putzo/Seiler § 940 Rn. 5.

252 Vgl. OLG Celle GRUR-RR 2018, 372; OLG Brandenburg, Urt. v. 14.04.2011 – 6 U 79/10, BeckRS 2012, 4113.

253 OLG Hamm NJW-RR 2007, 108; Thomas/Putzo/Seiler § 940 Rn. 5.

254 LG Berlin ZMR 2013, 113; Thomas/Putzo/Seiler § 940 Rn. 5.

Gelingt dies, hat der Mandant abermals **die Kosten des Verfahrens** zu tragen und ggf. **Schadensersatz gemäß § 945 ZPO** zu leisten.

3. Prüfung der Beweislage und Prognose des Beweisergebnisses

218 Im einstweiligen Rechtsschutzverfahren ist es nicht erforderlich, hinsichtlich des beweisbedürftigen Vorbringens das **Beweismaß des Vollbeweises** zu erreichen. Vielmehr genügt der Antragsteller den beweisrechtlichen Anforderungen gemäß §§ 920 Abs. 2, 936 ZPO i.V.m. § 294 ZPO durch die **Glaubhaftmachung des Arrestanspruchs und -grundes** bzw. **des Verfügungsanspruchs und -grundes.**

> **Beachte:** Eine **Tatsache ist bewiesen**, wenn das Gericht von ihrer Wahrheit überzeugt ist, wofür ein für das praktische Leben brauchbarer Grad an Gewissheit genügt, der Zweifeln Schweigen gebietet, ohne sie völlig auszuschließen.[255] Demgegenüber ist eine **Tatsache bereits dann glaubhaft gemacht**, wenn eine überwiegende Wahrscheinlichkeit dafür besteht, dass sie zutrifft.[256]

Als Mittel der Glaubhaftmachung können gemäß § 294 Abs. 1 ZPO sämtliche **Strengbeweismittel der Zivilprozessordnung** und daneben auch die **eidesstattliche Versicherung** (des Mandanten oder Dritter) fungieren. Gemäß § 294 Abs. 2 ZPO findet dagegen eine Beschränkung auf **präsente Beweismittel** statt. Hiernach ist das Gericht bei der Beweiserhebung zwar nicht an die im Rahmen des Strengbeweisverfahrens geltenden Formen der Zivilprozessordnung gebunden (z.B. Möglichkeit einer schriftlichen Zeugenaussage), die **Beweisaufnahme muss aber sofort** (d.h. im Zeitpunkt der Entscheidung über den Antrag) möglich sein.[257] Bei einer Entscheidung im Beschlusswege ohne mündliche Verhandlung wird das Gericht demnach lediglich die zur Gerichtsakte gereichten Schriftstücke und Objekte berücksichtigen. Bei einer Entscheidung im Urteilswege kann lediglich auf die zur Gerichtsakte gereichten und die zum Verhandlungstermin mitgebrachten Beweismittel **(„Sistierung von Zeugen")** zurückgegriffen werden.

Ausnahmen von dem Erfordernis der Glaubhaftmachung der Dringlichkeit

- **Vormerkung** (§ 885 Abs. 1 S 2 BGB),
- **Widerspruch gegen die Richtigkeit des Grundbuchs** (§ 899 Abs. 2 S. 2 BGB),
- **Wettbewerbsrechtliche Verbote unzulässiger geschäftlicher Handlungen** (§ 12 Abs. 2 UWG)
- **Verbotene Eigenmacht**

V. Zweckmäßigkeitserwägungen

219 Im Anschluss an die materiell-rechtliche Begutachtung stellt sich dann erneut die Frage, welches Vorgehen **prozesstaktisch ratsam** ist. Insoweit können viele der bereits für das Klageverfahren dargestellten Erwägungen auch auf den einstweiligen Rechtsschutz übertragen werden. Auf einige Besonderheiten ist nachfolgend gleichwohl einzugehen.

255 BGH NJW 2014, 71; Thomas/Putzo/Reichold § 286 Rn. 2.
256 BGH NJW 2003, 3558; BGH NJW-RR 2011, 136; Thomas/Putzo/Reichold § 294 Rn. 2.
257 Thomas/Putzo/Reichold § 294 Rn. 1.

1. Rat an den Mandanten

Ebenso wie beim Angriffsmandat im Klageverfahren ist es empfehlenswert, die Zweckmäßigkeitserwägungen mit einem **Rat an den Mandanten** zu beginnen. Dieser kann beispielsweise wie folgt formuliert werden: **220**

Formulierungsbeispiel: Rat an den Mandanten

Aufgrund der im Gutachten dargestellten Erfolgsaussichten und aufgrund der Dringlichkeit der Angelegenheit ist dem Mandanten zu raten, eine einstweilige Verfügung [oder einen Arrest] zu beantragen.

2. Kostenfalle des § 93 ZPO

Auch im Rahmen des einstweiligen Rechtsschutzes besteht die Gefahr, dass der Gegner den Verfügungsanspruch sofort anerkennt und daraufhin eine **Kostenentscheidung gemäß § 93 ZPO** zum Nachteil des Mandanten ergeht. Der Gegner hat dabei Veranlassung zu dem Antrag auf Erlass einer einstweiligen Verfügung gegeben, wenn der Antragssteller aufgrund des vorprozessualen Verhaltens des Gegners annehmen musste, er werde ohne den einstweiligen Rechtsschutz nicht zu seinem Recht kommen.[258] **Zweckmäßig** kann es vor diesem Hintergrund sein, vor der Einleitung gerichtlicher Schritte noch ein **außergerichtliches Aufforderungsschreiben** an den Gegner zu fertigen. **221**

Beachte: Vorbehaltlich eines anderslautenden Bearbeitervermerks können Sie sich im Rahmen der Zweckmäßigkeitswägungen auf einen entsprechenden Hinweis und im praktischen Teil auf den Entwurf eines **Antrags auf Erlass einer einstweiligen Verfügung oder eines Arrestes beschränken**.

Insbesondere bei der Geltendmachung von Unterlassungsansprüchen sollte **vor Einleitung des einstweiligen Verfügungsverfahrens eine Abmahnung** ausgesprochen werden. Der begangene Rechtsverstoß indiziert für sich genommen die Wiederholungsgefahr und kann von dem Gegner einzig durch die **Abgabe einer strafbewehrten Unterlassungsverpflichtungserklärung** ausgeräumt werden.[259] Eine **Abmahnung ist nur ausnahmsweise entbehrlich**, wenn durch sie der einstweilige Rechtsschutz vereitelt würde, die Abmahnung aus der Sicht des Antragstellers wegen eines besonders böswilligen und hartnäckigen Verhaltens des Antragsgegners unzumutbar ist oder die Abmahnung aus anderen Gründen von vornherein sinnlos erscheint.[260] **222**

Beachte: In der Praxis wird eine entsprechende strafbewehrte Unterlassungsverpflichtungserklärung dabei regelmäßig von dem Rechtsanwalt des Anspruchstellers für den Gegner vorformuliert und mit der Abmahnung zur Unterzeichnung und kurzfristigen Rücksendung übermittelt.[261] Der anwaltlich beratene Gegner sollte eine solche vorformulierte Unterlassungsverpflichtungserklärung oftmals indessen nicht oder nur abgeändert mit Einschränkungen unterschreiben.

3. Beschleunigung des begehrten Rechtsschutzes

Im Übrigen ist es im Interesse des Antragsstellers **zweckmäßig**, eine möglichst schnelle Entscheidung in der Sache zu fördern. **223**

258 OLG Saarbrücken MDR 2015, 1154.
259 BGH NJW 2008, 3565.
260 OLG Frankfurt NZM 2018, 789.
261 Ein Formulierungsbeispiel finden Sie unter Rn. 198.

a) Schnelle Einreichung des Antrags

224 Um unnötige Verzögerungen des Verfahrensganges zu vermeiden, sollte der Antrag nicht lediglich auf dem Postwege an das zuständige Gericht übermittelt werden. Eine Beschleunigung kann etwa erreicht werden, indem der Antrag **vorab per Telefax** (§§ 253 Abs. 4, 130 Nr. 6 ZPO) verschickt wird oder persönlich bei der **Postannahmestelle des Gerichts** abgegeben oder (außerhalb der Öffnungszeiten des Gerichts) in den **Hausbriefkasten des Gerichts** eingeworfen wird. Auch eine elektronische Übermittlung über das **besondere elektronische Anwaltspostfach (beA)** kommt in Betracht.

> **Beachte:** In der Praxis ist es in Fällen besonderer Dringlichkeit für die Bearbeitung von Schriftsätzen durchaus üblich, auf der ersten Seite des Schriftsatzes unterhalb der Adressierung im Fettdruck **„EILT SEHR! BITTE SOFORT VORLEGEN!"** oder ähnliche Formulierungen zu verwenden, um auf die besondere Eilbedürftigkeit hinzuweisen. Dies können Sie natürlich auch in der Klausur genauso handhaben!

b) Entscheidung im Beschlusswege ohne mündliche Verhandlung

225 Im **Arrestverfahren** steht es im freien Ermessen des Gerichts, über das Arrestgesuch nach mündlicher Verhandlung durch Arresturteil (§ 922 Abs. 1 Alt. 1 ZPO) oder ohne mündliche Verhandlung durch Arrestbeschluss (§ 922 Abs. 1 Alt. 2 ZPO) zu entscheiden.

Im **einstweiligen Verfügungsverfahren** ist die Entscheidung durch Urteil mit Blick auf § 937 Abs. 2 ZPO dagegen die Regel und die Entscheidung durch Beschluss die Ausnahme. Die für den Erlass einer einstweiligen Verfügung im Beschlusswege erforderliche **Dringlichkeit** liegt vor, wenn nach dem Ermessen des Gerichts die Anordnung der mündlichen Verhandlung den Zweck der einstweiligen Verfügung gefährden würde, weil der Antragsteller nur durch einen möglichst rasch erwirkten Titel zur Sicherung seines Anspruchs kommen kann.

Sowohl beim Arrest als auch bei der einstweiligen Verfügung ist es jedoch in jedem Fall **zweckmäßig**, aufgrund der im Interesse des Mandanten vorzutragenden Dringlichkeit eine **Entscheidung im Beschlusswege ohne mündliche Verhandlung** zu beantragen.

> **Beachte:** Es gehört zum Wesen jeder berechtigterweise im einstweiligen Rechtsschutz verfolgten Angelegenheit, dass zur Meidung von Nachteilen für den Antragsteller dringend eine vorläufige Entscheidung über den Streitgegenstand erfolgen muss. Über diese **„allgemeine Dringlichkeit"** hinaus fordern die Vorschriften der §§ 937 Abs. 2, 944 ZPO jedoch eine Art **„besonderer Dringlichkeit"** für eine weitere Beschleunigung des Verfahrens.

c) Entscheidung durch den Vorsitzenden, § 944 ZPO

226 Gemäß § 944 ZPO kann in **dringenden Fällen** der Vorsitzende über Arrest- und einstweilige Verfügungsgesuche anstelle des Gerichts entscheiden, sofern deren Erledigung eine mündliche Verhandlung nicht erfordert. Im Interesse des Mandanten ist es **zweckmäßig**, neben der Beantragung einer Entscheidung im Beschlusswege ohne mündliche Verhandlung zugleich auch eine **Entscheidung gemäß § 944 ZPO zu beantragen**, um den Erlass der Eilanordnung zu beschleunigen.

Beachte: Ein Antrag gemäß § 944 ZPO hat lediglich bei **einstweiligen Rechtsschutzverfahren vor den Landgerichten** einen Mehrwert. Bei den Amtsgerichten handelt es sich in Zivilsachen bekanntlich nicht um Kollegialgerichte (vgl. § 22 Abs. 1 GVG). Die Entscheidungen ergehen hier ohnehin durch den jeweiligen Einzelrichter.

4. Verbot der Vorwegnahme der Hauptsache

Das Verfahren nach den §§ 916 ff. ZPO ist seiner Natur nach auf die **Erlangung eines nur vorläufigen Rechtsschutzes** ausgerichtet. Das Ergebnis der Hauptsacheverfahren darf also durch ein Arrest- und einstweiliges Verfügungsverfahren grundsätzlich weder in tatsächlicher noch in rechtlicher Hinsicht vorweggenommen werden **(„Verbot der Vorwegnahme der Hauptsache")**. Vereinfachend steht dem Mandanten grundsätzlich immer **ein „Weniger" gegenüber dem Begehren im Hauptsacheverfahren** zu, wie die folgende Tabelle[262] beispielhaft verdeutlichen soll: 227

Begehren im Hauptsacheverfahren	Begehren im einstweiligen Rechtsschutzverfahren
Anspruch auf Grundbuchberichtigung (§ 894 BGB)	Verfügungsanspruch auf Eintragung eines **Widerspruchs gegen die Richtigkeit des Grundbuchs** (§ 899 BGB) zur Verhinderung eines (lastenfreien) Erwerbs des Grundstücks durch Dritte vom Nichtberechtigten[a]
Schuldrechtliche Ansprüche auf dingliche Rechtsänderung in Bezug auf Grundstücke: Beispiel 1: ■ **Beispiel 1:** Anspruch auf Auflassung eines Grundstücks (z.B. § 433 Abs. 1 S. 1 BGB) ■ **Beispiel 2:** Anspruch auf Eintragung einer Hypothek im Grundbuch (z.B. aus § 650 e BGB)	Verfügungsanspruch auf Eintragung einer **Vormerkung** im Grundbuch (§§ 883, 885 BGB) ... ■ **Beispiel 1:** ... zur Erreichung der relativen Unwirksamkeit vormerkungswidriger Verfügungen an Dritte (§ 883 Abs. 2 BGB) ■ **Beispiel 2:** ... zur Rangwahrung (§ 883 Abs. 3 BGB)
Anspruch auf Herausgabe einer Sache (z.B. § 985 BGB)	Verfügungsanspruch auf **Herausgabe an einen Gerichtsvollzieher / Sequester** zur Verhinderung eines gutgläubigen Erwerbs durch Dritte (oder eine bloße Weitergabe der Sache an Dritte)
Ansprüche auf Unterlassung (z.B. § 1004 BGB i.V.m. § 823 Abs. 1 BGB)	Verfügungsanspruch auf **vorläufige Untersagung** der beanstandeten Handlung

a) Vgl. Formulierungsbeispiel bei Rn. 230.

Lediglich **ausnahmsweise** kommt im Rahmen des einstweiligen Rechtsschutzes der Erlass einer Leistungsverfügung in Betracht, durch welche die Hauptsache vorweggenommen wird. Der gesetzlich geregelte Fall der Leistungsverfügung findet sich in § 940 a BGB für die **Räumung von Wohnraum (sog. „Räumungsverfügung")**. Da- 228

262 Weitere Beispiele finden Sie bei Thomas/Putzo/Seiler § 938 Rn. 8.

rüber hinaus werden von der Rspr. Ausnahmen zugelassen, wenn der **Antragsteller auf die sofortige Erfüllung so dringend angewiesen** ist, dass er ein ordentliches Verfahren nicht abwarten kann, ohne unverhältnismäßig großen, gar irreparablen Schaden zu erleiden.[263] Dies wird vor allem in den folgenden Fallkonstellationen angenommen:

Ungeschriebene Ausnahmen von dem Verbot der Vorwegnahme der Hauptsache[a]
■ **Ansprüche auf possessorischen Besitzschutz gemäß §§ 861, 862 BGB**[b] (aufgrund der fehlenden Schutzbedürftigkeit des fehlerhaften Besitzers)
■ **Ansprüche auf Unterlassung in Wettbewerbssachen**[c] (aufgrund drohenden Rechtsverlusts durch Zeitablauf)
■ **Anspruch des Vermieters gemäß § 562 b Abs. 2 S. 1 BGB**[d] (aufgrund Vergleichbarkeit zur verbotenen Eigenmacht und Schutzbedürftigkeit des Vermieters wegen § 562 b Abs. 2 S. 2 BGB)

a) Weitere Beispiele bei Thomas/Putzo/Seiler § 940 Rn. 6–17.
b) Thomas/Putzo/Seiler § 940 Rn. 12.
c) Thomas/Putzo/Seiler § 940 Rn. 14.
d) Vgl. OLG Rostock MDR 2004, 1109.

Beachte: Bei der Darstellung der Problematik des Verbots der Vorwegnahme der Hauptsache und deren Ausnahmen handelt es sich regelmäßig um das **Herzstück der Zweckmäßigkeitserwägungen** in Klausuren aus dem Bereich des einstweiligen Rechtsschutzes!

5. Verfahrensrechtliche Anträge

229 Auch in verfahrensrechtlicher Hinsicht können sich je nach Einzelfall einige Anträge und Anregungen als **zweckmäßig** erweisen.

a) Ersuchen um Eintragungen im Grundbuch, § 941 ZPO

230 Hat auf Grund der einstweiligen Verfügung eine **Eintragung in das Grundbuch** zu erfolgen, ist das Gericht befugt, das zuständige Grundbuchamt um eine Eintragung zu ersuchen (§ 941 ZPO). Aus der Warte des Antragstellers ist es **zweckmäßig**, ein solches **Eintragungsersuchen anzuregen**.

Formulierungsbeispiele: Anträge gemäß § 899 Abs. 2 S. 1 BGB und gemäß § 941 ZPO

Namens und in Vollmacht des Antragsstellers beantrage ich – wegen der besonderen Dringlichkeit ohne mündliche Verhandlung durch Beschluss – den Erlass der folgenden einstweiligen Verfügung:

1. ***Zugunsten der Antragstellerin wird ein Widerspruch gegen die in dem Grundbuch des Amtsgerichts Lüneburg, Blatt 36789, Gemarkung Lüneburg, Flur 21/28, in Abteilung I unter der laufenden Nummer 2, eingetragene Eigentümerstellung des Antragsgegners eingetragen.***
2. ***Das Grundbuchamt beim Amtsgericht Lüneburg wird gemäß § 941 ZPO um die Eintragung des Widerspruchs gemäß Ziffer 1. ersucht.***

263 Thomas/Putzo/Seiler § 940 Rn. 6.

b) Anordnung nach Sicherheitsleistung, § 921 ZPO

Gemäß §§ 921, 936 ZPO kann das Gericht einen **Arrest / eine einstweilige Verfügung auch ohne Glaubhaftmachung anordnen**, sofern der Antragsteller wegen der dem Antragsgegner drohenden Nachteile **Sicherheit geleistet** hat. Vor allem wenn der Mandant im Aktenauszug andeutet, zu einer entsprechenden Sicherheitsleistung bereit zu sein, ist es daher **zweckmäßig**, einen **Hilfsantrag gemäß § 921 ZPO** zu stellen.[264] 231

c) Abwendungsbefugnis, § 923 ZPO

Das Gericht hat (von Amts wegen) gemäß § 923 ZPO eine **Lösungssumme** im Arrestbefehl anzugeben, deren Höhe dem Betrag der zu sichernden Forderung zuzüglich Nebenforderungen entspricht.[265] Fehlt die Angabe, ist der Arrest zwar wirksam, aber entsprechend § 321 ZPO oder auf Rechtsbehelf des Schuldners zu ergänzen.[266] Um hierdurch entstehenden Verzögerungen zuvorzukommen, ist es **zweckmäßig**, den **Antrag auf eine konkrete Lösungssumme** mit in den Schriftsatz aufzunehmen.[267] 232

d) Vollziehung der Anordnung, §§ 928 ff. ZPO

Unter Beschleunigungsgesichtspunkten kann es zudem **zweckmäßig** sein, die **Vollziehung des Arrestes** gemäß §§ 928 ff. ZPO **unmittelbar in Verbindung mit dem Erlass des Arrestbefehls** zu beantragen.[268] In der Klausur ist hieran immer dann zu denken, wenn **konkrete Zugriffsmöglichkeiten auf das Vermögen des Antragsgegners** dargestellt werden. 233

Gemäß § 930 ZPO wird die **Vollziehung des dinglichen Arrestes in das bewegliche Vermögen** des Schuldners **durch Pfändung** bewirkt. Für die Pfändung körperlicher Sachen gilt hierbei § 930 Abs. 1 S. 1 ZPO i.V.m. §§ 808 ff. ZPO und für die Pfändung von Forderungen § 930 Abs. 1 S. 1 ZPO i.V.m. §§ 828 ff. ZPO. Die **Vollziehung des dinglichen Arrestes in das unbewegliche Vermögen** des Schuldners erfolgt durch **Eintragung einer Arresthypothek** (§ 932 ZPO).

> **Beachte:** Die Vollziehung des Arrests dient lediglich der **Sicherung des Arrestanspruchs** durch Zugriff auf das Vermögen des Schuldners, **nicht jedoch der endgültigen Erfüllung des Arrestanspruchs**. Eine Versteigerung gepfändeter beweglicher Sachen oder mit einer Arresthypothek belasteter Grundstücke oder eine Überweisung einer gepfändeten Forderung auf der Grundlage eines Arrestbefehls ist daher unzulässig!

6. Hinweise an den Mandanten

In Klausuren aus dem Bereich des einstweiligen Rechtsschutzes ist regelmäßig im Rahmen der **Zweckmäßigkeit** festzuhalten, dass Hinweise an den Mandanten zu erteilen sind. 234

a) Rechtsbehelfe des Gegners

In der Praxis tendieren viele Mandanten dazu, die Bedeutung einer Entscheidung im einstweiligen Rechtsschutz nicht richtig einzuordnen und wähnen sich vorschnell als 235

264 Vgl. Formulierungsbeispiel bei Rn. 244.
265 Thomas/Putzo/Seiler § 923 Rn. 1.
266 OLG Hamburg NJW 1958, 1145; Thomas/Putzo/Seiler § 923 Rn. 1.
267 Vgl. Formulierungsbeispiel bei Rn. 244.
268 Vgl. Formulierungsbeispiel bei Rn. 244.

Sieger. Vor diesem Hintergrund ist der Mandant dafür zu sensibilisieren, dass der Gegner sich gegen eine zugunsten des Mandanten ergehende Entscheidung zur Wehr setzen kann. Bei einer **Entscheidung im Beschlusswege** steht ihm der **Widerspruch** (§ 924 ZPO) zu. Bei einer **Entscheidung im Urteilswege** ist die **Berufung** (§§ 511 ff. ZPO) statthaft. Für beide Entscheidungsformen kommt darüber hinaus eine **Aufhebung wegen veränderter Umstände** (§ 927 ZPO) in Betracht.[269]

b) Keine Bindungswirkung für Hauptsache

236 Weiter ist der Mandant darauf hinzuweisen, dass die Entscheidung im einstweiligen Rechtsschutz **keinerlei Bindungswirkung für den Rechtsstreit in der Hauptsache** entfaltet, da beide Verfahren unterschiedliche Streitgegenstände haben.[270]

c) Eidesstattliche Versicherung des Mandanten

Sofern dies nach dem Gutachten erforderlich erscheint, ist der Mandant zweckmäßigerweise darauf hinzuweisen, dass zu Zwecken der Glaubhaftmachung eine eidesstattliche Versicherung durch ihn oder Dritte benötigt wird (vgl. §§ 920 Abs. 2, 294 Abs. 1 ZPO).

Formulierungsbeispiel: Hinweis zur eidesstattlichen Versicherung durch den Mandanten

Der Mandant ist weiter aufzufordern, das Vorliegen der streitgegenständlichen Punkte an Eides statt zu versichern.

Beachte: In der Praxis ist es in aller Regel ratsam, dem Mandanten die eidesstattliche Versicherung anwaltlich vorzuformulieren. Dies wird in einer Assessorklausur neben der Anfertigung des Schriftsatzes an das Gericht jedoch bereits aus zeitlichen Gründen nicht möglich sein. Auch hier können Sie sich daher regelmäßig auf einen bloßen **Hinweis im Rahmen der prozesstaktischen Erwägungen** beschränken.

d) Vollziehungsfrist und Zustellung im Parteibetrieb

237 Weiter kann der Mandant darauf hingewiesen werden, dass die Vollstreckung der zu erwirkenden Eilanordnung lediglich innerhalb einer engen zeitlichen Grenze erfolgen kann. Nach § 929 Abs. 2 ZPO beträgt die **Vollziehungsfrist einen Monat und beginnt** (bei einer Entscheidung im Urteilswege) **mit der Verkündung** bzw. (bei einer Entscheidung im Beschlusswege) mit **ihrer Zustellung an den Antragssteller**. Nach Fristablauf ist die Vollziehung unzulässig. Dem Gegner steht dann die Möglichkeit offen, eine **Aufhebung der Anordnung wegen veränderter Umstände** gemäß § 927 ZPO zu erwirken, und zwar mit nachteiliger Kostenfolge für den Mandanten.[271]

Ergeht der **Arrest / die einstweilige Verfügung durch Beschluss**, erfolgt die **Zustellung an den Antragsgegner im Parteibetrieb** (§ 922 Abs. 2 ZPO). Entgegen § 750 ZPO ist die Eilanordnung dabei bereits **vor ihrer Zustellung vollziehbar** (§ 929 Abs. 3 S. 1 ZPO). Wird die Zustellung allerdings nicht binnen einer Woche nach der Vollziehung und innerhalb der einmonatigen Vollziehungsfrist nachgeholt, ist die **Vollziehung unwirksam** (§ 929 Abs. 3 S. 2 ZPO).

269 Vgl. hierzu im Einzelnen Rn. 486–487.

270 Vgl. oben Rn. 210.

271 Thomas/Putzo/Seiler § 927 Rn. 8.

e) Schadensersatzpflicht, § 945 ZPO

Besonders wichtig ist es, den Mandanten darauf hinzuweisen, dass ihn gemäß § 945 ZPO eine **Schadensersatzpflicht gegenüber dem Antragsgegner** treffen kann. Ein solcher Anspruch besteht, 238

- wenn sich der Arrest / die einstweilige Verfügung im Nachhinein als **von Anfang an ungerechtfertigt** erweist oder aufgrund anderer Umstände **nachträglich aufgehoben** wird,
- der Mandant die **Eilanordnung vollzogen** hat oder der Gegner **zur Abwendung der Vollziehung Sicherheit geleistet** hat
- und dem Gegner **hierdurch ein Schaden entstanden** ist.

Der Umfang der Ersatzpflicht richtet sich dabei nach den §§ 249 ff. BGB.[272]

> **Beachte:** Bei § 945 ZPO handelt es sich um eine innerhalb des Prozessrechts geregelte eigene **Anspruchsgrundlage auf Schadensersatz**. Vergleichbare Regelungen finden sich in § 302 Abs. 4 S. 3 ZPO (i.V.m. § 600 Abs. 2 ZPO), § 717 Abs. 2 ZPO, § 799 a ZPO und § 840 Abs. 2 S. 2 ZPO.

f) Abschlussverfahren

Bei Anlass kann auch ein Hinweis auf die Existenz des sog. **Abschlussverfahrens** erfolgen. Hiernach steht es dem Gegner nach Erlass eines Arrestes / einer einstweiligen Verfügung frei, durch Abgabe einer sog. **Abschlusserklärung** einen **Verzicht auf die Rechtsschutzmöglichkeiten gemäß §§ 924, 926, 927 ZPO** zu erklären und **die erlassene Eilanordnung als endgültige Regelung anzuerkennen**. Das Abschlussverfahren dient dabei letztlich einer Vermeidung des Rechtsstreits in der Hauptsache.[273] 239

> **Beachte:** Gibt der Anspruchsgegner die Abschlusserklärung nicht von sich aus ab, kann der Antragsteller ihn durch ein sog. **Abschlussschreiben** auffordern, ebendies innerhalb angemessener Frist zu erledigen. Die zu gewährende Frist beträgt dabei (analog § 517 ZPO) nicht weniger als einen Monat.[274] Bei anwaltlicher Vertretung entsteht durch das Abschlussschreiben eine Geschäftsgebühr (Nr. 2300 VV RVG) nach dem zu erwartenden Gegenstandswert des Hauptsacheverfahrens.[275] Erfolgt das Abschlussschreiben erst nach Ablauf einer **Wartefrist von zwei Wochen nach Zustellung der Eilanordnung**, hat der Anspruchsgegner die dem Anspruchsteller entstandenen Anwaltskosten gemäß §§ 677, 683 S.1, 670 BGB zu erstatten.[276]

VI. Praktischer Teil

Im Rahmen des praktischen Teils wird in der Regel ein **Antrag auf Erlass einer einstweiligen Verfügung** zu entwerfen sein. Denkbar ist natürlich auch eine Aufgabenstellung, wonach ein Entwurf eines **Antrags auf Erlass eines Arrestes** anzufertigen ist. Daneben kommt vor allem noch die Anfertigung eines Mandantenschreibens als zu erwartende Aufgabenstellung in Betracht. 240

272 BGH NJW 2006, 2767; Thomas/Putzo/Seiler § 945 Rn. 15.
273 Thomas/Putzo/Seiler § 924 Rn. 9.
274 BGH NJW 2015, 3244.
275 BGH NJW 2015, 3244.
276 BGH NJW 2015, 3244.

1. Formalien

241 Entscheidet das Gericht nach mündlicher Verhandlung durch Urteil, sind die Parteien als **„Arrest- / Verfügungskläger"** und **„Arrest- / Verfügungsbeklagter"** zu bezeichnen. Als Rechtsanwalt der „angreifenden Partei" ist Ihnen jedoch stets an einer Entscheidung durch das Gericht ohne mündliche Verhandlung im Beschlusswege gelegen. Aus diesem Grunde sind die Parteien im Rahmen des Schriftsatzes von Ihnen als **„Antragsteller"** und **„Antragsgegner"** zu bezeichnen. Als Rechtsanwalt sind Sie in Ihrer Funktion als **„Verfahrensbevollmächtigter"** tätig.

242 Besondere Aufmerksamkeit ist der **Glaubhaftmachung der den Antrag rechtfertigenden Tatsachenbehauptungen** zu widmen. Häufig wird es hierzu auf eine eidesstattliche Versicherung des Mandanten ankommen.

2. Schriftsatzentwürfe

243 ***Muster: Antrag auf Erlass einer einstweiligen Verfügung***

– ENTWURF –

Rechtsanwalt Hans-Dieter Schuster
Colonnaden 104
20457 Hamburg

An das
Landgericht Hamburg
Sievekingplatz 1
20355 Hamburg

13.08.2019
Az. 189/2019

Antrag auf Erlass einer einstweiligen Verfügung

der Frau Elise Alba Meier, Deichstraße 34, 20459 Hamburg,

– Antragstellerin–

Verfahrensbevollmächtigter: Rechtsanwalt Hans-Dieter Schuster, Colonnaden 104, 20457 Hamburg,

gegen

die Frau Emilia Vida Schmidt, Heussweg 107, 20255 Hamburg

– Antragsgegnerin –

wegen: Herausgabe eines Pferdes

vorläufiger Streitwert: 12.000,00 €

Namens und in Vollmacht der Antragstellerin beantrage ich – wegen der besonderen Dringlichkeit ohne mündliche Verhandlung durch Beschluss – den Erlass der folgenden einstweiligen Verfügung:

Zur Sicherung der Zwangsvollstreckung wegen eines Anspruchs der Antragstellerin gegen die Antragsgegnerin auf Herausgabe des Pferdes Cortina, Stute, Lebensnummer ..., wird angeordnet, dass die Antragsgegnerin zur Herausgabe des Pferdes an einen durch das Gericht zu bestimmenden Sequester verpflichtet ist.

Begründung:
Einleitungssatz
Sachverhalt (Gliederung I.)
Rechtliche Würdigung (Gliederung II.)
Glaubhaftmachung (Gliederung III.)
Schlussbemerkungen (Gliederung IV.)
Unterschrift

244

Muster: Antrag auf Erlass eines dinglichen Arrestes

– ENTWURF–

Rechtsanwalt Hans-Dieter Schuster
Colonnaden 104
20457 Hamburg

An das
Landgericht Hamburg
Sievekingplatz 1
20355 Hamburg

13.08.2019
Az. 189/2019

Antrag auf Erlass eines dinglichen Arrestes

der Frau Elise Alba Meier, Deichstraße 34, 20459 Hamburg,

– Antragstellerin –

Verfahrensbevollmächtigter: Rechtsanwalt Hans-Dieter Schuster, Colonnaden 104, 20457 Hamburg,

gegen

die Frau Emilia Vida Schmidt, Heusswegg 107, 20225 Hamburg,

– Antragsgegnerin –

Namens und in Vollmacht der Antragstellerin beantrage ich wegen der besonderen Dringlichkeit ohne mündliche Verhandlung durch Beschluss ohne Sicherheitsleistung, hilfsweise gegen Sicherheitsleistung unter Hinweis auf § 921 ZPO, den Erlass des folgenden Arrestes:

1. ***Zur Sicherung der Zwangsvollstreckung wegen einer aufgrund Darlehensvertrages vom 20.02.2016 bestehenden Darlehensforderung der Antragstellerin auf Zahlung in Höhe von 20.000,00 € wird der dingliche Arrest in das bewegliche und unbewegliche Vermögen der Antragsgegnerin angeordnet.***
2. ***Die Vollziehung des Arrests wird durch Hinterlegung eines Betrags in Höhe von 22.000,00 € gehemmt und die Antragsgegnerin zur Beantragung der Aufhebung des vollzogenen Arrests berechtigt.***[a]

a) Beispielhafte Formulierung der Abwendungsbefugnis gemäß § 923 ZPO unter Anregung einer Lösungssumme.

3. In Vollziehung des Arrestes wird

a) die angebliche Forderung der Antragsgegnerin gegen die Hamburger Sparkasse AG, Ecke Adolphsplatz / Großer Burstah, 20457 Hamburg, auf Zahlung der zu Gunsten der Antragsgegnerin bestehenden Guthaben ihrer sämtlichen Girokonten bei diesem Kreditinstitut einschließlich der Ansprüche auf Gutschrift der eingehenden Beträge gepfändet,[a]

b) auf dem im Eigentum der Antragsgegnerin stehenden Grundstück, belegen unter der Anschrift Eckernförder Straße 213–215, 24119 Kiel, eingetragen im Grundbuch des Amtsgerichts Kiel, Blatt 14741, Gemarkung Kronshagen, Flur 18/22, eine Arresthypothek eingetragen.[b]

Begründung:

Einleitungssatz

Sachverhalt (Gliederung I.)

Rechtliche Würdigung (Gliederung II.)

Glaubhaftmachung (Gliederung III.)

Schlussbemerkungen (Gliederung IV.)

Unterschrift

a) Beispielhafte Formulierung zur Vollziehung des Arrestes durch Erwirkung einer Forderungspfändung gemäß § 930 Abs. 1 S. 1 ZPO i.V.m. §§ 828 ff. ZPO.

b) Beispielhafte Formulierung zur Vollziehung des Arrestes durch Erwirkung einer Arresthypothek gemäß § 932 ZPO.

C. Das Angriffsmandat in der Berufungsinstanz

I. Einleitung

245 Ebenfalls denkbar – wenn auch selten – sind anwaltliche Aufgabenstellungen aus dem Bereich des Berufungsrechts (§§ 511 ff. ZPO). Auch dieser Klausurtyp folgt in seinem Aufbau der grundlegenden dreigeteilten Gliederung nach **Mandantenbegehren**, **Gutachten** und **praktischer Teil**. Beim Angriffsmandat in der Berufungsinstanz ist die Klausur als **Vertreter des Berufungsführers** zu bearbeiten.

Aufbauhinweis: Aus ähnlichen Gründen wie beim Angriffsmandat im einstweiligen Rechtsschutz ist auch beim Angriffsmandat in der Berufungsinstanz **das „prozessuale Gutachten" vor dem „materiell-rechtlichen Gutachten"** anzufertigen.[277]

246 Bei Angriffsmandaten in der Berufungsinstanz ist der folgende **einschichtige Klausuraufbau** ratsam.

Gliederung der Klausur bei Angriffsmandaten in der Berufungsinstanz (einschichtiger Aufbau):

I. Mandantenbegehren

II. Gutachten

  1. Prozessuales Gutachten

  2. Materiell-rechtliches Gutachten

  3. Zweckmäßigkeitserwägungen

III. Praktischer Teil

277 Vgl. oben Rn. 199.

Für einen relationsmäßigen **zweischichtigen Klausuraufbau** kann bei Angriffsmandaten in der Berufungsinstanz hingegen wie folgt vorgegangen werden. 247

Gliederung der Klausur bei Angriffsmandaten in der Berufungsinstanz (zweischichtiger Aufbau):

I. Mandantenbegehren

II. Gutachten

1. Prozessstation
2. Klägerstation
3. Beklagtenstation
4. Beweisstation
5. Zweckmäßigkeitsstation

III. Praktischer Teil

II. Mandantenbegehren

Auch in diesem Klausurtyp haben Sie Ihre Ausführungen mit einer Darstellung des Mandantenbegehrens zu beginnen. Dies kann beispielsweise wie folgt aussehen: 248

Formulierungsbeispiel: Mandantenbegehren im Berufungsverfahren

*Der Mandant legt ein **erstinstanzliches Urteil des Amtsgerichts Münster** vor, durch welches er zur Räumung einer in Münster gelegenen und von ihm derzeit noch bewohnten Mietwohnung sowie zur Tragung der Kosten des Rechtsstreits verurteilt wurde. Hintergrund der Räumungsklage war eine durch den klagenden Vermieter **ausgesprochene Eigenbedarfskündigung**. Der anwaltlich in erster Instanz nicht vertretene Mandant bittet um Prüfung, **ob gegen das Räumungsurteil noch etwas unternommen werden** könne. Der Mandant möchte die Wohnung – sofern möglich – gerne weiter bewohnen. Er befürchtet jedoch, dass der Vermieter beabsichtigt, die Wohnung zeitnah zwangsweise durch den Gerichtsvollzieher räumen zu lassen.*

III. Prozessuales Gutachten

Im Rahmen des prozessualen Gutachtens ist die **Zulässigkeit der Berufung** zu prüfen. Auf die **allgemeinen Zulässigkeits- und Sachurteilsvoraussetzungen** ist dabei nur bei Anlass einzugehen. Stets zu prüfen sind jedoch die **besonderen Voraussetzungen des Rechtsmittels der Berufung**. 249

1. Statthaftigkeit, § 511 Abs. 1 ZPO

Die Berufung findet gemäß § 511 Abs. 1 ZPO gegen die **im ersten Rechtszug erlassenen Endurteile** (§ 300 ZPO) statt. Hierzu zählen auch **Zwischenurteile über die Zulässigkeit der Klage** (§ 280 Abs. 2 S. 1 ZPO), **Teilurteile** (§ 301 Abs. 1 ZPO), **Vorbehaltsurteile** (§§ 302 Abs. 3, 599 Abs. 3 ZPO), **Zwischenurteile über den Grund** (§ 304 Abs. 2 ZPO) sowie **Ergänzungen des Urteils** (§ 321 ZPO).[278] Das Rechtsmittel der Berufung kann im Punkte der Statthaftigkeit **von anderen Rechtsbehelfen abzugrenzen** sein. 250

278 Thomas/Putzo/Reichold § 511 Rn. 2, 3.

a) Abgrenzung zum Einspruch, §§ 338 ff. ZPO

251 Gegen erste **Versäumnisurteile** und **Vollstreckungsbescheide** (§ 700 Abs. 1 ZPO) findet gemäß § 514 Abs. 1 ZPO nicht die Berufung, sondern der **Einspruch** (§ 338 ZPO) statt. Lediglich gegen zweite Versäumnisurteile (§ 345 ZPO) findet die Berufung statt, allerdings auch nur insoweit, als sie darauf gestützt wird, dass ein Fall der schuldhaften Säumnis nicht vorgelegen hat (§ 514 Abs. 2 ZPO).

b) Abgrenzung zum Nachverfahren, § 600 ZPO

252 Gegen ein **Vorbehaltsurteil im Urkundenprozess** (§ 599 ZPO) findet wahlweise das **Nachverfahren** (§ 600 ZPO) **oder die Berufung** (§§ 511 ff. ZPO) statt.

Abgrenzung von Nachverfahren (§ 600 ZPO) und Berufung (§§ 511 ff. ZPO)

- Das Nachverfahren bildet eine Einheit mit dem Urkundenprozess.[a] Das Vorbehaltsurteil entfaltet aus diesem Grunde **Bindungswirkung für das Nachverfahren**, soweit es nicht auf einer Beschränkung der Beweismittel im Urkundenprozess beruht.[b] **Bindend festgestellt** sind durch das Vorbehaltsurteil insbesondere die **Statthaftigkeit der Klage im Urkundenprozess**, die **Zulässigkeit der Klage vor den ordentlichen Gerichten**, die **Schlüssigkeit der Klage** und die **Zulässigkeit des Vorbehalts.**[c] Soweit eine für den Mandanten nachteilige Bindung an das Vorbehaltsurteil droht, ist die **Einlegung einer Berufung zweckmäßig.**
- Ein Beklagter ist im Rahmen des Urkundenprozesses nicht gehalten, seinen Widerspruch gegen den Klageanspruch zu begründen.[d] Aus diesem Grunde entfaltet das Vorbehaltsurteil im Nachverfahren **keine Bindungswirkung**, soweit **Tatsachenbehauptungen neu bestritten** oder **neu vorgetragen** oder **neue Angriffs- oder Verteidigungsmittel geltend gemacht** werden.[e] Soweit keine für den Mandanten nachteilige Bindung an das Vorbehaltsurteil droht, ist bereits aus Kostengründen die **Durchführung des Nachverfahrens zweckmäßig.**[f]

Berufung im Urkundsprozess nur bei Bindung an Vorbehaltsurteil

a) Thomas/Putzo/Reichold § 600 Rn. 1.
b) Thomas/Putzo/Reichold § 600 Rn. 4.
c) Thomas/Putzo/Reichold § 600 Rn. 4.
d) BGH NJW 1988, 1468; Thomas/Putzo/Reichold § 600 Rn. 6.
e) Thomas/Putzo/Reichold § 600 Rn. 6.
f) **Kosten im Falle der Berufung:** Im erstinstanzlichen Urkundenverfahren entstehen an Anwaltskosten eine 1,3 Verfahrensgebühr (3100 VV RVG) und eine 1,2 Terminsgebühr (3104 VV RVG) sowie an Gerichtskosten 3,0 Gebühren (1210 VV GKG), dazu im zweitinstanzlichen Verfahren an Anwaltskosten eine 1,6 Verfahrensgebühr (3200 VV RVG) und eine 1,2 Terminsgebühr (3202 VV RVG) sowie an Gerichtskosten weitere 4,0 Gebühren (1220 VV GKG) / **Kosten im Falle des Nachverfahrens:** Im erstinstanzlichen Urkundenverfahren entstehen an Anwaltskosten eine 1,3 Verfahrensgebühr (3100 VV RVG) und eine 1,2 Terminsgebühr (3104 VV RVG) sowie an Gerichtskosten 3,0 Gebühren (1210 VV GKG), dazu im Nachverfahren lediglich eine weitere 1,2 Terminsgebühr (3104 VV RVG). Die Verfahrensgebühr aus dem Urkundenverfahren wird auf das Nachverfahren angerechnet (3100 Abs. 2 VV RVG). Weitere Gerichtskosten entstehen nicht.

Merke: Sofern sich der Angriff gegen das Vorbehaltsurteil auf Fragen bezieht, die von der Bindungswirkung des Urteils erfasst sind, ist **eine Berufung einzulegen.** Anderenfalls ist **das Nachverfahren durchzuführen.**

c) Abgrenzung zur Vollstreckungsabwehrklage, § 767 Abs. 1 ZPO

253 Mit der **Berufung** gemäß §§ 511 ff. ZPO bezweckt eine Partei, in Fortsetzung des Rechtsstreits, eine für sie ungünstige Entscheidung vor Eintritt der Rechtskraft im Wege der Nachprüfung durch ein höheres Gericht zu beseitigen und eine für sie

günstige anderweitige Entscheidung zu erreichen.[279] Die **Vollstreckungsabwehrklage** gemäß § 767 Abs. 1 ZPO dient dagegen der Beseitigung der Vollstreckbarkeit eines Vollstreckungstitels.[280]

Grundsätzlich besteht für den Schuldner eines titulierten Leistungsanspruchs die **Wahl zwischen der Einlegung einer Berufung und der Erhebung einer Vollstreckungsabwehrklage**, wenn eine Einwendung vorliegt, die nach dem Schluss der mündlichen Verhandlung im ersten Rechtszug und vor dem Eintritt der Rechtskraft entstanden ist. Wird jedoch eine Berufung eingelegt, lässt dieser Umstand das Rechtsschutzbedürfnis für eine Vollstreckungsabwehrklage entfallen, sofern die materiell-rechtliche Einwendung i.S.d. § 767 Abs. 1 ZPO auch im Rahmen des Berufungsverfahrens geprüft wird.[281]

Die **Vollstreckungsabwehrklage ist gewöhnlich die kostengünstigere** Option.[282] Die **Berufung ist in ihrer Wirkung jedoch rechtsschutzintensiver**, da ein für den Mandanten nachteiliges Urteil insgesamt oder teilweise aufgehoben oder abgeändert und nicht nur – wie bei der Vollstreckungsabwehrklage – die Vollstreckbarkeit des Titels beseitigt wird. Aus diesem Grunde ist in **prozesstaktischer Hinsicht** im Zweifel die **Einlegung einer Berufung vorzugswürdig.** Praktische Relevanz hat die höhere Rechtsschutzintensität der Berufung vor allem bei der Haftung für die Kosten des Rechtsstreits:

Beispiel: Der Beklagte wird in erster Instanz wie von dem Kläger beantragt in der Hauptsache und gemäß § 91 Abs. 1 ZPO zur Kostentragung verurteilt. Wird für den Mandanten als Beklagten und Berufungskläger nunmehr **Berufung eingelegt** und daraufhin das erstinstanzliche Urteil aufgehoben und die Klage abgewiesen, hat **der Kläger und Berufungsbeklagte die Kosten des Rechtsstreits in erster und in zweiter Instanz** zu tragen. Eine **erfolgreiche Vollstreckungsabwehrklage** wäre hingegen zwar geeignet, die Vollstreckbarkeit des erstinstanzlichen Urteils zu beseitigen, würde den beklagten Mandanten aber **nicht von der Haftung für die erstinstanzlichen Kosten** befreien.

2. Beschwer, § 511 Abs. 2 ZPO

Das Rechtsschutzbedürfnis für die Anrufung der höheren Instanz ergibt sich in der Regel aus der **Beschwer der Parteien.**[283] Der **Kläger** ist beschwert, wenn die anzufechtende Entscheidung inhaltlich nachteilig von seinen Anträgen in der unteren Instanz abweicht.[284] Der **Beklagte** ist hingegen durch jeden nachteiligen rechtskraftfähigen Inhalt der anzufechtenden Entscheidung beschwert.[285] 254

Dabei ist eine Berufung nur dann zulässig, wenn entweder der **Wert des Beschwerdegegenstandes den Betrag von 600,00 € übersteigt** oder **das Gericht des ersten Rechtszuges die Berufung im Urteil zugelassen** hat (§ 511 Abs. 2 ZPO). Letzteres geschieht nur dann, wenn die Rechtssache grundsätzliche Bedeutung hat oder die Fortbildung des Rechts oder die Sicherung einer einheitlichen Rspr. eine Entscheidung des Berufungsgerichts erfordert und die Berufungssumme von 600,00 € nicht erreicht wird (§ 511 Abs. 4 S. 1 ZPO). Die Entscheidung ist für das Berufungsgericht bindend (§ 511 Abs. 4 S. 2 ZPO) und für die Parteien unanfechtbar.[286]

279 Thomas/Putzo/Reichold Vorbem. § 511 Rn. 1.

280 Thomas/Putzo/Seiler § 767 Rn. 1.

281 Thomas/Putzo/Seiler § 767 Rn. 15.

282 Im **Berufungsverfahren** belaufen sich die Anwaltskosten auf eine 1,6 Verfahrensgebühr (3200 VV RVG) und eine 1,2 Terminsgebühr (3202 VV RVG) und die Gerichtskosten auf 4,0 Gebühren (1220 VV GKG). Im erstinstanzlichen Verfahren über die **Vollstreckungsabwehrklage** fallen an Anwaltskosten dagegen lediglich eine 1,3 Verfahrensgebühr (3100 VV RVG) und eine 1,2 Terminsgebühr (3104 VV RVG) sowie an Gerichtskosten 3,0 Gebühren (1210 VV RVG) an.

283 Thomas/Putzo/Reichold Vorbem. § 511 Rn. 17.

284 Thomas/Putzo/Reichold Vorbem. § 511 Rn. 18.

285 Thomas/Putzo/Reichold Vorbem. § 511 Rn. 19.

286 BGH NJW-RR 1998, 1445; Thomas/Putzo/Reichold § 511 Rn. 24.

3. Zuständigkeit, § 519 Abs. 1 ZPO

255 Gemäß § 519 Abs. 1 ZPO ist die Berufung durch Einreichung der Berufungsschrift **bei dem Berufungsgericht** („iudex ad quem") einzulegen. Die **sachliche Zuständigkeit** des Berufungsgerichts richtet sich nach § 1 ZPO i.V.m. §§ 72 Abs. 1 S. 1, 119 Abs. 1 Nr. 2 GVG. Hiernach sind die **Landgerichte** für Berufungen gegen die **Entscheidungen der Amtsgerichte in bürgerlichen Rechtsstreitigkeiten** zuständig. Hingegen sind die **Oberlandesgerichte** für Berufungen gegen die **Entscheidungen der Landgerichte in Zivilsachen** zuständig. Abweichend hiervon sind die **Oberlandesgerichte** auch für **Entscheidungen der Amtsgerichte als Familiengerichte und in einigen Angelegenheiten der freiwilligen Gerichtsbarkeit** zuständig (§ 119 Abs. 1 Nr. 1 GVG).

Beachte: In Abgrenzung zu dem allgemeineren Begriff des „Rechtsbehelfes" sind für den spezielleren Begriff des „Rechtsmittels" ein **Suspensiv- und Devolutiveffekt** prägend. Der Devolutiveffekt bewirkt, dass die Entscheidung der Streitsache in eine höhere Instanz „hinaufgewälzt" wird. Hiermit geht ein Suspensiveffekt einher, der den Eintritt der formellen Rechtskraft einer gerichtlichen Entscheidung vorerst „schweben" lässt.

4. Form und Frist der Berufungseinlegung, §§ 517, 519 ZPO

256 Die Berufung wird gemäß § 519 Abs. 1 ZPO durch Einreichung der **Berufungsschrift** bei dem Berufungsgericht eingelegt. Ihr notwendiger Inhalt ergibt sich aus § 519 Abs. 2 ZPO, wonach **das Urteil zu bezeichnen** ist, gegen das die Berufung gerichtet wird, und die **Erklärung abzugeben** ist, dass **gegen dieses Urteil Berufung eingelegt** werde. Das Wort Berufung muss nicht verwendet werden.[287] Auch eine Falschbezeichnung (z.B. Einspruch, Beschwerde, Antrag auf Zulassung der Berufung) schadet nicht, wenn der Wille klar erkennbar ist, dass das Urteil durch das Gericht der höheren Instanz in mündlicher Verhandlung überprüft werden soll.[288] Die Berufung kann auch **fristwahrend per Fax eingelegt** werden (§ 519 Abs. 4 ZPO i.V.m. § 130 Nr. 6 ZPO).

Die **Frist für die Einlegung der Berufung** beträgt gemäß § 517 ZPO **einen Monat**. Sie ist eine Notfrist (§ 224 Abs. 1 S. 2 ZPO) und beginnt gewöhnlich mit der Zustellung einer in vollständiger Form abgefassten Ausfertigung oder einer beglaubigten Abschrift[289] des Urteils. Die Frist berechnet sich dabei nach § 222 ZPO i.V.m. §§ 187 ff. BGB.

Beispiel: Das erstinstanzliche Urteil wird dem Mandanten am 25.07.2018 zugestellt. Die einmonatige Berufungseinlegungsfrist beginnt gemäß § 222 Abs. 1 ZPO i.V.m. § 187 Abs. 1 BGB am 26.07.2018 um 0.00 Uhr und endet gemäß § 222 Abs. 1 ZPO i.V.m. § 188 Abs. 2 BGB mit Ablauf des 25.08.2018.

Die Beweislast für den rechtzeitigen Eingang beim zuständigen Gericht trägt der Berufungskläger.[290] Wird die **Berufung bei einem unzuständigen Gericht** eingereicht, ist dieses grundsätzlich lediglich verpflichtet, den **Schriftsatz im ordentlichen Geschäftsgang an das zuständige Berufungsgericht weiterzuleiten.**[291] Geht der Schriftsatz dabei so rechtzeitig ein, dass die fristgerechte Weiterleitung an das Berufungsgericht im ordentlichen Geschäftsgang ohne Weiteres erwartet wer-

287 Thomas Putzo/Reichold § 519 Rn. 14.
288 BGH NJW-RR 1998, 507; Thomas Putzo/Reichold § 519 Rn. 14.
289 BGH NJW 2016, 1180; Thomas/Putzo/Reichold § 517 Rn. 2.
290 BGH NJW-RR 2014, 179; Thomas/Putzo/Reichold § 517 Rn. 7.
291 BGH RÜ2 2018, 74; BGH NJW 2012, 1591.

den kann, darf die Partei darauf vertrauen, dass der Schriftsatz noch rechtzeitig beim Berufungsgericht eingeht.[292] Kommt das angerufene Gericht dem nicht nach, wirkt sich das Verschulden der Partei oder ihres Verfahrensbevollmächtigten nicht mehr aus, sodass ihr **Wiedereinsetzung in den vorigen Stand** gemäß §§ 233 ff. ZPO zu gewähren ist.[293] Eine Wiedereinsetzung in den vorigen Stand ist auch dann zu beantragen, wenn die Berufungseinlegungsfrist aus anderen Gründen ohne Verschulden versäumt wird.

5. Form und Frist der Berufungsbegründung, § 520 ZPO

Die Berufung ist gemäß § 520 Abs. 1 ZPO **begründungspflichtig**. Die Berufungsbe- **257**
gründung kann entweder bereits durch die Berufungsschrift oder durch einen gesonderten Schriftsatz erfolgen (§ 520 Abs. 3 S. 1 ZPO). Der notwendige Inhalt der Berufungsbegründung ergibt sich aus § 520 Abs. 3 S. 2 ZPO. Hiernach hat die Begründungsschrift vor allem **konkrete Berufungsanträge** zu enthalten, deren Formulierung von der jeweiligen Prozesssituation abhängt.

Die **Frist für die Begründung der Berufung** beträgt gemäß § 520 Abs. 2 S. 1 ZPO **zwei Monate**. Sie beginnt gleichzeitig mit der einmonatigen Berufungseinlegungsfrist (§ 517 ZPO), ist anders als diese jedoch **keine Notfrist und somit verlängerbar**. Gleichwohl kommt mit Rücksicht auf die gesonderte Nennung in § 233 S. 1 ZPO auch in Betreff der Berufungsbegründungsfrist bei unverschuldetem Versäumnis eine **Wiedereinsetzung in den vorigen Stand** in Betracht.

IV. Materiell-rechtliches Gutachten

Die Berufung kann lediglich darauf gestützt werden, dass die Entscheidung auf einer **258**
Rechtsverletzung beruht oder die der Entscheidung richtigerweise zugrunde zu legenden neu festgestellten oder neuen Tatsachen eine andere Entscheidung rechtfertigen (§ 513 Abs. 1 ZPO). Im Rahmen des materiell-rechtlichen Gutachtens ist daher zu untersuchen, ob das erstinstanzliche Urteil **entscheidungserhebliche Rechtsfehler** aufweist (§ 520 Abs. 3 S. 2 Nr. 2 ZPO). Daneben sind ggf. die Umstände darzustellen, die **Zweifel an der Richtigkeit und Vollständigkeit der Tatsachenfeststellungen durch das Gericht des ersten Rechtszuges** begründen und eine erneute Feststellung gebieten (§ 520 Abs. 3 S. 2 Nr. 3 ZPO). Auch etwaige **neue Angriffs- und Verteidigungsmittel sowie die für ihre Zulassung sprechenden Gründe** sind im Rahmen des Gutachtens herauszuarbeiten (§ 520 Abs. 3 S. 2 Nr. 4 ZPO).

1. Entscheidungserhebliche Rechtsverletzung, § 520 Abs. 3 S. 2 Nr. 2 ZPO

Der Erfolg einer Berufung kann sich zunächst daraus ergeben, dass das angefochtene **259**
Urteil eine **entscheidungserhebliche Rechtsverletzung** des Gerichts des ersten Rechtszuges aufweist.

a) Begriff der entscheidungserheblichen Rechtsverletzung

Rechtsverletzungen lassen sich im Sinne einer „rechtstechnischen Fehlerdifferen- **260**
zierung" zum einen als **Interpretationsfehler** oder **Subsumtionsfehler** einordnen. Zum anderen kann eine Kategorisierung nach der „Rechtsnatur der verletzten Norm" in **Verfahrensfehler** oder **Fehler bei der Rechtsfindung** vorgenommen werden.

292 BGH RÜ2 2018, 74; BGH NJW 2012, 1591.
293 BGH NJW 2012, 1591.

Entscheidungserheblich ist eine Rechtsverletzung dann, wenn das erstinstanzliche Urteil auf der festgestellten Rechtsverletzung beruht.

aa) Interpretationsfehler oder Subsumtionsfehler

261 Ein **Interpretationsfehler** liegt vor, wenn das Gericht die abstrakten Tatbestandsmerkmale einer Rechtsnorm nicht richtig erkennt.[294]

Beispiel: Das Gericht lässt entgegen § 932 Abs. 2 BGB einfach fahrlässige Unkenntnis für die Annahme der Bösgläubigkeit des Erwerbes einer beweglichen Sache genügen.

262 Ein **Subsumtionsfehler** liegt vor, wenn der festgestellte konkrete Sachverhalt die abstrakten Tatbestandsmerkmale der angewendeten Norm nicht oder die Merkmale einer nicht angewendeten Norm ausfüllt.[295]

Beispiel: Das Gericht geht bei § 932 Abs. 2 BGB für die Feststellung der Bösgläubigkeit zutreffend von dem Erfordernis einer grob fahrlässigen Unkenntnis aus, bewertet dann jedoch die nach den festgestellten Tatsachen anzunehmende einfache Fahrlässigkeit als grobe Fahrlässigkeit.

bb) Verfahrensfehler oder Fehler bei der Rechtsfindung

263 Unter einem **Verfahrensfehler** ist ein **Verstoß gegen eine Verfahrensnorm** zu verstehen und mithin ein Fehler, der den Weg zum Urteil oder die Art und Weise seines Erlasses betrifft.[296] Verfahrensfehler sind für das Berufungsverfahren nur dann beachtlich, wenn sie **wesentlich** – also für das mit der Berufung angefochtene Urteil ursächlich[297] – und darüber hinaus auch **für das Ergebnis erheblich** sind. An einer solchen Erheblichkeit fehlt es, wenn der Fehler geheilt (§ 295 Abs. 1 ZPO) wurde oder das Urteil aus anderen Gründen inhaltlich richtig ist.[298]

294 Thomas/Putzo/Reichold § 546 Rn. 1.
295 Thomas/Putzo/Reichold § 546 Rn. 2.
296 Thomas/Putzo/Reichold § 538 Rn 7.
297 BGH NJW-RR 1990, 480; Thomas/Putzo/Reichold § 538 Rn. 9.
298 BGH WM 1996, 1323; Thomas/Putzo/Reichold § 538 Rn. 9.

Erscheinungsformen von Verfahrensfehlern

- **Verletzung des Rechts auf rechtliches Gehör (Art. 103 Abs. 1 GG) oder des Grundsatzes der prozessualen Waffengleichheit (§ 3 Abs. 1 GG)**, beispielsweise keine Vernehmung oder Anhörung beider Parteien bei Vier-Augen-Gesprächen,[a] Verwerfung des Einspruchs gegen ein Versäumnisurteil als unzulässig durch Urteil ohne mündliche Verhandlung und ohne vorherige Anhörung,[b] Zurückweisung von Vorbringen als verspätet unter Verstoß gegen § 296 ZPO,[c] fehlerhafte Ablehnung eines Vertagungsantrags[d]
- **Rüge der unterlassenen oder fehlerhaften Beweiserhebung und/oder Beweiswürdigung**, beispielsweise bei vollständiger Übergehung von Beweisanträgen,[e] bei fehlender Angabe der für die richterliche Überzeugung leitenden Gründe entgegen § 286 Abs. 1 S. 2 ZPO[f]
- **Verstöße gegen die Grundsätze der materiellen Prozessleitung (§ 139 ZPO)**, beispielsweise bei Überraschungsurteilen,[g] bei Ablehnung eines Vorbringens als unsubstantiiert ohne vorherigen Hinweis auf ein Substantiierungserfordernis[h]
- **Verstöße gegen das Erfordernis einer Erörterung und Verhandlung über das Ergebnis einer Beweisaufnahme (§§ 279 Abs. 3, 285 Abs. 1 ZPO)**[i]
- **Technische Fehler des Urteils,** beispielsweise Verwertung von Zeugenaussagen, Sachverständigenaussagen oder Augenscheinsergebnissen ohne Feststellung im Protokoll oder Tatbestand,[j] Urteil im schriftlichen Verfahren gemäß § 128 Abs. 2 ZPO ohne wirksame Zustimmung der Parteien,[k] Fehlen von Tatbestand und Entscheidungsgründen bei einem nicht binnen 5 Monaten nach Verkündung schriftlich niedergelegten Urteil[l]

a) Vgl. hierzu Rn. 66–69.
b) Zöller/Herget § 341 Rn. 10.
c) Thomas/Putzo/Reichold § 538 Rn. 10.
d) Thomas/Putzo/Reichold § 538 Rn. 10.
e) OLG München, Urt. v. 11.03.2016 – 10 U 4087/15, BeckRS 2016, 5265.
f) OLG München, Urt. v. 11.03.2016 – 10 U 4087/15, BeckRS 2016, 5265.
g) Thomas/Putzo/Reichold § 538 Rn. 11.
h) Thomas/Putzo/Reichold § 538 Rn. 11.
i) BGH NJW 2012, 2354; BGH NJW-RR 2009, 515; Thomas/Putzo/Reichold § 279 Rn. 3, § 285, Rn. 1.
j) Thomas/Putzo/Reichold § 538 Rn. 12.
k) Thomas/Putzo/Reichold § 538 Rn. 12.
l) BGH NJW 2011, 769; Thomas/Putzo/Reichold § 538 Rn. 12.

Als Gegensatz zum Verfahrensfehler kann der **Fehler bei der Rechtsfindung** verstanden werden, der den Inhalt des Urteils selbst betrifft.[299] Das Urteil des erkennenden Gerichts beinhaltet in diesen Fällen einen **Verstoß gegen materiell-rechtliche Vorschriften**. 264

299 Thomas/Putzo/Reichold § 538 Rn 7.

Erscheinungsformen von Fehlern bei der Rechtsfindung

Ein Fehler bei der Rechtsfindung – und kein Verfahrensfehler – liegt vor, wenn das Gericht des ersten Rechtszuges

- von **einem unrichtigen materiell-rechtlichen Standpunkt ausgehend** folgerichtig keinen Anlass zu Fragen oder Hinweisen sieht,[a]
- die **Schlüssigkeit**[b] oder die **genügende Substantiierung**[c] **der Klage zu Unrecht** verneint,
- eine **Beweiserhebung wegen Verkennung der dem materiellen Recht zuzuordnenden Beweislast unterlassen** hat.[d]

a) BGH NJW 2012, 304; Thomas/Putzo/Reichold § 538 Rn. 8.
b) BGH NJW-RR 1999, 1289; Thomas/Putzo/Reichold § 538 Rn. 8.
c) Thomas/Putzo/Reichold § 538 Rn. 8.
d) BGH NJW 1995, 3258; Thomas/Putzo/Reichold § 538 Rn. 8.

b) Auswirkungen einer entscheidungserheblichen Rechtsverletzung

aa) Zulässigkeit / Unzulässigkeit der Klage

265 Eine für die Entscheidung erhebliche Rechtsverletzung kann sich dergestalt auswirken, dass das erstinstanzliche Gericht **fehlerhaft von einer Zulässigkeit / Unzulässigkeit der Klage** ausgegangen ist. Die Umstände, welche die Rechtsverletzung im Punkte der Zulässigkeitsprüfung begründen, sind dann darzustellen. Zu beachten ist hierbei allerdings, dass die durch das Gericht des ersten Rechtszuges fehlerhaft angenommene eigene Zuständigkeit einer Berufung nicht zum Erfolg verhelfen kann (§ 513 Abs. 2 ZPO). Diese Anordnung betrifft die **örtliche, sachliche und funktionelle – nicht aber die internationale – Zuständigkeit.**[300] Durch die Regelung des § 513 Abs. 2 ZPO soll vermieden werden, dass die in erster Instanz erarbeitete Sachentscheidung wegen fehlender Zuständigkeit hinfällig wird.[301]

bb) Begründetheit / Unbegründetheit der Klage

266 Ggf. kann natürlich auch zu untersuchen sein, ob dem Gericht des ersten Rechtszuges **bei der Bewertung der Klage als begründet / unbegründet Rechtsfehler unterlaufen** sind. In steter Orientierung an dem Mandanteninteresse ist auf etwaige **Interpretations- und Subsumtionsfehler bei der Anwendung des Verfahrensrechts und des materiellen Rechts** einzugehen, bei deren Vermeidung sich die Klage – entgegen der Annahme durch das erstinstanzliche Gericht – entweder als begründet oder unbegründet darstellt.

2. Unrichtigkeit oder Unvollständigkeit der Tatsachenfeststellungen, § 520 Abs. 3 S. 2 Nr. 3 ZPO

267 Die Vorschrift des § 513 ZPO stellt klar, dass **die Berufung keine umfassende zweite Tatsacheninstanz eröffnet**, sondern in erster Linie einer Fehlerprüfung dient.[302] Grundsätzlich ist das Berufungsgericht daher an die Tatsachenfeststellungen des Gerichts des ersten Rechtszuges gebunden (§ 529 Abs. 1 Nr. 1 ZPO). Ausnahmsweise entfällt diese Bindungswirkung für das Berufungsgericht jedoch, wenn sich die **Tatsachenfeststellungen des erstinstanzlichen Gerichts als unrichtig oder unvoll-**

300 BGH NJW 2004, 1456; Thomas/Putzo/Reichold § 513 Rn. 3.
301 Thomas/Putzo/Reichold § 513 Rn. 3.
302 BGH NJW 2010, 376; Thomas/Putzo/Reichold § 513 Rn. 1.

ständig erweisen. Hierzu bedarf es **konkreter Angaben** des Berufungsführers, die aus sich heraus derartige Zweifel an den erstinstanzlichen Tatsachenfeststellungen begründen, dass eine ergänzende oder wiederholte Beweiserhebung erforderlich erscheint.[303] Beispielsweise sind die **unzutreffend festgestellten Tatsachen zu bezeichnen**, ein im Rahmen des erstinstanzlichen Verfahrens **übergangener Beweisantrag ausdrücklich zu rügen** oder bei Angriffen gegen die Beweiswürdigung die **Gründe anzugeben, aus denen die Beweiswürdigung für fehlerhaft gehalten** wird.[304]

Beachte: Bei der Prüfung einer Rechtsverletzung (§ 520 Abs. 3 S. 2 Nr. 2 ZPO) und des Erfordernisses neu festzustellender Tatsachen (§ 520 Abs. 3 S. 2 Nr. 3 ZPO) kann es durchaus zu **Überschneidungen** kommen. So stellt etwa eine fehlende oder fehlerhafte Beweiserhebung (z.B. Übergehen eines Beweisantrags) eine Rechtsverletzung dar, die jedoch zugleich dazu führen kann, dass das Gericht des ersten Rechtszuges von unrichtigen oder unvollständigen Tatsachen ausgegangen ist, sodass die Tatsachen im Rahmen des Berufungsverfahrens neu festzustellen sind.

3. Zulassung neuer Angriffs- und Verteidigungsmittel, § 520 Abs. 3 S. 2 Nr. 4 ZPO

Unter einem **Angriffs- oder Verteidigungsmittel** versteht man jedes sachliche und 268
prozessuale Vorbringen, das der Durchsetzung bzw. Abwehr des geltend gemachten prozessualen Anspruchs dient (z.B. Behauptungen, Bestreiten, Einwendungen, Einreden, Beweisanträge, Beweiseinreden, etc.).[305] Im Sinne einer allgemeinen Prozessförderungspflicht sind **Angriffs- und Verteidigungsmittel rechtzeitig vorzubringen** (§ 282 Abs. 1 ZPO) **bzw. mitzuteilen** (§ 282 Abs. 2 ZPO). Bei Verstößen droht eine **Zurückweisung der konkreten Angriffs- oder Verteidigungsmittel als verspätet** (§ 296 Abs. 2 ZPO). Eine solche **Präklusion** droht auch dann, wenn Angriffs- und Verteidigungsmittel nach Ablauf einer gesetzten Frist nicht vorgebracht werden (§ 296 Abs. 1 ZPO).

Auch **in der Berufungsinstanz** sind Angriffs- und Verteidigungsmittel rechtzeitig 269
vorzubringen, um den Eintritt einer Präklusion zu verhindern (§ 530 ZPO). Angriffs- und Verteidigungsmittel, die **im ersten Rechtszuge zu Recht als verspätet zurückgewiesen** worden sind, bleiben auch in der Berufungsinstanz ausgeschlossen (§ 531 Abs. 1 ZPO). Eine Zulassung erstmalig in der Berufungsinstanz geltend gemachter **neuer Angriffs- und Verteidigungsmittel** kommt hingegen gemäß § 531 Abs. 2 ZPO nur ausnahmsweise in Betracht, wenn

- das **Berufungsgericht den Fall materiell-rechtlich anders beurteilt** als das Gericht des ersten Rechtszuges (§ 531 Abs. 2 Nr. 1 ZPO),
- die Geltendmachung der Angriffs- oder Verteidigungsmittel in erster Instanz **aufgrund fehlerhafter Prozessleitung unerheblich** erschien (§ 531 Abs. 2 Nr. 2 ZPO) oder
- die unterbliebene Geltendmachung in erster Instanz **nicht auf einer Nachlässigkeit der Partei** beruht (§ 531 Abs. 2 Nr. 3 ZPO), beispielsweise wenn ein neues Angriffs- oder Verteidigungsmittel erst **nach dem Schluss der mündlichen Verhandlung in der ersten Instanz entstanden** ist.[306]

303 Thomas/Putzo/Reichold § 520 Rn. 23.
304 Thomas/Putzo/Reichold § 520 Rn. 23.
305 Thomas/Putzo/Seiler § 146 Rn. 2.
306 Thomas/Putzo/Reichold § 531 Rn. 16.

Von dem Berufungsführer ist im Rahmen der Berufungsbegründung dann darzulegen, aus welchem Grunde die Geltendmachung in der ersten Instanz unterblieben ist.[307] Wenn er die Darlegung der Gründe versäumt, riskiert er eine schriftliche Verwerfung der Berufung als unzulässig im Beschlusswege (§ 522 Abs. 1 ZPO).[308]

V. Zweckmäßigkeitserwägungen

270 Auch im Rahmen des Angriffsmandats in der Berufungsinstanz ist sodann herauszuarbeiten, welches Vorgehen sich als **prozesstaktisch ratsam** erweist.

1. Rat an den Mandanten

271 Wie gewohnt sind die Zweckmäßigkeitserwägungen mit einem Rat an den Mandanten einzuleiten. Die Formulierung kann beispielsweise wie folgt aussehen:

Formulierungsbeispiel: Rat an den Mandanten

Mit Rücksicht auf die sich aus dem materiell-rechtlichen Gutachten ergebenden Erfolgsaussichten des Mandantenbegehrens ist dem Mandanten anzuraten, Berufung gegen das erstinstanzliche Urteil einzulegen und selbiges in vollem Umfang einer Nachprüfung durch das zuständige Berufungsgericht zu unterstellen.

Beachte: Wenn das **Urteil teilweise im Sinne des Mandanten und teilweise im Sinne des Gegners** ergangen ist, so ist es natürlich zweckmäßig, die Berufung gegen das Urteil auf die Punkte zu beschränken, durch die der Mandant beschwert wird.

2. Antrag auf Gewährung von Prozesskostenhilfe, §§ 114 ff. ZPO

272 Für die Bewilligung von Prozesskostenhilfe kann grundlegend auf die Ausführungen im Rahmen des Angriffsmandates im Klageverfahren verwiesen werden.[309] Auch im Berufungsverfahren besteht die Möglichkeit, einen **Antrag auf Gewährung von PKH mit einer unbedingten Berufung zu verbinden.** Allerdings ist die Einlegung einer Berufung als Rechtsmittel bedingungsfeindlich und kann daher nicht davon abhängig gemacht werden, dass dem Mandanten PKH bewilligt wird.[310] Ist dem Mandanten hingegen daran gelegen, die Berufung aus Kostengründen nur für den Fall einer PKH-Bewilligung einzulegen, ist daher zunächst ein **isolierter Antrag auf Gewährung von PKH nebst Entwurf einer Berufungsschrift** zu stellen. Sofern dem PKH-Antrag stattgegeben wird und die Berufungseinlegungsfrist (und ggf. auch die Berufungsbegründungsfrist) bereits abgelaufen sind, ist dann **Wiedereinsetzung in den vorigen Stand** (§ 233 ZPO) zu beantragen.[311]

3. Berufungseinlegung aus Gründen der Fristwahrung

273 Neigt sich die **Berufungseinlegungsfrist** (§ 517 ZPO) dem Ende und ist der Mandant (womöglich wegen des bestehenden Kostenrisikos) noch unentschlossen, ob das Berufungsverfahren tatsächlich durchgeführt werden soll oder nicht, kann eine **Berufung auch rein vorsorglich aus Gründen der Fristwahrung eingelegt** und – sollte

307 BGH NJW 2003, 2531; Thomas/Putzo/Reichold § 520 Rn. 24.
308 BGH RÜ2 2015, 69; Thomas/Putzo/Reichold § 520 Rn. 24.
309 Vgl. Rn. 171–173.
310 Thomas/Putzo/Reichold § 519 Rn. 4.
311 Zöller/Greger § 233 Rn. 23 unter Stichwort Prozesskostenhilfe.

sich der Mandant letztlich gegen eine Durchführung der Berufung entscheiden – **wieder zurückgenommen** werden. In diesem Fall ist es unter Kostengesichtspunkten **zweckmäßig**, den im ersten Rechtszug für die Gegenseite tätig gewordenen Rechtsanwalt vor oder zumindest gleichzeitig mit der Einreichung der Berufungsschrift durch außergerichtliches Schreiben zu ersuchen, von einer Bestellung im Rahmen des Berufungsverfahrens abzusehen, bis aufseiten des Berufungsklägers über das „Ob" der Durchführung der Berufung entschieden worden ist (**„Stillhalteabkommen"**). Hierdurch lassen sich für den Fall einer **Rücknahme der Berufung Kostenvorteile** für den Mandanten erreichen.[312]

> **Beachte:** Nur der **Abschluss eines Stillhalteabkommens** bewirkt für den Mandanten den Kostenvorteil, dass in zweiter Instanz der Gegenseite keine im Falle einer Rücknahme des Rechtsmittels zu erstattenden Anwaltskosten entstehen. Ein **bloßes Ersuchen** an den erstinstanzlich tätig gewordenen Rechtsanwalt der Gegenseite im Rahmen der Berufungsschrift oder eines außergerichtlichen Schreibens, sich vorerst nicht für das Berufungsverfahren zu bestellen, hindert die Entstehung der (verminderten) Verfahrensgebühr hingegen regelmäßig nicht.[313]

4. Gefahr einer Anschlussberufung des Berufungsbeklagten, § 524 ZPO

Bei einem beide Parteien hinlänglich beschwerenden erstinstanzlichen Urteil steht es beiden Parteien frei, eine **„selbstständige Berufung"** gegen das Urteil einzulegen. Man spricht in diesem Fall von **wechselseitigen Rechtsmitteln.** **274**

Legt hingegen nur eine Partei Berufung gegen das Urteil ein, kann sich der Berufungsbeklagte auch im Wege einer **„unselbstständigen Anschlussberufung"** der Berufung des anderen Teils anschließen (§ 524 ZPO). Die Anschließung setzt dabei keine Beschwer des Berufungsbeklagten voraus.[314] Der in erster Instanz siegreiche Kläger kann sich demnach allein zu Zwecken der Klageerweiterung anschließen ebenso wie der in erster Instanz siegreiche Beklagte zu Zwecken der Widerklage.[315]

Die Anschlussberufung ist für sich betrachtet kein eigenständiges Rechtsmittel. In ihrem rechtlichen Schicksal ist sie vielmehr **von der Berufung des Berufungsklägers abhängig** (§ 524 Abs. 4 ZPO). Wird die Hauptberufung zurückgenommen (§ 516 ZPO), auf sie verzichtet (§ 515 ZPO), als unzulässig verworfen (§ 522 Abs. 1 ZPO) oder als unbegründet durch Beschluss zurückgewiesen (§ 522 Abs. 2 ZPO), verliert auch die Anschlussberufung ihre Wirkung.[316]

> **Beachte:** Auf das mit einer Anschlussberufung der Gegenseite einhergehende **Risiko einer Verschlechterung gegenüber dem Ergebnis in erster Instanz** ist der Mandant zweckmäßigerweise hinzuweisen.

312 Üblicherweise fallen durch ein Berufungsverfahren für jeden beteiligten Rechtsanwalt eine 1,6 Verfahrensgebühr (Nr. 3200 VV RVG) und eine 1,2 Terminsgebühr (3202 VV RVG) sowie 4,0 Gerichtsgebühren (Nr. 1220 VV RVG) an. Im Falle einer Rücknahme der lediglich zur Fristwahrung eingelegten Berufung würden dagegen lediglich eine reduzierte 1,1 Verfahrensgebühr (Nr. 3201 VV RVG) für den Rechtsanwalt des Berufungsklägers und 1,0 Gerichtsgebühren (Nr. 1221 VV RVG) anfallen. **Im Falle eines Stillhalteabkommens** fallen aufseiten des Berufungsbeklagten dagegen keine Anwaltskosten in zweiter Instanz an. Anderenfalls erhält der Vertreter des Berufungsbeklagten – sofern die Berufung vor ihrer Rücknahme noch nicht begründet worden sein sollte – ebenfalls die reduzierte 1,1 Verfahrensgebühr (Nr. 3202 VV RVG).

313 OLG-Report Saarbrücken 2006, 1096; OLG Köln NJW-RR 1998, 1148; OLG-Report Düsseldorf 1997, 87.

314 BGH NJW 2011, 3298; Thomas/Putzo/Reichold § 524 Rn. 17.

315 Thomas/Putzo/Reichold § 524 Rn. 17.

316 Thomas/Putzo/Reichold § 524 Rn. 19.

5. Schadensersatz, § 717 Abs. 2 S. 1 ZPO

275 Ist gegen den Mandanten aus dem erstinstanzlichen Urteil die Zwangsvollstreckung betrieben worden oder hat der Mandant zur Abwendung der Zwangsvollstreckung aus dem für vorläufig vollstreckbar erklärten Urteil bereits Leistungen erbracht, steht dem Mandanten im Falle einer Aufhebung oder Abänderung des erstinstanzlichen Urteils in der Berufungsinstanz ein **Schadensersatzanspruch gemäß § 717 Abs. 2 S. 1 ZPO** zu.[317]

> **Beachte:** Bei der Regelung des § 717 Abs. 2 S. 1 ZPO handelt es sich um einen **in der Zivilprozessordnung geregelten materiell-rechtlichen Anspruch auf Schadensersatz**. Ähnliche – und zugleich auch speziellere – Ansprüche finden sich in § 302 Abs. 4 S. 3 ZPO (i.V.m. § 600 Abs. 2 ZPO) und § 945 ZPO.[318] Daneben ist auch auf § 799 a ZPO und § 840 Abs. 2 S. 2 ZPO hinzuweisen.

Der Schadensersatzanspruch entsteht erst mit der Aufhebung oder Abänderung des Urteils und besteht vorher lediglich als bedingter Anspruch.[319] Technisch kann der Schadensersatzanspruch aus § 717 Abs. 2 S. 1 ZPO auf unterschiedliche Weise verfolgt werden. Denkbar ist etwa eine Geltendmachung im laufenden Rechtsstreit im Wege der **Aufrechnung**, der **Widerklage** oder des **Inzidentantrags gemäß § 717 Abs. 2 S. 2 ZPO**. Daneben kann der Anspruch auch durch **Erhebung einer neuen Klage** in einem gesonderten Rechtsstreit geltend gemacht werden, wobei dann der Gerichtsstand der unerlaubten Handlung gemäß § 32 ZPO eingreift.[320]

Zweckmäßig dürfte es in aller Regel sein, den Schadensersatzanspruch gemäß § 717 Abs. 2 S. 1 ZPO im Wege des **Inzidentantrags gemäß § 717 Abs. 2 S. 2 ZPO** geltend zu machen, und zwar **als unechten Hilfsantrag für den Fall eines Obsiegens mit der Berufung**.

Vorteile der Geltendmachung des § 717 Abs. 2 S. 1 ZPO gemäß § 717 Abs. 2 S. 2 ZPO

- Für den Mandanten entsteht **im Falle eines unechten Hilfsantrags kein gesondertes Kostenrisiko**, da über den Schadensersatzanspruch gemäß § 717 Abs. 2 S. 1 ZPO nur entschieden wird, wenn die Berufung erfolgreich ist
- Der Inzidentantrag ist nach seiner Natur eine Art **„privilegierte Widerklage"** und bringt gegenüber einer Widerklage die Vergünstigungen, dass die **Rechtshängigkeit** auf den Zeitpunkt der Leistung zurückdatiert wird (vgl. § 717 Abs. 2 S. 2 Hs. 2 ZPO) und der **Inzidentantrag in der Berufungsinstanz ohne Einschränkungen** gestellt werden kann.[a]

a) Thomas/Putzo/Seiler § 717 Rn. 15.

317 Lesen Sie hierzu im AS-Skript Vollstreckungsrecht in der Assessorklausur (2018), Rn. 398 ff.

318 Thomas/Putzo/Seiler § 717 Rn. 6.

319 Thomas/Putzo/Seiler § 717 Rn. 11.

320 Thomas/Putzo/Seiler § 717 Rn. 15.

Formulierungsbeispiel: Inzidentantrag gemäß § 717 Abs. 2 S. 2 ZPO

Namens und in Vollmacht des Beklagten und Berufungsklägers werde ich beantragen,

1. [Berufungsantrag]

Hilfsweise[a] *werde ich beantragen,*

2. den Kläger zu verurteilen, dem Beklagten zum Ersatz der als Folge der Zwangsvollstreckung aus dem Urteil des ... vom ... zu dem Aktenzeichen ... entstandenen Schäden einen Betrag in Höhe von 20.000,00 € zuzüglich Zinsen in Höhe von 5 Prozentpunkten über dem jeweiligen Basiszinssatz seit dem auf die Rechtshängigkeit folgenden Tag zu zahlen.

a) Es handelt sich um einen für den Fall des Obsiegens mit dem Hauptantrag gestellten „unechten Hilfsantrag".

6. Einstweilige Einstellung der Zwangsvollstreckung, §§ 719 Abs. 1 S. 1, 707 ZPO

Wurde der Mandant erstinstanzlich zur Leistung verurteilt, ist im Rahmen der Berufungsinstanz daran zu denken, einen **Antrag auf einstweilige Einstellung der Zwangsvollstreckung** gemäß §§ 707, 719 Abs. 1 S. 1 ZPO zu stellen. Eine vorläufige Einstellung ohne Sicherheitsleistung ist gemäß § 707 Abs. 1 S. 2 ZPO dabei lediglich zulässig, wenn glaubhaft gemacht werden kann, dass der Mandant zur Sicherheitsleistung nicht in der Lage ist und die Vollstreckung ihm einen nicht zu ersetzenden Nachteil bringen würde. Dies ist im Rahmen der Berufungsschrift oder Berufungsbegründung zu berücksichtigen. 276

Formulierungsbeispiel: Antrag auf einstweilige Einstellung der Zwangsvollstreckung

Namens und in Vollmacht des Beklagten beantrage ich,

die Zwangsvollstreckung aus dem Urteil des ... vom ... zu dem Aktenzeichen ... ohne Sicherheitsleistung, hilfsweise gegen Sicherheitsleistung einstweilen einzustellen.

VI. Praktischer Teil

Im praktischen Teil sind gewöhnlich eine **Berufungsschrift** und eine **Berufungsbegründung** zu entwerfen. Denkbar ist auch, dass der Vermerk der Bearbeitung lediglich die **Ausformulierung der Berufungsanträge** fordert. Natürlich ist es auch im Angriffsmandat in der Berufungsinstanz denkbar, dass ein **Mandantenschreiben** oder ein **Schreiben an Dritte** zu entwerfen ist. 277

1. Parteibezeichnung

Die Parteien sind **im Rubrum der Berufungsschrift** mit ihrer Stellung im erstinstanzlichen Verfahren („Kläger" und „Beklagter" / „Kläger und Widerbeklagter" und „Beklagter und Widerkläger") und kumulativ hierzu mit ihrer Stellung in der Berufungsinstanz („Berufungskläger" und / oder „Berufungsbeklagter") zu bezeichnen. Nachfolgend sind die Parteien in den Schriftsätzen hingegen lediglich mit ihrer Stellung im erstinstanzlichen Verfahren in Bezug auf die Klage („Kläger" und „Beklagter") zu bezeichnen.

Beispiel: Wird für den beklagten Mandanten Berufung gegen ein erstinstanzliches Urteil eingelegt, ist der Mandant im Rubrum als „Beklagter und Berufungskläger" und nachfolgend als „Beklagter" zu bezeichnen. Der Gegner ist im Rubrum hingegen als „Kläger und Berufungsbeklagter" und nachfolgend als „Kläger" zu bezeichnen.

Beachte: Bei einer Berufung durch den beklagten Mandanten ist – umgekehrt zum Rechtsstreit im ersten Rechtszug – im Rubrum der Berufungsschrift **der Beklagte als Berufungskläger als erster** und der **Kläger als Berufungsbeklagter als zweiter** zu nennen.

2. Antragstellung

278 Die konkrete Antragstellung hängt natürlich davon ab, ob der **Kläger oder der Beklagte von Ihnen als Berufungskläger vertreten** wird. Daneben ist noch zu differenzieren zwischen der Berufung gegen **vollständig oder teilweise stattgebende / abweisende erstinstanzliche Urteile**.

a) Entscheidung durch das Berufungsgericht

279 In der Regel hat das **Berufungsgericht die Sache selbst zu entscheiden** (§ 538 Abs. 1 ZPO). Die Anträge können unter Berücksichtigung der einleitenden Differenzierungen dann wie folgt formuliert werden:

Formulierungsbeispiel: Berufungsanträge des Klägers und Berufungsklägers bei (teilweise) abweisendem Urteil

Namens und in Vollmacht des Klägers werde ich beantragen,

> ***den Beklagten unter (teilweiser) Abänderung des Urteils des … vom … zu dem Aktenzeichen … zu verurteilen, einen Betrag in Höhe von … nebst Zinsen in Höhe von 5 Prozentpunkten über dem Basiszinssatz seit dem auf den Eintritt der Rechtshängigkeit folgenden Tag zu zahlen.***

Formulierungsbeispiel: Berufungsanträge des Beklagten und Berufungsklägers bei (teilweise) stattgebendem Urteil

Namens und in Vollmacht des Beklagten werde ich beantragen,

> ***die Klage unter (teilweiser) Abänderung des Urteils des … vom … zu dem Aktenzeichen … abzuweisen.***

b) Zurückverweisung an das Gericht des ersten Rechtszuges

280 Mit Rücksicht auf § 538 Abs. 2 ZPO hat das Berufungsgericht in bestimmten Fällen die Möglichkeit, **den Rechtsstreit an das Gericht des ersten Rechtszuges zur weiteren Verhandlung und Entscheidung zurückzuverweisen** anstatt selbst in der Sache zu entscheiden.

Wichtige Beispiele für eine Zurückverweisung des Rechtsstreits durch das Berufungsgericht

- Aufgrund eines **wesentlichen Verfahrensmangels ist eine umfangreiche oder aufwändige Beweisaufnahme notwendig** (§ 538 Abs. 2 S. 1 Nr. 1 ZPO)
- Durch das angefochtene Urteil wurde **ein Einspruch als unzulässig verworfen** (§§ 341 Abs. 1 S. 2 und Abs. 2, 538 Abs. 2 S. 1 Nr. 2 ZPO)
- Das **angefochtene Urteil ist ein zweites Versäumnisurteil** (§§ 345, 514 Abs. 2, 538 Abs. 2 S. 1 Nr. 6 ZPO).

Formulierungsbeispiel: Berufungsanträge des Berufungsklägers bei Verwerfung des Einspruchs gegen ein erstes Versäumnisurteil als unzulässig (§ 341 Abs. 1 S. 2 und Abs. 2 ZPO)

Namens und in Vollmacht des Beklagten werde ich beantragen,

das Urteil des … vom … zu dem Aktenzeichen … aufzuheben und die Sache zur weiteren Verhandlung und Entscheidung an das … zurückzuverweisen.

Beachte: Mit Rücksicht auf den Wortlaut der §§ 520 Abs. 3 S. 2 Nr. 1, 528 S. 2 ZPO ist die **„Abänderung" des erstinstanzlichen Urteils** zu beantragen, sofern das Berufungsgericht in der Sache selbst entscheidet. Im Hinblick auf den Wortlaut des § 538 Abs. 2 S. 1 ZPO ist hingegen die **„Aufhebung" des erstinstanzlichen Urteils** zu beantragen, wenn die Sache zur weiteren Verhandlung und Entscheidung an das Gericht des ersten Rechtszuges zurückverwiesen werden soll.

3. Inhalt der Begründung

Im Rahmen der Berufungsbegründung ist nicht der gesamte Inhalt des erstinstanzlichen Vorbringens zu wiederholen. Bedenken Sie, dass die erstinstanzliche Akte dem Berufungsgericht vorliegt. Sie haben sich bei der Begründung daher auf die durch das Gericht der ersten Instanz begangenen **Rechtsverletzungen** und die Darlegung der Gründe der **neuen oder neu festzustellenden Tatsachen** zu beschränken. 281

Beachte: In der Praxis lässt sich anwaltlichen Schriftsätzen häufig eine **generelle Bezugnahme auf den gesamten eigenen erstinstanzlichen Vortrag einschließlich der Beweisangebote** entnehmen. Sofern ebenfalls konkret zu den mit der Berufung angreifbaren Punkten ausgeführt wird, ist die generelle Bezugnahme **unschädlich**. Allerdings ist die Wirksamkeit einer solchen generellen Bezugnahme mit Blick auf den eigentlichen Zweck des Begründungszwangs der Berufung – eine Zusammenfassung und Beschränkung des Rechtsstoffs zu erreichen[321] – fraglich.

4. Schriftsatzentwürfe

Im Folgenden finden Sie Schriftsatzentwürfe einer Berufungsschrift und einer Berufungsbegründung. Während **in der Praxis die Berufungsbegründung regelmäßig getrennt von der Berufungsschrift** – diese in der Einlegungsfrist des § 517 ZPO und jene in der Begründungsfrist des § 520 Abs. 2 ZPO – durch einen gesonderten Schriftsatz beim Berufungsgericht eingereicht wird, ist von Ihnen **in der Klausur die Berufungsbegründung regelmäßig in die Berufungsschrift zu integrieren**. Bei Kombination von Berufungsschrift und Berufungsbegründung in einem einheitlichen Schriftsatz ist dann natürlich die Einlegungsfrist des § 517 ZPO für die rechtzeitige Einreichung maßgeblich. Das Gesetz lässt dabei beide Wege – Einreichung von Berufungsschrift und Berufungsbegründung in einem einheitlichen oder in getrennten Schriftsätzen – zu (vgl. § 520 Abs. 3 ZPO). 282

321 BVerfG NJW-RR 2002, 135; BGH NJW-RR 2007, 414; Thomas/Putzo/Reichold § 520 Rn. 20.

283 ***Muster: Entwurf einer Berufungsschrift ohne Berufungsbegründung***

– ENTWURF –

Rechtsanwalt Hans-Dieter Schuster
Colonnaden 104
20457 Hamburg

Hanseatisches Oberlandesgericht
Sievekingplatz 2
20355 Hamburg

13.08.2019
Az. 189/2019

Berufung

In dem Rechtsstreit

der Frau Elise Alba Meier, Deichstraße 34, 20459 Hamburg,

– Beklagte und Berufungsklägerin –

Prozessbevollmächtigter: Rechtsanwalt Hans-Dieter Schuster, Colonnaden 104, 20457 Hamburg,

gegen

die Emilia Vida Schmidt, Heussweg 107, 20255 Hamburg,

– Klägerin und Berufungsbeklagte –

Namens und in Vollmacht der Beklagten lege ich gegen das in beglaubigter Abschrift beigefügte Urteil des Landgerichts Hamburg vom 25.07.2019 zu der Geschäftsnummer 3 O 156/18

Berufung

zum Hanseatischen Oberlandesgericht ein. Die Berufungsbegründung wird durch gesonderten Schriftsatz erfolgen.

Unterschrift
Rechtsanwalt

Muster: Entwurf einer Berufungsbegründung 284

– ENTWURF–

Rechtsanwalt Hans-Dieter Schuster
Colonnaden 104
20457 Hamburg

Hanseatisches Oberlandesgericht
Sievekingplatz 2
20355 Hamburg

10.09.2019
Az. 189/2019

In dem Rechtsstreit

Meier ./. Schmidt
– Az. 3 S 136/19 –

begründe ich nachfolgend die durch Schriftsatz vom 13.08.2019 eingelegte Berufung. In dem Termin zur mündlichen Berufungsverhandlung werde ich beantragen,

die Klage unter Abänderung des Urteils des Landgerichts Hamburg vom 25.07.2019 zu dem Aktenzeichen 3 O 156/18 abzuweisen.

Darüber hinaus beantrage ich,

die Zwangsvollstreckung aus dem Urteil des Landgerichts Hamburg vom 25.07.2019 zu dem Aktenzeichen 3 O 156/18 ohne Sicherheitsleistung, hilfsweise gegen Sicherheitsleistung vorläufig einzustellen.

Begründung:
Einleitungssatz
Darstellung der Berufungsgründe (Gliederung I.)
Schlussbemerkungen (Gliederung II.)
Unterschrift

Beachte: In den Schlussbemerkungen kann beispielsweise die Zustimmung mit einer Entscheidung durch den Einzelrichter (§ 520 Abs. 4 Nr. 2 ZPO) oder die Anregung zur Erteilung eines schriftlichen richterlichen Hinweises gemäß § 139 ZPO verortet werden.

D. Das Angriffsmandat in der Zwangsvollstreckung

I. Einleitung

285 Als weiterer Klausurtyp in zivilrechtlichen Assessorklausuren lässt sich das **Angriffsmandat in der Zwangsvollstreckung** benennen. Diese Aufgabenstellungen zeichnen sich dadurch aus, dass dem Mandanten an einer aktiven Wahrnehmung seiner Interessen im Rahmen einer unmittelbar bevorstehenden, bereits eingeleiteten und noch andauernden oder bereits beendeten Zwangsvollstreckung gelegen ist. In der Regel wird es sich bei dem Mandanten um den Vollstreckungsschuldner handeln. Denkbar sind jedoch auch Aufgabenstellungen, wonach die Interessen des Vollstreckungsgläubigers oder eines Dritten von Ihnen wahrzunehmen sind.

Unter Beschränkung auf die **besonders examensrelevanten Rechtsbehelfe** lässt sich die folgende Kategorisierung vornehmen:[322]

Klausuren mit Rechtsbehelfen der Zwangsvollstreckung („Eigentliche ZVR-Klausuren")
▪ Die Erinnerung gegen die Art und Weise der Zwangsvollstreckung, § 766 ZPO
▪ Die Vollstreckungsabwehrklage, § 767 ZPO
▪ Die Gestaltungsklage sui generis („Titelabwehrklage"), § 767 Abs. 1 ZPO analog
▪ Die Klage gegen die Vollstreckungsklausel, § 768 ZPO
▪ Die Drittwiderspruchsklage, § 771 ZPO
▪ Die Klage auf vorzugsweise Befriedigung, § 805 ZPO

Klausuren mit normaler Leistungsklage („Uneigentliche ZVR-Klausuren")
▪ Die Einziehungsklage aufgrund eines Pfändungs- und Überweisungsbeschlusses
▪ Die Klage des Vollstreckungsgläubigers auf Schadensersatz (wegen unterbliebener Erklärung nach § 840 Abs. 2 S. 2 ZPO)
▪ Die „verlängerten Leistungsklagen" aus dem Bereicherungsrecht („Verlängerte Vollstreckungsabwehrklage", „Verlängerte Drittwiderspruchsklage" und „Verlängerte Klage auf vorzugsweise Befriedigung")
▪ Die Klage des Vollstreckungsschuldners auf Schadensersatz (§ 302 Abs. 4 S. 3 ZPO i.V.m. § 600 Abs. 2 ZPO, § 717 Abs. 2 S. 1 ZPO, § 945 ZPO, § 826 BGB und § 839 BGB i.V.m. Art. 34 GG)

286 Für den **Aufbau der „uneigentlichen ZVR-Klausuren"** kann auf die Ausführungen für den Klausuraufbau gewöhnlicher Angriffsmandate im Klageverfahren verwiesen werden.[323]

Für die **„eigentlichen ZVR-Klausuren"** bietet es sich hingegen an, aufgrund der prozessualen Besonderheiten der vollstreckungsrechtlichen Rechtsbehelfe das **prozessuale Gutachten vor dem materiell-rechtlichen Gutachten** zu prüfen. Demnach ist für die „eigentlichen ZVR-Klausuren" grundsätzlich der folgende **einschichtige Klausuraufbau** anzuraten.

Gliederung der Klausur bei Angriffsmandaten in der Zwangsvollstreckung (einschichtiger Aufbau):

I. Mandantenbegehren

II. Gutachten

1. Prozessuales Gutachten
2. Materiell-rechtliches Gutachten
3. Zweckmäßigkeitserwägungen

III. Praktischer Teil

---

322 Eine vollständige Zusammenstellung und Abgrenzung der einzelnen Rechtsbehelfe und Klausurtypen finden Sie im AS-Skript Vollstreckungsrecht in der Assessorklausur (2018), Rn. 8 ff., 189 ff.

323 Vgl. hierzu Rn. 24–26.

Der relationsmäßige **zweischichtige Klausuraufbau** eignet sich für die „eigentlichen ZVR-Klausuren" aufgrund der Besonderheiten der vollstreckungsrechtlichen Rechtsbehelfe nur bedingt, lässt sich jedoch ggf. nach dem folgenden Schema strukturieren. 287

Gliederung der Klausur bei Angriffsmandaten in der Zwangsvollstreckung (zweischichtiger Aufbau):

I. Mandantenbegehren

II. Gutachten

1. Prozessstation
2. Rechtsbehelfsführerstation[a]
3. Rechtsbehelfsgegnerstation[b]
4. Beweisstation
5. Zweckmäßigkeitsstation

III. Praktischer Teil

a) Im Einzelnen kann bei den vollstreckungsrechtlichen Klagen (z.B. § 767 ZPO, § 771 ZPO) von der „Klägerstation", bei den vollstreckungsrechtlichen Erinnerungen (z.B. § 732 ZPO, 766 ZPO) von der „Erinnerungsführerstation" und bei der sofortigen Beschwerde (§ 793 ZPO) von der „Beschwerdeführerstation" gesprochen werden.

b) Im Einzelnen kann bei den vollstreckungsrechtlichen Klagen (z.B. § 767 ZPO, § 771 ZPO) von der „Beklagtenstation", bei den vollstreckungsrechtlichen Erinnerungen (z.B. § 732 ZPO, 766 ZPO) von der „Erinnerungsgegnerstation" und bei der sofortigen Beschwerde (§ 793 ZPO) von der „Beschwerdegegnerstation" gesprochen werden.

Was das examensrelevante Wissen über das Zwangsvollstreckungsrecht anbelangt, kann im Rahmen dieses Skripts umfassend auf das **AS-Skript Vollstreckungsrecht in der Assessorklausur** verwiesen werden. Es sollen daher nachfolgend auch lediglich einige für die zivilrechtliche Anwaltsklausur aus dem Bereich der Zwangsvollstreckung besonders bedeutsame Erwägungen dargestellt werden. Konkret findet dabei eine inhaltliche Beschränkung auf die **drei statistisch häufigsten Klausurkonstellationen aus dem Bereich der Zwangsvollstreckung** statt. 288

Die drei wichtigsten Rechtsbehelfe aus dem Zwangsvollstreckungsrecht für das Assessorexamen

- die **Vollstreckungsabwehrklage,** § 767 ZPO
- die **Drittwiderspruchsklage,** § 771 ZPO
- die **Klage auf vorzugsweise Befriedigung,** § 805 ZPO

II. Die Vollstreckungsabwehrklage, § 767 ZPO

1. Mandantenbegehren

In der Klausurkonstellation der Vollstreckungsabwehrklage ist dem Mandanten daran gelegen, die **Zwangsvollstreckung aus einem gegen ihn lautenden Vollstreckungstitel für unzulässig** zu erklären. Danach ist Streitgegenstand der Klage aus § 767 ZPO die **Beseitigung der Vollstreckbarkeit des Vollstreckungstitels.**[324] Nicht mit der Vollstreckungsabwehrklage geltend gemacht werden kann dagegen die Unzulässigkeit lediglich einzelner Vollstreckungsmaßnahmen.[325] 289

324 Thomas/Putzo/Seiler § 767 Rn. 1, 3.

325 Thomas/Putzo/Seiler § 767 Rn. 1.

2. Prozessuales Gutachten

290 Bei der Prüfung vollstreckungsrechtlicher Rechtsbehelfe ist im Rahmen der Zulässigkeitsprüfung jedenfalls auf die **Statthaftigkeit des Rechtsbehelfs**, die **Zuständigkeit des Gerichts** und das **allgemeine Rechtsschutzbedürfnis** einzugehen.

a) Statthaftigkeit des Rechtsbehelfs

291 Die Vollstreckungsabwehrklage ist statthaft, wenn dem Vollstreckungsschuldner **gegen den festgestellten Anspruch materiell-rechtliche Einwendungen** zustehen. Im Rahmen der Statthaftigkeit ist ggf. eine **Abgrenzung der Vollstreckungsabwehrklage zu anderen Klagen und Rechtsbehelfen** vorzunehmen.

Beachte: Zur Abgrenzung der vollstreckungsrechtlichen Rechtsbehelfe können Sie auf die **Kommentierung von Thomas/Putzo** zurückgreifen.[326]

aa) Abgrenzung zur Vollstreckungserinnerung, § 766 Abs. 1 ZPO

292 Im Gegensatz zur Vollstreckungsabwehrklage ist die Erinnerung gegen die Art und Weise der Zwangsvollstreckung statthaft bei **Verfahrensfehlern im Rahmen der Zwangsvollstreckung** zur Geltendmachung der Unzulässigkeit einzelner Vollstreckungsmaßnahmen.

Beispiele: Die Gerichtsvollziehervollstreckung findet unter Verstoß gegen die allgemeinen Vollstreckungsvoraussetzungen (§ 750 ZPO), zur Unzeit (§ 758 a Abs. 4 ZPO), verfrüht (§ 798 ZPO) im falschen Umfang (§ 803 Abs. 1 S. 2, Abs. 2 ZPO) oder am falschen Ort (§§ 808, 809 ZPO) statt.

Beachte: Eine Kombination der Rechtsbehelfe aus § 766 ZPO und § 767 ZPO im Wege der **objektiven Klagehäufung** (§ 260 ZPO) **ist nicht denkbar**, da über die Erinnerung das **Vollstreckungsgericht** (vgl. § 764 ZPO) und über die Vollstreckungsabwehrklage das **Prozessgericht des ersten Rechtszuges** zu entscheiden hat.

bb) Abgrenzung zur Gestaltungsklage sui generis, § 767 Abs. 1 ZPO analog

293 Bei der Gestaltungsklage sui generis analog § 767 Abs. 1 ZPO wird die **Beseitigung der Vollstreckbarkeit eines Titels wegen eines Einwands gegen den Titel selbst** begehrt.[327] Im Gegensatz zur Vollstreckungsabwehrklage richtet sich die „Titelabwehrklage" analog § 767 Abs. 1 ZPO demnach nicht gegen den titulierten Anspruch, sondern gegen die Wirksamkeit des Vollstreckungstitels. Die Unwirksamkeit des Titels kann dabei auf **materiell-rechtliche** (z.B. §§ 134, 138, 307 ff. BGB) oder **formell-rechtliche Einwendungen** (z.B. Unbestimmtheit des Titels) gestützt werden.[328]

Beachte: Bei der materiell-rechtlichen Einwendung der Unbestimmtheit des Titels ist wiederum zu differenzieren: Die **Gestaltungsklage sui generis** findet lediglich Anwendung, sofern **der titulierte Anspruch nicht hinreichend bestimmt** ist. Sind hingegen der **Gläubiger und / oder der Schuldner zu unbestimmt bezeichnet**, so ist hiergegen mit der **Erinnerung gegen die Erteilung der Vollstreckungsklausel** (§ 732 ZPO) vorzugehen.

326 Vgl. etwa für die Vollstreckungsabwehrklage Thomas/Putzo/Seiler § 767 Rn. 4 ff..

327 Thomas/Putzo/Seiler § 767 Rn. 8a.

328 Thomas/Putzo/Seiler § 767 Rn. 8a.

Ihren Hauptanwendungsbereich hat die Gestaltungsklage sui generis bei Titeln, die nicht mit den Rechtsmitteln des 3. Buchs der ZPO (§§ 511 ff. ZPO) angreifbar sind. Hierzu zählen vor allem der **Prozessvergleich** (§ 794 Abs. 1 Nr. 1 ZPO), der **für vollstreckbar erklärte Anwaltsvergleich** (§ 794 Abs. 1 Nr. 4 b ZPO) und die **notarielle Unterwerfungserklärung** (§ 794 Abs. 1 Nr. 5 ZPO).

cc) Abgrenzung zur Abänderungsklage, § 323 ZPO

Die Klagen aus § 767 ZPO und § 323 ZPO schließen sich wechselseitig aus.[329] Im Ein- 294
zelfall ist daher zwingend eine Abgrenzung vorzunehmen. Während die Vollstreckungsabwehrklage der Beseitigung der Vollstreckbarkeit eines Titels dient, ist die **Abänderungsklage statthaft**, wenn bei einem Vollstreckungstitel über wiederkehrende Leistungen die **Veränderung der im Laufe der Zeit stets wandelbaren wirtschaftlichen Verhältnisse** geltend gemacht wird. Bei titulierten Ansprüchen auf wiederkehrende Leistungen ist dies typischerweise unter dem Gesichtspunkt des Wegfalls oder der Veränderung der Geschäftsgrundlage gemäß § 313 BGB von Bedeutung.[330]

Beispiel: Ein Unterhaltsberechtigter begehrt Abänderung der Höhe des monatlich zuerkannten Unterhalts, weil zugunsten des Unterhaltsschuldners eine große Erbschaft angefallen ist.

Merke: In dogmatischer Hinsicht sind die **Abänderungsklage bei einem Wegfall oder einer Veränderung des anspruchsbegründenden Tatbestands** und die **Vollstreckungsabwehrklage bei rechtsvernichtenden oder rechtshemmenden Einwendungen** statthaft.[331]

dd) Abgrenzung zur Berufung, §§ 511 ff. ZPO

Zur Abgrenzung der Vollstreckungsabwehrklage von der Berufung wird auf die obi- 295
gen Ausführungen im Rahmen des Angriffsmandats in der Berufungsinstanz verwiesen.[332]

b) Zuständigkeit des Gerichts

Zuständig für die Entscheidung über die Vollstreckungsabwehrklage ist das Prozess- 296
gericht des ersten Rechtszuges, § 767 Abs. 1 ZPO. Bei einigen der in § 794 ZPO genannten weiteren Vollstreckungstitel ergeben sich notgedrungen Abweichungen, weil die Vollstreckungstitel teilweise überhaupt nicht durch ein „Prozessgericht" geschaffen werden. Derlei Besonderheiten gelten vor allem bei einem Vorgehen gegen einen **Vollstreckungsbescheid** (vgl. §§ 794 Abs. 1 Nr. 4, 796 Abs. 3 ZPO) und gegen eine **notarielle Unterwerfungserklärung** (vgl. §§ 794 Abs. 1 Nr. 5, 797 Abs. 5 ZPO).

Beachte: Die im achten Buch der Zivilprozessordnung („Zwangsvollstreckung") angeordneten Gerichtsstände sind ausschließliche, § 802 ZPO.

c) Allgemeines Rechtsschutzbedürfnis

Das **allgemeine Rechtsschutzbedürfnis** tritt in zeitlicher Hinsicht ein, **sobald ein** 297
Vollstreckungstitel vorliegt, der zur Zwangsvollstreckung geeignet ist.[333] Dass bereits eine Vollstreckungsklausel erteilt (§ 725 ZPO) oder umgeschrieben (§ 727

329 BGH NJW 2005, 2313; Thomas/Putzo/Hüßtege § 323 Rn. 3.
330 Thomas/Putzo/Hüßtege § 323 Rn. 3.
331 Thomas/Putzo/Hüßtege § 323 Rn. 3.
332 Vgl. hierzu Rn. 253.
333 BGH NJW 1992, 2160; Thomas/Putzo/Seiler § 767 Rn. 14.

ZPO) oder eine Unterwerfungsklausel (§ 794 Abs. 1 Nr. 5 ZPO) erteilt worden ist, ist ebenso wenig erforderlich wie der Beginn einer konkreten Vollstreckungshandlung.[334] Das **Rechtsschutzbedürfnis entfällt, sobald die Zwangsvollstreckung als Ganzes beendet** ist, etwa wenn die vollstreckbare Ausfertigung dem Schuldner ausgehändigt wird und der Vollstreckungsgläubiger aus dem Titel vollständig befriedigt ist.[335]

Inhaltlich kann das allgemeine Rechtsschutzbedürfnis aufgrund bestehender **Möglichkeiten zur Einlegung anderer Rechtsbehelfe** fehlen.

- So kann der Vollstreckungsschuldner zwar zwischen einer Berufung und einer Vollstreckungsabwehrklage frei wählen. **Legt er jedoch wirksam Berufung gegen das erstinstanzliche Urteil ein**, entfällt das Rechtsschutzbedürfnis für die Erhebung einer Vollstreckungsabwehrklage.[336]
- Eine weitere Besonderheit ergibt sich, wenn **ein Versäumnisurteil oder ein Vollstreckungsbescheid noch mit dem Einspruch angreifbar** sind. In diesem Fall ist der Vollstreckungsschuldner gehalten, den Einspruch als vorrangigen Rechtsbehelf einzulegen anstatt aus § 767 ZPO zu klagen.[337]

3. Materiell-rechtliches Gutachten

298 Im Rahmen des materiell-rechtlichen Gutachtens ist wie gewohnt zu überprüfen, ob die Klage rechtfertigende Tatsachen **schlüssig für den Mandanten vorgetragen** werden können, der Gegner **Erhebliches auf das Mandantenvorbringen erwidern** kann und wie sich die **Beweissituation** darstellt. Es folgen Ausführungen zur Schlüssigkeit, da sich im Übrigen keine Besonderheiten gegenüber sonstigen Angriffsmandaten ergeben.

a) Sachbefugnis

299 Zu Beginn des materiell-rechtlichen Gutachtens ist – in aller Regel kurz – die Sachbefugnis darzustellen. Bei der Vollstreckungsabwehrklage liegen die **Aktivlegitimation beim Vollstreckungsschuldner** und die **Passivlegitimation beim Vollstreckungsgläubiger**.

> **Beachte:** Die Sachbefugnis liegt **in der Regel** – wegen der Möglichkeiten zur Erteilung einer Rechtsnachfolgeklausel gemäß §§ 727 ff. ZPO aber nicht zwingend – **beim Titelschuldner und Titelgläubiger**.

b) Materiell-rechtliche Einwendung gegen den titulierten Anspruch

300 Nachfolgend ist dann darzustellen, welche **materiell-rechtlichen Einwendungen** dem Vollstreckungsschuldner **gegen den titulierten Anspruch** zustehen. In Betracht kommen letztlich **alle rechtsvernichtenden Einwendungen und alle rechtshemmenden Einreden.**

> **Beachte:** Eine umfassende Kommentierung der in Betracht kommenden und nicht in Betracht kommenden Einwendungen finden Sie im **Thomas/Putzo.**[338] Hiermit sollten Sie in der Klausur in jedem Fall arbeiten!

334 Thomas/Putzo/Seiler § 767 Rn. 14.
335 Thomas/Putzo/Seiler § 767 Rn. 16.
336 Thomas/Putzo/Seiler § 767 Rn. 15.
337 Thomas/Putzo/Seiler § 767 Rn. 15.
338 Vgl. Thomas/Putzo/Seiler § 767 Rn. 20a und 20b.

Etwaige **rechtshindernde Einwendungen** haben Sie hingegen in der Regel nur kurz zu thematisieren, da sie notwendig auf Gründen beruhen, die vor dem Schluss der mündlichen Verhandlung entstanden sind, sodass der Vollstreckungsschuldner mit ihnen gemäß § 767 Abs. 2 ZPO präkludiert ist.

> **Beachte:** In Abhängigkeit von der Art des Vollstreckungstitels können ausnahmsweise jedoch auch rechtshindernde Einwendungen im Rahmen der Vollstreckungsabwehrklage Berücksichtigung finden, sofern **die Vorschrift des § 767 Abs. 2 ZPO nicht zur Anwendung** kommt.[339]

c) Keine Präklusion, § 767 Abs. 2 ZPO

aa) Allgemeines zur Präklusion der Einwendungen

Gemäß § 767 Abs. 2 ZPO ist dem Vollstreckungsschuldner im Rahmen der Vollstreckungsabwehrklage ein Berufen auf Einwendungen verwehrt, deren Geltendmachung bereits im Rahmen des Erkenntnisverfahrens möglich gewesen wäre. Die **Präklusion gemäß § 767 Abs. 2 ZPO** dient dabei dem **Schutz des Instituts der Rechtskraft**. Dies bedeutet zugleich, dass der Ausschluss von Einwendungen über § 767 Abs. 2 ZPO bei Titeln nicht eingreift, die der Rechtskraft entweder insgesamt nicht fähig sind oder zumindest hinsichtlich materiell-rechtlicher Einwendungen keine Rechtskraft entfalten können. 301

Bei welchen Vollstreckungstiteln gelangt § 767 Abs. 2 ZPO nicht zur Anwendung?

- Bei **notariellen Unterwerfungserklärungen** (§§ 794 Abs. 1 Nr. 5, 797 Abs. 4 ZPO)
- Bei **Prozess-, Anwalts- und Gütestellenvergleichen** (§§ 794 Abs. 1 Nr. 1 und Nr. 4 ZPO).[a]
- Bei – der Rechtskraft fähigen – **selbstständigen Kostenfestsetzungsbeschlüssen**, weil in dem Kostenfestsetzungsverfahren gemäß §§ 103 ff. ZPO keine Gelegenheit zur Geltendmachung von derlei Einwendungen besteht.

a) Thomas/Putzo/Seiler § 767 Rn. 25.

Maßgeblicher Zeitpunkt für die Prüfung der Präklusion gemäß § 767 Abs. 2 ZPO ist

- **bei Endurteilen der Schluss der mündlichen Verhandlung** (§ 296 a S. 1 ZPO) bzw. der **Tag der versäumten mündlichen Verhandlung** (§§ 251a, 331 a ZPO) oder der **Tag der Schriftsatzfrist** (§ 128 Abs. 2 S. 2 ZPO),
- bei **Versäumnisurteilen und Vollstreckungsbescheiden** wegen § 767 Abs. 2 Hs. 2 ZPO der **Zeitpunkt, in dem die Einwendungen nicht mehr durch Einspruch geltend gemacht werden können.** In aller Regel handelt es sich hierbei um den **Zeitpunkt des Ablaufs der Einspruchsfrist** (§ 339 ZPO). Eine Ausnahme kann sich bei einer möglichen Wiedereinsetzung in den vorigen Stand gemäß §§ 233 ff. ZPO ergeben.

bb) Sonderfall: Geltendmachung von Gestaltungsrechten

Ein besonders praxis- und examensrelevantes Problem stellt die **Geltendmachung von Gestaltungsrechten** (z.B. Anfechtung, Aufrechnung, Kündigung, Rücktritt, Min- 302

339 Vgl. hierzu Rn. 301.

derung) dar. Maßgeblicher Zeitpunkt für die Prüfung der Präklusion ist nicht etwa die Ausübung des Gestaltungsrechts (z.B. Aufrechnungserklärung), sondern bereits die **Entstehung der Gestaltungslage** (z.B. Aufrechnungslage) **und die Befugnis zu ihrer erstmaligen Geltendmachung**.[340]

Ob der Vollstreckungsschuldner während des Erkenntnisverfahrens bereits **Kenntnis von der Möglichkeit der Ausübung des Gestaltungsrechts** hatte oder nicht, ist dabei im Sinne der Rechtssicherheit **unerheblich**.[341] Der Vollstreckungsschuldner ist dabei allerdings **nicht gehalten**, eine zunächst nicht bestehende **Gestaltungslage herbeizuführen**.[342]

Beispiel: Der nach Vertragslage vorleistungspflichtige Verkäufer begehrt Kaufpreiszahlung von dem Käufer. Dieser beruft sich auf ein Zurückbehaltungsrecht aufgrund eines bestehenden Nacherfüllungsanspruchs in Bezug auf den vorab gelieferten Kaufgegenstand.

Der Käufer ist nicht gehalten, dem Verkäufer in erster Instanz eine Frist zur Nacherfüllung zu setzen und nach deren fruchtlosen Ablauf durch die Geltendmachung des Schadensersatzes statt der Leistung gemäß § 281 Abs. 4 ZPO einen der Kaufpreisforderung gleichartigen Schadensersatzanspruch in Geld und damit eine Aufrechnungslage zu schaffen. Entscheidet sich der Käufer hierzu also erst nach dem Schluss der mündlichen Verhandlung in erster Instanz, ist er in Betreff der Aufrechnung gleichwohl nicht gemäß § 767 Abs. 2 ZPO präkludiert.

cc) Sonderfall: Geltendmachung des Abtretungseinwands

303 Dass die **fehlende Kenntnis** des Vollstreckungsschuldners von der Einwendung während des Erkenntnisverfahrens für die Präklusion gemäß § 767 Abs. 2 ZPO **unerheblich** ist, gilt **selbst im Falle des Abtretungseinwands.**

Beispiel: Der Vollstreckungsschuldner erfährt erst nach Rechtskraft des Vollstreckungstitels, dass der gegen ihn obsiegende Kläger die Klageforderung vor dem Schluss der mündlichen Verhandlung an einen Dritten abgetreten hat.

Abtretungseinwand bei § 767 ZPO

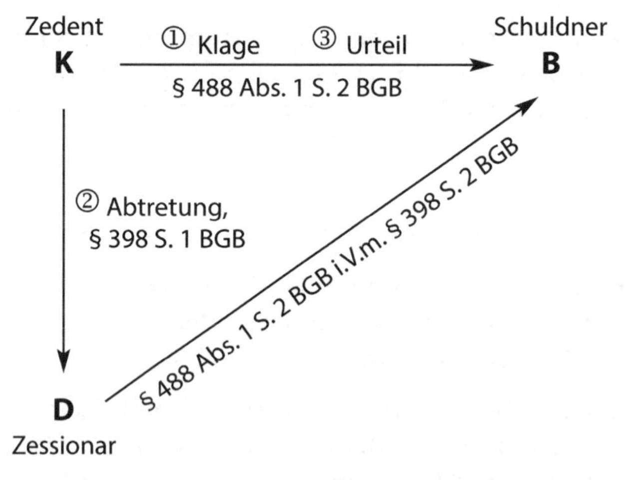

Da dem Vollstreckungsschuldner der Abtretungseinwand objektiv bereits während des Erkenntnisverfahrens möglich war, ist er mit der Einwendung im Rahmen der Vollstreckungsabwehrklage gemäß § 767 Abs. 2 ZPO präkludiert. Dies schafft für den Vollstreckungsschuldner die **Gefahr einer doppelten Inanspruchnahme**: Einerseits verfügt der Zedent über einen rechtskräftigen Vollstreckungstitel samt Vollstreckungsklausel, sodass der Vollstreckungsschuldner zur Abwendung der Zwangsvollstreckung Zahlung an den Zedenten leisten sollte. Andererseits hätte eine Zahlung an den Zedenten wegen zwischenzeitlich eingetretener Kenntnis der Abtretung mit Rücksicht auf

340 Thomas/Putzo/Seiler ZPO § 767 Rn. 22a.
341 OLG Saarbrücken NJW 2004, 2263; Thomas/Putzo/Seiler § 767 Rn. 22a.
342 BGH RÜ 2005, 519; Thomas/Putzo/Seiler § 767 Rn. 22a.

§ 407 BGB ggf. keine schuldbefreiende Wirkung gegenüber dem Zessionar. **Zweckmäßig ist in diesen Fällen eine Hinterlegung unter Ausschluss der Rückforderung** und erforderlichenfalls eine **Vollstreckungsabwehrklage gegen den Zedenten** gestützt auf die Einwendung des Erfüllungssurrogats der Hinterlegung (§ 378 S.1 BGB).

dd) Sonderfall: Gestaltungsklage sui generis, § 767 Abs. 1 ZPO analog

Die Präklusionsregelung des § 767 Abs. 2 ZPO findet auf die **Gestaltungsklage sui generis analog § 767 Abs. 1 ZPO** keine analoge Anwendung.[343] Denn die Einwendungen richten sich hier gegen den Vollstreckungstitel selbst und nicht gegen den durch die Rechtskraft geschützten titulierten Anspruch. 304

4. Zweckmäßigkeitserwägungen

In Betreff der Zweckmäßigkeitserwägungen kann zunächst grundlegend auf die allgemeinen im Rahmen des Angriffsmandates im Klageverfahren dargelegten Erwägungen verwiesen werden. Daneben besteht häufig Anlass dazu, auf die folgenden **vollstreckungsspezifischen Erwägungen** einzugehen. 305

a) Keine Sondervollmacht für die Zwangsvollstreckung

Zunächst ist zu berücksichtigen, dass sich eine für das ursprüngliche Erkenntnisverfahren erteilte **Prozessvollmacht auch auf die im Anschluss stattfindende Zwangsvollstreckung** erstreckt (vgl. § 81 ZPO). Die Erteilung einer gesonderten Prozessvollmacht ist daher grundsätzlich nur im Falle eines Anwaltswechsels vonnöten. 306

Dies bedeutet für den **Entwurf der Klageschrift**, dass auch der **Rechtsanwalt der Gegenseite** aus dem ursprünglichen Erkenntnisverfahren als Prozessbevollmächtigter für den Rechtsstreit über die vollstreckungsrechtliche Klage anzugeben ist.

b) Objektive Klagehäufung, § 260 ZPO

Vielfach wird es prozesstaktisch ratsam sein, den Klageantrag gemäß § 767 ZPO im Wege der objektiven Klagehäufung (§ 260 ZPO) **mit weiteren Anträgen zu verbinden**. 307

aa) Klage auf Herausgabe des Titels, § 371 BGB analog

Durch eine erfolgreiche Vollstreckungsabwehrklage wird lediglich die Vollstreckbarkeit eines Titels beseitigt. Der Vollstreckungsschuldner kann in der Folge durch Vorlage des der Klage aus § 767 ZPO stattgebenden Urteils die Einstellung der Zwangsvollstreckung erwirken (§ 775 Nr. 1 ZPO). Dem Vollstreckungsgläubiger bleibt es dabei faktisch jedoch unbenommen, aus der vollstreckbaren Ausfertigung des Titels die Zwangsvollstreckung gegen den Mandanten zu betreiben und ihm hierdurch Unannehmlichkeiten zu bereiten. Um dies zu verhindern ist es – **wenn die Klage aus § 767 ZPO auf die vollständige** (und nicht lediglich die teilweise!) **Beseitigung der Vollstreckbarkeit des Titels gerichtet wird – zweckmäßig**, die Klage aus § 767 ZPO mit einer Leistungsklage auf Herausgabe der vollstreckbaren Ausfertigung zu verbinden. 308

Materiell-rechtliche **Anspruchsgrundlage** für den Herausgabeanspruch ist dabei **§ 371 BGB analog**. Die hierauf gestützte Herausgabeklage ist zulässig und begründet, wenn der titulierte Anspruch gemäß § 767 ZPO vollständig erloschen, respektive der Titel analog § 767 Abs. 1 ZPO insgesamt unwirksam ist.[344]

343 Thomas/Putzo/Hüßtege § 767 Rn. 8a.

344 Thomas/Putzo/Seiler § 767 Rn. 6.

Beachte: Da der Erfolg der Herausgabeklage vom Erfolg der Vollstreckungsabwehrklage abhängt, ist es unter Kostengesichtspunkten stets **zweckmäßig, den Herausgabeantrag als unechten Hilfsantrag** zu stellen.[345]

bb) Klage auf Herausgabe des zu Unrecht ausgekehrten Versteigerungserlöses

309 Die Vollstreckungsabwehrklage kann auch mit anderweitigen materiell-rechtlichen Ansprüchen verbunden werden. Veranlassung hierzu besteht insbesondere in der **Konstellation der „verlängerten Vollstreckungsabwehrklage"**, deren Gegenstand die Rückforderung des zu viel (oder unfreiwillig) an den Vollstreckungsgläubiger Geleisteten ist. Die materiell-rechtliche Anspruchsgrundlage für die Rückforderung kann dabei variieren:

Anspruchsgrundlagen bei der „verlängerten Vollstreckungsabwehrklage"[a]

- Tritt eine Überzahlung der titulierten Forderung durch Verwertung eines Vollstreckungsgegenstandes ein, ergibt sich der Rückforderungsanspruch des Schuldners aus der **allgemeinen Nichtleistungskondiktion (§ 812 Abs. 1 S. 1 Alt. 2 BGB)**, da die Zuwendung an den Gläubiger dann hoheitlich erfolgt und somit keine Leistung darstellt.
- Wird die Forderung durch den Schuldner selbst überzahlt, liegt hingegen eine Leistung vor, die über die **condictio indebiti (§ 812 Abs. 1 S. 1 Alt. 1 BGB)** zurückgefordert werden kann.
- Wird die Forderung zwar nicht überzahlt, jedoch trotz Verjährungseintritts ausgeglichen, kann die **Rückforderung auf § 813 Abs. 1 S. 1 BGB gestützt** werden, wenn die Zahlung zur Abwendung der Zwangsvollstreckung geschehen ist. §§ 813 Abs. 1 S. 2, 214 Abs. 2 BGB finden dann keine Anwendung, da die Zahlung zur Abwendung der Zwangsvollstreckung nicht freiwillig erfolgt.[b]

a) Lesen Sie zur verlängerten Vollstreckungsabwehrklage im AS-Skript Vollstreckungsrecht in der Assessorklausur (2018), Rn. 367–370.

b) BGH RÜ 2013, 697.

cc) Klage auf Unterlassen der Zwangsvollstreckung, § 826 BGB

310 Die Vollstreckungsabwehrklage kann ferner mit einer Klage aus § 826 BGB auf Unterlassen der Zwangsvollstreckung verbunden werden. Voraussetzung für den Erfolg des Leistungsantrags ist eine **vorsätzliche und sittenwidrige Erschleichung und / oder Ausnutzung eines Titels.** Allerdings sind in Fällen einer für die Titulierung ursächlich gewordenen **nachlässigen Prozessführung durch den Vollstreckungsschuldner** sowohl die Vollstreckungsabwehrklage als auch die Klage aus § 826 BGB unbegründet.[346]

Beachte: Ein kombiniertes Vorgehen ist dann **zweckmäßig**, wenn eine (für § 826 BGB) unbeachtliche Präklusion materiell-rechtlicher Einwendungen gemäß § 767 Abs. 2 ZPO droht. Es ist dann im Wege einer **eventuellen Klagehäufung** zu verfahren, indem die **Vollstreckungsabwehrklage als Hauptantrag** und die **Leistungsklage aus § 826 BGB als echter Hilfsantrag** geltend gemacht wird.

345 Vgl. das Formulierungsbeispiel bei Rn. 275.

346 BGH RÜ 2012, 93; Thomas/Putzo/Seiler § 767 Rn. 8b.

dd) Gestaltungsklage sui generis, § 767 Abs. 1 ZPO analog

Auch die Gestaltungsklage sui generis ist mit der Vollstreckungsabwehrklage im Wege objektiver Klagehäufung kombinierbar.[347] 311

> **Beachte:** Besteht die Einwendung gegen den titulierten Anspruch in einer trotz § 767 Abs. 2 ZPO möglichen **Aufrechnung mit einer Gegenforderung**, ist es **zweckmäßig**, im Wege der eventuellen Klagehäufung zu verfahren. Die **Gestaltungsklage sui generis ist dann** (aus sonstigen Gründen) **als Hauptantrag** und die **Vollstreckungsabwehrklage** (wegen der Aufrechnung) **als Hilfsantrag** geltend zu machen. Hierdurch wird eine unnötige „Opferung" der Gegenforderung des Mandanten vermieden.

ee) Feststellungsklage, § 256 Abs. 1 ZPO

Die Vollstreckungsabwehrklage kann weiter auch mit einer Feststellungsklage gemäß § 256 Abs. 1 ZPO kombiniert werden.[348] Feststellungsfähig sind beispielsweise die **Reichweite des Titels** oder das **Nichtbestehen eines vollstreckungsfähigen Inhalts oder Anspruchs**. 312

Durch die Möglichkeit zur Erhebung einer Feststellungsklage darf allerdings die Präklusionsregelung des § 767 Abs. 2 ZPO nicht ausgehöhlt werden. Eine Abweisung der Vollstreckungsabwehrklage als **unbegründet wegen § 767 Abs. 2 ZPO** führt daher bereits zur **Unzulässigkeit der Feststellungsklage**.[349]

> **Beachte:** Bei bestehender Vorgreiflichkeit kann es zudem zweckmäßig sein, die Klage aus § 767 Abs. 1 ZPO im Wege objektiver Klagehäufung mit einer Zwischenfeststellungsklage gemäß § 256 Abs. 2 ZPO zu verbinden.

c) Einstweilige Einstellung der Zwangsvollstreckung, § 769 ZPO

Erweist sich die Erhebung einer Vollstreckungsabwehrklage als zweckmäßig, existiert in jedem Fall bereits ein Vollstreckungstitel, aus dem der Gegner die Zwangsvollstreckung gegen den Mandanten betreiben kann. Die Klageerhebung aus § 767 ZPO allein wirkt sich auf die (vorläufige) Vollstreckbarkeit des Vollstreckungstitels dabei nicht aus. Um den Mandanten vor Nachteilen infolge einer Zwangsvollstreckung vor einer Entscheidung über die Klage aus § 767 ZPO zu bewahren, ist daher stets daran zu denken, die Vollstreckungsabwehrklage mit einem **Antrag auf einstweilige Einstellung der Zwangsvollstreckung gemäß § 769 ZPO** zu verbinden. Der Antrag erfordert eine **Glaubhaftmachung der den Antrag begründenden Tatsachen** (§§ 769 Abs. 1 S. 3, 294 ZPO). Vor allem Zahlungsbelege und eidesstattliche Versicherungen des Mandanten zum Nachweis des Erfüllungseinwandes kommen dabei als Mittel der Glaubhaftmachung in Betracht. 313

5. Praktischer Teil

Im Falle einer Vollstreckungsabwehrklage gemäß § 767 ZPO ist im Punkte der Antragstellung in der Regel an die folgenden **vier Anträge** zu denken: 314

347 Vgl. zur Gestaltungsklage sui generis Rn. 293.

348 Thomas/Putzo/Seiler § 767 Rn. 8.

349 BGH RÜ 2009, 294.

Formulierungsbeispiel: Klageanträge bei Vollstreckungsabwehrklage

Namens und in Vollmacht des Klägers werde ich beantragen,

1. die Zwangsvollstreckung aus dem Urteil des … vom … zu dem Aktenzeichen … für unzulässig zu erklären.

Hilfsweise werde ich beantragen,

2. die Beklagte zu verurteilen, die vollstreckbare Ausfertigung des Urteils des … vom … zu dem Aktenzeichen … an den Kläger herauszugeben.

Bereits jetzt beantrage ich,

3. die Zwangsvollstreckung aus dem Urteil … des … zu dem Aktenzeichen … einstweilen ohne Sicherheitsleistung, hilfsweise gegen Sicherheitsleistung einzustellen.

In verfahrensrechtlicher Hinsicht beantrage ich für den Fall des Vorliegens der gesetzlichen Voraussetzungen,

4. den Erlass eines Versäumnisurteils im schriftlichen Vorverfahren gegen den Beklagten gemäß §§ 331 Abs. 3, 276 Abs. 1 S. 1, Abs. 2 ZPO.

Beachte: Der Klageantrag der Gestaltungsklage sui generis analog § 767 Abs. 1 ZPO unterscheidet sich nicht von dem Klageantrag der Vollstreckungsabwehrklage. Die Unterscheidung findet allein in der Begründung der Klageschrift statt.

315 Richten sich die Einwendungen lediglich gegen einen Teil des titulierten Anspruchs, kann der Hauptantrag wie folgt formuliert werden:

Formulierungsbeispiel: Klageantrag bei Vollstreckungsabwehrklage nur gegen einen Teil der titulierten Forderung

Namens und in Vollmacht des Klägers werde ich beantragen,

1. die Zwangsvollstreckung aus dem Urteil des … vom … zu dem Aktenzeichen … wegen eines Betrags in Höhe von … für unzulässig zu erklären.

2. […]

III. Die Drittwiderspruchsklage, § 771 ZPO

1. Mandantenbegehren

316 In der Klausurkonstellation der Drittwiderspruchsklage ist dem Mandanten daran gelegen, die **Zwangsvollstreckung eines Vollstreckungsgläubigers insoweit zu verhindern**, als in Gegenstände vollstreckt wird, die nicht zum Vermögen des Vollstreckungsschuldners, sondern zum **Vermögen des vom Vollstreckungsschuldner personenverschiedenen Mandanten** gehören.

2. Prozessuales Gutachten

a) Statthaftigkeit des Rechtsbehelfs

317 Die Drittwiderspruchsklage ist **statthaft**, wenn einem Dritten als Kläger gegen den Vollstreckungsgläubiger als Beklagten hinsichtlich der Zwangsvollstreckung in einen

konkreten Gegenstand **ein die Veräußerung hinderndes Recht („Interventionsrecht")** zusteht. Bei der Prüfung der Statthaftigkeit ist die Klage aus § 771 ZPO von anderen Rechtsbehelfen abzugrenzen.

aa) Abgrenzung zur Vollstreckungserinnerung, § 766 Abs. 1 ZPO

Sind **formelle Einwendungen** gegen die Art und Weise der Zwangsvollstreckung zu erheben, kann die Zulässigkeit einzelner Vollstreckungsmaßnahmen über die **Vollstreckungserinnerung** gemäß § 766 Abs. 1 ZPO gerügt werden. Das Erfordernis zur Abgrenzung der Vollstreckungserinnerung von der Drittwiderspruchsklage ergibt sich aus dem Grunde, weil auch eine Vollstreckungserinnerung von einem Dritten eingelegt werden kann. Eine Erinnerungsbefugnis besteht dann allerdings nur bei einer **möglichen Verletzung drittschützender Normen** (z.B. § 809 ZPO). 318

bb) Abgrenzung zur Klage auf vorzugsweise Befriedigung, § 805 ZPO

Daneben kann eine Abgrenzung zur **Klage auf vorzugsweise Befriedigung** gemäß § 805 ZPO vonnöten sein.[350] Während die Klage aus § 771 ZPO darauf gerichtet ist, die Zwangsvollstreckung in einen konkreten Gegenstand zu unterbinden, ist die Klage aus § 805 ZPO darauf gerichtet, dass die Zwangsvollstreckung in einen konkreten Gegenstand zwar fortgesetzt wird, der klagende Dritte jedoch vorrangig aus dem Erlös befriedigt zu werden begehrt. 319

Als Standardklausurthematik sollte Ihnen vor allem bekannt sein, ob etwaiges **Sicherungseigentum des Mandanten** im Rahmen der Zwangsvollstreckung als **Interventionsrecht über § 771 ZPO** oder **ähnlich einem Pfand- und Vorzugsrecht analog § 805 ZPO** geschützt werden kann. Der Bundesgerichtshof betont ein einheitliches materiell-rechtliches Verständnis des Eigentums, wonach zum Schutz des Sicherungseigentums wie bei anderem Eigentum auch die **Klage aus § 771 ZPO einschlägig** ist („Es existiert kein Eigentum zweiter Klasse!"). Dem steht auch die gesetzliche Gleichstellung des Sicherungseigentums und der Pfandrechte in der Insolvenz eines Schuldners (§ 51 Nr. 1 InsO) nicht entgegen, da die Vorschrift dem Zusammenhalt von Unternehmenswerten und mithin rein insolvenzrechtlichen Zwecken dient.

b) Zuständigkeit des Gerichts

Örtlich ausschließlich zuständig ist gemäß §§ 771 Abs. 1, 802 ZPO das Gericht, in dessen Bezirk die Zwangsvollstreckung erfolgt. In **sachlicher Hinsicht** gelten hingegen die allgemeinen Zuständigkeitsregelungen. Dabei ist § 6 ZPO zu beachten, wonach für die Zuständigkeit der Wert der titulierten Forderung oder des gepfändeten Gegenstandes maßgebend ist, wobei stets der geringere Wert maßgebend ist.[351] 320

c) Allgemeines Rechtsschutzbedürfnis

Das **allgemeine Rechtsschutzbedürfnis** besteht in zeitlicher Hinsicht in der Regel in dem **Zeitraum von Beginn bis zur Beendigung der Zwangsvollstreckung.**[352] Der Ansatz für Beginn und Beendigung der Zwangsvollstreckung kann in Abhängigkeit von der konkreten Vollstreckungshandlung variieren.[353] 321

---

350 Vgl. Rn. 338–352.

351 Thomas/Putzo/Seiler § 771 Rn. 8 und 25.

352 Thomas/Putzo/Seiler § 771 Rn. 10 und 11.

353 Thomas/Putzo/Seiler Vorbem. § 704 Rn. 28 und 29.

Beachte: Nach Beendigung der Zwangsvollstreckung kann für den Mandanten eine Leistungsklage gegen den Vollstreckungsgläubiger aus § 812 Abs. 1 S. 2 Alt. 2 BGB auf Herausgabe des Versteigerungserlöses erhoben werden **(„Verlängerte Drittwiderspruchsklage")**.[354]

3. Materiell-rechtliches Gutachten

322 Das materiell-rechtliche Gutachten hat wie auch bei anderen Klausurtypen **Erwägungen zur Schlüssigkeit, zur Erheblichkeit und zur Beweissituation** zu enthalten. In Ermangelung anderweitiger Besonderheiten beschränken sich die nachfolgenden Ausführungen auf die **Prüfung der Schlüssigkeit**.

a) Sachbefugnis

323 Die **Aktivlegitimation** besteht bei der Klage aus § 771 ZPO für den Dritten, der sich auf ein eigenes Interventionsrecht berufen kann. Als **Dritter** gilt dabei jeder, der nicht Partei des Vollstreckungsverfahrens – also nicht Vollstreckungsgläubiger oder Vollstreckungsschuldner – ist.[355] Der Vollstreckungsgläubiger kann niemals, der Vollstreckungsschuldner in Ausnahmefällen aktivlegitimiert sein, wenn er nur mit bestimmten Vermögensmassen haftet (z.B. der mit der Insolvenzmasse haftende Insolvenzverwalter als Partei kraft Amtes).[356]

Passivlegitimiert ist der Vollstreckungsgläubiger.

b) Bestehen eines Interventionsrechts

324 Den materiell-rechtlichen Prüfungsschwerpunkt bildet in der Konstellation der Drittwiderspruchsklage häufig die **Prüfung eines dem Mandanten zustehenden Interventionsrechts**. Ein solches Recht liegt vor, wenn sich eine hypothetische Verfügung des Vollstreckungsschuldners über den Vollstreckungsgegenstand aufgrund der Rechtsstellung des Dritten als rechtswidrig darstellen würde.

Examensrelevante Beispiele eines Interventionsrechts i.S.d.§ 771 ZPO

- **Eigentum** an der gepfändeten Sache (auch auflösend bedingtes Eigentum, Miteigentum, Vorbehaltseigentum oder Sicherungseigentum)[a]
- **Anwartschaftsrecht** an der gepfändeten Sache[b]
- **Jede Inhaberschaft eines gepfändeten Gegenstandes** (insbesondere bezüglich Forderung, Hypothek, Grundschuld, Gesamthandanteil)[c]
- **Beschränkte dingliche Rechte** eines Dritten am gepfändeten Gegenstand (z.B. Hypothek und Grundschuld lastend auf dem Grundstück des Vollstreckungsschuldners bei der Pfändung von Grundstückszubehör durch den Vollstreckungsgläubiger)[d]
- **Schuldrechtliche Herausgabeansprüche** bei vorübergehender Besitzverschaffung (z.B. §§ 546 Abs. 1, 604 Abs. 1, 695 S.1 BGB)[e]

a) Thomas/Putzo/Seiler § 771 Rn. 15.
b) BGH NJW 1971, 799; Thomas/Putzo/Seiler § 771 Rn. 15.
c) Thomas/Putzo/Seiler § 771 Rn. 16.
d) Thomas/Putzo/Seiler § 771 Rn. 17.
e) Thomas/Putzo/Seiler § 771 Rn. 18.

354 Lesen Sie zur verlängerten Drittwiderspruchsklage im AS-Skript Vollstreckungsrecht in der Assessorklausur (2018), Rn. 357–364.
355 Thomas/Putzo/Seiler Vorbem. § 704 Rn. 12.
356 Thomas/Putzo/Seiler § 771 Rn. 14.

> **Beachte:** Arbeiten Sie bei der Prüfung des Interventionsrechts unbedingt mit der **Kommentierung von Thomas/Putzo.**[357] Hier finden Sie außer den vorstehend genannten noch weitere Interventionsrechte.

c) Keine Einrede des Vollstreckungsgläubigers gemäß § 242 BGB

Die Drittwiderspruchsklage dient dem **Schutz des Interventionsrechts des Dritten.** **325** Allerdings ist der Dritte mit seinem Interventionsrecht nach Treu und Glauben ausgeschlossen, wenn der **Vollstreckungsgläubiger eigene vorrangige Rechte am gepfändeten Gegenstand** hat oder sich der Erfolg der Drittwiderspruchsklage als bloße Formalie darstellen würde, da der **Vollstreckungsgläubiger ohnehin auf anderem Wege auf den Vollstreckungsgegenstand zugreifen** kann. Hierzu sollten Ihnen die folgenden Fallgruppen[358] bekannt sein:

aa) Rangbesseres Recht des Gläubigers an dem gepfändeten Gegenstand

Beispiel: Bevor die gepfändete bewegliche Sache von dem Vollstreckungsschuldner an den klagenden Mandanten gemäß §§ 929 S.1, 930 BGB zur Sicherung einer Forderung übereignet wurde, war an der Sache zugunsten des Vollstreckungsgläubigers ein Vermieterpfandrecht gemäß § 562 BGB entstanden. Der Vollstreckungsgläubiger kann sein Vermieterpfandrecht – vorbehaltlich eines nachträglichen Erlöschens – dem aus § 771 ZPO klagenden Dritten gemäß § 242 BGB entgegenhalten. **326**

> **Beachte:** Der Rang eines Pfandrechts richtet sich nach der zeitlichen Reihenfolge, in der die miteinander konkurrierenden Rechte am jeweiligen Gegenstand entstehen (sog. **„Prioritätsprinzip"**).[359]

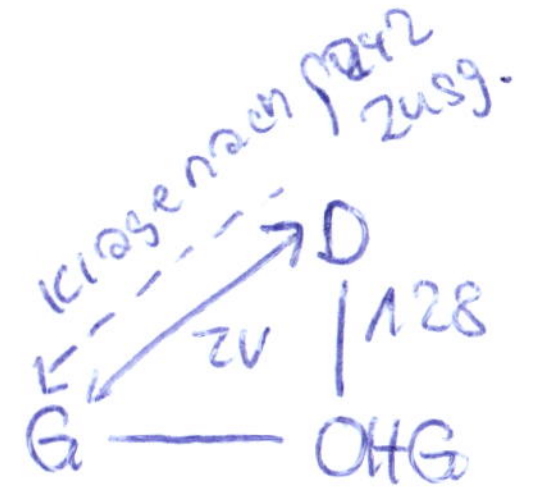

bb) Mithaftung des klagenden Dritten für die titulierte Forderung

Beispiel: Der Gläubiger einer OHG betreibt die Zwangsvollstreckung in einen im Privateigentum eines Dritten stehenden Gegenstand. Ist der Dritte zugleich Gesellschafter der OHG, haftet er für deren Verbindlichkeiten gemäß § 128 HGB jedoch ohnehin persönlich und unbeschränkt mit seinem Privatvermögen. Der klagende Dritte ist daher mit seinem Interventionsrecht gemäß § 242 BGB ausgeschlossen, da es sich als reine Formalie darstellt, ob der Vollstreckungsgläubiger aus einem Vollstreckungstitel gegen die OHG oder gegen den Dritten auf den Vollstreckungsgegenstand zugreift. **327**

cc) Duldungspflicht des Dritten bezüglich der Zwangsvollstreckung

Beispiel: Der Dritte hat das Eigentum an der gepfändeten Sache durch eine gemäß §§ 3 ff. AnfG anfechtbare Rechtshandlung erworben. Da der Vollstreckungsgläubiger den Rechtserwerb des Dritten ohnehin über eine selbstständige Klage (oder eine Widerklage) unwirksam werden lassen kann, genügt gemäß § 242 BGB auch die einredeweise Geltendmachung des Anfechtungsrechts (vgl. § 9 AnfG), wenn der Dritte gegen den Vollstreckungsgläubiger Drittwiderspruchsklage erhebt.[360] **328**

dd) Schuldrechtliche Übertragungspflicht des Dritten gegenüber Schuldner

Beispiel: Der Vollstreckungsschuldner hat sich von dem Dritten ein Gelddarlehen gewähren lassen und zu dessen Sicherung gemäß §§ 929 S.1, 930 BGB das Eigentum an der später gepfändeten beweglichen Sache an den Dritten übertragen. Der Dritte kann sich nicht auf sein Sicherungseigentum als Interventionsrecht berufen, sofern das Darlehen vonseiten des Vollstreckungsschuldners **329**

---

357 Thomas/Putzo/Seiler § 771 Rn. 15 ff.

358 Thomas/Putzo/Seiler § 771 Rn. 14a.

359 Vgl. zum Prioritätsgrundsatz unten Rn. 345–346 (§ 805 ZPO).

360 Lesen Sie zum Umgang mit dem Anfechtungsgesetz im AS-Skript Vollstreckungsrecht im Assessorexamen (2018), Rn. 148–188.

(oder des Vollstreckungsgläubigers, § 267 Abs. 1 BGB!) bereits zurückgezahlt wurde und er daher aus dem Sicherungsvertrag ohnehin zur Rückübertragung des Eigentums an den Vollstreckungsschuldner verpflichtet ist.

4. Zweckmäßigkeitserwägungen

330 Auch bei der Drittwiderspruchsklage ist zuvorderst auf die **allgemeinen Zweckmäßigkeitserwägungen des Angriffsmandates im Klageverfahren** zu verweisen. Speziell für die Drittwiderspruchsklage verdienen darüber hinaus jedoch die folgenden Aspekte Beachtung.

a) Objektive Klagehäufung, § 260 ZPO

331 Wie bereits bei der Vollstreckungsabwehrklage kann es sich auch bei der Drittwiderspruchsklage als zweckmäßig erweisen, die Klage im Wege objektiver Klagehäufung gemäß § 260 ZPO **mit anderen Klagen zu verbinden**.

aa) Weitere Klage gegen den Vollstreckungsgläubiger

332 Nach Beendigung der Zwangsvollstreckung kann es zweckmäßig sein, für den Mandanten eine Leistungsklage gegen den Vollstreckungsgläubiger aus § 812 Abs. 1 S. 2 Alt. 2 BGB auf Herausgabe des Versteigerungserlöses zu erheben **(„Verlängerte Drittwiderspruchsklage")**.[361]

Sofern nach der Aufgabenstellung **unklar ist, ob die Zwangsvollstreckung bereits beendet** wurde oder nicht, kommt eine eventuelle objektive Klagehäufung – Erhebung einer **Drittwiderspruchsklage mit dem Hauptantrag** und einer **verlängerten Drittwiderspruchsklage mit dem Hilfsantrag** – in Betracht.

Die verlängerte Drittwiderspruchsklage ist dabei auf **Leistung des Nettoreinerlöses**, d.h. den Versteigerungserlös unter Abzug der Verfahrenskosten, zu richten. Da in der vorerwähnten Konstellation der eventuellen objektiven Klagehäufung die Höhe des Versteigerungserlöses nicht bekannt sein wird, ist an die **Erhebung der verlängerten Drittwiderspruchsklage im Wege einer Stufenklage** (§ 254 ZPO) zu denken.

> **Beachte:** Kostennachteile ergeben sich durch die eventuelle objektive Klagehäufung trotz etwaiger Teilabweisung bezüglich der mit dem Hauptantrag verfolgten Drittwiderspruchsklage nicht, da Haupt- und Hilfsantrag **denselben Gegenstand i.S.d. § 45 Abs. 1 S. 3 GKG** betreffen und eine Zusammenrechnung der Ansprüche bei der Streitwertfestsetzung mithin unterbleibt.

Es kann der Einfachheit halber auch von einer objektiven Klagehäufung abgesehen und stattdessen lediglich eine Drittwiderspruchsklage erhoben werden. In der Zweckmäßigkeit ist dann zumindest aber darauf hinzuweisen, dass die **Drittwiderspruchsklage gemäß § 264 Nr. 3 ZPO auf eine verlängerte Drittwiderspruchsklage umzustellen**[362] ist, sofern sich die Beendigung der Zwangsvollstreckung noch im laufenden Rechtsstreit herausstellt.

---

361 Vgl. bereits oben Rn. 321.

362 Vgl. Thomas/Putzo/Seiler § 771 Rn. 11.

Beachte: Solange die Zwangsvollstreckung andauert, sind Klagen des Dritten gegen den Vollstreckungsgläubiger aus dem materiellen Recht auf Herausgabe des Vollstreckungsgegenstandes oder Unterlassen der Zwangsvollstreckung hingegen unzulässig.[363] Die **Drittwiderspruchsklage** entfaltet in ihrem Anwendungsbereich insoweit **Sperrwirkung gegenüber konkurrierenden materiell-rechtlichen Leistungsklagen**.

bb) Weitere Klage gegen den Vollstreckungsschuldner

Die vorerwähnte **Sperrwirkung der Drittwiderspruchsklage** gegenüber Klagen aus dem materiellen Recht gilt **nicht für Leistungsklagen gegen den Vollstreckungsschuldner**.[364] **333**

Es ist daher zu erwägen, die Klage aus § 771 ZPO mit einer **Klage gegen den Vollstreckungsschuldner auf Herausgabe des Vollstreckungsgegenstands** zu verbinden. **Prozesstaktisch ratsam** ist dies freilich nur dann, wenn zum einen die **Voraussetzungen des § 260 ZPO** – insbesondere die Zuständigkeit des anzurufenden Gerichts für beide Klagen – gegeben sind und zum anderen die **materiell-rechtlichen Voraussetzungen des verfolgten Herausgabeanspruchs** (z.B. §§ 546 Abs. 1, 985 BGB) vorliegen.

Beachte: Im Falle einer verbundenen Klage gegen Gläubiger und Schuldner sind diese gemäß § 60 ZPO als **einfache Streitgenossen** anzusehen (§ 771 Abs. 2 ZPO).[365] Es entsteht dadurch neben der objektiven zugleich auch **eine subjektive Klagehäufung.**

b) Einstweilige Einstellung der Zwangsvollstreckung, § 771 Abs. 3 ZPO

Die Erhebung der Drittwiderspruchsklage hindert für sich genommen nicht den (weiteren) Gang der Zwangsvollstreckung. Dies bringt die **Gefahr einer unumkehrbaren Verwertung des Vollstreckungsgegenstandes während des laufenden Rechtsstreits** mit sich. Unter dem Gesichtspunkt der **Zweckmäßigkeit** ist daher auch im Falle der Drittwiderspruchsklage bereits bei Klageerhebung daran zu denken, die Klage aus § 771 ZPO mit einem **Antrag auf einstweilige Einstellung der Zwangsvollstreckung gemäß § 771 Abs. 3 ZPO** zu kombinieren. Es wird insoweit auf die Ausführungen zu §§ 769, 770 ZPO bei der Vollstreckungsabwehrklage verwiesen.[366] **334**

Beispiel: Eine durch den Gerichtsvollzieher gepfändete Sache des aus § 771 ZPO klagenden Dritten wird versteigert und der Versteigerungserlös an den Vollstreckungsgläubiger ausgekehrt, bevor über die während der laufenden Zwangsvollstreckung rechtshängig gewordene Klage aus § 771 ZPO entschieden wird.

Die Drittwiderspruchsklage ist durch Beendigung der Zwangsvollstreckung **nachträglich unzulässig** geworden und nunmehr entweder im Wege der privilegierten Klageänderung (§ 264 Nr. 3 ZPO) umzustellen auf eine **verlängerte Drittwiderspruchsklage** oder **für erledigt zu erklären**. Beide Reaktionsmöglichkeiten vermögen indessen nicht zu verhindern, dass der Mandant das Eigentum an dem Vollstreckungsgegenstand verliert.

---

363 BGH NJW 1989, 2542; Thomas/Putzo/Seiler § 771 Rn. 4.

364 Thomas/Putzo/Seiler § 771 Rn. 3.

365 Thomas/Putzo/Seiler § 771 Rn. 3.

366 Vgl. hierzu Rn. 313.

c) Umgang mit anderen vollstreckungsrechtlichen Rechtsbehelfen

335 Ist eine Klage aus § 771 ZPO erfolgsversprechend, liegen häufig auch Verfahrensfehler vor, die mit der **Erinnerung gegen die Art und Weise der Zwangsvollstreckung** (§ 766 ZPO) gerügt werden können. Im Rahmen der Zweckmäßigkeit haben Sie dann die bereits im Rahmen der Statthaftigkeit vorgenommene „Aussortierung der rechtsbehelfsfremden Verfahrensfehler" aufzugreifen und zu erörtern, ob **kumulativ oder alternativ zur Drittwiderspruchsklage eine Vollstreckungserinnerung eingelegt** werden soll. Ausgangspunkt der Überlegungen ist dabei natürlich das Mandantenbegehren.

Abwägung zwischen Vollstreckungserinnerung und Drittwiderspruchsklage

- Einerseits ergeht die Entscheidung über die **Vollstreckungserinnerung in der Regel schneller und ist erheblich kostengünstiger** als die Entscheidung über die Drittwiderspruchsklage.[a]
- Andererseits ist die **Drittwiderspruchsklage rechtsschutzintensiver** als die Vollstreckungserinnerung. Während die Klage aus § 771 ZPO nämlich geeignet ist, die Zwangsvollstreckung aus einem Vollstreckungstitel in einen konkreten Gegenstand insgesamt zu unterbinden, wird über die Vollstreckungserinnerung allenfalls eine konkrete Vollstreckungsmaßnahme für unzulässig erklärt. Ein erneuter Vollstreckungszugriff auf denselben Vollstreckungsgegenstand bleibt bei der Vollstreckungserinnerung demnach möglich.

a) Bei der Vollstreckungserinnerung fallen in der Regel pro Rechtsanwalt lediglich eine 0,3 Verfahrensgebühr (Nr. 3309 VV RVG) und keinerlei Gerichtsgebühren an. Bei der Drittwiderspruchsklage fallen pro Rechtsanwalt üblicherweise hingegen eine 1,3 Verfahrensgebühr (Nr. 3100 VV RVG) und eine 1,2 Terminsgebühr (Nr. 3104 VV RVG) und zudem 3,0 Gerichtsgebühren (Nr. 1210 VV GKG) an.

336 Eine Verbindung der Drittwiderspruchsklage und der Vollstreckungserinnerung im Wege **objektiver Klagehäufung** kommt dabei aus zweierlei Gründen **nicht in Betracht:**

- Erstens entscheidet **über die Erinnerung das Vollstreckungsgericht**, während sich **bei der Drittwiderspruchsklage die sachliche Zuständigkeit des Gerichts nach den allgemeinen Vorschriften** richtet
- Zweitens wird über die **Erinnerung im Beschlusswege** und über die **Drittwiderspruchklage im Urteilswege** entschieden.

Beachte: In der Regel wird sich das Mandantenbegehren dahingehend auslegen lassen, dass **lediglich die rechtsschutzintensivere Drittwiderspruchsklage erhoben** werden soll. Im Falle einer kumulativen Geltendmachung mit der Vollstreckungserinnerung wären – da eine objektive Klagehäufung nicht möglich ist – **im praktischen Teil hingegen zwei Schriftsätze auszuformulieren**, was sich in der Klausursituation bereits unter zeitlichen Aspekten als schwierig erweisen wird.

5. Praktischer Teil

337 Im Falle einer Drittwiderspruchsklage gemäß § 771 ZPO ist im Punkte der Antragstellung in der Regel an die folgenden drei Anträge zu denken:

Formulierungsbeispiel: Klageanträge bei Drittwiderspruchsklage

Namens und in Vollmacht des Klägers werde ich beantragen,

1. ***die Zwangsvollstreckung des Beklagten aus dem Urteil des ... vom ... zu dem Aktenzeichen ... in ... für unzulässig zu erklären.***

Bereits jetzt beantrage ich,

2. ***die Zwangsvollstreckung des Beklagten aus dem Urteil ... des ... zu dem Aktenzeichen ... in ... einstweilen ohne Sicherheitsleistung, hilfsweise gegen Sicherheitsleistung einzustellen.***

In verfahrensrechtlicher Hinsicht beantrage ich für den Fall des Vorliegens der gesetzlichen Voraussetzungen,

3. ***den Erlass eines Versäumnisurteils im schriftlichen Vorverfahren gegen den Beklagten gemäß §§ 331 Abs. 3, 276 Abs. 1 S. 1, Abs. 2 ZPO.***

IV. Die Klage auf vorzugsweise Befriedigung, § 805 ZPO

1. Mandantenbegehren

Ebenso wie bei der Drittwiderspruchsklage ist **dem Mandanten als nicht unmittelbar als Partei am Vollstreckungsverfahren beteiligten Dritten** auch bei der Klage auf vorzugsweise Befriedigung daran gelegen, dass seine Rechte am gepfändeten Gegenstand gewahrt werden. Die Klage aus § 805 ZPO unterscheidet sich jedoch von der Klage aus § 771 ZPO in zweierlei Hinsicht: 338

- Zum einen ist die Klage auf vorzugsweise Befriedigung auf **Rechte eines Dritten an beweglichen Sachen** beschränkt.
- Zum anderen führt der Widerspruch aufgrund der im Rahmen der Klage aus § 805 ZPO relevanten Pfand- und Vorzugsrechte nicht zu einer Unterbindung der Zwangsvollstreckung in den konkreten Gegenstand, sondern lediglich zu einem **bevorzugten Zugriff auf den Versteigerungserlös.**

2. Prozessuales Gutachten

a) Statthaftigkeit des Rechtsbehelfs

Die Klage auf vorzugsweise Befriedigung ist **statthaft**, wenn ein Dritter als Kläger gegen den Vollstreckungsgläubiger als Beklagten bezüglich der Pfändung einer beweglichen Sache ein (gegenüber dem Pfändungspfandrecht des Vollstreckungsgläubigers) **ranghöheres Pfand- oder Vorzugsrecht geltend macht.** Bei der Prüfung der Statthaftigkeit ist die Klage aus § 805 ZPO von anderen Rechtsbehelfen – insbesondere der Drittwiderspruchsklage gemäß § 771 ZPO – abzugrenzen. 339

Beachte: Die Klage aus § 805 ZPO steht als Rechtsbehelf – über den Wortlaut hinaus – **nicht nur dem besitzlosen, sondern auch dem besitzenden Pfandgläubiger** zu.[367]

b) Zuständigkeit des Gerichts

Für die Entscheidung über die Klage auf vorzugsweise Befriedigung ergibt sich die **ausschließliche Zuständigkeit des Gerichts** aus §§ 805 Abs. 2, 802 ZPO. **Örtlich zu-** 340

367 Thomas/Putzo/Seiler § 805 Rn. 3.

ständig ist das Vollstreckungsgericht und mithin das Gericht, in dessen Bezirk die Zwangsvollstreckung stattfindet (vgl. § 764 ZPO). In **sachlicher Hinsicht** ist das Amtsgericht als Vollstreckungsgericht oder – wenn für den Streitgegenstand die Zuständigkeit des Landgerichts eröffnet ist – das Landgericht zuständig. Der **Zuständigkeitsstreitwert** richtet sich wie bei der Drittwiderspruchsklage nach § 6 ZPO.[368]

c) Allgemeines Rechtsschutzbedürfnis

341 Das allgemeine Rechtsschutzbedürfnis tritt in zeitlicher Hinsicht ein, **wenn die Sache gepfändet** wurde.[369] Erst in diesem Zeitpunkt wird ein Pfändungspfandrecht zugunsten des Vollstreckungsgläubigers begründet, das mit dem Pfand- oder Vorzugsrecht des Mandanten in Konkurrenz tritt. Das allgemeine Rechtsschutzbedürfnis entfällt mit der **Auszahlung des Versteigerungserlöses** an den Vollstreckungsgläubiger.[370]

Beachte: Nach Erlösauskehr kann für den Mandanten Leistungsklage gegen den Vollstreckungsgläubiger aus § 812 Abs. 1 S. 2 Alt. 2 BGB auf Herausgabe des Versteigerungserlöses erhoben werden **(„Verlängerte Klage auf vorzugsweise Befriedigung")**.[371]

3. Materiell-rechtliches Gutachten

342 In materiell-rechtlicher Hinsicht sind **Gedanken zur Schlüssigkeit, zur Erheblichkeit und zur Beweissituation** anzustellen. Insoweit wird auf die allgemeinen Ausführungen bei Angriffsmandaten im Klageverfahren zu verweisen. Folgende Punkte sind **Gegenstand der Schlüssigkeitsprüfung.**

a) Sachbefugnis

343 Die **Aktivlegitimation** liegt bei dem Dritten, der sich auf ein Pfand- und Vorzugsrecht an der gepfändeten Sache berufen kann. **Passivlegitimiert** ist der Vollstreckungsgläubiger.[372]

b) Pfand- oder Vorzugsrecht des Dritten

344 Dem aus § 805 ZPO klagenden Mandanten muss weiter ein **Pfand- oder Vorzugsrecht** zustehen. Unter einem Pfand- und Vorzugsrecht sind die **in den §§ 50, 51 InsO aufgeführten Absonderungsrechte in der Insolvenz** zu verstehen.[373] Im Einzelnen geht es hierbei vor allem um die nachfolgenden Rechte:

368 Thomas/Putzo/Seiler § 805 Rn. 6 und 14.

369 Thomas/Putzo/Seiler § 805 Rn. 7.

370 Thomas/Putzo/Seiler § 805 Rn. 7.

371 Lesen Sie zur verlängerten Klage auf vorzugsweise Befriedigung im AS-Skript Vollstreckungsrecht in der Assessorklausur (2018), Rn. 365.

372 Thomas/Putzo/Seiler § 805 Rn. 11.

373 Thomas/Putzo/Seiler § 805 Rn. 9.

Die wichtigsten Pfand- oder Vorzugsrechte i.S.d. § 805 ZPO

- **Vertragliche Pfandrechte** (§ 50 Abs. 1 InsO), insbesondere das rechtsgeschäftliche Faustpfandrecht gemäß §§ 1204 ff. BGB
- **Gesetzliche Pfandrechte** (§ 50 Abs. 1 InsO), insbesondere das Vermieterpfandrecht gemäß § 562 BGB und das Werkunternehmerpfandrecht gemäß § 647 BGB
- **Zurückbehaltungsrechte wegen Verwendungen** (§ 51 Nr. 2 InsO), insbesondere aus § 273 Abs. 2 BGB, §§ 347 Abs. 2 S. 1, 348 BGB i.V.m. § 320 BGB und § 1000 BGB
- **Kaufmännisches Zurückbehaltungsrecht** (§ 51 Nr. 3 InsO i.V.m. § 369 HGB)

Beachte: Keine Pfand- und Vorzugsrechte i.S.d. § 805 ZPO sind das **Sicherungseigentum** (§ 51 Nr. 1 InsO), das mit der Klage aus § 771 ZPO geltend zu machen ist, und (entgegen Thomas/Putzo![374]) das **Pfändungspfandrecht** (§ 50 Abs. 1 ZPO). Für Letzteres ist die Widerspruchsklage gemäß § 878 ZPO der speziellere Rechtsbehelf.[375]

c) Besserer Rang des Rechts des Dritten

Das Pfand- oder Vorzugsrecht des Mandanten muss **in einem besseren Rang als das Pfändungspfandrecht des Vollstreckungsgläubigers** stehen. Der Rang der Pfand- und Vorzugsrechte des Mandanten im Verhältnis zum Pfändungspfandrecht des Vollstreckungsgläubigers richtet sich nach dem **Zeitpunkt der Entstehung des Rechts**: Das früher entstandene Recht geht dabei dem später entstandenen Recht grundsätzlich vor **(„Prioritätsgrundsatz")**.[376] **345**

Beachte: Das **Pfändungspfandrecht des Vollstreckungsgläubigers ist aber auch dann nachrangig**, wenn es zwar vor dem **vertraglichen Pfandrecht des Mandanten** entstanden ist, dieses jedoch von dem Mandanten wegen § 1208 BGB **gutgläubig unbelastet erworben** wurde.

Ein einmal entstandenes Pfand- oder Vorzugsrecht kann natürlich auch wieder **erlöschen.** Mit dem Verlust des Rechts geht auch der Rang verloren und die nachgehenden Rechte rücken auf.[377] Es sind demnach das „Entstehen" und ggf. auch das „Erlöschen" des Rechts des Mandanten zu erörtern. Die **Fälligkeit** der hinter dem Pfand- oder Vorzugsrecht stehenden Forderung ist für Klage auf vorzugsweise Befriedigung hingegen unerheblich (§ 805 Abs. 1 Hs. 2 ZPO).

---

374 Vgl. Thomas/Putzo/Seiler § 805 Rn. 9.

375 Lesen Sie zur Widerspruchsklage gemäß § 878 ZPO im AS-Skript Vollstreckungsrecht in der Assessorklausur (2018), Rn. 335–343.

376 Thomas/Putzo/Seiler § 805 Rn. 10, § 804 Rn. 11 ff.

377 Thomas/Putzo/Seiler § 804 Rn. 11.

346

Exkurs: Rangverhältnis bei Mehrheit von Pfandrechten

- Für das **Verhältnis mehrerer vertraglicher Pfandrechte** ergibt sich der Prioritätsgedanke unmittelbar aus § 1209 BGB.
- Für das **Verhältnis von gesetzlichen Pfandrechten untereinander oder im Verhältnis zu vertraglichen Pfandrechten** gelangt das Prioritätsprinzip gemäß §§ 1257, 1209 BGB zur Anwendung.[a]
- Für das **Verhältnis mehrerer Pfändungspfandrechte** ist § 804 Abs. 3 ZPO zu beachten.
- Auch für das **Verhältnis von Pfändungspfandrechten und vertraglichen Pfandrechten** ist das Prioritätsprinzip anwendbar (§ 804 Abs. 2 Hs. 1 ZPO).[b]

a) Palandt/Wicke § 1257 Rn. 3.
b) BGH NJW 1969, 1347; Zöller/Stöber § 804 Rn. 4.

4. Zweckmäßigkeitserwägungen

347 Auch bei der Klage aus § 805 ZPO kann zunächst auf die **allgemeinen prozesstaktischen Erwägungen bei Angriffsmandaten im Klageverfahren** verwiesen werden. Auf einige spezielle Zweckmäßigkeitserwägungen ist nachfolgend gleichwohl hinzuweisen.

a) Objektive Klagehäufung, § 260 ZPO

348 Mitunter kann es zweckmäßig sein, die Klage auf vorzugsweise Befriedigung im Wege objektiver Klagehäufung (§ 260 ZPO) **mit anderen Klagen zu verbinden.**

aa) Weitere Klage gegen den Vollstreckungsgläubiger

349 Nach Beendigung der Zwangsvollstreckung kann für den Mandanten Leistungsklage gegen den Vollstreckungsgläubiger aus § 812 Abs. 1 S. 2 Alt. 2 BGB auf Herausgabe des Versteigerungserlöses erhoben werden **(„Verlängerte Klage auf vorzugsweise Befriedigung").**[378]

Ähnlich wie auch bei der Drittwiderspruchsklage[379] kommt bei Ungewissheit über eine bereits eingetretene Beendigung der Zwangsvollstreckung insoweit eine eventuelle objektive Klagehäufung – Erhebung einer **Klage auf vorzugsweise Befriedigung mit dem Hauptantrag** und einer **verlängerten Klage auf vorzugsweise Befriedigung mit dem Hilfsantrag** – in Betracht. Dabei ist, da die Höhe des Versteigerungserlöses nicht bekannt sein wird, an die **Erhebung der verlängerten Klage aus § 805 ZPO im Wege einer Stufenklage** (§ 254 ZPO)[380] zu denken.

Es kann der Einfachheit halber auch von einer objektiven Klagehäufung abgesehen und stattdessen lediglich eine Klage auf vorzugsweise Befriedigung erhoben werden. In der Zweckmäßigkeit ist dann darauf hinzuweisen, dass die **Klage gemäß § 264 Nr. 3 ZPO auf eine verlängerte Klage auf vorzugsweise Befriedigung umzustellen**[381] ist, sofern sich die Beendigung der Zwangsvollstreckung noch im laufenden Rechtsstreit herausstellt. In der Klausur kann ihnen diese Situation beispielsweise begegnen, wenn der Mandant nach einem Anwaltswechsel zu Ihnen kommt.

378 Vgl. hierzu bereits oben Rn. 285.
379 Vgl. oben Rn. 333.
380 Vgl. oben Rn. 121–122.
381 Vgl. Thomas/Putzo/Seiler § 771 Rn. 11.

Beachte: Während der noch andauernden Zwangsvollstreckung entfaltet die Klage auf vorzugsweise Befriedigung **Sperrwirkung gegenüber Klagen des Mandanten gegen den Vollstreckungsgläubiger aus dem materiellen Recht**, soweit sie einen Bezug zum gepfändeten Gegenstand aufweisen. Sonstige Klagen aus dem materiellen Recht bleiben hingegen zulässig. Insoweit kommt dann auch eine **objektive Klagehäufung** mit der Klage aus § 805 ZPO in Betracht.

bb) Weitere Klage gegen den Vollstreckungsschuldner

Die Klage aus § 805 ZPO gegen den Vollstreckungsgläubiger kann unter den Voraussetzungen des § 260 ZPO mit einer Klage gegen den Vollstreckungsschuldner verbunden werden. Anlass hierzu besteht vor allem dann, **wenn der Vollstreckungsschuldner der Auszahlung des Erlöses an den Mandanten widerspricht**. Dies vor dem Hintergrund, dass der Gerichtsvollzieher wegen § 119 Abs. 4 S. 1 GVGA den Erlös nur mit Zustimmung des Vollstreckungsschuldners auszahlen wird. Die Klage ist dabei auf **Duldung der Zwangsvollstreckung** zu richten. 350

Beachte: Werden Gläubiger und Schuldner gemeinsam verklagt (§ 805 Abs. 3 ZPO), sind sie **einfache Streitgenossen** gemäß § 59 ZPO.[382] Neben einer objektiven Klagehäufung besteht dann auch eine **subjektive Klagehäufung**.

b) Anordnung der Hinterlegung des Erlöses, § 805 Abs. 4 ZPO

Die Erhebung der Klage auf vorzugsweise Befriedigung hindert für sich genommen nicht den (weiteren) Gang der Zwangsvollstreckung. Dies birgt die **Gefahr einer Verwertung des Vollstreckungsgegenstandes während des laufenden Rechtsstreits ohne Rücksicht auf das vorrangige Befriedigungsrecht des Mandanten**. Insoweit erweist es sich als **zweckmäßig,** die Klage aus § 805 ZPO von vornherein mit einem **Antrag auf Anordnung einer Hinterlegung des Erlöses gemäß § 805 Abs. 4 ZPO** zu kombinieren. Der Anspruch auf vorzugsweise Befriedigung ist zu diesem Zwecke **glaubhaft zu machen** (§§ 805 Abs. 4 S. 1, 294 ZPO). 351

5. Praktischer Teil

Im Falle einer Klage auf vorzugsweise Befriedigung gemäß § 805 ZPO ist im Punkte der Antragstellung in der Regel an die folgenden drei Anträge zu denken: 352

Formulierungsbeispiel: Klageanträge bei Klage auf vorzugsweise Befriedigung

Namens und in Vollmacht des Klägers werde ich beantragen,

1. ***dass der Kläger aus dem Reinerlös des durch den Gerichtsvollzieher … am … zu der Geschäftsnummer … gepfändeten … bis zum Betrag von … € nebst Zinsen in Höhe von 5 Prozentpunkten über dem Basiszinssatz seit dem … vor dem Beklagten zu befriedigen ist.***

Bereits jetzt beantrage ich,

2. ***einstweilen anzuordnen, den Erlös des durch den Gerichtsvollzieher … am … zu der Geschäftsnummer … gepfändeten … bis zum Betrag von … zugunsten des Klägers bis zur rechtskräftigen Entscheidung des Klageantrags zu Ziffer 1. zu hinterlegen.***

In verfahrensrechtlicher Hinsicht beantrage ich für den Fall des Vorliegens der gesetzlichen Voraussetzungen

3. ***den Erlass eines Versäumnisurteils im schriftlichen Vorverfahren gegen den Beklagten gemäß §§ 331 Abs. 3, 276 Abs. 1 S. 1, Abs. 2 ZPO.***

382 Thomas/Putzo/Seiler § 805 Rn. 11.

3. Teil: Das Verteidigungsmandat

A. Das Verteidigungsmandat im Klageverfahren

I. Einleitung

353 Eine weitere klassische Erscheinungsform der zivilrechtlichen Anwaltsklausur im Assessorexamen ist das Verteidigungsmandat im Klageverfahren. Auch dieser Klausurtyp besteht seiner Grundstruktur nach aus **drei Klausurteilen**. Zunächst ist ein **Mandantenbegehren** zu formulieren (1. Teil). Sodann ist ein umfassendes **Gutachten** über die Rechtslage in prozessualer und materiell-rechtlicher Hinsicht anzufertigen (2. Teil). Abgeschlossen wird die Klausur durch den **praktischen Teil,** in dem das Ergebnis der Begutachtung praxisgerecht umzusetzen ist (3. Teil).

354 Bei Verteidigungsmandaten im Klageverfahren ist der folgende **einschichtige Klausuraufbau** zu empfehlen.

Gliederung der Klausur bei Verteidigungsmandaten im Klageverfahren (einschichtiger Aufbau):

I. Mandantenbegehren

II. Gutachten

1. Prozessuales Gutachten
2. Materiell-rechtliches Gutachten
3. Zweckmäßigkeitserwägungen

III. Praktischer Teil

355 Für einen relationsmäßigen **zweischichtigen Klausuraufbau** kann bei Verteidigungsmandaten im Klageverfahren demgegenüber nach dem folgenden Schema verfahren werden.

Gliederung der Klausur bei Verteidigungsmandaten im Klageverfahren (zweischichtiger Aufbau):

I. Mandantenbegehren

II. Gutachten

1. Prozessstation
2. Klägerstation
3. Beklagtenstation
4. Beweisstation
5. Zweckmäßigkeitsstation

III. Praktischer Teil

Aufbauhinweis: Beim Verteidigungsmandat im Klageverfahren ist das **prozessuale Gutachten vor dem materiell-rechtlichen Gutachten** zu prüfen. Dieser Klausuraufbau folgt der Logik, dass sich Ausführungen zur materiellen Rechtslage erübrigen, wenn im Hinblick auf abgelaufene Rechtsbehelfsfristen **bereits rechtskräftig über den Streitgegenstand entschieden** ist (z.B. der Mandant legt ein auf den ersten Anschein rechtskräftiges Versäumnisurteil vor) oder aber eine **Zulässigkeitsvoraussetzung der Klage fehlt** (z.B. ein obligatorisches Streitschlichtungsverfahren gemäß § 15 a EGZPO wurde nicht durchgeführt). Aus **anwaltlicher Vorsicht** ist in Assessorklausuren dann in aller Regel natürlich dennoch eine Auseinandersetzung mit der materiellen Rechtslage geboten.

In methodischer Hinsicht empfiehlt es sich beim Verteidigungsmandat im Klageverfahren, **nach dem Bearbeitervermerk zunächst die Klageschrift zu lesen.** Die Ausführungen des Mandanten werden inhaltlich nämlich zumindest teilweise auf die Klageschrift Bezug nehmen. Sie lassen sich daher häufig leichter nachvollziehen, wenn beim ersten Lesen die Klageschrift bereits bekannt ist. 356

II. Mandantenbegehren

Auch bei Aufgabenstellungen aus Beklagtensicht bildet die Darstellung des Mandantenbegehrens den inhaltlichen Einstieg in die Klausur. 357

Formulierungsbeispiel: Mandantenbegehren

*Der Mandant … bittet um Prüfung, **ob eine Verteidigung gegen die ihm zugestellte Klage** des Herrn … auf Schadensersatz wegen angeblich erlittener Schäden aus dem Verkehrsunfallereignis vom … **Aussicht auf Erfolg** hat. Dem Mandanten sind infolge des Verkehrsunfalls zudem auch eigene Sachschäden an seinem Fahrzeug sowie Gutachterkosten entstanden. Im Übrigen erlitt er eine schmerzhafte Oberschenkelhalsfraktur und weitere innere Verletzungen, die einen chirurgischen Eingriff und eine stationäre Aufnahme in einem Krankenhaus sowie anschließende Rehabilitationsmaßnahmen erforderlich machten. Er bittet daher auch um Prüfung, ob ihm aus dem Unfallereignis **eigene Gegenansprüche gegen den Kläger oder Dritte zustehen** und ob und ggf. wie solche Gegenansprüche sinnvoll in den Rechtsstreit eingeführt werden könnten. Der Mandant fragt weiter an, ob eine Möglichkeit besteht, die **Verantwortlichkeit des Unfallgegners für erst künftig bekanntwerdende Auswirkungen des Schadensvorfalls gerichtlich klären** zu lassen.*

III. Prozessuales Gutachten

Bei dem Verteidigungsmandat im Klageverfahren schließt sich sodann die Anfertigung des prozessualen Gutachtens an. Zum einen ist in diesem Rahmen die **konkrete Prozesssituation richtig zu erfassen** und zu prüfen, welcher Rechtsbehelf für den Mandanten einzulegen oder welche Prozesserklärung für den Mandanten abzugeben ist. Zum anderen ist die **Zulässigkeit der Klage** zu untersuchen. Erst im Anschluss hieran ist dann die materiell-rechtliche Prüfung vorzunehmen. 358

1. Die richtige Erfassung der konkreten Prozesssituation

Ob und ggf. welcher Rechtsbehelf für den Mandanten einzulegen oder welche Prozesserklärung für den Mandanten abzugeben ist, **hängt von der jeweiligen Prozesssituation ab**, in der sich der Rechtsstreit zur Zeit der Mandatserteilung befindet. 359

a) Das schriftliche Vorverfahren, § 276 ZPO

360 Der Rechtsstreit soll von Gesetzes wegen in einem umfassend vorbereiteten Termin zur mündlichen Verhandlung (sog. Haupttermin) erledigt werden (§ 272 Abs. 1 ZPO). Das Gericht hat zur Vorbereitung dieses Haupttermins dabei entweder einen **frühen ersten Termin (§ 275 ZPO)** oder die **Durchführung eines schriftlichen Vorverfahrens (§ 276 ZPO)** zu bestimmen (§ 272 Abs. 2 ZPO). Den Regelfall bildet – in der Praxis und auch im Assessorexamen – die Anordnung eines schriftlichen Vorverfahrens.

361 Einen Überblick über den möglichen Verfahrensgang im Falle eines schriftlichen Vorverfahrens soll zunächst das folgende Schaubild leisten.

Fristen im schriftlichen Vorverfahren

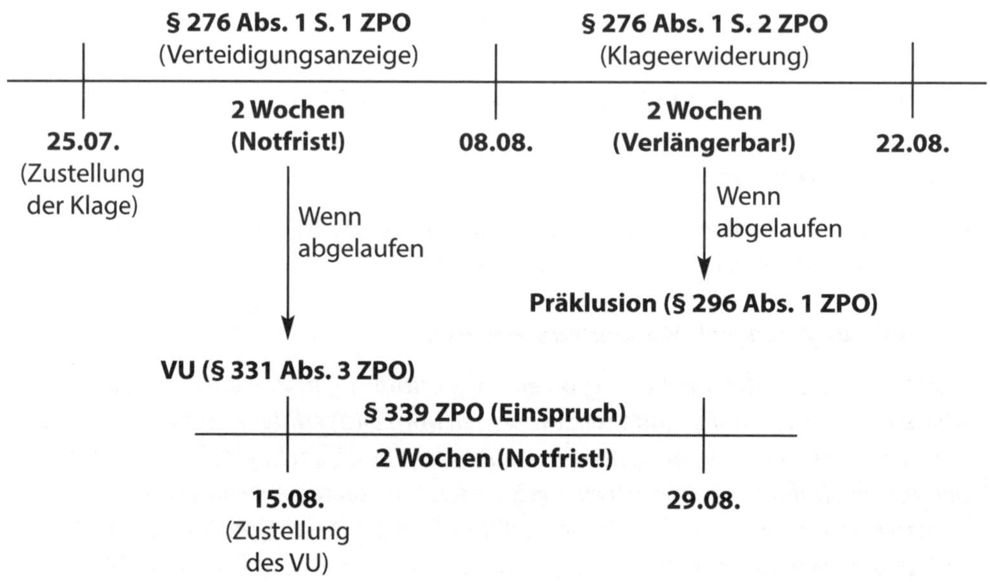

aa) Die Frist zur Anzeige der Verteidigungsabsicht, § 276 Abs. 1 S. 1 ZPO

362 Legt der Mandant neben der Klageschrift eine gerichtliche Anordnung vor, wonach ein schriftliches Vorverfahren durchgeführt werden soll, ist zunächst zu prüfen, ob die **zweiwöchige Frist zur Anzeige der Verteidigungsabsicht** (§ 276 Abs. 1 S. 1 ZPO) noch gewahrt werden kann oder bereits abgelaufen ist. Die Frist zur Verteidigungsanzeige ist eine **Notfrist und daher unabänderlich**, d. h. nicht abkürzbar (§ 224 Abs. 1 S. 1 ZPO) und auch nicht verlängerbar (Umkehrschluss zu § 224 Abs. 2 ZPO).

(1) Die Frist des § 276 Abs. 1 S. 1 ZPO läuft noch

363 Sollte die Frist des § 276 Abs. 1 S. 1 ZPO noch nicht abgelaufen sein, ist für den Mandanten die Verteidigungsanzeige gegenüber dem Gericht abzugeben. In diesem Fall können Sie sich im Rahmen des prozessualen Gutachtens im Punkte der „Rechtsbehelfsprüfung" auf die schlichte Feststellung beschränken, dass die **Verteidigungsabsicht in der Notfrist des § 276 Abs. 1 S. 1 ZPO abzugeben und inhaltlich in der Frist des § 276 Abs. 1 S. 2 ZPO auf die Klage zu erwidern** ist. Die eigentliche Prüfung des prozessualen Gutachtens hat sich dann auf die Prüfung der Zulässigkeit der Klage zu konzentrieren. Im Schriftsatz kann die Anzeige der Verteidigungsabsicht wie folgt formuliert werden:

Formulierungsbeispiel: Vertretungs- und Verteidigungsanzeige sowie Klageerwiderung

In dem Rechtsstreit

Meier, E. ./. Schmidt, E.

– Az. 3 C 371/18 –

zeige ich an, dass ich die Vertretung der Beklagten übernommen habe. Die Beklagte wird sich gegen die Klage verteidigen. In dem Termin zur mündlichen Verhandlung werde ich namens und in Vollmacht der Beklagten beantragen,

die Klage abzuweisen.

Begründung:

[...]

Beachte: In der Praxis beschränkt sich der Rechtsanwalt regelmäßig darauf, innerhalb der Notfrist des § 276 Abs. 1 S. 1 ZPO die Vertretung und die Verteidigungsabsicht des Beklagten anzuzeigen. Die inhaltliche Erwiderung auf die Klage (einschließlich der Antragsstellung) erfolgt dann zumeist später durch gesonderten Schriftsatz innerhalb der verlängerbaren Frist des § 276 Abs. 1 S. 2 ZPO. In der Examensklausur stellt die Klageerwiderung natürlich die eigentliche Herausforderung des praktischen Teils dar, sodass – anders als in der Praxis und vorbehaltlich eines anderslautenden Bearbeitervermerks – **Vertretungs- und Verteidigungsanzeige gemeinsam mit der Klageerwiderung in einen einheitlichen Schriftsatz** aufzunehmen sind.

(2) Die Frist des § 276 Abs. 1 S. 1 ZPO ist abgelaufen

Ist die Frist des § 276 Abs. 1 S. 1 ZPO bereits abgelaufen, besteht die Gefahr, dass das **364**
Gericht gegen den Mandanten ein **Versäumnisurteil im schriftlichen Vorverfahren** (§ 331 Abs. 3 i.V.m. 276 Abs. 1, Abs. 2 ZPO) ergehen lässt. **Zweckmäßig** ist in der Praxis in diesem Fall eine sofortige telefonische Anfrage gegenüber der **Geschäftsstelle des Gerichts**, ob **dorthin bereits ein von den Richtern unterschriebenes Versäumnisurteil übermittelt** worden ist (vgl. § 331 Abs. 3 S. 1 Hs. 2 ZPO). Da Sie während der Assessorklausur natürlich nicht zum Telefon greifen können, muss Ihnen das Ergebnis eines solchen Anrufs bei der Geschäftsstelle durch den Aktenauszug vorgegeben werden. **Drei denkbare Konstellationen** sind insoweit zu unterscheiden.

(a) Übermittlung des Versäumnisurteils ist noch nicht erfolgt

Ist die Übermittlung des Versäumnisurteils an die Geschäftsstelle noch nicht erfolgt, **365**
ist es **zweckmäßig**, für den Beklagten **unverzüglich die Verteidigungsabsicht anzuzeigen und inhaltlich auf die Klage zu erwidern.**

Der Schriftsatz ist aufgrund der Eilbedürftigkeit **unbedingt vorab per Fax an die Geschäftsstelle des Gerichts zu übermitteln.** Alternativ kommt auch eine Übermittlung über das **besondere elektronische Anwaltspostfach (beA)** in Betracht.[383] Ein Versäumnisurteil wird dann wegen § 331 Abs. 3 S. 1 Hs. 2 ZPO nicht mehr ergehen. Stattdessen nimmt das Verfahren seinen gewohnten Gang. Das Gericht wird also zum Haupttermin laden.

383 Vgl. oben Rn. 180.

> **Beachte: Nicht zweckmäßig** ist in dieser Fallkonstellation hingegen die Beantragung einer **Wiedereinsetzung in den vorigen Stand** (§§ 233 ff. ZPO). Das Versäumnis der Notfrist ist nämlich bislang folgenlos geblieben, sodass **ein Rechtsschutzbedürfnis für einen Wiedereinsetzungsantrag** nicht besteht.

(b) Übermittlung des Versäumnisurteils ist bereits erfolgt

366 Ist aber die Übermittlung des Versäumnisurteils an die Geschäftsstelle bereits erfolgt, ist es **zweckmäßig**, einen **unbedingten Antrag auf Wiedereinsetzung** in die Notfrist des § 276 Abs. 1 S. 1 ZPO zu beantragen (§§ 232 ff. ZPO), verbunden mit der **Nachholung der unverschuldet versäumten Anzeige der Verteidigungsabsicht** sowie der **inhaltlichen Klageerwiderung.**

Auch dieser Schriftsatz ist aufgrund seiner Eilbedürftigkeit **unbedingt vorab per Telefax (oder per beA) an die Geschäftsstelle des Gerichts** zu übermitteln. Das Gericht wird dann richtigerweise davon absehen, die Zustellung des bereits vorliegenden Versäumnisurteils zu veranlassen und stattdessen **über den Wiedereinsetzungsantrag entscheiden**. Wird dem Antrag entsprochen, nimmt das Verfahren seinen gewohnten Gang. Anderenfalls wird das Gericht den Wiedereinsetzungsantrag zurückweisen und die Zustellung des Versäumnisurteils im schriftlichen Vorverfahren veranlassen. Gegen das Versäumnisurteil steht dem Beklagten dann als statthafter Rechtsbehelf wiederum der Einspruch zu (§ 338 ff. ZPO).

> **Beachte:** Hingegen ist es in dieser Konstellation **nicht zweckmäßig,** von vornherein einen Einspruch gegen das Versäumnisurteil einzulegen. Denn das **Versäumnisurteil im schriftlichen Vorverfahren wird wegen § 310 Abs. 3 ZPO erst mit seiner Zustellung (an beide Parteien!) rechtlich existent**. Ein vor der Zustellung eingelegter Einspruch gegen das Versäumnisurteil geht also ins Leere.

(c) Übermittlung des Versäumnisurteils ist ungewiss

367 Ist die Übermittlung des Versäumnisurteils an die Geschäftsstelle unsicher (z.B. die Geschäftsstelle konnte telefonisch nicht erreicht werden oder der Aktenauszug enthält schlicht überhaupt keine Angabe über den Versuch einer telefonischen Klärung), ist es hingegen **zweckmäßig**, die beiden vorgenannten Varianten[384] zu kombinieren.

- Für den Fall der unterbliebenen Übermittlung des unterschriebenen Versäumnisurteils an die Geschäftsstelle ist für den Beklagten demnach die **Verteidigungsanzeige nebst einer Klageerwiderung einzureichen** und für den Fall der erfolgten Übermittlung **hilfsweise Wiedereinsetzung in die Notfrist des § 276 Abs. 1 S. 1 ZPO** zu beantragen.
- Sollte sich kein Wiedereinsetzungsgrund vortragen lassen (z.B. das Fristversäumnis durch den Mandanten war nicht unverschuldet), kann demgegenüber eine **Beschränkung auf die Verteidigungsanzeige und die Klageerwiderung** erfolgen.

Wenn das **Versäumnisurteil tatsächlich noch nicht an die Geschäftsstelle übermittelt** worden sein sollte, geht das Verfahren seinen gewohnten Gang. Sollte die **Übermittlung des Versäumnisurteils** an die Geschäftsstelle hingegen **bereits** vor Eingang des anwaltlichen Schriftsatzes bei der Geschäftsstelle **erfolgt** sein, wird die

384 Vgl. oben Rn. 365, 366.

Geschäftsstelle die Akte dem Richter zur Entscheidung über den hilfsweisen Wiedereinsetzungsantrag vorlegen.

Schlimmstenfalls kommt es zu einer **Überschneidung des anwaltlichen Schriftsatzes mit der bereits veranlassten Zustellung des Versäumnisurteils.** In diesem Fall ist nach Zustellung des Versäumnisurteils an den Mandanten Einspruch gegen das Urteil einzulegen (§§ 338 ff. ZPO). Der Mandant ist im Rahmen des Mandantenschreibens daher auf die Gefahr eines ihm zugehenden und rechtskräftig werdenden Versäumnisurteils hinzuweisen.

Beachte: Ein **unbedingter Wiedereinsetzungsantrag** (Die Versäumung der Frist zur Verteidigungsanzeige ist wegen § 331 Abs. 3 S. 1 Hs. 2 ZPO womöglich unschädlich!) oder ein **sofortiger Einspruch gegen das Versäumnisurteil** im schriftlichen Vorverfahren (Das Versäumnisurteil existiert mangels Zustellung an beide Parteien bislang nicht!) sind dagegen in dieser Konstellation **nicht zweckmäßig**.

bb) Die Frist zur Klageerwiderung, § 276 Abs. 1 S. 2 ZPO

Bei der wenigstens zweiwöchigen Frist zur Klageerwiderung gemäß § 276 Abs. 1 S. 2 **368**
ZPO handelt es sich **nicht um eine Notfrist** und demnach um **eine verlängerbare Frist** (§ 224 Abs. 2 ZPO). Sollte die Verteidigungsabsicht rechtzeitig angezeigt worden sein, die Frist zur Klageerwiderung jedoch abgelaufen sein, droht kein Versäumnisurteil im schriftlichen Vorverfahren, sondern eine **Zurückweisung des eigenen Vorbringens als verspätet** (§ 296 Abs. 1 ZPO).

Nach dem **absoluten Verzögerungsbegriff des Bundesgerichtshofes** ist für die Frage der Präklusion maßgeblich, ob der Rechtsstreit **allein durch Zulassung des verspäteten Vorbringens länger dauern** würde als bei seiner Zurückweisung.[385] An der erforderlichen Kausalität des verspäteten Vorbringens für die Verzögerung fehlt es hiernach, wenn dieselbe Verzögerung auch bei rechtzeitigem Vorbringen eingetreten wäre.[386]

Trotz einer drohenden Zurückweisung des eigenen prozessualen Vorbringens als verspätet ist es gleichwohl **zweckmäßig**, den **vermeintlich verspäteten Tatsachenvortrag im Interesse des Mandanten dennoch vorzunehmen.** Dies gilt bereits im Hinblick darauf, dass unstreitig bleibender Tatsachenvortrag nicht verspätet sein kann, wenn er vor dem Schluss der mündlichen Verhandlung (vgl. § 296 a ZPO) erfolgt, die Reaktion des Gegners auf weiteren Tatsachenvortrag kaum jemals mit absoluter Sicherheit vorhergesagt werden kann. Sollte die Thematik der Präklusion im Prozess dann jedoch tatsächlich aufkommen, bestehen **in der Regel immer noch prozessuale Handlungsmöglichkeiten, um eine Präklusion abzuwenden.**[387] Ein Tatsachenvortrag, der in Ansehung der Gefahr einer Präklusion überhaupt nicht erfolgt, kann hingegen in keinem Fall berücksichtigt werden.

Beachte: Eine unabwendbare Präklusion ist bereits unter klausurtaktischen Erwägungen in einer Anwaltsklausur aus Beklagtensicht nicht denkbar!

385 BGH NJW 1979, 2614; Thomas/Putzo/Reichold § 296 Rn. 14.

386 BGH NJW 2012, 2808; Thomas/Putzo/Reichold § 296 Rn. 12.

387 Vgl. zu den denkbaren Reaktionen auf eine nur scheinbar oder tatsächlich drohende Präklusion Rn. 459–467.

b) Der frühe erste Termin, § 275 ZPO

369 Hat das Gericht zur Vorbereitung des Haupttermins einen frühen ersten Termin (§ 275 ZPO) bestimmt, droht bei Versäumung der Frist zur Klageerwiderung (§ 275 Abs. 1 S. 1, Abs. 3 ZPO) **allenfalls eine Zurückweisung wegen Verspätung gemäß § 296 Abs. 1 ZPO.**[388] Ein Versäumnisurteil im schriftlichen Verfahren kann hingegen nicht entgehen (vgl. Wortlaut § 331 Abs. 3 ZPO). Auch eine Präklusion kommt bei einem frühen ersten Termin aber nicht in Betracht, wenn es sich um einen bloßen **„Durchlauftermin"**[389] handelt oder **nach der Sach- und Rechtslage eine Streiterledigung in diesem Termin von vornherein ausscheidet.**[390] In diesen Fällen tritt durch den vor dem frühen ersten Termin unterlassenen Tatsachenvortrag aufgrund des Erfordernisses eines weiteren Haupttermins nämlich **keine absolute Verzögerung des Rechtsstreits** ein.

c) Das Versäumnisverfahren, §§ 330 ff. ZPO

370 Legt der Mandant Ihnen in der Klausur neben der Klageschrift auch bereits ein an ihn zugestelltes Versäumnisurteil (§ 331 ZPO) vor, ist zu prüfen, ob dieses noch mit Erfolg angegriffen werden kann. Den Gang des Versäumnisverfahrens verdeutlicht das nachfolgende Schaubild.

Gang des Versäumnisverfahrens gegen den Beklagten

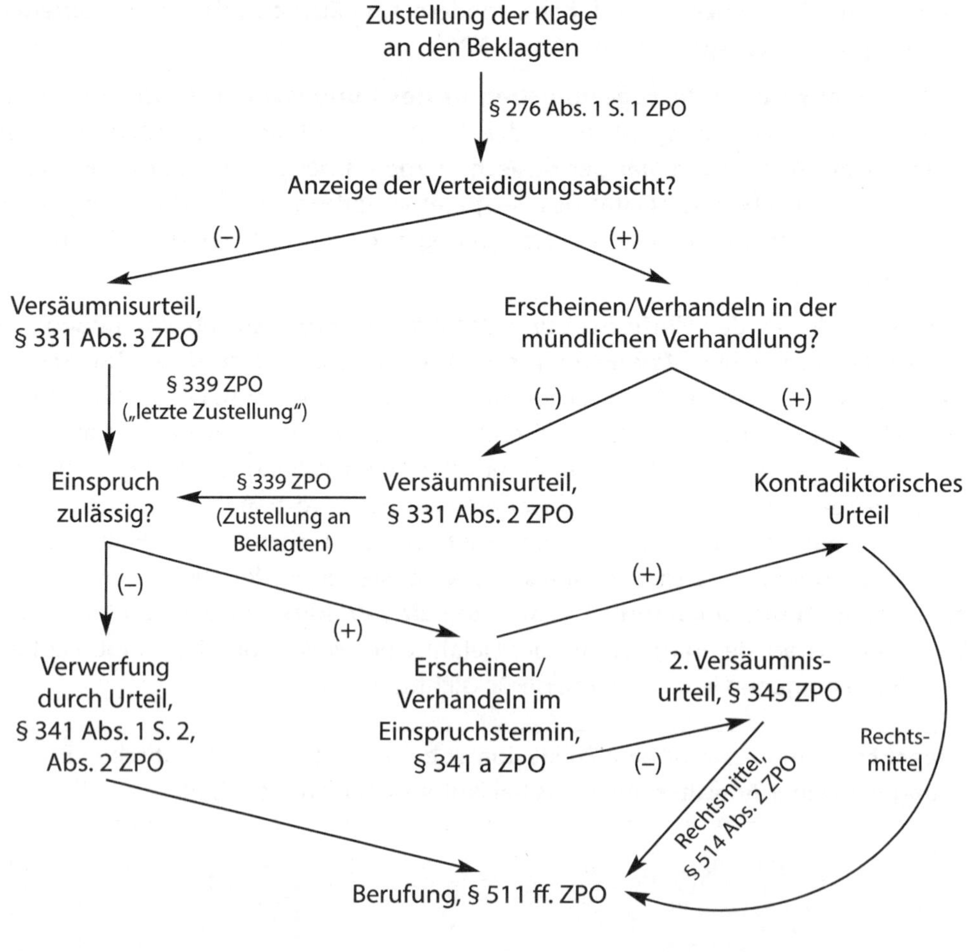

388 Thomas/Putzo/Reichold § 275 Rn. 7.

389 Ein sog. Durchlauftermin dient der Erörterung und Ordnung des Streitstoffes mit den Parteien, der Beseitigung von Unklarheiten und der Vorbereitung von Maßnahmen zur Ermöglichung einer Erledigung des Rechtsstreits in einem gesonderten Haupttermin.

390 BGH NJW-RR 2005, 1296; Thomas/Putzo/Reichold § 296 Rn. 8.

Beachte: Es wird stets **nur die Zulässigkeit des Einspruchs** geprüft! Eine Prüfung der „Begründetheit des Einspruchs" findet hingegen nicht statt. Die Wirkung des zulässigen Einspruchs besteht gemäß § 342 ZPO darin, dass der Rechtsstreit in die Lage zurückversetzt wird, in der er sich vor dem Eintritt der Versäumnis befand. Der Einspruch hat demnach in der Sache Erfolg, wenn **die Klage unzulässig oder unbegründet** ist.

aa) Statthaftigkeit, § 338 ZPO

Statthafter **Rechtsbehelf gegen ein Versäumnisurteil ist der Einspruch** (§ 338 ZPO). Der Einspruch ist lediglich gegen ein **„echtes" Versäumnisurteil** statthaft, das gerade aufgrund der Säumnis einer Partei und gegen die säumige Partei ergeht. Bei einem **„unechten" Versäumnisurteil,** das lediglich bei Gelegenheit der Säumnis des Beklagten gegen den zur mündlichen Verhandlung erschienenen Kläger ergeht, handelt es sich hingegen um ein gewöhnliches kontradiktorisches Urteil, das allenfalls mit dem Rechtsmittel der Berufung angegriffen werden kann. 371

Beispiel: Die Klage wird trotz Säumnis des Beklagten abgewiesen, weil das Gericht sie für unschlüssig hält. Dem Kläger steht gegen dieses „unechte" Versäumnisurteil das Rechtsmittel der Berufung zu.

Der Einspruch ist zudem **nur gegen ein erstes Versäumnisurteil** statthaft. Gegen ein im Falle einer wiederholten Säumnis ergehendes **zweites Versäumnisurteil** ist abermals – und dies auch nur sehr eingeschränkt – das Rechtsmittel der Berufung statthaft (§§ 345, 514 Abs. 2 ZPO).

bb) Einspruchsfrist, § 339 ZPO

Der Einspruch ist innerhalb einer mit der Zustellung des Versäumnisurteils beginnenden **Notfrist von zwei Wochen** (§ 339 Abs. 1 ZPO) einzulegen. Obgleich es in der Klausursituation häufig danach aussieht, als sei die Einspruchsfrist bereits abgelaufen und das Versäumnisurteil mithin rechtskräftig und nicht mehr angreifbar, ist dies bereits aus klausurtaktischen Gründen nicht denkbar. Examensrelevant sind insbesondere die folgenden **vier Fallkonstellationen**: 372

(1) Zustellungsmangel

Ist das Versäumnisurteil nicht in Gemäßheit der §§ 166 ff. ZPO an den Beklagten zugestellt worden, beginnt die zweiwöchige Einspruchsfrist erst mit der **Heilung des Zustellungsmangels** (§ 189 ZPO). 373

Beispiel: Die Zustellperson legt das Versäumnisurteil gegen den Mandanten, den Herrn Andreas Schmidt, fälschlich in den Briefkasten dessen ebenfalls in dem Mehrpersonenhaus wohnenden Nachbarn, den Herrn Heiko Schmidt, ein. Drei Tage später übergibt der Nachbar dem Mandanten das Dokument. Erst in diesem Moment gilt die Zustellung als bewirkt (§ 189 ZPO), nicht bereits im Zeitpunkt des Einlegens in den Briefkasten (§ 180 ZPO).

(2) Zustellung an Sonnabend, Sonntag oder Feiertag

Der **Ablauf der zweiwöchigen Einspruchsfrist an einem Sonnabend, Sonntag oder Feiertag** bewirkt wegen § 222 Abs. 2 ZPO ein Ende der Frist mit Ablauf des nächsten Werktages. 374

(3) Letzte Zustellung bei Versäumnisurteil im schriftlichen Vorverfahren

375 Bei einem Versäumnisurteil im schriftlichen Vorverfahren (§ 331 Abs. 3 ZPO) tritt die **Zustellung des Urteils an die Stelle der Verkündung** (§ 310 Abs. 3 ZPO). Erst durch die **Zustellung an beide Parteien** wird das Urteil damit überhaupt rechtlich existent. Maßgeblich für den Beginn der Einspruchsfrist ist dabei also **stets die letzte Zustellung.**[391]

Beispiel: Ein Versäumnisurteil im schriftlichen Vorverfahren wird dem Beklagten am 01.08. und dem Kläger am Montag, den 06.08., zugestellt. Der verurteilte Mandant erscheint am 17.08. zum Besprechungstermin. Gegen das Versäumnisurteil kann noch fristgemäß Einspruch eingelegt werden, da die zweiwöchige Einspruchsfrist erst mit der letzten Zustellung anläuft und somit mit Ablauf des 20.08. endet.

> **Beachte:** Bei **verkündeten Versäumnisurteilen** i.S.d. §§ 330, 331 Abs. 2 ZPO wird die gerichtliche Entscheidung hingegen **nur an die unterliegende Partei zugestellt** (vgl. § 317 Abs. 1 S. 1 Hs. 2 ZPO). Im Unterschied zum Versäumnisurteil im schriftlichen Vorverfahren (§ 331 Abs. 3 ZPO) setzt bei verkündeten Versäumnisurteilen die **alleinige Zustellung an die unterliegende Partei die Einspruchsfrist** in Gang.

(4) Wiedereinsetzung in die Einspruchsfrist

376 Sollte die Einspruchsfrist indessen tatsächlich abgelaufen sein, der Mandant aber Umstände schildern, wonach sich das Fristversäumnis als unverschuldet darstellt, ist ein **Antrag auf Wiedereinsetzung in die Einspruchsfrist** (§§ 233 ff. ZPO) zu prüfen.

Beispiel: Der Mandant befand sich nach einem Verkehrsunfall mehrere Wochen in stationärer Behandlung im Krankenhaus. Nach Rückkehr in seine Wohnung findet er ein im schriftlichen Vorverfahren ergangenes Versäumnisurteil in seinem Briefkasten. Die Einspruchsfrist ist bereits abgelaufen.

cc) Form des Einspruchs, § 340 ZPO

377 Der Einspruch ist schließlich durch eine **Einspruchsschrift** in der Form des § 340 ZPO einzulegen. Der Einspruch ist hiernach **bei dem Gericht einzulegen, das das Versäumnisurteil erlassen** hat (§ 340 Abs. 1 ZPO). Der Einspruch hat dabei das mit dem Einspruch **angegriffene Versäumnisurteil zu bezeichnen** und die Erklärung zu enthalten, dass **Einspruch eingelegt werden soll** (§ 340 Abs. 2 ZPO).

Die **Begründung** des Einspruchs (§ 340 Abs. 3 ZPO) ist **keine Wirksamkeitsvoraussetzung.** Eine erst nach Ablauf der Einspruchsfrist abgegebene Begründung führt demnach nicht zur Unzulässigkeit des Einspruchs, kann **bei Verzögerung des Prozesses aber gemäß § 296 ZPO als verspätet zurückgewiesen** werden.[392]

dd) Zusammenfassung: Zulässigkeitsprüfung des Einspruchs, §§ 338 ff. ZPO

378 Hiernach ergibt sich für den Einspruch gegen ein echtes erstes Versäumnisurteil das folgende Schema:

---

391 BGH NJW 1994, 3359; Thomas/Putzo/Reichold § 310 Rn. 3.

392 BGH NJW 1979, 1988; Thomas/Putzo/Reichold § 340 Rn. 5; Zöller/Herget § 340 Rn. 11.

Aufbauschema: Zulässigkeit des Einspruchs gegen ein Versäumnisurteil

1. **Statthaftigkeit des Einspruchs, § 338 ZPO**

   → Nur gegen echte erste Versäumnisurteile

2. **Einhaltung der Einspruchsfrist, § 339 Abs. 1 ZPO**

   → Notfrist von zwei Wochen ab Zustellung

   (P) Wirksamkeit der Zustellung? §§ 166 ff., 189 ZPO

   (P) Bei Versäumnisurteilen im schriftlichen Vorverfahren: Zeitpunkt der letzten Zustellung? §§ 331 Abs. 3, 310 Abs. 3 ZPO

   (P) Zustellung an einem Sonnabend, Sonn- oder Feiertag? § 222 Abs. 2 ZPO

   (P) Was tun bei Fristablauf? Wiedereinsetzung in den vorigen Stand, §§ 233 ff. ZPO

3. **Formgerechte Einspruchsschrift, § 340 ZPO**

   → Einlegung des Einspruchs bei dem Prozessgericht („iudex a quo"), § 340 Abs. 1 ZPO

   → Bezeichnung des angegriffenen Urteils und Erklärung des Einspruchs, § 340 Abs. 2 ZPO

   → Begründung des Einspruchs (§ 340 Abs. 3 ZPO) ist keine Wirksamkeitsvoraussetzung

4. **Rechtsfolge:**

   → Prozess wird, soweit der Einspruch reicht, in Lage vor Versäumnis zurückversetzt, in der er sich vor dem Eintritt der Versäumnis befand, § 342 ZPO

Beachte: Die Prüfung der Zulässigkeit eines Einspruchs kann auch in Konstellationen erforderlich sein, in denen der Mandant kein Versäumnisurteil, sondern **einen Vollstreckungsbescheid** vorlegt. Dieser ist einem ersten Versäumnisurteil gemäß § 700 Abs. 1 ZPO gleichgestellt und mithin ebenfalls mit dem Einspruch gemäß §§ 338 ff. ZPO angreifbar.

d) Die Wiedereinsetzung in den vorigen Stand, §§ 233 ff. ZPO

Die Wiedereinsetzung in den vorigen Stand ist eine gerichtliche Entscheidung, durch die eine versäumte Prozesshandlung als rechtzeitig fingiert wird.[393] Insbesondere bei einem Ablauf der **Notfristen zur Verteidigungsanzeige** (§ 276 Abs. 1 S. 1 ZPO) und zur **Einlegung des Einspruchs** (§ 339 ZPO) kann in der Klausur die Prüfung einer Wiedereinsetzung in den vorigen Stand (§§ 233 ff. ZPO) gefordert sein. Aufbautechnisch läuft es dann in der Regel auf eine **Inzidentprüfung der Wiedereinsetzung in den vorigen Stand** im Rahmen der Prüfung der abgelaufenen Frist hinaus. **379**

393 Thomas/Putzo/Hüßtege § 233 Rn. 1.

aa) Zulässigkeitsprüfung

(1) Statthaftigkeit

380 Die Wiedereinsetzung in den vorigen Stand ist gemäß § 233 S. 1 ZPO statthaft bei der **Versäumung von Notfristen** (§ 224 Abs. 1 S. 2 ZPO), darüber hinaus auch bei der Versäumung der **Fristen zur Begründung der Berufung, der Revision, der Nichtzulassungsbeschwerde und der Rechtsbeschwerde** sowie auch der **Wiedereinsetzungsfrist** selbst.

für richtige Spackos

(2) Zuständigkeit, Frist und Form

381 Der Wiedereinsetzungsantrag ist je nach versäumter Prozesshandlung **innerhalb einer Frist von zwei Wochen** oder **binnen Monatsfrist** seit dem Tag, an dem das Hindernis behoben wurde, zu stellen. Von einer Hindernisbehebung ist in dem Zeitpunkt auszugehen, in dem die eingetretene Säumnis hätte erkannt werden können und müssen.[394]

Der Antrag ist in der **für die versäumte Prozesshandlung geltenden Form** bei dem **Gericht** zu stellen, **dem die Entscheidung über die nachgeholte Prozesshandlung zusteht** (§§ 234 Abs. 1, Abs. 2, 236 Abs. 1, 237 ZPO).

(3) Allgemeines Rechtsschutzbedürfnis

382 Wenn die Frist tatsächlich gar nicht versäumt wurde, die versäumte Prozesshandlung überholt ist oder das Versäumnis keine nachteiligen Folgen für den Antragsteller hat, kann diesem das **allgemeine Rechtsschutzbedürfnis** für eine Wiedereinsetzung fehlen.[395]

Beispiel: Der Mandant hat die Frist zur Verteidigungsanzeige (§ 276 Abs. 1 S. 1 ZPO) ohne Verschulden versäumt, kann gegen das bereits im schriftlichen Vorverfahren ergangene Versäumnisurteil nunmehr jedoch fristgerecht Einspruch gemäß § 338 ff. ZPO einlegen.

bb) Begründetheitsprüfung

383 Der Wiedereinsetzungsantrag ist begründet, wenn die Partei **ohne ihr Verschulden daran gehindert** war, eine **Prozesshandlung rechtzeitig vorzunehmen** und sie dieses **glaubhaft macht**.

Dabei kommt als **Hinderungsgrund** jeder Umstand in Betracht, der verhindert hat, dass die fristwahrende Prozesshandlung rechtzeitig vorgenommen wurde.[396] Das Fristversäumnis muss dabei **ursächlich** auf unverschuldeten Umständen beruhen.[397] **Unverschuldet** ist die Verhinderung der Fristwahrung, wenn weder der Partei noch ihrem gesetzlichen Vertreter (§ 51 Abs. 2 ZPO) noch ihrem Bevollmächtigten (§ 85 Abs. 2 ZPO) der Vorwurf vorsätzlichen oder fahrlässigen Verhaltens gemacht werden kann.[398]

> **Beachte:** Ein Fehlen des Verschuldens wird vermutet, wenn eine **Rechtsbehelfsbelehrung** unterblieben oder fehlerhaft ist (§ 233 S.2 ZPO).

394 BGH NJW-RR 2012, 1204; Thomas/Putzo/Hüßtege § 234 Rn. 5.
395 Thomas/Putzo/Hüßtege § 233 Rn. 9.
396 Thomas/Putzo/Hüßtege § 233 Rn. 11.
397 Thomas/Putzo/Hüßtege § 233 Rn. 14.
398 Thomas/Putzo/Hüßtege § 233 Rn. 12.

Der Antragsteller hat die für das Fristversäumnis ursächlichen und unverschuldeten Umstände **glaubhaft zu machen** (§ 236 Abs. 2 S. 1 ZPO). Zu Zwecken der Glaubhaftmachung kann sich eine Partei auf die Strengbeweismittel der ZPO und darüber hinaus auch eine eidesstattlichen Versicherung berufen (§ 294 ZPO).[399]

Eine **klassische Klausurkonstellation** im Bereich der Wiedereinsetzung in den vorigen Stand stellt das aufgrund eines **Büroversehens in der Kanzlei des Prozessbevollmächtigten einer Partei** eintretende Fristversäumnis dar. Insoweit ist zwischen einem Verschulden des Prozessbevollmächtigten und einem Verschulden der angestellten Mitarbeiter des Prozessbevollmächtigten zu unterscheiden. Diese Klausuraufgabe wird Ihnen klassischerweise **nach einem Anwaltswechsel des Mandanten** vorgelegt. 384

Wiedereinsetzung bei Büroversehen in der Kanzlei des Prozessbevollmächtigten?

- Beruht das Versäumnis auf einem **Verschulden des mit der Prozessführung beauftragten Rechtsanwalts** selbst, ist dieses Verschulden **der Partei gemäß § 85 Abs. 2 ZPO zurechenbar**. Eine Wiedereinsetzung in den vorigen Stand scheidet dann aus. Die Partei ist ggf. darauf zu verweisen, den eigenen Prozessbevollmächtigten wegen etwaiger Vermögensnachteile in Regress zu nehmen.
- Beruht das Fristversäumnis hingegen auf einem **Verschulden des Büropersonals des Prozessbevollmächtigten,** führt dieses Verschulden Dritter für die Partei zu einem **unverschuldeten Fristversäumnis** mit der Folge einer Wiedereinsetzungsmöglichkeit. Die Vorschrift des § 85 Abs. 2 ZPO gilt nämlich nur für Verschulden des Bevollmächtigten selbst.[a] Ein **eigenes Verschulden des Prozessbevollmächtigten** kann in diesen Fällen jedoch wiederum in der **Verletzung von Organisations- und Aufsichtspflichten** bestehen, etwa wenn die Tätigkeit nicht hinreichend geschulten oder sich als unzuverlässig erwiesenen Personals nicht kontrolliert wird.[b]

a) Thomas/Putzo/Hüßtege § 233 Rn. 41
b) Vgl. zu der Thematik auch Thomas/Putzo/Hüßtege § 233 Rn. 41, 41a.

cc) Zusammenfassung: Prüfung der Wiedereinsetzung in den vorigen Stand, §§ 233 ff. ZPO

Für die Prüfung der Wiedereinsetzung in den vorigen Stand empfiehlt sich hiernach das folgende Prüfungsschema. 385

Aufbauschema: Antrag auf Wiedereinsetzung in den vorigen Stand, §§ 233 ff. ZPO

I. **Zulässigkeit**

1. **Statthaftigkeit, § 233 S.1 ZPO**

→ Bei Versäumung einer Notfrist, Wiedereinsetzungsfrist oder Frist zur Begründung der Berufung, der Revision, der Nichtzulassungsbeschwerde oder der Rechtsbeschwerde

399 Vgl. oben Rn. 218.

2. **Zuständigkeit des Gerichts, § 237 ZPO**

   → Gericht, das über versäumte Prozesshandlung zu entscheiden hat

3. **Form- und fristgemäße Antragsstellung, §§ 234, 236 ZPO**

   → Fristdauer je nach versäumter Prozesshandlung: Zwei-Wochen-Frist oder Monatsfrist

   → Frist beginnt in dem Zeitpunkt der Hindernisbehebung

   → Schriftlichkeit des Antrags (vgl. etwa §§ 276 I 1, 340 ZPO)

4. **Allgemeines Rechtsschutzbedürfnis**

   → Wenn kein Fristversäumnis, Überholung der versäumten Prozesshandlung oder keine nachteiligen Folgen aufgrund der Versäumung für Antragsteller

II. **Begründetheit**

1. **Verhinderte Fristenwahrung**

   → Keine rechtzeitige Vornahme einer konkreten Prozesshandlung

2. **Ohne Verschulden**

   → Kein Verschulden der Partei, ihrer gesetzlichen Vertreter (§ 51 Abs. 2 ZPO) oder ihrer Bevollmächtigten (§ 85 Abs. 2 ZPO)

   → **(P) Wiedereinsetzung bei Büroversehen in der Kanzlei des Prozessbevollmächtigten?**

3. **Ursächlichkeit des unverschuldeten Umstands für das Fristversäumnis**

   → Fristversäumnis muss allein auf unverschuldeten Umständen beruhen

4. **Glaubhaftmachung, §§ 236 Abs. 2 S. 1, 294 ZPO**

   → Strengbeweismittel und eidesstattliche Versicherung zulässig

Beachte: Die **versäumte Prozesshandlung** ist innerhalb der Wiedereinsetzungsfrist **nachzuholen**. In der Regel geschieht dies zusammen mit dem Wiedereinsetzungsantrag im Rahmen eines einheitlichen Schriftsatzes (z.B. Schriftsätzliche Einlegung eines Einspruchs gegen ein Versäumnisurteil gemäß §§ 338 ff. ZPO kombiniert mit einem Antrag auf Wiedereinsetzung in die Einspruchsfrist gemäß §§ 233 ff. ZPO)

e) Die Erledigung des Rechtsstreits in der Hauptsache

386 Wenn sich dem Aktenauszug entnehmen lässt, dass der **Kläger einen bereits laufenden Rechtsstreit vollständig oder teilweise in der Hauptsache für erledigt erklärt** hat, eröffnet dies Ihnen als Prozessbevollmächtigter des Beklagten letztlich **zwei Reaktionsmöglichkeiten**: Sie können der Erledigungserklärung des Klägers widersprechen oder zustimmen.

> **Aufbauhinweis:** Bei einer Erledigungserklärung sind **zunächst die beiden Reaktionsmöglichkeiten** auf die klägerische Erledigungserklärung darzustellen (Prüfungspunkt: „Prozessuales Gutachten: Rechtsbehelfsprüfung") und sodann darzulegen, dass die **Zweckmäßigkeit des Widerspruchs oder der Zustimmung** von der **Zulässigkeit und Begründetheit der ursprünglichen Klage** sowie dem **Erledigungszeitpunkt** abhängt. Nachfolgend sind die **Zulässigkeit** (Prüfungspunkt: „Prozessuales Gutachten: Zulässigkeitsprüfung") und sodann die **Begründetheit** (Prüfungspunkt „Materiell-Rechtliches Gutachten") der ursprünglichen Klage zu prüfen. Schließlich ist zu **entscheiden**, ob ein Widerspruch oder eine Zustimmung erklärt werden sollte (Prüfungspunkt „Zweckmäßigkeitserwägungen").

aa) Die einseitige bleibende Erledigungserklärung

Zunächst besteht die Möglichkeit, **der Erledigungserklärung des Klägers zu widersprechen**. Die einseitig bleibende Erledigungserklärung wird gemäß § 264 Nr. 2 ZPO als eine stets zulässige Beschränkung des Klageantrags angesehen, wobei das ursprüngliche Klagebegehren umgestellt wird auf das Begehren **festzustellen, dass die ursprüngliche Klage zulässig und begründet** war und durch ein **nach Rechtshängigkeit eingetretenes Ereignis unzulässig oder unbegründet** geworden ist.[400] Das erkennende Gericht wird bei Obsiegen des Klägers feststellen, dass der **Rechtsstreit in der Hauptsache erledigt** ist, und bei Unterliegen des Klägers die Feststellungsklage als unbegründet abweisen.[401] Die Kostenfolge richtet sich nach §§ 91, 92 ff. ZPO.[402] **387**

Die **Verweigerung der Zustimmung** ist aus Beklagtensicht in der Regel dann **zweckmäßig**, wenn die Klage bereits ursprünglich unzulässig oder unbegründet war oder die Erledigung der Hauptsache vor Rechtshängigkeit überhaupt nicht eingetreten ist.

Beispiel: Die Zahlungsklage des Klägers wird am 02.11. bei Gericht eingereicht und dem Beklagten am 14.11. zugestellt. Bereits am 07.11. erfüllt der Beklagte die Klageforderung vollständig durch Zahlung an den Kläger. Der Kläger erklärt den Rechtsstreit daraufhin in der Hauptsache für erledigt. Aus der Sicht des Beklagtenvertreters sollte die Zustimmung zur Erledigung verweigert werden. Das Gericht wird den Kläger dann gemäß § 91 Abs. 1 ZPO zur Kostentragung verurteilen. **Übrigens:** Der Kläger wäre gut beraten gewesen, die Klage zurückzunehmen und eine Beschlussfassung gemäß § 269 Abs. 3 S. 3, Abs. 4 ZPO zu beantragen, respektive eine „Kostenerstattungsklage" zu erheben.[403]

bb) Die übereinstimmende Erledigungserklärung

Alternativ kann sich der Beklagte **der Erledigungserklärung des Klägers anschließen**. Das erkennende Gericht hat dann – soweit die übereinstimmenden Erledigungserklärungen reichen – von einer Entscheidung des Rechtsstreits in der Hauptsache abzusehen und gemäß § 91 a ZPO lediglich **über die Kosten unter Berücksichtigung des bisherigem Sach- und Streitstands nach billigem Ermessen** zu entscheiden. **388**

Zweckmäßig ist ein Anschluss an die klägerische Erledigungserklärung, sofern die ursprüngliche Klage zulässig und begründet gewesen und die Erledigung nach Rechtshängigkeit eingetreten sein sollte. Während ein Widerspruch gegen die Erledigungserklärung dem Mandanten in diesem Fall eine ungünstige Kostenregelung ge-

400 BGH NJW 2014, 2199; Thomas/Putzo/Hüßtege § 91 a Rn. 32 und 33.

401 Thomas/Putzo/Hüßtege § 91 a Rn. 35 und 38.

402 Thomas/Putzo/Hüßtege § 91 a Rn. 39.

403 Vgl. Thomas/Putzo/Hüßtege § 91 a Rn. 36.

mäß §§ 91, 92 ff. ZPO bescheren würde, besteht bei übereinstimmenden Erledigungserklärungen im Rahmen des § 91 a ZPO zumindest die Aussicht, dass **das erkennende Gericht prozessuale Risiken der Klägerseite** im Falle der hypothetischen Prozessdurchführung (z.B. Ungewissheit über den Ausgang einer gedachten Beweisaufnahme bei Beweislast des Klägers hinsichtlich entscheidungserheblicher Tatsachen) berücksichtigt und eine für den Mandanten günstigere Kostenquote beschließt.

Beachte: Auch das **Unterlassen eines Widerspruchs** kann als **Zustimmung des Beklagten** zur Erledigungserklärung des Klägers gelten, wenn der Beklagte zuvor auf diese Folge hingewiesen wurde und den Widerspruch nicht binnen einer Notfrist von zwei Wochen erklärt. (§ 91 a S. 2 ZPO).

f) Die Anhörungsrüge, § 321 a ZPO

389 Eine weitere exotische Einkleidung für Verteidigungsmandate im Klageverfahren ist die Anhörungsrüge gemäß § 321 a ZPO. Sinn und Zweck der Vorschrift ist die Möglichkeit der **Selbstkorrektur der Gerichte** bei unanfechtbaren, die Instanz abschließenden Entscheidungen der Gerichte im Falle der **Verletzung des Anspruchs auf rechtliches Gehör** (Art. 103 Abs. 1 GG).[404]

Die Anhörungsrüge ist **statthaft**, wenn eine gerichtliche Entscheidung mangels Möglichkeiten zur Einlegung von Rechtsmitteln oder Rechtsbehelfen unanfechtbar geworden ist.[405] Sie ist **subsidiär** gegenüber anderen Rechtsschutzmöglichkeiten (§ 321 a Abs. 1 S. 1 Nr. 1 ZPO).[406] Die Gehörsrüge ist innerhalb einer **Notfrist von zwei Wochen nach Kenntnis von der Verletzung rechtlichen Gehörs zu erheben** (§ 321 a Abs. 2 S. 1 ZPO), und zwar gegenüber dem Gericht, das den Anspruch auf rechtliches Gehör verletzt haben soll (§ 321 a Abs. 2 S. 4 ZPO). Die Anhörungsrüge ist **begründet, wenn der Anspruch auf rechtliches Gehör verletzt wurde und die angegriffene Entscheidung hierauf beruht** (§ 321 a Abs. 1 ZPO).[407] Das erkennende Gericht wird der Rüge in diesem Fall abhelfen und das Verfahren fortführen (§ 321 a Abs. 5 ZPO).

Beispiel: Gegen den Mandanten ergeht ein Versäumnisurteil gemäß § 331 ZPO. Der Streitwert beträgt 500,00 €. Ein rechtzeitiger Einspruch des Mandanten wurde am letzten Tag der Einspruchsfrist zu Unrecht durch Urteil als unzulässig verworfen. Eine vorherige Anhörung des Mandanten zu der beabsichtigten Verwerfung des Einspruchs erfolgte nicht.

Das Urteil verletzt den Beklagten in seinem Anspruch auf rechtliches Gehör. Der Rechtsbehelfsführer ist vor einer Verwerfung des Einspruchs als unzulässig durch Verwerfungsurteil gemäß § 341 Abs. 1 S. 2, Abs. 2 ZPO zwingend zu hören.[408] Ein **neuerlicher Einspruch gegen das Versäumnisurteil** wäre wegen Versäumnis der Einspruchsfrist inzwischen unzulässig. Die **Berufung gegen das Versäumnisurteil** gemäß § 514 Abs. 2 ZPO ist nicht statthaft, da es sich nicht um ein zweites Versäumnisurteil gemäß § 345 ZPO handelt. Die **Berufung gegen das Verwerfungsurteil** gemäß § 341 Abs. 1 S. 2, Abs. 2 ZPO kommt mangels Erreichens der Berufungsbeschwer von mehr als 600,00 € (§ 511 Abs. 2 Nr. 1 ZPO) nicht in Betracht. Es bleibt lediglich die Erhebung der **Anhörungsrüge** gemäß § 321 a ZPO.

390 Die Umsetzung der Anhörungsrüge im praktischen Teil kann am Beispiel des vorstehenden Fallbeispiels etwa wie folgt aussehen:

404 Thomas/Putzo/Reichold § 321 a Rn. 1.
405 Thomas/Putzo/Reichold § 321 a Rn. 2.
406 Thomas/Putzo/Reichold § 321 a Rn. 2a.
407 Thomas/Putzo/Reichold § 321 a Rn. 14.
408 Vgl. oben Rn. 263.

Formulierungsbeispiel: Anträge bei Anhörungsrüge gemäß § 321 a ZPO

Namens und in Vollmacht des Beklagten erhebe ich Anhörungsrüge gemäß § 321 a ZPO mit den folgenden Anträgen:

1. ***Der Prozess vor dem … wird fortgeführt.***
2. ***Das Urteil … und das Versäumnisurteil vom … werden aufgehoben und die Klage wird abgewiesen.***
3. ***Die Zwangsvollstreckung aus dem Urteil vom … und dem Versäumnisurteil vom … wird ohne Sicherheitsleistung, hilfsweise gegen Sicherheitsleistung, vorläufig eingestellt.***

2. Die Zulässigkeit der Klage

a) Allgemeines zur Zulässigkeitsprüfung

Im Rahmen des prozessualen Gutachtens ist zudem darauf einzugehen, ob die **Klage** 391
überhaupt zulässig ist. Zu behandeln sind dabei sämtliche Aspekte, die der Zulässigkeit der jeweiligen Klage entgegenstehen können. Ob Sie die Unzulässigkeit der Klage dann im Einzelnen auch tatsächlich rügen, ist dagegen eine **Frage der Zweckmäßigkeit**, auf die erst nach dem materiell-rechtlichen Gutachten einzugehen ist.

Beispiel: Wird ein **an sich unzuständiges Gericht** mit der Klage angerufen, kann es im Interesse des Mandanten sein, die fehlende Zuständigkeit des Gerichts nicht zu rügen (§ 282 Abs. 3 ZPO) und sich stattdessen **rügelos zur Sache einzulassen** (§ 39 ZPO). Dies gilt etwa dann, wenn der Mandant trotz einer anderslautenden Gerichtsstandsvereinbarung im allgemeinen Gerichtsstand verklagt wird.[409]

Besondere Aufmerksamkeit erfordern beim Verteidigungsmandat im Klageverfahren 392
die zu bildenden Obersätze. Ein solcher kann im Punkte der Zulässigkeit der Klage etwa wie folgt lauten:

Formulierungsbeispiel: Obersatz zur Prüfung der Zulässigkeit der Klage

Möglicherweise kann die Unzulässigkeit der Klage gerügt werden.

Beachte: Ein Obersatz wie beispielsweise ***„Die Klage müsste auch zulässig sein."*** wäre demgegenüber grob fehlerhaft. Denn als Beklagtenvertreter haben Sie kein Interesse an einer zulässigen Klage. Aus der Perspektive des Beklagten geht es stattdessen in erster Linie darum, die Klage „kaputt" zu machen, indem Sie die **Unzulässigkeit der Klage rügen**. Achten Sie dabei in sprachlicher Hinsicht darauf, dass die Unzulässigkeit der Klage zu rügen ist und nicht deren Zulässigkeit. Es wird insoweit auf den Wortlaut der amtlichen Überschrift des § 532 ZPO hingewiesen.

b) Obligatorisches Streitschlichtungsverfahren, § 15 a EGZPO

Sollte ein im Einzelfall erforderliches **obligatorisches Streitschlichtungsverfahren** 393
gemäß § 15 a EGZPO unterblieben sein, führt dies **stets zu einer Unzulässigkeit der Klage**. Anders als bei sonstigen Zulässigkeitsvoraussetzungen kommt es nicht darauf an, ob die Voraussetzung im Zeitpunkt der letzten mündlichen Verhandlung vorliegt oder nicht. Eine **Nachholung der außergerichtlichen Streitschlichtung**

409 Vgl. hierzu unten Rn. 420.

nach Klageerhebung ist nämlich **nicht geeignet, den Zulässigkeitsmangel zu beseitigen.**[410]

> **Beachte:** § 15 a EGZPO ist im **Thomas/Putzo** kommentiert! Sie finden hier auch Angaben darüber, welche Bundesländer in welchem Umfang von der Kompetenz zur Schaffung eines Streitschlichtungsgesetzes Gebrauch gemacht haben.

c) Veräußerung oder Abtretung der Streitsache, § 265 Abs. 2 S. 1 ZPO

394 Im Falle einer **Veräußerung der Streitsache oder einer Abtretung der streitbefangenen Forderung** durch den Kläger, ist zu differenzieren.

Verfügung vor oder nach Eintritt der Rechtshängigkeit?

- Erfolgt die **Verfügung vor Eintritt der Rechtshängigkeit,** steht dies der Zulässigkeit der Klage entgegen, sofern nicht die Voraussetzungen einer **gewillkürten Prozessstandschaft** vorliegen.[a]
- Erfolgt hingegen **die Verfügung erst nach Eintritt der Rechtshängigkeit**, bleibt der Kläger aufgrund der **gesetzlichen Prozessstandschaft** des § 265 Abs. 2 S. 1 ZPO prozessführungsbefugt und die Klage zulässig. In diesem Fall kann dann allein die **Unschlüssigkeit der Klage gerügt** werden, sofern der neue Rechteinhaber dem Kläger keine Einziehungsermächtigung erteilt oder der Kläger seinen Leistungsantrag nicht zumindest auf Leistung an den neuen Rechteinhaber umgestellt hat.

a) Vgl. oben Rn. 90–92.

IV. Materiell-rechtliches Gutachten

395 An die Prüfung des prozessualen Gutachtens schließt sich die **Prüfung des materiell-rechtlichen Gutachtens** an. Spiegelbildlich zum Angriffsmandat im Klageverfahren sind in diesem Rahmen Erwägungen zur **Schlüssigkeit des klägerischen Vorbringens**, zur **Erheblichkeit des Mandantenvorbringens** und zur **Beweissituation** anzustellen.

> **Beachte:** Es liegt in der Natur der Sache, dass sich die Interessen des Mandanten im Verteidigungsmandat **konträr** zu den Interessen des Mandanten im Angriffsmandat darstellen. Insoweit ist also ein grundlegendes Umdenken vonnöten!

396 Der Obersatz für das materiell-rechtliche Gutachten kann beispielsweise wie folgt formuliert werden:

> ***Formulierungsbeispiel: Obersatz für das materiell-rechtliche Gutachten***
>
> *Es ist nachfolgend zu prüfen, ob die Unschlüssigkeit der Klage mit Erfolg gerügt oder zumindest Erhebliches gegen das Vorbringen des Klägers vorgetragen werden kann und wie sich die Beweissituation darstellt.*

410 Vgl. oben Rn. 83–84.

Beachte: Bei der Formulierung des Obersatzes ist – wie bereits bei der Prüfung der Zulässigkeit der Klage – darauf zu achten, dass der Beklagtenvertreter **keinerlei Interesse an einer schlüssigen Klage** hat. Stattdessen geht darum, die Unschlüssigkeit der Klage zu rügen. Ein Obersatz wie ***„Die Klage müsste schlüssig sein"*** verbietet sich demnach!

1. Prüfung der Schlüssigkeit

Im Rahmen der Schlüssigkeitsprüfung ist zunächst zu untersuchen, ob das tatsächli- 397
che Vorbringen des Klägers für sich betrachtet geeignet ist, die in der Klageschrift angekündigten Anträge zu rechtfertigen. Hieran fehlt es insbesondere dann, wenn **das klägerische Vorbringen unsubstantiiert** ist (z.B. keine Aufschlüsselung der Schadensbeträge bei einer Schadensersatzklage).

Bei der Prüfung der in Betracht kommenden Anspruchsgrundlagen dürfen Sie sich dann nicht lediglich auf etwaige aus der Klageschrift ersichtliche Anspruchsgrundlagen beschränken. Das mit der Klage verfolgte Begehren ist vielmehr unter jedem rechtlichen Gesichtspunkt zu untersuchen, sodass auch **sämtliche in Betracht kommenden Anspruchsgrundlagen** zu begutachten sind.

Im Gutachten alle Ansprüche prüfen
– in den Schriftsatz nur die vom Kläger erwähnten

Beachte: Hingegen ist es in der Regel **nicht zweckmäßig**, sich mit Anspruchsgrundlagen, die von der Klägerseite selbst nicht in der Klageschrift benannt werden, explizit im Rahmen der Klageerwiderung auseinanderzusetzen. Denn es ist **sicher nicht Ihre Aufgabe als Beklagtenvertreter**, die Klägerseite und das Gericht auf weitere mögliche Anspruchsgrundlagen für die materiell-rechtlichen Ansprüche des Klägers aufmerksam zu machen. Das **Gericht ist aber ohnehin nicht an das rechtliche Vorbringen der Parteien gebunden** („iura novit curia"). Sollte das Gericht also von sich aus andere als die von den Parteien im Rahmen der Schriftsätze diskutierten Anspruchsgrundlagen für einschlägig halten, hat es die Parteien **hierauf rechtzeitig hinzuweisen** (§ 139 Abs. 2 ZPO). Als Beklagtenvertreter kann dann notfalls ein Schriftsatznachlass beantragt (§ 139 Abs. 5 ZPO) und weiter zur Sache vorgetragen werden.

Sofern das tatsächliche Vorbringen des Klägers darüber hinaus **weitere mit der Kla- 398
ge bislang nicht verfolgte materiell-rechtliche Ansprüche des Klägers** rechtfertigen sollte, haben Sie sich im Rahmen der Begutachtung auch diesen zu widmen.

Beachte: Im Rahmen der **Zweckmäßigkeit** ist dann darauf einzugehen, wie auf eine mögliche nachträgliche Anspruchshäufung (§ 260 ZPO) durch den Kläger reagiert werden kann. Denkbar ist etwa eine Verweigerung der Einwilligung in eine Klageänderung (§ 263 Alt. 1 ZPO) oder ggf. eine Rüge hinsichtlich einer Nichteinhaltung der Fristen für Schriftsätze (§ 132 Abs. 1 ZPO).

2. Prüfung der Erheblichkeit

Spiegelbildlich zur Konstellation des Angriffsmandats ist weiter zu überprüfen, ob für 399
den Mandanten Erhebliches gegen die Klageforderung eingewendet werden kann. Dies kann durch **Bestreiten der anspruchsbegründenden Tatsachen** („Unselbstständige Verteidigung") oder ein **Vorbringen der anspruchshindernden, anspruchsvernichtenden** oder **anspruchshemmenden Tatsachen** („Selbstständige Verteidigung") geschehen.

Im Falle eines substantiierten klägerischen Vorbringens (z.B. der Kläger belegt seine Unfallschäden durch ein privat eingeholtes Kfz-Schadensgutachten) genügt ein **ein-**

faches Bestreiten nicht. Erforderlich ist dann ein **qualifiziertes Bestreiten**, wobei die Substantiierungslast auf Beklagtenseite im Einzelnen von dem Detailreichtum des klägerischen Vorbringens abhängt.[411] Sind die von der Klägerseite behaupteten Tatsachen weder eigene Handlungen des Beklagten noch Gegenstand seiner Wahrnehmung, kann sich der beklagte Mandant auf eine **Erklärung mit Nichtwissen** (§ 138 Abs. 4 ZPO) beschränken.

> **Beachte:** Ein Nichtbestreiten führt ggf. zur **Fiktion eines Zugeständnisses** der Tatsachenbehauptung der anderen Partei (§ 138 Abs. 3 ZPO). Mit Rücksicht auf die **prozessuale Wahrheitspflicht** (§ 138 Abs. 1 ZPO) dürfen gleichwohl lediglich Tatsachenbehauptungen des Klägers, die auch der Mandant bestreitet, von Ihnen bestritten werden!

Sinnvoll auf Rspr zu verweisen weil Kostenrisiko, keinen Meinungsstreit!

400 Beim **Streit über Rechtsfragen** haben Sie als Interessenvertreter wie gewohnt im Sinne des Mandanten zu argumentieren. Dabei ist auch für den Beklagtenvertreter zwingend das **„Gebot des sichersten Weges"** zu beachten.[412] Wenn eine vertretbare Argumentation für den Mandanten nicht im Einklang mit der höchst- oder obergerichtlichen Rspr. steht, ist der Mandant daher zumindest auf die einhergehenden **Risiken einer streitigen Durchführung des Rechtsstreits** hinzuweisen. Aus Beklagtensicht geht es insoweit häufig um das Kostenrisiko, das sich aus dem Vergleich eines Unterliegens nach streitiger Prozessbeendigung einerseits und kostengünstigeren Möglichkeiten einer Prozessbeendigung andererseits (z.B. Versäumnisurteil, Anerkenntnisurteil) ergibt.

> **Aufbauhinweis:** Im **zweischichtigen Gutachten** gehört der Streit über Rechtsfragen in die Klägerstation. In die Beklagtenstation gehört lediglich der Streit über Tatsachen.

401 Aus Beklagtensicht ist aber nicht nur eine Auseinandersetzung mit den bereits eingeklagten klägerischen Ansprüchen erforderlich. Darüber hinaus gilt es auch, etwaige **Gegenansprüche des Mandanten materiell-rechtlich zu überprüfen**. Häufig werden dem Mandanten nämlich Gegenansprüche zustehen. Ob und ggf. wie (Aufrechnung, Zurückbehaltungsrecht, Widerklage) diese Gegenansprüche in den Rechtsstreit eingeführt werden sollten, ist dann im Rahmen der **Zweckmäßigkeit** zu erörtern. Hierbei handelt es sich häufig um das „Herzstück" des Verteidigungsmandats im Klageverfahren.

> **Aufbauhinweis:** Die Gegenansprüche des Mandanten sollten im **einschichtigen Aufbau** gesondert nach den Ansprüchen des Klägers untersucht werden. Im **zweischichtigen Aufbau** findet die Prüfung im Rahmen der Beklagtenstation nach der Auseinandersetzung mit den Ansprüchen des Klägers statt.

3. Prüfung der Beweislage und Prognose des Beweisergebnisses

402 Wiederum spiegelbildlich zum Angriffsmandat im Klageverfahren hat auch der Beklagtenvertreter **Erwägungen zur Beweislage sowie eine Prognose des zu erwartenden Beweisergebnisses** zu leisten. Als Vorarbeit für die Prognose sind die für die Entscheidung des Rechtsstreits erwartungsgemäß maßgeblichen streitigen Tatsachen im Einzelnen auf die **Verteilung der Beweislast, die Beweisbedürftigkeit und die vorhandenen Beweis- und Gegenbeweismittel** hin zu prüfen.[413]

---

411 BGH NJW 2015, 468; Thomas/Putzo/Seiler § 138 Rn. 12.

412 Vgl. oben Rn. 33.

413 Vgl. oben Rn. 37–71.

> **Aufbauhinweis:** Im **einschichtigen Aufbau** findet die Prüfung der Beweissituation am jeweiligen Tatbestandsmerkmal statt, im **zweischichtigen Aufbau** demgegenüber in der gesondert zu prüfenden Beweisstation.

Den Ausgangspunkt der Überlegungen bilden die **mit der Klage verfolgten Ansprüche des Klägers**. Sofern die Beweislast für streitige Tatsachenbehauptungen beim Kläger liegt, ist zu prüfen, ob dem Mandanten **Gegenbeweismittel zur Verfügung stehen** und hierdurch **„Gegenbeweis"** angeboten werden kann. Dies gilt aus anwaltlicher Vorsicht unabhängig davon, ob der Kläger seinerseits überhaupt Beweisangebote unterbreitet hat oder nicht. Trägt hingegen der Mandant die Beweislast für (erwartungsgemäß) streitige Tatsachenbehauptungen, sind in Betracht kommende Beweismittel als **„Beweis"** anzubieten. Die Ausführungen haben dann – unabhängig von der Verteilung der Beweislast – einzumünden in die prognostische Feststellung, ob sich die **Beweissituation als gut, offen oder schlecht** darstellt. 403

> **Beachte:** Wird **„Gegenbeweis"** oder **„Beweis unter Protest gegen die Beweislast"** oder auch **„Beweis unter Verwahrung gegen die Beweislast"** angeboten, wird hierdurch kenntlich gemacht, dass die Beweislast für eine streitige Tatsachenbehauptung aufseiten des Prozessgegners gesehen wird.

> ***Formulierungsbeispiel: Gegenbeweismittel***
>
> *Der Kläger hat gegen den Beklagten keinen Anspruch aus § 823 Abs. 1 BGB. Der Beklagte hat den Kläger entgegen dem Vorbringen des Klägers vor allem nicht geschlagen, gewürgt oder auf andere Art und Weise in seiner körperlichen Integrität verletzt.*
>
> ***Beweis (unter Verwahrung gegen die Beweislast):*** *Zeugnis des Herrn Jonas Meier, Kurzer Weg 4, 21357 Bardowick*

Nachfolgend ist ebenso mit etwaigen **Gegenansprüchen des Mandanten** zu verfahren. Hier wird allerdings regelmäßig der Mandant die Beweislast für die anspruchsbegründenden Tatsachen und der Kläger die Beweislast für die seinen Einwendungen und Einreden zugrunde liegenden Tatsachen tragen. 404

V. Zweckmäßigkeitserwägungen

Auch im Rahmen des Verteidigungsmandats im Klageverfahren erweisen sich die prozesstaktischen Erwägungen als im **besonderen Maße bedeutsam für den Klausurerfolg**. In Abhängigkeit von dem Ergebnis des prozessualen und materiell-rechtlichen Gutachtens ist dem Mandanten in aller Regel die Verteidigung gegen die Klage anzuraten. 405

1. Fehlende Erfolgsaussichten einer Verteidigung gegen die Klage

Sollte sich eine **Rechtsverteidigung gegen die Klage ausnahmsweise als aussichtslos darstellen** und dem Mandanten auch eigene Ansprüche gegen den Kläger nicht zustehen, ist dem Mandanten der **kostengünstigste Weg zur Beendigung des Rechtsstreits** aufzuzeigen. Die unterschiedlichen Reaktionsmöglichkeiten sind dann in der Klausur gegeneinander abzuwägen. Im Folgenden wird bei der Darstellung der Kostenerwägungen von einem **Rechtsstreit vor den Landgerichten und mithin einem bestehenden Anwaltszwang** ausgegangen (§ 78 Abs. 1 S. 1 ZPO). 406

a) Sofortiges Anerkenntnis der Klageforderung (unter Verwahrung gegen die Kostenlast)

407 Der vorteilhafteste – weil kostengünstigste – Weg ist das **vollständige Anerkenntnis der Klageforderung unter Verwahrung gegen die Kostenlast**. Das Gericht wird daraufhin durch Anerkenntnisurteil (§ 307 ZPO) entscheiden und **ggf. dem Kläger die Kosten des Rechtsstreits gemäß § 93 ZPO** auferlegen.

Eine Befreiung des Mandanten von der Kostenlast kommt auf diesem Wege jedoch nur dann in Betracht, wenn der Mandant **keine Veranlassung zur Klage gegeben** hat. Häufig wird der Mandant indessen auf eine **vorgerichtliche Leistungsaufforderung** des Klägers nicht reagiert haben und sich womöglich auch bereits in **Schuldnerverzug** befinden. Eine Kostenentscheidung i.S.d. § 93 ZPO scheidet dann zumeist aus.

408 Sofern der Mandant **eine unbedingt geforderte Leistung hingegen nur Zug-um-Zug zu leisten verpflichtet** ist, ist in einer vorgerichtlichen Leistungsverweigerung keine Veranlassung zur Klage zu sehen, wenn der Mandant **vorgerichtlich lediglich zur unbedingten Leistung aufgefordert** worden ist. Die Klageforderung kann dann mit der Maßgabe anerkannt werden, dass der Mandant lediglich zur Leistung Zug-um-Zug verurteilt wird. Auch bei einem solchen **„beschränkten Anerkenntnis"** kann der Mandant die für ihn günstige Kostenfolge des § 93 ZPO erreichen.[414]

> **Beachte:** Die **Anzeige der Verteidigungsabsicht gemäß § 276 Abs. 1 S. 1 ZPO** steht einem sofortigen Anerkenntnis mit der Kostenfolge des § 93 ZPO grundsätzlich nicht entgegen. Allerdings darf noch kein **Sachantrag auf Klageabweisung gestellt** worden sein und das **Anerkenntnis muss innerhalb der Frist zur Klageerwiderung** gemäß § 276 Abs. 1 S. 2 ZPO erfolgen.[415]

b) Anerkenntnis der Klageforderung in anderen Fällen

409 Kommt eine Kostenentscheidung gemäß § 93 ZPO nicht mehr in Betracht, ist von einem **vollständigen Anerkenntnis der Klageforderung in aller Regel abzuraten**.

Der Vorteil eines Anerkenntnisurteils gemäß § 307 ZPO liegt dann für den Mandanten allein in einer **Reduzierung der Gerichtskosten**.[416] Eine **Reduzierung der Anwaltskosten tritt demgegenüber nicht ein**.[417] Insbesondere fällt auch die anwaltliche Terminsgebühr selbst dann an, wenn das Anerkenntnis ohne mündliche Verhandlung (§ 307 S. 2 ZPO) erklärt wird.

In der Regel sind die von dem Mandanten zu tragenden Kosten im Falle eines gegen ihn ergehenden Versäumnisurteils oder einer Klaglosstellung des Klägers (zu beidem sogleich) geringer.

c) Provokation eines Versäumnisurteils oder Vollstreckungsbescheids

Flucht in die Säumnis?

410 Wenn die Voraussetzungen des § 93 ZPO nicht vorliegen, sind unter Kostengesichtspunkten in aller Regel das Unterlassen einer Rechtsverteidigung und die hiermit einhergehende **Provokation eines Versäumnisurteils** gegenüber einem Anerkenntnis der Klageforderung vorzugswürdig.

---

414 Thomas/Putzo/Hüßtege § 93 Rn. 8a.

415 BGH RÜ2 2016, 195; Thomas/Putzo/Hüßtege, § 93 Rn. 9.

416 An sich sind für ein Klageverfahren 3,0 Gerichtsgebühren (Nr. 1210 KV GKG) zu entrichten. Im Falle eines vollständigen Anerkenntnisses fällt demgegenüber lediglich eine 1,0 Gebühr (Nr. 1211 KV GKG) an.

417 Der Rechtsanwalt verdient im Klageverfahren üblicherweise eine 1,3 Verfahrensgebühr (Nr. 3100 VV RVG) sowie eine 1,2 Terminsgebühr (Nr. 3104 VV RVG).

- Bei einer Entscheidung durch Versäumnisurteil tritt zwar **keine Reduzierung der Gerichtskosten** ein.[418] Die Entscheidung durch Versäumnisurteil geht in aller Regel jedoch mit einer **Reduzierung der Anwaltskosten** einher.[419] Dies gilt unabhängig davon, ob das Versäumnisurteil im Rahmen eines Verhandlungstermins (§ 331 Abs. 2 ZPO) oder im Rahmen des schriftlichen Vorverfahrens ohne mündliche Verhandlung (§ 331 Abs. 3 ZPO) ergeht.
- Theoretisch besteht natürlich auch die Möglichkeit, dass das Gericht eine Klage – entgegen der eigenen Einschätzung als Beklagtenvertreter – als **(teilweise) unschlüssig** ansieht und die Klage aus diesem Grunde **(teilweise) durch „unechtes Versäumnisurteil" abweist**. Im Falle eines Anerkenntnisses ist eine etwaige (teilweise) Unschlüssigkeit der Klage hingegen nicht weiter gerichtlich zu überprüfen, sondern der Mandant wie von ihm anerkannt zu verurteilen.

Sollte bereits **gemäß § 276 Abs. 1 S. 1 ZPO die Verteidigungsabsicht** angezeigt worden sein, ist daran zu denken, dass diese Prozesserklärung bis zur Anberaumung eines Termins zur mündlichen Verhandlung **widerruflich** ist.[420] Dies ebnet prozessual den Weg zu einem Versäumnisurteil im schriftlichen Vorverfahren, wohingegen das Gericht anderenfalls Termin zur mündlichen Verhandlung anzuberaumen und die Klägerseite einen Antrag auf Erlass eines Versäumnisurteils im Rahmen dieses Termins zu stellen hat. 411

Beachte: Ein **in dem Termin zur mündlichen Verhandlung ergehendes Versäumnisurteil** kann mit **Mehrkosten für den Mandanten** verbunden sein.[421] Trotzdem kann sich die Erklärung der Verteidigungsabsicht oder die Unterlassung eines Widerrufs der Verteidigungsanzeige im Einzelfall als zweckmäßig erweisen, weil im Falle eines Versäumnisurteils gemäß § 331 Abs. 2 ZPO im Vergleich zu einem Versäumnisurteil gemäß § 331 Abs. 3 ZPO die **gerichtliche Entscheidung nicht unerheblich hinausgezögert** wird. Der Mandant gewinnt auf diesem Wege wertvolle Monate, um etwas gegen seine eventuell fehlende Liquidität zu unternehmen, bevor der Kläger ihn im Wege der Zwangsvollstreckung aus dem Versäumnisurteil in Anspruch nehmen kann.

Hat der Mandant **Widerspruch gegen den Anspruch aus einem Mahnbescheid erhoben** und liegt zwischenzeitlich die nach Übergang in das streitige Klageverfahren gefertigte Anspruchsbegründung der Klägerseite vor, so ist daran zu denken, dass auch der im Rahmen des gerichtlichen Mahnverfahrens erhobene **Widerspruch zurückgenommen werden kann** (§ 697 Abs. 4 ZPO). 412

Soweit die Anspruchsbegründung der Klägerseite keine Erweiterung des Anspruchs gegenüber dem gerichtlichen Mahnverfahren bedeutet, bewirkt die Rücknahme des Widerspruchs den **vollständigen Wegfall der Rechtshängigkeit der Streitsache im Klageverfahren**. Der Kläger kann daraufhin als Antragsteller das gerichtliche Mahnverfahren fortsetzen und den Erlass eines Vollstreckungsbescheids gegen den

418 Es bleibt dann bei den zu zahlenden 3,0 Gebühren (Nr. 1210 KV GKG).

419 In der Regel stehen dem Klägervertreter dann eine 1,3 Verfahrensgebühr (Nr. 3100 VVRVG) sowie eine reduzierte 0,5 Terminsgebühr (Nr. 3105 VV RVG) zu. Der Beklagtenvertreter erhält demgegenüber lediglich eine reduzierte 0,8 Verfahrensgebühr (Nr. 3101 Nr. 1 VV RVG) oder – wenn eine Legitimation für den Rechtsstreit nicht erfolgt – eine Beratungsgebühr (§ 34 Abs. 1 RVG).

420 Thomas/Putzo/Reichold § 331 Rn. 1.

421 Das Versäumnisurteil im schriftlichen Vorverfahren kann unter Umständen kostengünstiger sein, weil für die Wahrnehmung eines Termins durch die Klägerseite anwaltliche Reise- und Abwesenheitsgelder (Nr. 7003–7005 VV RVG) oder aber weitere Kosten für einen am Gerichtsort ansässigen unterbevollmächtigten Terminsvertreter (Nr. 3400 ff. VV RVG) anfallen können. Auch ist von dem Mandanten an den eigenen Rechtsanwalt für eine in Prozessen vor den Landgerichten erforderliche anwaltliche Anzeige der Verteidigungsabsicht jedenfalls eine 0,8 Verfahrensgebühr (Nr. 3101 VV RVG) zu zahlen.

Mandanten als Antragsgegner beantragen, sofern dieser die verfahrensgegenständliche Forderung nicht zuvor ausgleicht.

Beachte: Die von dem Mandanten **bei Rücknahme eines Widerspruchs** gegen den Anspruch laut Mahnbescheid **an den Gegner zu erstattenden Kosten** sind in der Regel **sogar noch geringer** als im Falle eines **gegen den Mandanten ergehenden Versäumnisurteils** im Klageverfahren.[422] Dies lässt sich vor allem auf eine Reduzierung der Gerichtskosten sowie den Wegfall anwaltlicher Reise- und Abwesenheitsgelder zurückführen.[423]

413 Auch ein bereits **eingelegter Einspruch gegen ein Versäumnisurteil oder gegen einen Vollstreckungsbescheid** (§ 700 Abs. 1 ZPO) ist **rücknahmefähig** (§ 346 ZPO).

d) Klaglosstellung des Klägers

414 Eine weitere Möglichkeit zur Reaktion auf eine vollumfänglich begründete Leistungsklage besteht darin, den Kläger **durch Erfüllung der eingeklagten Klageforderung** (einschließlich etwaiger Nebenforderungen und der Kosten des Rechtsstreits) **klaglos zu stellen**.

- Sinnvollerweise sollte dieses Vorgehen mit einem Schriftsatz des Beklagtenvertreters an das Gericht einhergehen, mit welchem die **Erfüllung** der streitgegenständlichen Ansprüche **vorgetragen** und die Klägerseite aus Gründen der Praktikabilität und zur Geringhaltung der Kosten um **eine Klagerücknahme gebeten** wird.[424] Es sollte auch bereits ein **Verzicht auf die Durchführung eines Kostenfestsetzungsverfahrens** (§§ 104 ff. ZPO) erklärt werden, weil der Kläger im Falle der von Beklagtenseite angestrebten Klagerücknahme wegen § 269 Abs. 3 S. 2 ZPO formell die Kosten des Rechtsstreits zu tragen haben und sich ohne einen Verzicht des Beklagten auf eine Kostenerstattung daher nicht auf eine Klagerücknahme einlassen wird.
- Erklärt der Kläger dann stattdessen **den Rechtsstreit in der Hauptsache für erledigt**, hat sich der Beklagte einer solchen Erledigungserklärung – wegen Nr. 1211 Nr. 4 KV GKG zweckmäßigerweise unter Abgabe einer Kostenübernahmeerklärung – anzuschließen. Insoweit ergeben sich **im Vergleich zur Klagerücknahme geringfügig höhere Kosten** für den Mandanten.[425]

---

422 Der Rechtsanwalt auf Klägerseite verdient für den Mahnbescheidsantrag eine 1,0 Verfahrensgebühr (Nr. 3305 VV RVG), für die Anspruchsbegründung eine 1,3 Verfahrensgebühr (Nr. 3100 VV RVG) unter vollständiger Anrechnung der Gebühr für den Mahnbescheidsantrag sowie für den Vollstreckungsbescheidsantrag eine 0,5 Verfahrensgebühr (Nr. 3308 VV RVG) bei doppelter Auslagenpauschale (Nr. 7002 VV RVG). An Gerichtskosten fallen lediglich 1,0 Gebühren an (Nr. 1211 KV GKG). Der Rechtsanwalt auf Beklagtenseite verdient bei der Rücknahme des Widerspruchs eine Beratungsgebühr (§ 34 Abs. 1 RVG) oder bei Tätigwerden nach außen eine 0,5 Verfahrensgebühr (Nr. 3307 VV RVG).

423 An sich sind für ein Klageverfahren 3,0 Gerichtsgebühren (Nr. 1210 KV GKG) zu entrichten. Im Falle einer Rücknahme des Widerspruchs gegen den Anspruch laut Mahnbescheid fällt demgegenüber lediglich eine 1,0 Gebühr (Nr. 1211 KV GKG) an. Das gerichtliche Mahnverfahren ist ein rein schriftliches gerichtliches Verfahren, sodass anders als im Klageverfahren keine anwaltlichen Reise- oder Abwesenheitsgelder (Nr. 7003–7005 VV RVG) anfallen können.

424 Es würden dann lediglich Gerichtskosten in Höhe von 1,0 Gebühren (Nr. 1211 Nr. 4 VV GKG), für den Klägervertreter die anwaltliche 1,3 Verfahrensgebühr (Nr. 3100 VV RVG) und für den Beklagtenvertreter die reduzierte anwaltliche 0,8 Verfahrensgebühr (Nr. 3101 Nr. 1 VV RVG) anfallen. Terminsgebühren würden für die anwaltlichen Prozessbevollmächtigten hingegen nicht entstehen, sofern nicht bereits mündlich verhandelt worden ist und keine telefonische Besprechung der beteiligten Rechtsanwälte zur Regelung des Rechtsstreits stattgefunden hat.

425 Auch in diesem Fall entstehen lediglich 1,0 Gerichtsgebühren (vgl. Nr. 1211 Nr. 4 VV GKG) und für den Klägervertreter eine 1,3 Verfahrensgebühr (Nr. 3100 VV RVG). Da die Zustimmung des Beklagtenvertreters mit einer Erledigung des Rechtsstreits richtigerweise aber wohl als Sachantrag zu werten ist (vgl. Gerold/Schmidt-Müller-Rabe, RVG, 23. Aufl. 2017, VV 3101 Rn. 31), entsteht für den Beklagtenvertreter anders als bei der Klagerücknahme allerdings eine 1,3 Verfahrensgebühr (Nr. 3100 VV RVG). Anwaltliche Terminsgebühren entstehen auch bei übereinstimmenden Erledigungserklärungen grundsätzlich nicht (vgl. BGH NJW 2008, 668).

Der **Kostenvorteil einer Klaglosstellung entfällt in Betreff der Anwaltskosten** allerdings, wenn die beiderseits legitimierten Prozessbevollmächtigten ein Vorgehen im Wege der Klaglosstellung (telefonisch) vorbesprechen. Denn auch eine (telefonische) Besprechung der anwaltlichen Prozessbevollmächtigten über die Beendigung eines Rechtsstreits ohne mündliche Verhandlung löst die 1,2 Terminsgebühr (Nr. 3104 VV RVG) sowie ggf. sogar auch noch eine 1,0 Einigungsgebühr (Nr. 1003 VV RVG) aus.

Beachte: Die Klaglosstellung ist die gegenüber dem Anerkenntnis und der Provokation eines Versäumnisurteils **unter reinen Kostengesichtspunkten vorzugswürdige Handlungsvariante**, begegnet in der Praxis jedoch nicht selten dem Hindernis einer fehlenden Liquidität des Mandanten.

e) Fazit: Reaktion auf eine voll begründete Klage

- Vorzugswürdig ist bei Vorliegen der Voraussetzungen stets das **sofortige Anerkenntnis mit der Kostenfolge des § 93 ZPO** zugunsten des Mandanten. 415
- Liegen die Voraussetzungen des § 93 ZPO hingegen nicht vor, ist **bei bestehender Liquidität des Mandanten** unter reinen Kostengesichtspunkten gewöhnlich der **Weg einer Klaglosstellung** anzuraten.
- Sollte der Mandant **Zahlungsschwierigkeiten** haben, läuft es demgegenüber auf die **Provokation eines Versäumnisurteils** hinaus. Insoweit kann durch die rechtzeitige Abgabe einer Verteidigungsanzeige (§ 276 Abs. 1 S. 1 ZPO) eine gerichtliche Entscheidung im schriftlichen Vorverfahren (§ 331 Abs. 3 ZPO) verhindert oder zumindest aufgeschoben (Die Verteidigungsanzeige ist grundsätzlich widerruflich!) werden. Für den Mandanten wird hierdurch wertvolle Zeit gewonnen, die er zur Wiedererlangung seiner Liquidität nutzen kann, bevor ein Vollstreckungstitel gegen ihn in die Welt gesetzt wird.

Beachte: Optimaler Weise ist der von dem Mandanten zu zahlende Geldbetrag (Hauptforderung, Nebenforderungen, Kosten des Rechtsstreits) von Ihnen zu ermitteln. Im Hinblick auf die besonderen Umstände der Klausursituation (z.B. Durchführung einer erforderlichen Zinsberechnung ohne Taschenrechner und Internet) können Sie sich jedoch auch derart behelfen, dass die Klägerseite von Ihnen außergerichtlich zur Mitteilung der bestehenden Haupt- und Nebenforderungen aufgefordert wird.

2. Bestehende Erfolgsaussichten einer Verteidigung gegen die Klage

Sollten sich aus dem prozessualen und materiell-rechtlichen Gutachten Erfolgsaussichten einer Verteidigung gegen die Klage ergeben, beschränkt sich die Prüfung der Zweckmäßigkeit nicht allein auf Kostenfragen, sondern lässt einen **vielfältigeren Gestaltungsspielraum** zu. 416

a) Rat an den Mandanten

Dem Mandanten ist zunächst die **Aufnahme der Verteidigung gegen die Klage anzuraten**. Dies könnte in der Klausur wie folgt aussehen: 417

Formulierungsbeispiel: Rat an den Mandanten

Mit Rücksicht auf die sich aus dem Gutachten ergebenen Erfolgsaussichten ist dem Mandanten eine Verteidigung gegen die Klage anzuraten.

b) Rüge der Unzulässigkeit der Klage

418 Sofern die Begutachtung ergeben hat, dass die Klage bereits unzulässig ist, ist aus anwaltlicher Vorsicht **im Grundsatz frühzeitig die Unzulässigkeit der Klage zu rügen** (§ 282 Abs. 3 ZPO). Ausnahmsweise kann es sich jedoch auch einmal als zweckmäßig erweisen, sich **auf Beklagtenseite rügelos zur Sache einzulassen** (§ 39 ZPO).

aa) Rüge der Unzuständigkeit des Gerichts

419 Macht der Kläger die Streitsache vor einem an sich unzuständigen Gericht rechtshängig, gilt der **Grundsatz,** dass die **Unzuständigkeit des angerufenen Gerichts zu rügen** ist. Dies gebietet nicht zuletzt die **anwaltliche Vorsicht**. Denn anderenfalls wird der Mandant seinen Anwalt im Falle einer späteren Verurteilung durch das an sich unzuständige Gericht hierfür verantwortlich machen wollen.

> **Beachte:** Auf die Möglichkeit einer **die Zuständigkeit begründenden rügelosen Einlassung** (§ 39 ZPO) ist der Mandant im Rahmen der Zweckmäßigkeit oder des Mandantenschreibens aber in jedem Fall hinzuweisen.

420 Nur **ausnahmsweise ist von einer Rüge der Unzuständigkeit des Gerichts abzusehen**, sofern der Mandant ein entsprechendes Interesse hieran vorbringt oder ein solches offensichtlich ist.

Beispiel: Die Kaufleute K mit Sitz in München und B mit Sitz in Hamburg treffen eine Gerichtsstandsvereinbarung, wonach ausschließlicher Gerichtsstand für Streitigkeiten aus den gemeinsamen Geschäftsbeziehungen München sein soll. K klagt nunmehr eine offene Forderung gegen den B vor dem Landgericht Hamburg ein.

Die Rüge der Zuständigkeit würde voraussichtlich zu einer Verweisung des Rechtsstreits an eines der Münchener Landgerichte führen. Um dem Mandanten B die aufwendige Reise nach München zum Zwecke der Terminswahrnehmung zu ersparen, ist es indessen zweckmäßig, von einer Rüge der Unzuständigkeit des Landgerichts Hamburg abzusehen.

Zum Teil enthalten die Klausurvorlagen jedoch auch explizite Hinweise darauf, dass es **im Sinne des Mandanten** ist, sich durch rügelose Einlassung auf einen Rechtsstreit vor einem an sich unzuständigen Gericht einzulassen. Grund hierfür kann etwa sein,

- dass dem Mandanten an einer **schnellstmöglichen Erledigung des Rechtsstreits** gelegen ist. Die Rüge der Zuständigkeit und damit einhergehend die potenzielle Verweisung des Rechtsstreits an das zuständige Gericht (§ 281 ZPO) können nämlich zu einer Verfahrensverzögerung führen.
- dass der Mandanten **bei dem zuständigen Gericht an seinem allgemeinen Gerichtsstand selbst beschäftigt** ist (z.B. als Rechtspfleger, Urkundsbeamter der Geschäftsstelle oder Gerichtsvollzieher). Die Klage vor dem an sich unzuständigen Gericht kommt dem Mandanten dann womöglich gelegen, weil ihn die **Sorge um ein Bekanntwerden des Rechtsstreits unter den Arbeitskollegen** umtreibt.

bb) Rüge der Unzulässigkeit im Übrigen

421 Auch im Übrigen sind **Umstände, die zur Unzulässigkeit der Klage führen, aus anwaltlicher Vorsicht grundsätzlich zu rügen.**

Zu beachten ist jedoch, dass die Unzulässigkeit der Klage den Beklagtenvertreter **in keinem Fall von der Prüfung materiell-rechtlicher Erwägungen befreit**, da die Klage nicht bei Rechtshängigkeit, sondern im Zeitpunkt des Schlusses der mündlichen Verhandlung zulässig sein muss. Eine **Ausnahme** bildet insoweit jedoch die unterlassene Durchführung eines obligatorischen Streitschlichtungsverfahrens gemäß § 15 a EGZPO.[426]

c) Vorgehen bei teilweise begründeter Klage

Sofern die **Klage teilweise begründet und teilweise unbegründet** ist, ist an ein **Teilanerkenntnis der Klageforderung** zu denken. Als **zweckmäßig** erweist sich ein solches Teilanerkenntnis dann, wenn es mit Erfolg unter Verwahrung gegen die Kostenlast erklärt werden kann. Das Gericht wird in der Folge durch Teilanerkenntnisurteil und über die **auf den anerkannten Teil des Streitgegenstandes entfallenden Kosten gemäß § 93 ZPO** im Rahmen des Schlussurteils zum Nachteil des Klägers entscheiden. Sollte diese **für den Mandanten günstige Kostenfolge nicht erreicht** werden können, erweist sich ein Teilanerkenntnis in aller Regel allerdings als **nicht zweckmäßig**. 422

Vorteile des Teilanerkenntnisses:

- Bei **Vorliegen der Voraussetzungen des § 93 ZPO** erlangt der Mandant hinsichtlich des anerkannten Teils der Forderung einen **Kostenvorteil.**
- **Liegen die Voraussetzungen des § 93 ZPO nicht vor**, besteht der Vorteil des Teilanerkenntnisses im Falle eines erst nachfolgend stattfindenden Haupttermins allenfalls darin, dass sich der für die Berechnung der anwaltlichen Terminsgebühr maßgebliche Gegenstandswert um den anerkannten Teil der Klageforderung reduziert. Die **Terminsgebühren der anwaltlichen Prozessbevollmächtigten fallen daher potenziell geringer** aus als ohne Teilanerkenntnis.[a]

a) Beispiel: Werden 10.000 € eingeklagt und 5.000 € bereits im Vorwege der mündlichen Verhandlung von dem Beklagten teilerkannt, berechnen sich die anwaltlichen Verfahrensgebühren nach einem Gegenstandswert bis 10.000 € und die anwaltlichen Terminsgebühren nach einem Gegenstandswert bis lediglich 5.000 €.

Nachteile des Teilanerkenntnisses:

- **Sonstige Kostenvorteile bringt das Teilanerkenntnis** im Vergleich zu einem umfassenden Klageabweisungsantrag **hingegen nicht**:
  - In Betreff der **Anwaltskosten** kommt es weder zu einer Reduzierung der anwaltlichen Gebührensätze noch zu einem Wegfall von Gebührentatbeständen.[a]
  - Im Gegensatz zu einem vollständigen Anerkenntnis der Klageforderung tritt auch **keine Reduzierung der Gerichtskosten** ein.[b]
- Auf das Teilanerkenntnis wird ein **Teilanerkenntnisurteil** gemäß §§ 301, 307 ZPO ergehen, bei dem es sich um einen **ohne Sicherheitsleistung vorläufig vollstreckbaren Vollstreckungstitel** handelt (§§ 708 Nr. 1, 711 ZPO).[c] Hierdurch erlangt der Kläger bereits während des im Übrigen fortdauernden Rechtsstreits einen Vollstreckungstitel gegen den Mandanten und mithin ein gewichtiges Druckmittel.

a) Hinsichtlich der Anwaltskosten bleibt es also bei einer 1,3 Verfahrensgebühr (Nr. 3100 VV RVG) sowie einer 1,2 Terminsgebühr (Nr. 3104 VV RVG), wenn auch die Terminsgebühr nach Teilanerkenntnis womöglich nach einem niedrigeren Gegenstandswert berechnet werden kann.

b) Es fallen 3,0 Gebühren (Nr. 1210 KV GKG) an. Die Reduzierung des Nr. 1211 KV GKG tritt nicht ein.

c) Thomas/Putzo/Seiler § 708 Rn. 2.

426 Vgl. oben Rn. 83–84.

Vor diesem Hintergrund sollte von einem Teilanerkenntnis der Forderung in der Regel abgesehen werden, wenn die Voraussetzungen des § 93 ZPO nicht vorliegen. Stattdessen ist in derlei Fällen ein **umfassender Klagabweisungsantrag** zu stellen, wobei der **begründete Teil der Forderung schlicht unstreitig zu stellen** ist. Dies geschieht durch ein bloßes Absehen von einem Bestreiten (§ 138 Abs. 3 ZPO) sowie von der Darstellung abweichender Rechtsansichten. Der umfassende Klageabweisungsantrag hat für sich genommen die folgenden Vorteile:

- Der **mit dem Teilanerkenntnis einhergehende Nachteil** eines vorläufig ohne Sicherheitsleistung vollstreckbaren Teilanerkenntnisurteils gegen den Mandanten während des im Übrigen fortdauernden Rechtsstreits kann hierdurch **vermieden** werden.
- Zudem bleibt der **unstreitige Teil der Klageforderung psychologisch als „Vergleichsmasse"** für in Betracht kommende Einigungsgespräche erhalten.

d) Die Widerklage

423 Bei einer Widerklage verklagt der Beklagte den Kläger in demselben Rechtsstreit wegen eigener Gegenansprüche. Die Widerklage stellt hiernach **eine Klage mit umgekehrten Parteirollen** dar. Zur Veranschaulichung soll zunächst das folgende Schaubild dienen.

Die Widerklage

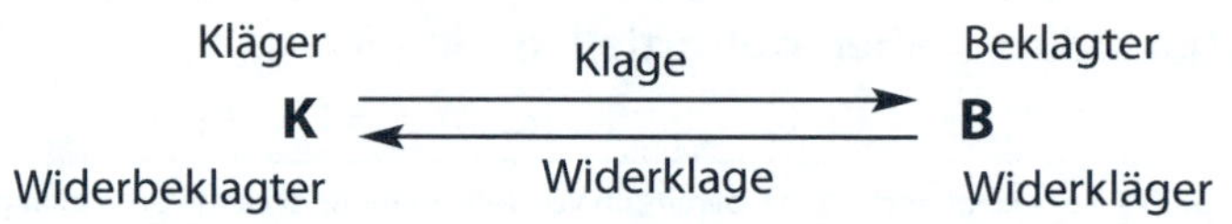

Die Erledigung von Klageanspruch und Widerklageanspruch in einem Rechtsstreit hat **Beschleunigungs- und Kostenvorteile** und erweist sich aus diesem Grunde in der Regel als **zweckmäßig:**

- Es kann auf die **Ergebnisse einer einheitlichen Beweisaufnahme** zurückgegriffen werden.
- Aufgrund der **Degression der Gebührentabellen für die Anwalts- und Gerichtskosten** ist das Prozessieren über einen zusammengerechneten Gebührenstreitwert der Klage und der Widerklage insgesamt kostengünstiger als die Geltendmachung des Klagegegenstandes und des Widerklagegegenstandes in zwei getrennten Prozessen.

424 Vor Erhebung der Widerklage sollte ggf. noch an eine **außergerichtliche Aufforderung an den Gegner** gedacht werden, damit den Mandanten im Falle eines Anerkenntnisses der Widerklageforderung durch den Gegner nicht die **nachteilige Kostenfolge des § 93 ZPO** trifft.

425 Die Widerklage kann auch **hilfsweise als Eventualwiderklage** für den Fall eines Obsiegens oder eines Unterliegens mit dem Klageabweisungsantrag erhoben werden.[427] Zwar sind Prozesshandlungen an sich bedingungsfeindlich. Da es sich bei der Frage des Erfolgs oder Misserfolgs des Klageabweisungsantrags jedoch um eine innerprozessuale Bedingung handelt, droht **keine Rechtsunsicherheit**, sodass eine Hilfswiderklage als allgemein zulässig angesehen wird.

427 BGH NJW 1996, 2165; Thomas/Putzo/Hüßtege § 33 Rn. 14.

aa) Die Voraussetzungen der Widerklage

Für die Zulässigkeit der Widerklage müssen neben den **allgemeinen Voraussetzungen einer Klage** auch die **besonderen Voraussetzungen der Widerklage** vorliegen. Es ergibt sich insoweit das folgende Prüfungsschema:[428] 426

Aufbauschema: Zulässigkeit der Widerklage

I. Allgemeine Voraussetzungen

1. **Wirksame Widerklageerhebung**

   → Schriftsätzlich oder mündlich in der mündlichen Verhandlung, § 261 Abs. 2 ZPO

2. **Zuständigkeit des Gerichts**

   → Sachlich werden die Werte der Klage und der Widerklage bei der Bestimmung der Zuständigkeit nicht zusammengerechnet, § 5 Hs. 2 ZPO.[a] Der jeweils höhere Wert entscheidet über die sachliche Zuständigkeit.

   → Örtlich gewährt § 33 ZPO einen besonderen Gerichtsstand der Widerklage[b]

II. Besondere Voraussetzungen

1. **Rechtshängigkeit der Klage**

   → Erst nach Rechtshängigkeit der Widerklage ist diese in ihrem Schicksal von der Klage unabhängig

2. **Selbstständiger Streitgegenstand**

   → Die Widerklage darf nicht lediglich die Negation der Klage sein, da die Negation der Klage bereits aufgrund eines Klageabweisungsantrags in Rechtskraft erwachsen kann

3. **Parteiidentität**

   → Die an der Klage beteiligten Parteien sind mit umgekehrten Parteirollen auch an der Widerklage beteiligt

4. **Dieselbe Prozessart**

   → z.B. kein widerklagender Antrag auf Erlass einer einstweiligen Verfügung im Klageverfahren

5. **Konnexität, § 33 S. 1 ZPO**

   → Zwischen dem Widerklageanspruch einerseits und dem Klageanspruch oder den hiergegen vorgebrachten Verteidigungsmitteln andererseits muss ein Zusammenhang bestehen

a) Eine Zusammenrechnung erfolgt hingegen bei der Bestimmung des Gebührenstreitwert, § 45 Abs. 1 S. 1 GKG.

b) Vgl. zur analogen Anwendung des § 33 ZPO bei der Drittwiderklage Rn. 430, 433.

bb) Die Feststellungswiderklage

Mit der Widerklage kann der Beklagte **auch ein Feststellungsbegehren** verfolgen. 427
Ein Vorgehen im Wege einer solchen Feststellungswiderklage empfiehlt sich **vor allem in Schadensfällen**. Zwar wird dem Mandanten regelmäßig das Feststellungsinteresse fehlen, wenn ein Schadensersatzanspruch beziffert und mithin im Wege der

428 Lesen Sie zur Widerklage im AS-Skript Die zivilgerichtliche Assessorklausur (2018), Rn. 574–605.

Leistungsklage geltend gemacht werden kann. Es besteht jedoch **keine allgemeine Subsidiarität der Feststellungsklage gegenüber der Leistungsklage.**[429]

Der Anspruchsteller kann sich daher auch insgesamt auf ein Feststellungsbegehren beschränken, wenn ihm im Falle einer noch nicht abgeschlossenen Schadensentwicklung **nur eine teilweise Bezifferung des Schadensersatzanspruchs möglich** ist.[430] Auch ist eine Beschränkung auf eine Feststellungsklage dann zulässig, wenn dem Anspruchsteller eine **Bezifferung zwar grundsätzlich möglich ist – dies jedoch nur mit großen Aufwand** (z.B. der Anspruchsteller ist zur Bezifferung seiner Schäden aus einem Immobilienkauf auf die Einholung eines Verkehrswertgutachtens durch einen Sachverständigen angewiesen).[431]

428 Erhebt der Kläger eine Teilklage, kann es ebenfalls **zweckmäßig** sein, neben dem Klageabweisungsantrag eine **negative Feststellungswiderklage** zu erheben, und zwar gerichtet auf die Feststellung, dass dem Kläger auch über die Klageforderung hinausgehende Beträge nicht zustehen. Auf diesem Wege kann eine rechtskräftige Entscheidung auch über die weiteren bislang nicht rechtshängigen Teile des Anspruchs erreicht werden.

Die Erhebung einer solchen negativen Feststellungswiderklage sollte zur Geringhaltung des Kostenrisikos dabei **zweckmäßigerweise als unechter Hilfsantrag** unter der Bedingung erfolgen, dass die Klage abgewiesen wird.[432]

> **Beachte:** Durch eine **negative Feststellungswiderklage** wird der Kläger sich häufig zu einer **Klageerweiterung** herausgefordert sehen. Wird die Klage tatsächlich um weitere Ansprüche erweitert, ist die **negative Feststellungswiderklage** ggf. wegen des hierdurch **nachträglich entfallenen Feststellungsinteresses für erledigt zu erklären.**

cc) Die Drittwiderklage

429 Bei der sog. Drittwiderklage wird **ein bislang am Rechtsstreit nicht beteiligter Dritter zur Partei des Rechtsstreits** gemacht. Da die Begründung eines Prozessverhältnisses nicht in der Schwebe hängen darf, ist die **Erhebung einer Hilfsdrittwiderklage unzulässig**.

Zu unterscheiden ist zwischen der **streitgenössischen Drittwiderklage** einerseits und der **isolierten Drittwiderklage** andererseits.

> **Beachte:** Im praktischen Teil des Verteidigungsmandats im Klageverfahren beschränken Sie sich bei der Anfertigung des Schriftsatzes gewöhnlich auf ein **„kleines Rubrum"**. In Fällen der Drittwiderklage haben Sie jedoch ausnahmsweise ein **„großes Rubrum"** auszuformulieren, da ein bislang nicht am Rechtsstreit beteiligter Dritter durch Zustellung des Schriftsatzes als Partei in den Rechtsstreit eintritt.[433]

(1) Streitgenössische Drittwiderklage

430 Bei der streitgenössischen Drittwiderklage überzieht der Beklagte **sowohl den Kläger als auch einen bislang nicht am Rechtsstreit beteiligten Dritten** mit einer Wi-

429 BGH NJW 2006, 2548; Thomas/Putzo/Reichold § 256 Rn. 18.

430 BGH RÜ2 2016, 193; BGH NJW 2003, 2827; Thomas/Putzo/Reichold, § 256 Rn. 14.

431 BGH RÜ 2000, 223; Zöller/Greger § 256 Rn. 7a.

432 Ein Formulierungsbeispiel für eine negative Feststellungsklage finden Sie unter Rn. 129.

433 Das Rubrum ist der „Kopf"/das „Deckblatt" eines Schriftstückes. Ein Beispiel für ein großes Rubrum finden Sie unter Rn. 476. Ein Beispiel für ein kleines Rubrum finden Sie unter Rn. 475.

derklage. Die streitgenössische Drittwiderklage setzt hiernach stets eine unbedingte Widerklage auch gegen den Kläger voraus. Widerbeklagter und Drittwiderbeklagte werden hierdurch zu **einfachen Streitgenossen** gemäß §§ 59, 60 ZPO. Zum Verständnis soll das folgende Schaubild beigetragen:

Streitgenössische Drittwiderklage

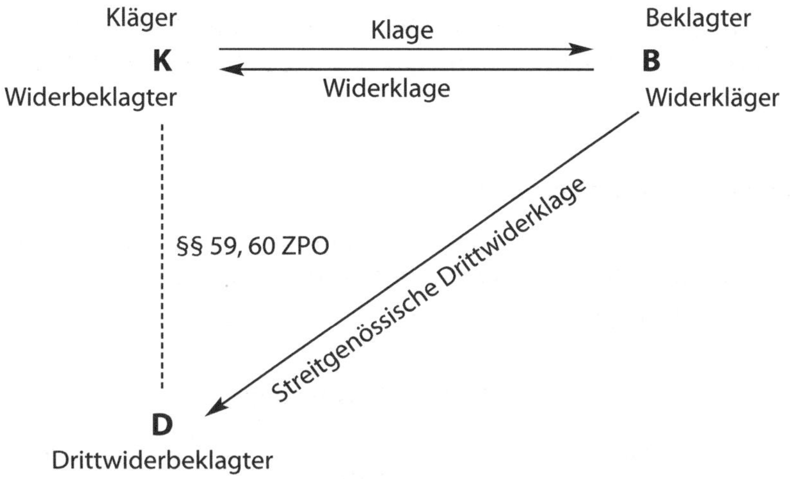

Die **streitgenössische Drittwiderklage** ist dabei unter den **Voraussetzungen der Widerklage** zulässig, wobei im Einzelnen **Besonderheiten** zu berücksichtigen sind. 431

Besonderheiten der streitgenössischen Drittwiderklage

- Die **Erhebung einer Drittwiderklage hat stets durch Zustellung eines Schriftsatzes** zu erfolgen und kann – anders als eine Widerklage – nicht gemäß § 261 Abs. 2 Alt. 1 ZPO im Rahmen der mündlichen Verhandlung erhoben werden. Der Dritte ist nämlich – anders als der ebenfalls widerbeklagte Kläger – bisher noch nicht am Rechtsstreit beteiligt.
- In **Ausnahme von dem Grundsatz der Parteiidentität** muss der Drittwiderbeklagte nicht zugleich Partei des bisherigen Klageverfahrens sein.
- Durch die streitgenössische Drittwiderklage kommt es zu einer nachträglichen Parteierweiterung, die nach der Rspr. zulässig ist, sofern die **Voraussetzungen der einfachen Streitgenossenschaft und der Klageänderung** vorliegen, §§ 59, 60 ZPO i.V.m. § 263 ZPO analog.[a]
- Bei der streitgenössischen Drittwiderklage gilt **§ 33 ZPO analog.**[b]

a) BGH NJW 1996, 196; OLG Frankfurt am Main, Urt. v. 11.10.2013 – 2 U 168/12, BeckRS 2013, 19403.
b) Thomas/Putzo/Hüßtege § 33 Rn. 13.

Die streitgenössische Drittwiderklage erweist sich aus den folgenden Gründen als **zweckmäßig:** 432

Vorteile der streitgenössischen Drittwiderklage

- Die Drittwiderklage hat wie jede Widerklage **Beschleunigungs- und Kostenvorteile** aufgrund der Erledigung der wechselseitigen Streitigkeiten in einem Rechtsstreit
- Durch eine Drittwiderklage kann **ein potenzieller Zeuge ausgeschaltet** werden, da nicht Zeuge sein kann, wer zugleich Partei ist
- Durch eine Drittwiderklage **erhöhen sich aufgrund einer Mehrheit von Schuldnern die Vollstreckungschancen** bezüglich der Gegenforderung des Mandanten

(2) Isolierte Drittwiderklage

433 Bei der isolierten Drittwiderklage überzieht der Beklagte mit seiner Widerklage **allein einen bisher am Rechtsstreit nicht beteiligten Dritten**. Der Kläger hingegen wird nicht zum Widerbeklagten.

Isolierte Drittwiderklage

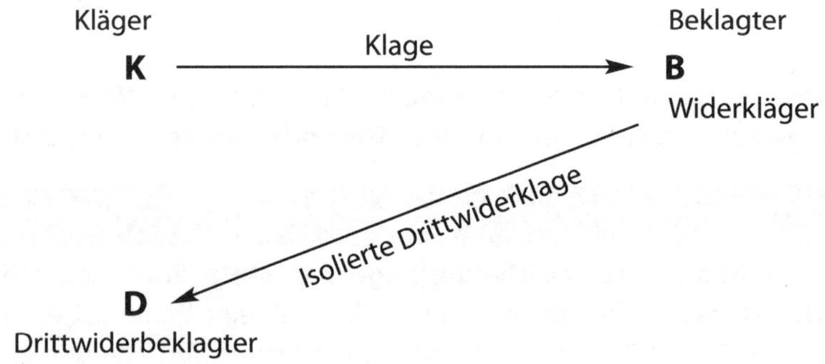

Eine isolierte Drittwiderklage ist **grundsätzlich unzulässig.**[434] Sie ist jedoch **ausnahmsweise zulässig,**[435] wenn eine tatsächlich und rechtlich enge Verknüpfung der Streitgegenstände von Klage und isolierter Drittwiderklage besteht **(„qualifizierte Konnexität")** und **keine schutzwürdigen Belange Dritter** entgegenstehen.

Beispiele: Klage des Zessionars und isolierte Drittwiderklage gegen den Zedenten, Klage des Prozessstandschafters und isolierte Drittwiderklage gegen den Rechteinhaber.[436]

Beachte: Die isolierte Drittwiderklage kann – jedenfalls in der Konstellation des Zessionsfalles[437] – **analog § 33 ZPO im Gerichtsstand der Widerklage erhoben** werden.[438] Daraus lässt sich im Wege eines Erst-Recht-Schlusses auch eine analoge Anwendung des § 33 ZPO für die streitgenössische Widerklage schlussfolgern.[439]

(3) Examensrelevante Fallkonstellationen zur Drittwiderklage

Die folgenden **drei examensrelevanten Fallkonstellationen** sollten Sie mit einem Gedanken an die Drittwiderklage assoziieren.

---

434 BGH NJW 2007, 1753; Thomas/Putzo/Hüßtege § 33 Rn. 11.
435 BGH NJW 2014, 1670; Thomas/Putzo/Hüßtege § 33 Rn. 12.
436 Vgl. unten Rn. 435–436.
437 Vgl. unten Rn. 435.
438 BGH RÜ 2011, 20.
439 Vgl. Thomas/Putzo/Hüßtege § 33 Rn. 13.

(a) Die Drittwiderklage in Verkehrsunfallprozessen

Beispiel: Der K ist Halter eines Kfz und ist mit B, dem Halter eines anderen Kfz, in einen Verkehrsunfall geraten, in dem beide Fahrzeuge beschädigt werden. K erhebt hinsichtlich seiner Ansprüche aus dem Verkehrsunfall Zahlungsklage gegen B und dessen Kfz-Haftpflichtversicherung. Wie sollte sich B verhalten, wenn auch er eine Klärung über die ihm entstandenen Schäden begehrt? **434**

Drittwiderklage bei Verkehrsunfällen

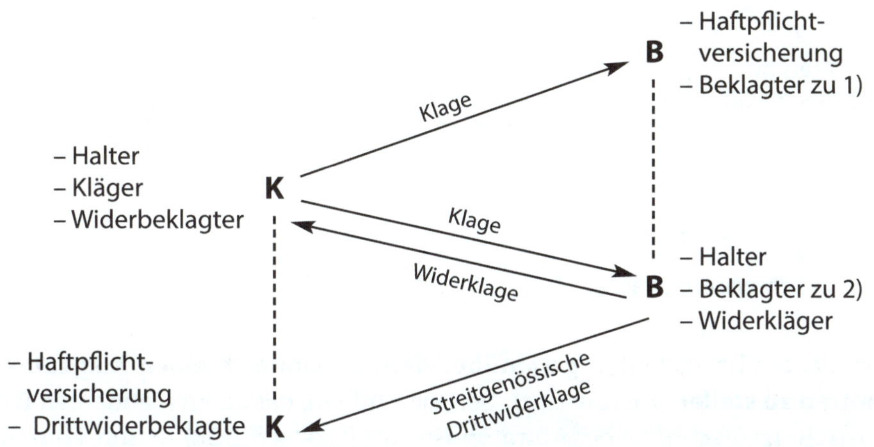

B ist anzuraten, **den klagenden Halter K sowie dessen Kfz-Haftpflichtversicherung widerklagend in Anspruch zu nehmen.** Soweit die Kfz-Haftpflichtversicherung des K in Anspruch genommen wird, handelt es sich um eine unter den Voraussetzungen der Widerklage grundsätzlich zulässige **streitgenössische Drittwiderklage.** Die Widerklage sollte – sofern eine Bezifferung möglich ist – im Wege der Leistungsklage erfolgen. Der Anspruch des B gegen K resultiert aus § 7 Abs. 1 StVG und der Anspruch gegen dessen Kfz-Haftpflichtversicherung folgt aus § 115 Abs. 1 S. 1 Nr. 1 VVG i.V.m. § 7 Abs. 1 StVG.

> **Beachte:** Eine streitgenössische Drittwiderklage kommt auch gegen einen vom klagenden Halter personenverschiedenen Fahrzeugführer des Kfz des Klägers in Betracht.

(b) Die Drittwiderklage in Zessionsfällen

Beispiel: Der Zedent D hat eine Kaufpreisforderung gegen den Mandanten B in Höhe von 10.000 €. D verständigt sich mit dem Zessionar K über die Abtretung dieser Forderung an K. K klagt die Forderung gegen B daraufhin ein. B bestreitet die Forderung und begehrt Rechtssicherheit über das Nichtbestehen der Forderung sowohl im Verhältnis zum klagenden Zessionar K als auch im Verhältnis zum Zedenten D. Welche Vorgehensweise ist zweckmäßig? **435**

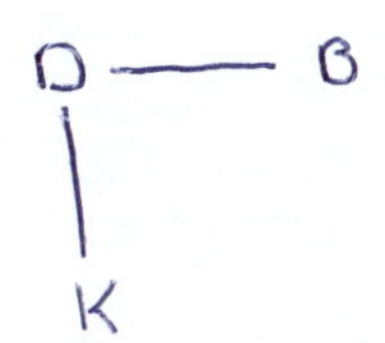

Drittwiderklage in Zessionsfällen

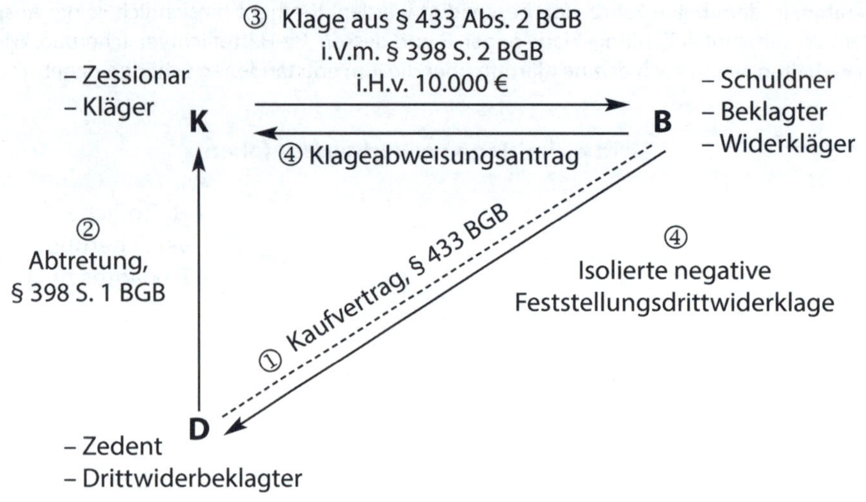

436 Dem Mandanten ist anzuraten **gegenüber dem Zessionar K einen Klageabweisungsantrag zu stellen**. Hierbei ist zu berücksichtigen, dass dem Mandanten B die Schuldnerschutzvorschriften des Abtretungsrechts (§§ 404 ff. BGB) zu Gute kommen. Sollte das Gericht dem Klageabweisungsantrag folgen, kann hierdurch in Rechtskraft erwachsen, dass K die aus abgetretenem Recht eingeklagte Kaufpreisforderung nicht zusteht. Die **Rechtskraft des Urteils** wirkt gemäß § 325 Abs. 1 ZPO jedoch **lediglich zwischen den Parteien des Rechtsstreits**.

Das klageabweisende Urteil steht demnach der Zulässigkeit einer späteren Klage des Zedenten D über dieselbe Forderung nicht im Wege. Um Rechtssicherheit auch im Verhältnis zu dem Zedenten D zu erzeugen, ist B anzuraten, eine **isolierte negative Feststellungsdrittwiderklage gegen den Zedenten D zu erheben** und hierdurch feststellen zu lassen, dass D aus dem Kaufvertrag keine Forderung gegen B zusteht. Das **Feststellungsinteresse** für diese Feststellungsklage resultiert aus der **Gefahr einer Unwirksamkeit der zwischen dem Alt- und dem Neugläubiger geschlossenen Abtretungsvereinbarung**, da im Falle einer Unwirksamkeit D als Scheinzedent nämlich nach wie vor der richtige Forderungsinhaber ist.

(c) Die Drittwiderklage in Fällen der Prozessstandschaft

437 **Beispiel:** Der Zedent K klagt in gewillkürter Prozessstandschaft eine angebliche Kaufpreisforderung in Höhe von 10.000 € gegen den Mandanten B ein. Die Forderung war von K nach ihrer Entstehung an den Zessionar D abgetreten worden. D ermächtigte K daraufhin analog § 185 Abs. 1 BGB, die Forderung in gewillkürter Prozessstandschaft gegen B einzuklagen. B hat eine eigene Forderung gegen D aus einem Werkvertrag in Höhe von 15.000 €. Was ist dem Mandanten zu raten, wenn sowohl von einem Bestehen der Klageforderung als auch der Gegenforderung des Mandanten auszugehen ist?

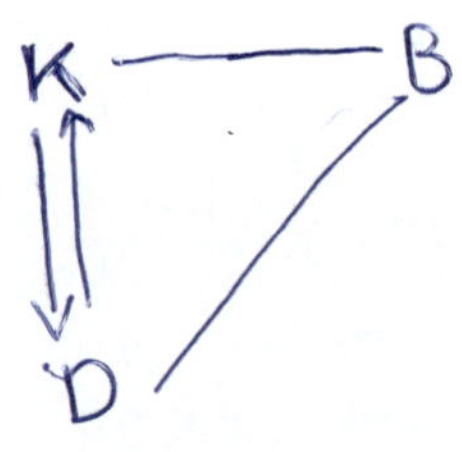

Drittwiderklage bei Prozessstandschaft

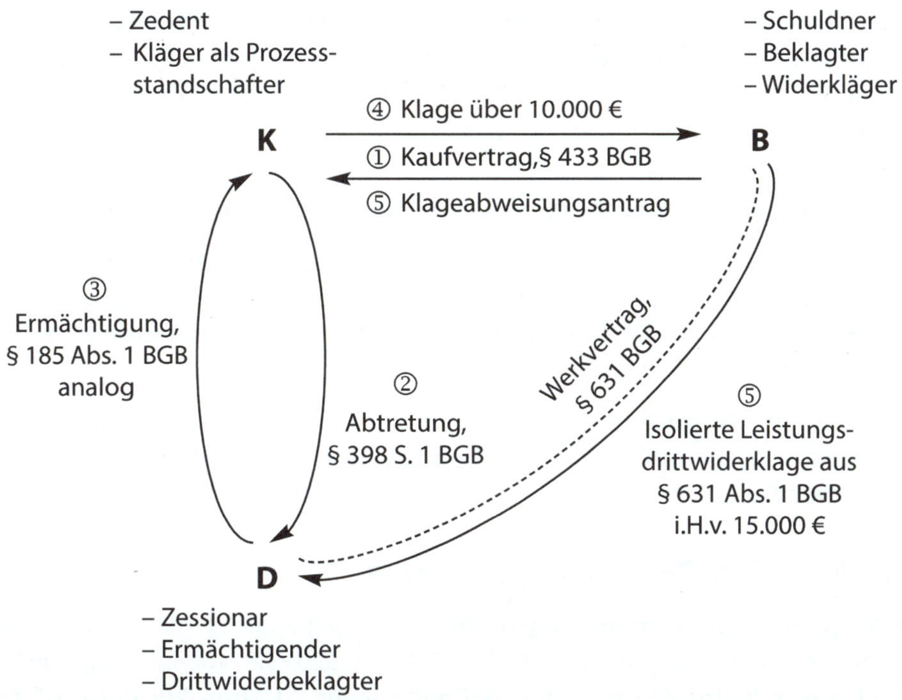

Dem Mandanten ist **im Verhältnis zum klagenden Zedenten K** zu einer **Primäraufrechnung** zu raten. Durch die Prozessaufrechnung erlöschen die gegenseitigen Forderungen, soweit sie sich decken (§ 389 BGB). Die eigene Gegenforderung des Mandanten wird demnach in Höhe von 10.000 € zur Tilgung der Klageforderung „verbraucht" und die Klage daraufhin abgewiesen.

Anders als in den Zessionsfällen[440] besteht in den Fällen gewillkürter Prozessstandhaft allerdings nicht ohne Weiteres ein Rechtsschutzbedürfnis für den Mandanten, den Rechteinhaber mit einer **negativen Feststellungsdrittwiderklage** zu überziehen. Denn das **klageabweisende Urteil im Verhältnis zum Prozessstandschafter** entfaltet auch **gegenüber dem wahren Rechteinhaber Rechtskraftwirkung**, sofern dieser der Prozessführung zugestimmt hat.[441]

Gleichwohl kann D vorliegend aber durch eine **isolierte Leistungsdrittwiderklage auf Zahlung des die Klageforderung übersteigenden Teils der Gegenforderung** des Mandanten in Höhe von 5.000,00 € in Anspruch genommen werden. Denn wird im Rahmen des Rechtsstreits zwischen K und B **über die zur Aufrechnung gestellte Gegenforderung des Mandanten entschieden**, so wird hierdurch der für die Zulässigkeit einer Drittwiderklage erforderliche **rechtliche Zusammenhang i.S.d. § 33 ZPO** geschaffen.

Dem Mandanten ist demnach zu einer **isolierten Drittwiderklage in Gestalt einer Leistungsklage gegen den Zessionar D** zu raten.

> **Beachte:** Gemäß § 33 S. 1 ZPO ist ein Zusammenhang zwischen dem mit der Widerklage verfolgten Gegenanspruch und dem mit der Klage geltend gemachten Anspruch **oder mit den gegen ihn vorgebrachten Verteidigungsmitteln** (z.B. Prozessaufrechnung) erforderlich.

440 Vgl. oben Rn. 435.

441 BGH NJW 1985, 2825; Thomas/Putzo/Reichold § 325 Rn. 4.

e) Umgang mit Gegenansprüchen des Mandanten

438 Stehen dem Mandanten **eigene Gegenansprüche gegen den Kläger** zu, ist zu entscheiden, auf welche Weise diese in den Rechtsstreit eingeführt werden. In Betracht kommt ein Berufen auf ein **Zurückbehaltungsrecht,** die Erklärung der **Aufrechnung** sowie die Erhebung einer **Widerklage.** In besonders gelagerten Fällen ist an eine streitgenössische oder isolierte Drittwiderklage zu denken.

aa) Vorgehen bei ungleichartigen gegenseitigen Ansprüchen

439 Bei Ungleichartigkeit der Hauptforderung des Klägers und der Gegenforderung des Mandanten (z.B. Kaufpreisanspruch des Verkäufers und Lieferanspruch des Käufers) sind das **Berufen auf ein Zurückbehaltungsrecht** sowie die **Erhebung einer Widerklage** in Betracht zu ziehen.

Die Erklärung einer **Aufrechnung** kommt im Hinblick auf die Anforderungen an eine Aufrechnungslage (§ 387 BGB) **mangels Gleichartigkeit** der Forderungen hingegen nicht in Betracht.

(1) Berufen auf ein Zurückbehaltungsrecht

440 Ist die **Klage in vollem Umfang begründet** und liegen zugleich die Voraussetzungen eines Zurückbehaltungsrechts (z.B. §§ 273 Abs. 1, 320 BGB) vor, sollte ggf. ein **beschränktes Anerkenntnis unter der Maßgabe einer Zug-um-Zug-Verurteilung** erklärt werden.

Der Weg eines beschränkten Anerkenntnisses ist vor allem dann **zweckmäßig**, wenn der Mandant vorgerichtlich entweder überhaupt nicht oder lediglich zur unbedingten Leistung aufgefordert wurde. In diesen Fällen hat der Mandant nämlich keinen Anlass zur Klage gegeben, sodass für ihn nach wie vor die Möglichkeit besteht, **gemäß § 93 ZPO von den Kosten des Rechtsstreits befreit** zu werden.[442] Das Gericht wird den Mandanten dann zwar zur Erfüllung der Klageforderung verurteilen. Die Verurteilung des Mandanten erfolgt – bei Bejahung der Gegenforderung durch das Gericht – jedoch **Zug-um-Zug gegen Erfüllung der Gegenforderung des Mandanten** (vgl. §§ 274, 322 BGB) unter **Kostenauferlegung an die Klägerseite**.

- Stellt der Kläger seinen zunächst unbedingt verfolgten Klageanspruch in Reaktion auf das beschränkte Anerkenntnis auf einen Leistungsantrag zur Erfüllung Zug-um-Zug um, ergeht die **Zug-um-Zug-Verurteilung durch Anerkenntnisurteil** (§ 307 ZPO).
- Unterbleibt eine Umstellung des Klageantrags, ergeht ein **streitiges kontradiktorisches Urteil lediglich über** – das Bestehen der Klageforderung wurde anerkannt – **die Durchsetzbarkeit der Klageforderung**.

> **Beachte:** Wird die mit dem Zurückbehaltungsrecht geltend gemachte **Gegenforderung bejaht**, erfolgt eine entsprechende Zug-um-Zug-Verurteilung des Mandanten. Wenn die **Gegenforderung verneint** wird, wird der Mandant hingegen einschränkungslos verurteilt. In beiden Fällen ist das Urteil **kein Anerkenntnisurteil** (§ 307 ZPO), hat aber ein **wirksames Anerkenntnis zur Entscheidungsgrundlage.**[443]

442 Thomas/Putzo/Hüßtege § 93 Rn.8a.

443 BGH NJW 1989, 1934.

Formulierungsbeispiel: Beschränktes Anerkenntnis

Namens und in Vollmacht des Beklagten erkenne ich den mit der Klage verfolgten Anspruch unter Verwahrung gegen die Kostenlast mit der Maßgabe an, dass eine Verurteilung des Beklagten Zug-um-Zug gegen Übergabe und Übereignung des PKW AUDI A5 Sportback 2.0 TDI, amtliches Kennzeichen LG – TH 1001, Fahrzeug-Identifizierungsnummer W0L000051T2123456, durch den Kläger an den Beklagten erfolgt.

Bestehen fernab des Zurückbehaltungsrechts noch andere Verteidigungsansätze gegen die Klageforderung, ist es **zweckmäßig**, einen **Klageabweisungsantrag** zu stellen und sich lediglich **hilfsweise auf ein Zurückbehaltungsrecht zu berufen**. **441**

- Greift die **primäre Verteidigungslinie** in diesen Fällen ein, wird die Klage gegen den Mandanten abgewiesen.
- Anderenfalls besteht mit dem Zurückbehaltungsrecht eine **sekundäre Verteidigungslinie**, durch die immerhin eine unbedingte Verurteilung verhindert und eine für den Mandanten günstigere Zug-um-Zug-Verurteilung erwirkt werden kann.

(2) Erhebung einer Widerklage

Auch die **Erhebung einer Widerklage** kann sich in Fällen ungleichartiger Gegenansprüche des Mandanten als **zweckmäßig** erweisen.[444] Unter Kostenaspekten kann es ratsam sein, die Widerklage nicht unbedingt, sondern als **Hilfswiderklage** zu erheben. Dies gilt insbesondere dann, wenn bei einem Erfolg der Klage die Gegenforderung des Mandanten denklogisch nicht besteht. **442**

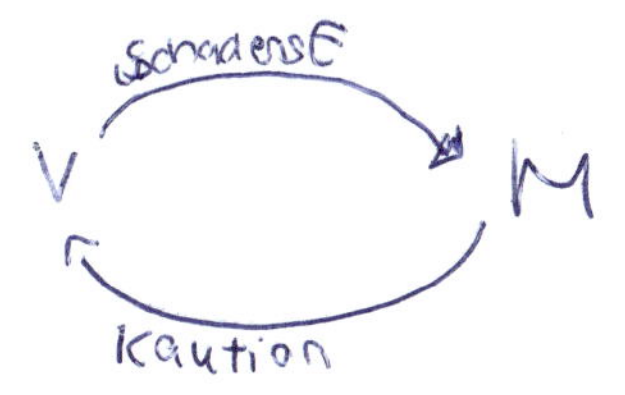

Beispiel: Der Vermieter klagt gegen den Mandanten als Mieter nach Beendigung des Mietverhältnisses und nach erfolgter Aufrechnung gegen bestehende Kautionsrückforderungsansprüche den überschießenden Teil seiner angeblichen Schadensersatzansprüche wegen nicht vertragsgemäßer Rückgabe der Mietsache ein. Wenn für den Mandanten der Anspruch auf Rückforderung der Kaution geltend gemacht werden soll, empfiehlt sich eine Hilfswiderklage.

Beachte: Zur Meidung eines **beschränkten Anerkenntnisses zum Nachteil des Mandanten** ist bei der Formulierung des Widerklageantrags **ggf.** zu beachten, dass dieser eine **Verurteilung Zug-um-Zug gegen Erbringung der Klageforderung** vorsieht. Sofern noch nicht geschehen, ist der Kläger in diesen Fällen wegen der Kostengefahr des § 93 ZPO zunächst außergerichtlich zur Leistung Zug-um-Zug aufzufordern.

Vorteile der Widerklage gegenüber dem Zurückbehaltungsrecht:

- Die **Widerklage schafft einen eigenen Vollstreckungstitel über die Gegenforderung** des Mandanten und eröffnet ihm somit die Möglichkeit, selbst aktiv zu werden und die Zwangsvollstreckung gegen den Kläger einzuleiten. Ein **Zurückbehaltungsrecht führt hingegen lediglich zu einer Verteidigungsmöglichkeit des Mandanten** gegen eine unbedingte Inanspruchnahme, da der Kläger die Zwangsvollstreckung des zuerkannten Anspruchs lediglich Zug-um-Zug gegen Erbringung der Gegenleistung betreiben kann (vgl. §§ 756, 765 ZPO)

444 Vgl. zu den Vorteilen der Widerklage oben Rn. 423.

- **Besteht die Klageforderung nicht,** wird die Klage abgewiesen, ohne dass über den Gegenanspruch des Mandanten entschieden wird. Das **Zurückbehaltungsrecht geht dann insgesamt ins Leere**. Allein eine Widerklage (unbedingt oder hilfsweise erhoben) vermag hier eine gerichtliche Entscheidung über die Gegenforderung herbeizuführen.
- Bei vertraglichen oder gesetzlichen **Ausschlüssen eines Zurückbehaltungsrechts** ist ein Berufen auf ein Zurückbehaltungsrecht ebenfalls unzweckmäßig.
- Bei **drohender Präklusion (§ 296 Abs. 1 ZPO)** kann ein Berufen auf das einzuredende **Verteidigungsmittel des Zurückbehaltungsrechts als verspätet zurückgewiesen** werden. Die **Widerklage** ist hingegen weder Angriffs- noch Verteidigungsmittel, sondern **der Angriff selbst.**[a] Sie unterliegt nicht der Präklusion und kann bis zum Schluss der letzten mündlichen Verhandlung erhoben werden.

a) BGH NJW 1995, 1223; vgl. auch BGH RÜ 2017, 77 (zur Klageänderung und -erweiterung als Angriff).

Nachteile der Widerklage gegenüber dem Zurückbehaltungsrecht:

- Anders als bei Berufen auf ein Zurückbehaltungsrecht können sich durch die Erhebung der Widerklage der **Gebührenstreitwert** und damit das Kostenrisiko erhöhen (vgl. § 45 Abs. 1 GKG)
- Sollte die **Gegenforderung des Mandanten bereits verjährt** sein, ist eine Widerklage abzuweisen, sofern der Kläger sich auf die Verjährungseinrede beruft. Hingegen kann sich der Mandant trotz Eintritts der Verjährung seiner Gegenforderung noch immer auf ein Zurückbehaltungsrecht berufen, sofern die Erfüllung der Klageforderung bereits **in nicht verjährter Zeit verweigert werden konnte** (§ 215 BGB). Gleiches gilt übrigens für das Verteidigungsmittel der Aufrechnung bei gleichartigen Forderungen.

(3) Kombination von Zurückbehaltungsrecht und Widerklage

443 Widerklage und Zurückbehaltungsrecht können auch in Kombination geltend gemacht werden. Bei Vorliegen der Voraussetzungen eines Zurückbehaltungsrechts ist dem Mandanten anzuraten, sich auf dieses zu berufen. Das **Zurückbehaltungsrecht** wird dann entweder **unbedingt oder** – wenn weitere Einwendungen gegen die Klageforderung bestehen – **hilfsweise** geltend gemacht.

Eine daneben in Betracht kommende **Widerklage ist zur Geringhaltung des Kostenrisikos als Eventualwiderklage** zu erheben. Die Bedingung besteht dann darin, dass **das Gericht die Klageforderung als nicht oder jedenfalls als nur eingeschränkt bestehend** ansieht.[445] Über die Widerklage wird dann lediglich entschieden, wenn die Klage insgesamt abgewiesen wird (dann ergeht keine Entscheidung über das Zurückbehaltungsrecht) oder das Gericht die Klageforderung Zug-um-Zug gegen Erbringung der dem Mandanten zustehenden Gegenforderung zuerkennt.

445 BGH NJW 1992, 2080.

Beachte: Eine **unbedingte Widerklage** hat demgegenüber den **Nachteil,** dass über sie auch zu entscheiden ist, sofern das Gericht die Klageforderung uneingeschränkt zuspricht. Dann ist aber in der Regel bereits im Rahmen der Entscheidung über das Zurückbehaltungsrecht entschieden worden, dass die **Gegenforderung des Mandanten als nicht bestehend angesehen** wird. Die Widerklage ist dann ebenfalls abzuweisen. Im Gegensatz zu einem Zurückbehaltungsrecht bewirkt die Widerklage wegen § 45 Abs. 1 GKG häufig zudem eine **Anhebung des Gebührenstreitwerts.** Dem Mandanten entstehen im Falle einer unbedingten Widerklage demnach potenziell **Kostennachteile.**

Beispiel: Der Kläger macht mit der Klage 10.000 € geltend. Der Beklagte beantragt Klageabweisung. Hilfsweise beruft sich der Mandant auf ein Zurückbehaltungsrecht wegen eines gegenläufigen Nacherfüllungsanspruchs und erhebt wiederum hilfsweise Widerklage. **444**

Kombination Zurückbehaltungsrecht und Widerklage

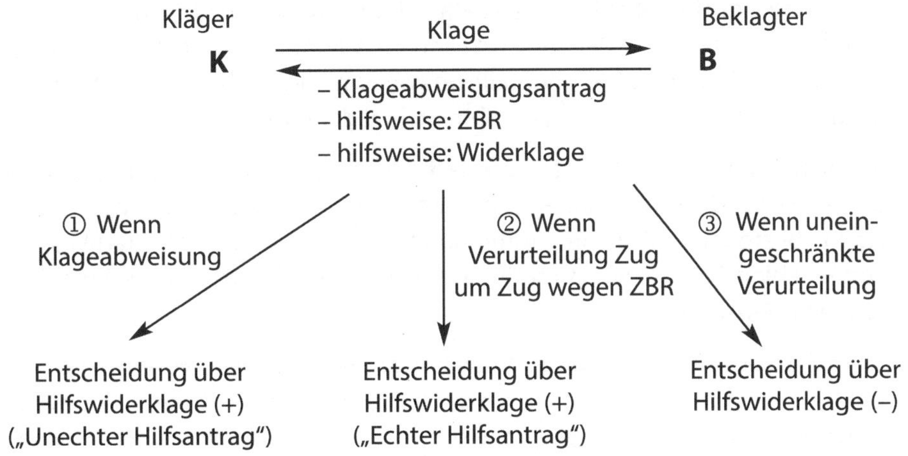

Denkbare Möglichkeiten für den Ausgang des Rechtsstreits

- **Die Klage gegen den Mandanten wird abgewiesen.** Über das Zurückbehaltungsrecht wird nicht entschieden. Über die unter der Bedingung der Klageabweisung erhobene Widerklage wird entschieden („Unechter Hilfsantrag")
- Der Mandant wird wegen des hilfsweise erhobenen Zurückbehaltungsrechts **zur Leistung Zug-um-Zug verurteilt.** Über die ebenfalls hilfsweise für den Fall der Verurteilung Zug-um-Zug erhobene Widerklage wird entschieden („Echter Hilfsantrag"). Das Kostenrisiko ist hierbei gering, da über die Widerklageforderung bereits im Rahmen der Entscheidung über das Zurückbehaltungsrecht positiv entschieden wurde.
- Der Mandant wird **unbedingt zur Leistung verurteilt.** Über das Zurückbehaltungsrecht wird negativ entschieden. Über die hilfsweise erhobene Widerklage wird mangels Bedingungseintritts nicht entschieden, da über die Widerklageforderung bereits im Rahmen des Zurückbehaltungsrechts (ohne Kostennachteile) negativ entschieden wurde

bb) Vorgehen bei gleichartigen gegenseitigen Ansprüchen

Im Falle einer **Gleichartigkeit von Haupt- und Gegenforderung** scheidet ein Berufen auf ein Zurückbehaltungsrecht aus. Die **Aufrechnung** ist das gegenüber einem Zurückbehaltungsrecht **speziellere Verteidigungsmittel.** **445**

Zweckmäßig sind allein die Erklärung einer **Aufrechnung**[446] und/oder die Erhebung einer **Widerklage**.

(1) Erklärung der Prozessaufrechnung

446 Die **Erklärung einer Aufrechnung im Prozess** ist der Erhebung einer Widerklage in den folgenden Fällen vorzuziehen:

Vorteile der Prozessaufrechnung gegenüber der Widerklage

- Lassen sich **gegen die Klageforderung keine anderen Einwendungen** geltend machen, vermag eine Primäraufrechnung eine Klageabweisung herbeizuführen, ohne dass sich der Gebührenstreitwert hierdurch erhöht.[a] Die Erhebung einer Widerklage bringt hingegen den potenziellen Nachteil mit sich, dass gegen den Mandanten ein Vollstreckungstitel über die Klageforderung ergehen und zugleich eine Erhöhung des Gebührenstreitwerts eintreten wird.
- In Fällen **fehlender Konnexität der Haupt- und Gegenforderung** ist die Erhebung einer isolierten Widerklage im Hinblick auf die Voraussetzungen des § 33 ZPO unzulässig und daher ebenfalls unzweckmäßig. In Betracht kommt lediglich eine mit der Aufrechnung kombinierte Widerklage.[b]
- Bei einer **Klage in Prozessstandschaft** und einer Gegenforderung des Mandanten gegen den nicht klagenden materiell-rechtlichen Inhaber der Klageforderung besteht lediglich eine Aufrechnungsmöglichkeit. Eine Widerklage wäre wegen fehlender Passivlegitimation des klagenden Prozessstandschafters hingegen unbegründet.[c]
- Sollte die **Gegenforderung des Mandanten bereits verjährt** sein, ist eine Widerklage abzuweisen, sofern der Kläger sich auf die Verjährungseinrede beruft. Hingegen kann mit der Gegenforderung des Mandanten die **Aufrechnung** erklärt werden, sofern sich **Haupt- und Gegenforderung in nicht verjährter Zeit bereits aufrechenbar gegenübergestanden** haben (§ 215 BGB). Gleiches gilt im Übrigen für das Berufen auf ein Zurückbehaltungsrecht bei ungleichartigen Forderungen.[d]

a) Die Vorschrift des § 45 Abs. 3 GKG gilt nur in Fällen einer Eventualaufrechnung.
b) Vgl. oben Rn. 437.
c) Vgl. zur Möglichkeit einer zulässigen Drittwiderklage oben Rn. 429–437
d) Vgl. oben Rn. 440.

Beachte: Die Aufrechnungslage ist nicht nur **verjährungssicher**, sondern darüber hinaus auch **insolvenzfest** (§§ 94 ff. InsO)

(2) Erhebung einer Widerklage

447 Die **Erhebung einer Widerklage** ist der Erklärung einer Aufrechnung in folgenden Fällen überlegen:

446 Lesen Sie hierzu AS-Skript Materielles Zivilrecht in der Assessorklausur (2018), Rn. 33.

Vorteile der Widerklage gegenüber der Prozessaufrechnung

- **Besteht die Klageforderung nicht,** wird die Klage abgewiesen, ohne dass über die zur Aufrechnung gestellte Forderung entschieden wird. Die Aufrechnung geht dann insgesamt ins Leere. Allein eine Widerklage (unbedingt oder hilfsweise erhoben) vermag hier eine gerichtliche Entscheidung über die Gegenforderung herbeizuführen.
- Bei vertraglichen oder gesetzlichen **Aufrechnungsverboten** ist die Aufrechnung ebenfalls unzweckmäßig.
- Bei **drohender Präklusion (§ 296 Abs. 1 ZPO)** kann die Aufrechnung als Verteidigungsmittel als verspätet zurückgewiesen werden. Die Widerklage ist hingegen weder Angriffs- noch Verteidigungsmittel, sondern **der Angriff selbst.**[a] Sie unterliegt nicht der Präklusion und kann bis zum Schluss der letzten mündlichen Verhandlung erhoben werden.

a) BGH NJW 1995, 1223; vgl. auch BGH RÜ 2017, 77 (zur Klageänderung und -erweiterung als Angriff).

(3) Aufrechnung, Widerklage oder Kombination

Zur Klärung der Frage, ob im Einzelfall eine Aufrechnung oder eine Widerklage oder eine Kombination aus Aufrechnung und Widerklage zweckmäßig ist, lassen sich **in Bezug auf die Klageforderung drei Fallkonstellationen** unterscheiden. Als Grundlage für die folgenden Darstellungen mag der nachfolgende Beispielsfall dienen: 448

Beispiel: Der Kläger hat gegen den Beklagten eine Hauptforderung in Höhe von 10.000 € aus einem Kaufvertrag. Der verklagte Mandant hat gegen den Kläger aufgrund einer Schlechtleistung eine die Forderung des Klägers übersteigende Schadensersatzforderung in Höhe von 15.000,00 €. Wie ist mit dem Gegenanspruch des Mandanten prozessual umzugehen? **Abwandlung:** Wie ist zu verfahren, wenn die Klageforderung mit der Gegenforderung nicht im Zusammenhang i.S.d. § 33 ZPO steht?

(a) Nichtbestehen der Klageforderung ist sicher

Vielfach kann nicht ausgeschlossen werden, dass das Gericht die Klageforderung wider Erwarten als bestehend ansieht. Denn bekanntlich befindet man sich „vor Gericht und auf hoher See allein in Gottes Hand". Besteht die Klageforderung aus anderen Gründen als einem Umgang mit der Gegenforderung des Mandanten tatsächlich aber einmal ohne jeden Zweifel nicht, ist für den Mandanten eine **unbedingte Widerklage in Höhe von 15.000 €** zu erheben. Die Aufrechnung erweist sich demgegenüber nicht als zweckmäßig, da ohnehin mit einer Abweisung der Klage zu rechnen ist und dann über die zur Aufrechnung gestellte Gegenforderung nicht entschieden wird. 449

Sofern es an einer **Konnexität** von Klage- und Widerklageforderung i.S.d. § 33 ZPO **fehlt**, ist von der Erhebung einer Widerklage hingegen abzusehen, da diese voraussichtlich als unzulässig abgewiesen werden würde. Die **Gegenforderung des Mandanten** ist dann stattdessen **in einer gesonderten Klage** geltend zu machen. 450

(b) Bestehen der Klageforderung ist sicher

Lassen sich andere Verteidigungsmöglichkeiten gegen die Klageforderung hingegen nicht finden, ist die **Primäraufrechnung in Höhe von 10.000 €** zu erklären und für den Fall einer Abweisung der Klage aufgrund der Prozessaufrechnung **die Hilfswiderklage über den überschießenden Teil der Gegenforderung in Höhe von 5.000 €** zu erheben. 451

Vorteile der Kombination aus Primäraufrechnung (über 10.000 €) und Hilfswiderklage (über 5.000 €) gegenüber einer unbedingten Widerklage (über 15.000 €)

- Die Klage wird anders als bei einer unbedingten Widerklage insgesamt abgewiesen, sodass gegen den Mandanten **kein Vollstreckungstitel** geschaffen wird.
- Anders als die unbedingte Widerklage erhöht die **Primäraufrechnung den Gebührenstreitwert nicht**, was Kostenvorteile für den Mandanten mit sich bringt[a]
- Es besteht hinsichtlich der **Eventualwiderklage lediglich ein geringes Kostenrisiko.**[b] Das Gericht hat bei der Entscheidung über die Prozessaufrechnung nämlich bereits zu prüfen, ob die Gegenforderung des Mandanten dem Grunde nach besteht (Dann wird über die Widerklage entschieden!) oder nicht besteht (Dann wird über die Widerklage nicht entschieden!). Ein Kostenrisiko ergibt sich im Hinblick auf die Hilfswiderklage demnach nur insoweit, als die Gegenforderung womöglich in übersetzter Höhe beansprucht wird.

a) Die Vorschrift des § 45 Abs. 3 GKG gilt nur in Fällen einer Eventualaufrechnung.

b) Sowohl durch eine unbedingte als auch durch eine hilfsweise erhobene Widerklage wird der Gebührenstreitwert potenziell erhöht, § 45 Abs. 1 GKG.

452 Gleiches gilt **bei fehlender Konnexität** von Klage- und Widerklageforderung i.S.d. § 33 ZPO. Denn die Primäraufrechnung stellt ein Verteidigungsmittel gegen die Klageforderung dar und die Widerklageforderung steht mit diesem Verteidigungsmittel – es geht bei der Primäraufrechnung und der Hilfswiderklage um unterschiedliche Teile derselben Gegenforderung – in Zusammenhang.

Beachte: Hat sich das Gericht aufgrund einer Aufrechnung ohnehin mit der Gegenforderung des Mandanten zu befassen, kann in Fällen einer die Klageforderung überschießenden Gegenforderung des Mandanten **der für eine Widerklage erforderliche Zusammenhang i.S.d. § 33 ZPO mit Hilfe der Primäraufrechnung „künstlich" geschaffen** werden.

(c) Bestehen oder Nichtbestehen der Klageforderung ist unsicher

453 **Kombination aus Hilfsaufrechnung, Hilfswiderklage und unbedingter Widerklage über überschießenden Teil der Gegenforderung**

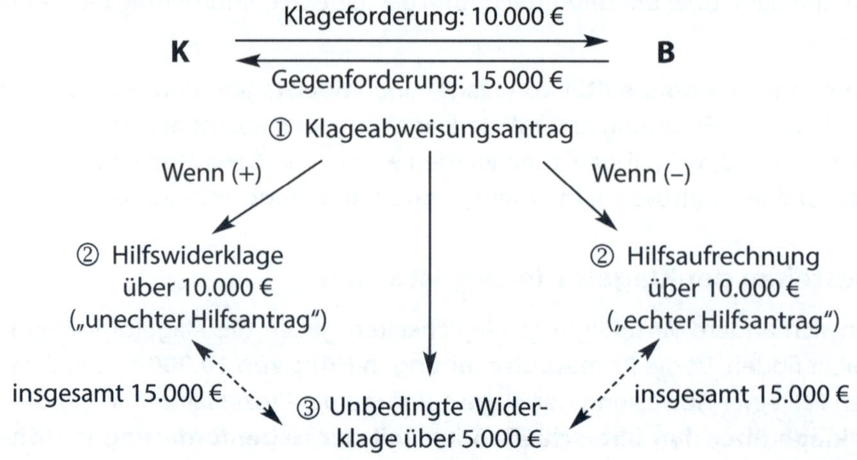

- Ist nicht sicher einschätzbar, ob das Gericht die Klageforderung als bestehend oder nicht bestehend ansehen wird, ist primär die **Klageabweisung** (aus anderen Gründen als einer Aufrechnung) **zu beantragen**.
- **Hilfsweise** ist die in Höhe von insgesamt 15.000,00 € bestehende Gegenforderung des Mandanten anteilig in Höhe von 10.000,00 € in den Prozess einzuführen.
  - Für den Erfolgsfall der Klage ist **hilfsweise die Aufrechnung mit der Gegenforderung des Mandanten in Höhe von 10.000 €** zu erklären.
  - Für den Erfolgsfall des Klageabweisungsantrags hingegen ist **hilfsweise die Widerklage mit der Gegenforderung in Höhe von 10.000 €** zu erheben.
- Gleichzeitig ist eine **unbedingte Widerklage hinsichtlich des überschießenden Teils der Gegenforderung in Höhe von 5.000 € zu erheben**.

Vorteile der Kombination aus Klageabweisungsantrag, Hilfsaufrechnung (über 10.000 €), Hilfswiderklage (über 10.000 €) sowie unbedingter Widerklage (über 5.000 €)

- Unabhängig davon, wie das Gericht über die Klageforderung entscheidet, wird in jedem Fall auch **über die vollständige Gegenforderung des Mandanten entschieden.**
  - Wird die Klage nämlich bereits ohne Rücksicht auf die Gegenforderung abgewiesen, greifen kumulativ die Hilfswiderklage (über 10.000 €) und die unbedingte Widerklage (über 5.000 €) ein.
  - Geht das Gericht hingegen von einem Bestehen der Klageforderung aus, greifen die Hilfsaufrechnung (über 10.000 €) und kumulativ die unbedingte Widerklage (über 5.000 €) ein.
- Weiter wird durch die dargestellte Antragstellung – vorausgesetzt die geltend gemachte Gegenforderung besteht – sicher **verhindert, dass gegen den Mandanten ein Vollstreckungstitel geschaffen** wird.

Unter **Kostengesichtspunkten** wäre es zwar noch vorteilhafter, auch die unbedingte Widerklage als Hilfswiderklage zu erheben, und zwar für den Fall, dass entweder im Rahmen der Hilfsaufrechnung oder der Hilfswiderklage positiv über die Gegenforderung des Mandanten entschieden wird.

Dieses Vorgehen dürfte aber prozessual unzulässig sein, da die Gegenforderung hierdurch künstlich aufgespalten und in gestaffelten Hilfswiderklagen geltend gemacht würde. Die Geltendmachung der weiteren 5.000 € im Wege der Hilfswiderklage stünde dann nämlich unter der Bedingung, dass die ersten 10.000 € im Wege einer Hilfswiderklage zugesprochen werden. Ohnehin wäre es dem Kläger aber möglich, den hiermit für den Beklagten beabsichtigten Kostenvorteil durch Erhebung einer negativen Feststellungsklage in Bezug auf den die Klageforderung überschießenden Teil der angeblichen Gegenforderung zunichte zu machen (sog. Wider-Widerklage).

Ebenfalls prozessual unzulässig dürfte es sein, einerseits eine Hilfswiderklage über 15.000 € für den Fall der Klageabweisung ohne Rücksicht auf die Gegenforderung zu erheben sowie andererseits eine Kombination aus Hilfsaufrechnung über 10.000 € und Hilfswiderklage über 5.000 € für den Fall des Bestehens der Klageforderung anzuführen. Dies hätte zwar auf den ersten Anschein den Kostenvorteil, dass über die Hilfswiderklage über 5.000 € nur entschieden wird, sofern bereits positiv über die Hilfsaufrechnung über 10.000 € und mithin über das Bestehen der Gegenforderung dem Grunde nach entschieden wurde. Allerdings werden Hilfswiderklagen auflösend bedingt rechtshängig, d. h. die Rechtshängigkeit tritt zunächst ein und entfällt dann rückwirkend, wenn der Eventualfall nicht eintritt (vgl. BGH NJW 1973, 98). Einer Kombination der Hilfswiderklagen über einerseits 15.000 € und andererseits 5.000 € bei einer Gegenforderung in Höhe von insgesamt 15.000 € steht somit der Gesichtspunkt einer anderweitige Rechtshängigkeit gemäß § 261 Abs. 3 Nr. 1 ZPO entgegen.

> **Beachte:** Ist der **Sachverhalt unstreitig** und wird bezüglich des Bestehens der Klageforderung lediglich über Rechtsansichten gestritten, handelt es sich bei einer **„vorsorglich" für den beklagten Mandanten erklärten Aufrechnung nicht um eine Hilfsaufrechnung im eigentlichen Sinne.** Eine Hilfsaufrechnung setzt nämlich einen Streit über Tatsachen voraus. Es liegt vielmehr eine **„versteckte Primäraufrechnung**" vor. Auch diese kann dann wie dargestellt um eine Kombination aus Hilfswiderklage für den Fall einer Klageabweisung aus anderen Gründen ohne Entscheidung über die Aufrechnung und einer unbedingten Widerklage hinsichtlich des die Klageforderung überschießenden Teils der Gegenforderung des Mandanten ergänzt werden.

454 Im Schriftsatz kann diese Kombination eines Klageabweisungsantrags, einer Hilfsaufrechnung, einer Hilfswiderklage und einer unbedingten Widerklage bezüglich des überschießenden Teils der Gegenforderung dann wie folgt aussehen:

Formulierungsbeispiel: Kombination Klageabweisungsantrag, Hilfsaufrechnung, Hilfswiderklage und unbedingte Widerklage

Namens und in Vollmacht des Beklagten werde ich beantragen,

> ***die Klage abzuweisen.***

Darüber hinaus erhebe ich namens und in Vollmacht des Beklagten als Widerkläger gegen den Kläger als Widerbeklagten

> ***Widerklage***

und werde widerklagend beantragen,

> ***den Kläger zu verurteilen, an den Beklagten einen Betrag in Höhe von 5.000,00 € nebst Zinsen in Höhe von 5 Prozentpunkten über dem jeweiligen Basiszinssatz seit dem auf die Rechtshängigkeit folgenden Tag zu zahlen.***

Hilfsweise werde ich widerklagend beantragen,

> ***den Kläger zu verurteilen, an den Beklagten weitere 10.000,00 € nebst Zinsen in Höhe von 5 Prozentpunkten über dem jeweiligen Basiszinssatz seit dem auf die Rechtshängigkeit folgenden Tag zu zahlen.***

Begründung:

1. ***Vorbringen zur Klageabweisung***

> …

2. ***Darstellung der Gegenansprüche***

> …

a) ***Vorbringen zur Hilfsaufrechnung***

> *Mit den dargestellten Ansprüchen erkläre ich namens und in Vollmacht des Beklagten* ***hilfsweise die Aufrechnung*** *gegen die Klageforderung. Die Aufrechnung wird unter die Bedingung gestellt, dass das Gericht die Klageforderung wider Erwarten als bestehend ansieht.*

b) ***Vorbringen zur Widerklage / Hilfswiderklage***

> *Zudem erhebe ich wegen der dargestellten Ansprüche des Beklagten* ***hilfsweise die Widerklage*** *gegen den Kläger. Die Widerklage wird, soweit sich Klage- und Widerklageforderung decken,* ***unter die Bedingung*** *gestellt, dass das Gericht die Klageforderung ohne Entscheidung über die hilfsweise zur Aufrechnung gestellten Gegenansprüche als nicht bestehend ansieht. Wegen des die Klageforderung übersteigenden Teils der Gegenforderung wird die* ***Widerklage unbedingt*** *erhoben.*

Beachte: Weder die **Aufrechnung** noch die **Bedingungen der Hilfsanträge** werden bei den Anträgen erläutert. Beides gehört in die **Begründung der Klageschrift**!

Wenn die Gegenforderung des Mandanten mit der Klageforderung **nicht in einem Zusammenhang i.S.d. § 33 ZPO steht**, ist es hingegen zweckmäßig, sich auf einen **Klageabweisungsantrag, kombiniert mit einer Hilfsaufrechnung über 10.000 € und einer Hilfswiderklage über weitere 5.000 €** zu beschränken. Über die Hilfsaufrechnung wird dann entschieden, sofern das Gericht von einem Bestehen der Klageforderung ausgeht. Über die Hilfswiderklage wird entschieden, sofern das Gericht die Klage mit Rücksicht auf die hilfsweise erklärte Aufrechnung abweist. Erneut fungiert die Aufrechnung dabei als eine „Brücke" für die Widerklage, da durch die Aufrechnung der für die Widerklage erforderliche Zusammenhang i.S.d. § 33 ZPO geschaffen wird.[447] 455

Beachte: Die Erhebung einer Hilfswiderklage für den Fall einer Klageabweisung ohne Rücksicht auf die Hilfsaufrechnung ist hingegen nicht zweckmäßig, da eine solche **Hilfswiderklage mangels bestehender Konnexität unzulässig** wäre.

f) Die Streitverkündung, §§ 72 ff. ZPO

An eine Streitverkündung[448] ist immer dann zu denken, wenn dem Mandanten im Falle eines ungünstigen Ausgangs des Prozesses Regressansprüche gegen Dritte zustehen. 456

Beispiele: Regress unter Gesamtschuldnern, Regress des Bürgen beim Hauptschuldner, Regress des Generalbauunternehmers bei einem Subunternehmer

Die nach §§ 72, 73 ZPO zulässige Streitverkündung begründet einen **Eintritt der Interventionswirkung gemäß §§ 74 Abs. 3, 68 ZPO** und hierdurch eine Bindung des Richters im Folgeprozess an die Richtigkeit der Entscheidung im Vorprozess. Erfolgt ein Beitritt des Streitverkündungsempfängers gemäß § 74 Abs. 1 ZPO und wird dieser nicht rechtskräftig zurückgewiesen (vgl. § 71 Abs. 3 ZPO), löst sogar **eine unzulässige Streitverkündung** die Interventionswirkung des § 68 ZPO aus.[449]

Daneben führt **eine nach §§ 72, 73 ZPO zulässige Streitverkündung** zu einer **Verjährungshemmung** (§ 204 Abs. 1 Nr. 6 BGB). Anders als für den Eintritt der Interventionswirkung genügt ein nicht rechtskräftig zurückgewiesener Beitritt des Streitverkündeten gemäß § 74 Abs. 1 ZPO insoweit allerdings nicht aus. Erforderlich für die Verjährungshemmung ist vielmehr die Zulässigkeit der Streitverkündung gemäß §§ 72, 73 ZPO.[450]

Bei einer **Gesamtschuldnerklage** steht es dem Kläger frei, einen oder mehrere Gesamtschuldner klageweise in Anspruch zu nehmen. Unabhängig von der Entscheidung des Klägers – also auch im Falle einer Klage gegen sämtliche Gesamtschuldner! – ist bei Vertretung eines Gesamtschuldners auf Beklagtenseite die **Streitverkündung gegenüber allen anderen Gesamtschuldnern zweckmäßig**. Denn selbst wenn der Kläger seinerseits sämtliche Gesamtschuldner klageweise in Anspruch nimmt, wirkt die Rechtskraft des zu erwartenden Urteils gemäß § 325 Abs. 1 ZPO in subjektiver Hinsicht lediglich zwischen dem Kläger und den einzelnen Ge- 457

447 Vgl. oben Rn. 437.
448 Vgl. oben Rn. 104–106.
449 BGH RÜ 2008, 166.
450 BGH RÜ2 2016, 33; BGH NJW 2009, 1488.

samtschuldnern. Eine Bindungswirkung der Entscheidung zwischen den Gesamtschuldnern kann hingegen nur über die Interventionswirkung gemäß §§ 74 Abs. 3, 68 ZPO erreicht werden.

> **Beachte: Für den Kläger** ist es im Falle einer solchen Kumulativhaftung (anders als bei einer Alternativhaftung) allerdings **nicht zulässig, bei Klage gegen nur einen Gesamtschuldner den anderen Gesamtschuldnern den Streit zu verkünden**. Denn nach dem Wortlaut des § 72 Abs. 1 ZPO müsste der Regressanspruch gegen die nicht verklagten Gesamtschuldner von einem ungünstigen Ausgang des Prozesses gegen den verklagten Gesamtschuldner abhängen, was aber nicht der Fall ist.[451]

458 Bei der Festlegung der Verteidigungsstrategie gegen die Klage ist weiter zu berücksichtigen, dass die **Interventionswirkung nur** dann eintritt, wenn eine in Rechtskraft erwachsende **Entscheidung** des Gerichts im Vorprozess ergeht, **die auf den richterlichen Feststellungen in tatsächlicher und rechtlicher Hinsicht beruht**. Hiernach können **weder ein Prozessvergleich noch ein Anerkenntnisurteil noch ein Versäumnisurteil im Vorprozess** die Interventionswirkung gemäß §§ 74 Abs. 3, 68 ZPO auslösen.

- Im Falle des **Prozessvergleichs** ergeht bereits keine der Rechtskraft fähige gerichtliche Entscheidung.
- Bei **Versäumnis- und Anerkenntnisurteilen** beruht das Urteil hingegen nicht auf den richterlichen Feststellungen, sondern allein auf einem prozessualen Verhalten des Beklagten. Der Streitverkündete wird zudem i.S.d. § 68 Hs. 2 ZPO durch das prozessuale Verhalten des Beklagten verhindert, Angriffs- oder Verteidigungsmittel im Vorprozess geltend zu machen. Und auch § 313 b Abs. 1 ZPO, wonach bei Versäumnis- und Anerkenntnisurteilen von einer Darstellung des Tatbestandes und der Entscheidungsgründe abgesehen werden kann, steht der Annahme einer Bindung des Gerichts im Folgeprozess an die tatsächlichen und rechtlichen Feststellungen des Gerichts im Vorprozess entgegen.

g) Drohende Präklusion des eigenen Vorbringens

459 U.U. kann auch Anlass dazu bestehen, sich mit der Gefahr einer Verspätung des eigenen Vorbringens des Mandanten gemäß § 296 ZPO auseinander zu setzen. Zu denken ist hieran vor allem dann, wenn **zur Zeit der Mandatsübertragung bereits Fristen ungenutzt verstrichen** sind, bei denen es sich um **nicht wiedereinsetzungsfähige Fristen i.S.d. § 233 ZPO** handelt. Es ist dann zu erörtern, ob überhaupt eine Präklusion droht und ggf. wie darauf zu reagieren ist.

451 Vgl. oben Rn. 104–106.

Überblick über die Vorschrift des § 296 ZPO

- § 296 Abs. 1 ZPO schreibt bei **Überschreitung bestimmter richterlich gesetzter Fristen** eine Nichtzulassung des Parteivorbringens zwingend vor, es sei denn die Zulassung würde nicht zu einer absoluten Verzögerung des Rechtsstreits führen oder die Partei kann die Verspätung genügend entschuldigen.[a]
- § 296 Abs. 2 ZPO stellt **bei Verletzungen der allgemeinen Prozessförderungspflichten** gemäß §§ 282 Abs. 1, Abs. 2 ZPO die Zulassung des Parteivorbringens in das Ermessen des Gerichts, es sei denn, die Zulassung würde nicht zu einer absoluten Verzögerung des Rechtsstreits führen oder die Verspätung beruht nicht auf grober Nachlässigkeit der Partei.[b]
- § 296 Abs. 3 ZPO enthält eine eigene Regelung für die **Präklusion des Beklagten mit verzichtbaren Rügen gegen die Zulässigkeit** der Klage.[c] Die Vorschrift geht den Regelungen in § 296 Abs. 1, Abs. 2 ZPO vor.[d] Sie schreibt die Nichtzulassung verzichtbarer Rügen der Zulässigkeit zwingend vor, wenn diese mit Blick auf § 282 Abs. 3 ZPO verspätet geltend gemacht werden, es sei denn, der Beklagte kann die Verspätung genügend entschuldigen.
- § 296 Abs. 4 ZPO ordnet das **Erfordernis der Glaubhaftmachung** (§ 294 Abs. 1 ZPO) **etwaiger Entschuldigungsgründe** i.S.d. § 296 Abs. 1, Abs. 2, Abs. 3 ZPO an.

a) Thomas/Putzo/Seiler § 296 Rn. 2.
b) Thomas/Putzo/Seiler § 296 Rn. 3.
c) Thomas/Putzo/Seiler § 296 Rn. 4.
d) BGH NJW-RR 2006, 496.

aa) Keine Gefahr einer Zurückweisung wegen Verspätung

Teilweise besteht die Gefahr einer Präklusion **lediglich dem Anschein nach**. Eine Zurückweisung wegen Verspätung droht in Wahrheit jedoch nicht. 460

(1) Rechtliche Ausführungen

Eine Zurückweisung wegen Verspätung kommt lediglich in Bezug auf Tatsachenvortrag in Betracht. Es besteht hingegen **keine Gefahr einer Zurückweisung rechtlicher Ausführungen wegen Verspätung.** Die Rechtslage hat das Gericht von Amts wegen zu berücksichtigen. 461

(2) Keine Gefahr einer absoluten Verzögerung des Rechtsstreits

Ausgehend von dem **absoluten Verzögerungsbegriff des Bundesgerichtshofes** ist für die Frage der Präklusion maßgeblich, ob der Rechtsstreit **allein durch Zulassung des verspäteten Vorbringens länger dauern** würde als bei seiner Zurückweisung.[452] 462

Hat das Gericht **beispielsweise aber noch nicht einmal Termin zur mündlichen Verhandlung** bestimmt, ist eine Zurückweisung weiteren Vortrags wegen Verspätung nicht denkbar. Insbesondere bislang nicht benannte Zeugen können ohne absolute Verzögerung zu dem noch anzuberaumenden Termin nämlich rechtzeitig geladen oder notfalls als präsente Zeugen im Rahmen der mündlichen Verhandlung vernommen werden.

452 BGH NJW 1979, 1988; Thomas/Putzo/Reichold § 296 Rn. 14.

(3) Entschuldigungsgrund oder fehlerhafte Fristsetzung

463 Liegt ein **Entschuldigungsgrund gemäß § 296 Abs. 1, Abs. 2 ZPO** vor, droht ebenfalls keine Zurückweisung des eigenen Vorbringens wegen Verspätung.

Beispiel: Das verspätet vorgebrachte Angriffs- oder Verteidigungsmittel war der Partei bis zum Fristablauf nicht bekannt und konnte auch nicht unschwer durch Erkundigungen ermittelt werden.[453]

464 Gleiches gilt auch bei einer **fehlerhaften Fristsetzung durch das Gericht.**[454]

Beispiel: Unterlassen der Belehrung gemäß § 277 Abs. 2 Hs. 2 ZPO oder Fristsetzung gemäß § 276 Abs. 1, Abs. 3 ZPO durch den Einzelrichter anstelle des Vorsitzenden noch vor Übertragung des Rechtsstreits auf den Einzelrichter[455]

Beachte: Eine **Präklusion gemäß §§ 296 Abs. 2, 282 Abs. 1 ZPO** kommt erst im Rahmen eines Fortsetzungstermins, nicht jedoch in einem ersten Termin zur mündlichen Verhandlung in Betracht.[456] Eine **Zurückweisung wegen Verspätung gemäß §§ 296 Abs. 2, 282 Abs. 2 ZPO** setzt jedenfalls eine Rüge der Verspätung durch die gegnerische Partei voraus.[457]

bb) Flucht in die Säumnis

465 Wenn tatsächlich einmal eine Präklusion droht, kommt in der Praxis eine „Flucht in die Säumnis" in Betracht. Hierbei wird durch Nichterscheinen (§ 331 Abs. 1 ZPO) oder Nichtverhandeln (§ 333 ZPO) zunächst ein **Versäumnisurteil** gegen den Mandanten **herausgefordert**, wogegen dann **zulässigerweise Einspruch** (§§ 338 ff. ZPO) eingelegt werden kann.

Vorteil der Flucht in die Säumnis:

- Durch eine **Flucht in die Säumnis** wird der Rechtsstreit infolge des zulässigen Einspruchs gemäß § 342 ZPO **in die Lage zurückversetzt, in der er sich vor Eintritt der Versäumnis befand.** Das Gericht hat dann einen Einspruchstermin anzuberaumen (§ 341 a ZPO). Da im Hinblick auf den ohnehin durchzuführenden Einspruchstermin **eine absolute Verzögerung des Rechtsstreits durch neuen Tatsachenvortrag und auch neue Beweisangebote** im Voraus des Verhandlungstermins nicht eintreten würde, kann eine Zurückverweisung als verspätet mit Blick auf § 296 Abs. 1, Abs. 2 ZPO nicht mehr erfolgen.

Nachteile einer Flucht in die Säumnis:

- Durch eine Flucht in die Säumnis ergeht gegen den Mandanten ein **vorläufig ohne Sicherheitsleistung vollstreckbares Versäumnisurteil** (§ 708 Nr. 2 ZPO), dessen Vollstreckung in der Regel nur gegen Sicherheitsleistung einstweilen eingestellt werden kann (vgl. §§ 719 Abs. 1 S. 2, 707 ZPO).
- Der Mandant trägt die **durch die Säumnis entstandenen Kosten,** wenn das **Versäumnisurteil in gesetzlicher Weise** ergeht, dem Gericht bei der Bejahung der Voraussetzungen eines Versäumnisurteils also keine Fehler unterlaufen (§ 344 ZPO). Dies betrifft etwa die Reisekosten der gegnerischen Partei und des Rechtsanwalts der Gegenseite. Das Gericht kann daneben auch gemäß § 38 GKG eine „Verzögerungsgebühr" erheben.

453 BGH NJW 1988, 60; Thomas/Putzo/Reichold § 296 Rn. 28.
454 Thomas/Putzo/Reichold § 296 Rn. 30 bis 32.
455 BGH, Beschl. v. 03.05.2018 – III ZR 429/16, BeckRS 2018, 9232.
456 BGH NJW 2012, 3787; Thomas/Putzo/Reichold § 282 Rn. 1.
457 BGH, Beschl. v. 03.05.2018 – III ZR 429/16, BeckRS 2018, 9232.

- Eine Flucht in die Säumnis **nach erfolgter Antragstellung** zum Beginn der mündlichen Verhandlung (§ 137 Abs. 1 ZPO) ist **ausgeschlossen**. Eine Flucht in die Säumnis in einem Termin zur Fortsetzung der mündlichen Verhandlung trotz Antragstellung in einem früheren Termin ist wegen § 332 ZPO aber möglich. Hiervon geht auch § 331 a ZPO aus, der für eine Entscheidung nach Aktenlage („statt eines Versäumnisurteils") eine mündliche Verhandlung in einem früheren Termin voraussetzt (vgl. §§ 331 a S. 2, 251 a Abs. 2 S. 1 ZPO).
- Eine Flucht in die Säumnis kommt (wegen §§ 345, 514 Abs. 2 ZPO) **nur einmalig** in Betracht.
- Eine Flucht in die Säumnis stellt zudem **nicht in jedem Fall sicher, dass das verspätete Vorbringen Berücksichtigung finden** kann. Das Gericht ist beispielsweise nicht gehalten, den Einspruchstermin so weiträumig zu terminieren, dass von der säumigen Partei vorher ein schriftliches Sachverständigengutachten eingeholt werden kann.[a]

a) BGH NJW 1981, 286; OLG Zweibrücken, Urt. v. 28.06.2001 – 4 U 69/00, BeckRS 2001, 30190123.

Praxishinweis: Unter Außerachtlassung ihrer rechtlichen Nachteile wird die **Flucht in die Säumnis** auf Beklagtenseite **in der Praxis (und nicht in der Examensklausur!)** bei in der Sache häufig unstreitigen Klageforderungen zu dem profanen Zweck eingesetzt, **Zeit bis zu einer Verurteilung des Beklagten in der Sache zu gewinnen.**

Hierzu wird durch den Beklagten zunächst innerhalb der Frist des § 276 Abs. 1 S. 1 ZPO die **Verteidigungsabsicht angezeigt**. Ggf. werden unter Ausschöpfung der Frist des § 276 Abs. 1 S. 2 BGB sodann eine **Fristverlängerung oder sogar mehrere Fristverlängerungen** (vgl. aber § 225 Abs. 2 ZPO) **für die Klageerwiderung beantragt**. Nach Fristablauf ohne Eingang einer Klageerwiderung wird das Gericht dann einen Termin zur mündlichen Verhandlung bestimmen. In diesem Termin ergeht wegen Nichterscheinens des Beklagten ein **erstes echtes Versäumnisurteil** (§ 331 Abs. 2 ZPO). Hiergegen legt der Beklagte innerhalb der Frist des § 339 ZPO **Einspruch** ein, woraufhin das Gericht einen Einspruchstermin (§ 341 a ZPO) anberaumt, in dem aufgrund Nichterscheinens des Beklagten ein **zweites Versäumnisurteil** (§ 345 ZPO) ergeht.

Jedenfalls **bis zur Erteilung der vollstreckbaren Ausfertigung des ersten echten Versäumnisurteils** hat der Beklagte die Einleitung von **Vollstreckungsmaßnahmen nicht zu befürchten** (vgl. §§ 708 Nr. 2, 719 Abs. 1 S. 2, 707 ZPO). Durch die entstehenden Zinsen und Kosten wird zwar die am Ende absolut zu zahlende Summe ansteigen. Wichtiger ist einem Mandanten jedoch häufig, einige Monate an Zeit bis zur eigenen Verurteilung zu gewinnen, um Liquidität wiederzuerlangen oder aber die notwendigen Vorkehrungen dafür zu treffen, sich in ein Insolvenzverfahren zu retten.

cc) Flucht in die Widerklage

Ein probates Mittel zur Verhinderung der Präklusion ist im Falle bestehender Gegenansprüche des beklagten Mandanten zudem die „Flucht in die Widerklage". Die **Widerklage unterliegt naturgemäß nicht der Zurückweisung wegen Verspätung**. Denn die **Widerklage ist der Angriff selbst** und nicht bloßes Angriffs- oder Verteidigungsmittel i.S.d. § 296 Abs. 1, Abs. 2 ZPO.[458] Eine Widerklage kann schriftsätzlich oder im Rahmen der mündlichen Verhandlung (§ 261 Abs. 2 ZPO) erhoben werden. 466

Nicht die Drittwiderklage!

Beabsichtigt der Beklagte, mittels einer Flucht in die Widerklage einer Präklusion seines Vorbringens zur Klage zu entgehen, ist hierfür allerdings erforderlich, dass es **für die Entscheidung über die Widerklage ebenfalls auf die eigentlich verspäteten Angriffs- und Verteidigungsmittel ankommt**. In diesem Fall hat das Gericht die an sich verspäteten Angriffs- und Verteidigungsmittel **sowohl für die Klage als auch für die Widerklage zu berücksichtigen**. Denn ist der Rechtsstreit ohnehin wegen der Widerklage fortzusetzen, beruht eine etwa eintretende Verzögerung des Rechtsstreits jedenfalls nicht allein auf der Verspätung des Vorbringens zur Klage.

458 BGH NJW 1995, 1223; vgl. auch BGH RÜ 2017, 77 (zur Klageänderung und -erweiterung als Angriff).

Vorteile einer Flucht in die Widerklage:
■ Sämtliche **Nachteile einer Flucht in die Säumnis werden abgewendet.** ▪ Gegen den Mandanten ergeht **keine vorläufig vollstreckbare gerichtliche Entscheidung.** Insbesondere eine Entscheidung durch Teilurteil wäre aufgrund der Gefahr sich widersprechender Entscheidungen unzulässig. ▪ Dem Mandanten entstehen – abgesehen von der allgemeinen Kostengefahr in Bezug auf die Widerklage – **keine zusätzlichen Kosten.** ▪ Die Flucht in die Widerklage kann **auch nach der Antragstellung** erfolgen und auch wiederholt werden. ▪ Eine Berücksichtigung der eigentlich verspäteten Angriffs- und Verteidigungsmittel ist zudem **sicher.**

Nachteile einer Flucht in die Widerklage:
■ Die Flucht in die Widerklage setzt einen **mit der Klageforderung über Angriffs- und Verteidigungsmittel verbundenen Streitgegenstand** voraus, wodurch der denkbare Anwendungsbereich eingeschränkt wird. ■ Eine solide Flucht in die Widerklage verlangt im Vergleich zu einer Flucht in die Säumnis ggf. **das größere Handlungsgeschick im Rahmen der mündlichen Verhandlung**, da ein Widerklageantrag zu formulieren und zu begründen ist.

dd) Flucht in den Befangenheitsantrag

467 Denkbar ist für den Beklagten daneben auch eine „Flucht in den Befangenheitsantrag". Dabei macht sich die „fliehende" Partei zu Nutze, dass das Gericht bei einem anhängigen Ablehnungsgesuch wegen § 47 Abs. 1 ZPO **nicht verhandeln, keinen Verkündungstermin anberaumen und keine Entscheidung verkünden kann.**

Allerdings führt die **Ablehnung während einer mündlichen Verhandlung** dazu, dass der Termin unter Mitwirkung des abgelehnten Richters fortgesetzt werden kann (§ 47 Abs. 2 S. 1 ZPO), wobei dann eine Wiederholung erforderlich wird, wenn das Ablehnungsgesuch erfolgreich ist (§ 47 Abs. 2 S. 2 ZPO). Einen sicheren Weg zur Verhinderung der Präklusion bereitet die Flucht in den Befangenheitsantrag während der mündlichen Verhandlung daher nicht.

> **Beachte:** Die bis zum Jahre 2001 vielfach praktizierte „**Flucht in die Berufung**" gehört aufgrund des Funktionswandels der Berufungsinstanz durch das Gesetz zur Reform des Zivilprozesses hin zu einer Rechtskontrollinstanz (und konkret wegen der heutigen §§ 529, 531 ZPO) der Vergangenheit an.

h) Verfahrensrechtliche Anträge

468 Als Beklagtenvertreter ist je nach Aufgabenstellung zudem an die folgenden Prozessanträge zu denken:

aa) Einstweilige Einstellung der Zwangsvollstreckung, §§ 719 Abs. 1, Abs. 3, 707 ZPO

Immer wenn gegen den Mandanten bereits ein vorläufig vollstreckbarer Vollstreckungstitel existiert, ist in dem anzufertigenden Schriftsatz ein **Antrag auf einstweilige Einstellung der Zwangsvollstreckung** zu stellen. Anderenfalls drohen dem Mandanten Nachteile aus der Zwangsvollstreckung des Titels. **Zweckmäßig** ist eine Antragstellung gerichtet auf eine vorläufige Einstellung der Zwangsvollstreckung **ohne Sicherheitsleistung, hilfsweise gegen Sicherheitsleistung.**[459] 469

Im Falle eines **Versäumnisurteils** richtet sich der Antrag nach §§ 719 Abs. 1, 707 ZPO. Insoweit kommt wegen § 719 Abs. 1 S. 2 ZPO eine einstweilige Einstellung der Zwangsvollstreckung **grundsätzlich nur gegen Sicherheitsleistung** in Betracht. Eine einstweilige Einstellung der Zwangsvollstreckung erfolgt hingegen **nur ausnahmsweise ohne Sicherheitsleistung**, wenn die Gesetzmäßigkeit des Versäumnisurteils respektive ein Verschulden der Säumnis nicht vorliegen. Ob das Versäumnisurteil in gesetzlicher Weise ergangen ist, ist dann ggf. zu überprüfen und darzustellen. Die das fehlende Verschulden der Säumnis begründenden Umstände sind glaubhaft zu machen, §§ 719 Abs. 1 S. 2, 294 ZPO.

Klassische Fehler beim Erlass eines Versäumnisurteils:

- Fehlende oder fehlerhafte Belehrung gemäß § 276 Abs. 2 ZPO
- Unzulässigkeit der Versäumnisentscheidung gemäß § 335 ZPO
- Unzulässigkeit oder Unschlüssigkeit der Klage, § 331 Abs. 2 ZPO

Beachte: Auf eine fehlende Gesetzmäßigkeit des Versäumnisurteils oder eine unverschuldete Säumnis ist das Gericht im Rahmen der Klageerwiderung nicht nur wegen § 719 Abs. 1 S. 2 ZPO, sondern auch wegen § 344 ZPO hinzuweisen.

bb) Schutzantrag des Schuldners, §§ 712, 714 ZPO

Droht dem Schuldner im Falle einer Verurteilung durch die Zwangsvollstreckung des Urteils ein nicht zu ersetzender Nachteil, ist an einen **vorsorglichen Vollstreckungsschutzantrag des Schuldners** zu denken. Das Gericht hat dem Schuldner hiernach zu gestatten, die **Vollstreckung durch Sicherheitsleistung abzuwenden** (§ 712 Abs. 1 S. 1 ZPO). Ist der Schuldner hierzu nicht in der Lage, ist das Urteil **nicht für vorläufig vollstreckbar zu erklären** oder die **Vollstreckung auf die Sicherungsvollstreckung gemäß § 720 a Abs. 1, Abs. 2 ZPO zu beschränken** (§ 712 Abs. 1 S. 2 ZPO). 470

Notwendige Voraussetzung für die Gewährung des Vollstreckungsschutzes ist ein Antrag des Schuldners. Der **Schutzantrag** kann für die jeweilige Instanz **lediglich bis zum Schluss der letzten mündlichen Verhandlung** erfolgen.[460] Eine Nachholung des Antrags für das erstinstanzliche Verfahren im Rahmen der Berufungsinstanz ist unzulässig.[461] Ein Schutzbedürfnis des Schuldners liegt vor, wenn dem Schuldner **durch die Vollstreckung des Urteils ein unersetzbarer Nachteil** entstehen würde (z.B. Verlust einer zu räumenden Wohnung, Existenzverlust oder Betriebseinstellung). Das Schutzbedürfnis bedarf einer **Glaubhaftmachung**, §§ 714, 294 ZPO. 471

459 Vgl. Formulierungsbeispiel Rn. 276.

460 Thomas/Putzo/Seiler § 714 Rn. 3.

461 Thomas/Putzo/Seiler § 712 Rn. 2.

Formulierungsbeispiel: Schutzantrag gemäß § 712 ZPO

In verfahrensrechtlicher Hinsicht beantrage ich vorsorglich,

das Urteil für nicht vorläufig vollstreckbar zu erklären; hilfsweise, dem Beklagten zu gestatten, die Zwangsvollstreckung durch Sicherheitsleistung in Höhe von 110% des zu vollstreckenden Betrags abzuwenden.

cc) Räumungsfrist bei Wohnraum, § 721 ZPO

472 Bei Wohnraum betreffenden Räumungsklagen ist auf Beklagtenseite weiter an einen **hilfsweisen Antrag auf Gewährung einer Räumungsfrist** gemäß § 721 ZPO zu denken. Die Räumungsfrist kann auf Antrag oder von Amts wegen gewährt werden (§ 721 Abs. 1 S. 1 ZPO). Aus **anwaltlicher Vorsicht** ist eine Räumungsfrist zugunsten des beklagten Mandanten jedoch **stets hilfsweise für den Fall einer Verurteilung zu beantragen**. Die Räumungsfrist darf insgesamt nicht mehr als ein Jahr betragen (§ 721 Abs. 5 S. 1 ZPO). Maßgeblicher Zeitpunkt für den Fristbeginn ist grundsätzlich der Tag der Rechtskraft des Urteils (§ 721 Abs. 5 S. 2 ZPO). Die Umstände, die eine Einräumung einer Räumungsfrist im Einzelfall erforderlich erscheinen lassen (z.B. Alter und Bedürfnis, Dauer eines Mietverhältnisses, Gewähr für Zahlungen gemäß § 546 a BGB, Bereitstehen von Ersatzwohnraum)[462] sind mit der Antragstellung darzulegen.

VI. Praktischer Teil

473 Im praktischen Teil geht es auch in der Beklagtenklausur um die Umsetzung des im vorangehenden Gutachten gefundenen Ergebnisses in einen **praxistauglichen Schriftsatz** und/oder in ein **praktisch verwertbares außergerichtliches Schreiben**. In der Regel besteht Ihre Aufgabe im Rahmen des Verteidigungsmandats im Klageverfahren in der **Anfertigung einer Klageerwiderung**. Wie immer ist jedoch allem voran den **Vorgaben des Bearbeitervermerks** Beachtung zu schenken.

1. Formalien

474 Was die Formalien anbelangt, kann auf die Ausführungen im Rahmen des Angriffsmandats im Klageverfahren verwiesen werden.[463]

462 Thomas/Putzo/Seiler § 721 Rn. 12.

463 Vgl. oben Rn. 182–189.

2. Schriftsatzentwürfe

475

Muster: Entwurf einer Klageerwiderung samt Widerklage

– ENTWURF–

Rechtsanwältin Christine Schuster
Grüningweg 34
22119 Hamburg

An das
Landgericht Hamburg
Sievekingplatz 1
20355 Hamburg

27.09.2019
Az. 200/2019

In dem Rechtsstreit

Meier ./. Schmidt
– Az. 3 O 245/19 –

zeige ich an, dass ich die Vertretung der Beklagten übernommen habe. Die Beklagte wird sich gegen die Klage verteidigen. In dem Termin zur mündlichen Verhandlung werde ich beantragen,

die Klage abzuweisen.

Darüber hinaus erhebe ich namens und in Vollmacht der Beklagten als Widerklägerin gegen die Klägerin als Widerbeklagte

Widerklage

und werde widerklagend beantragen,

die Klägerin zu verurteilen, an die Beklagte einen Betrag in Höhe von 10.000,00 € nebst Zinsen in Höhe von 5 Prozentpunkten über dem jeweiligen Basiszinssatz seit dem auf den Eintritt der Rechtshängigkeit folgenden Tag zu zahlen.

Begründung:
Einleitungssatz
Sachverhalt (Gliederung I.)
Rechtliche Würdigung (Gliederung II.)
Schlussbemerkungen (Gliederung III.)
Unterschrift

Beachte: In den Schlussbemerkungen kann beispielsweise die Zustimmung mit einer Entscheidung durch den Einzelrichter im Falle einer Klage zum Landgericht (§ 277 Abs. 1 S. 2 ZPO) oder die Anregung zur Erteilung eines schriftlichen richterlichen Hinweises gemäß § 139 ZPO verortet werden.

476 ***Muster: Entwurf einer Klageerwiderung samt Widerklage und Drittwiderklage***

– ENTWURF –

Rechtsanwältin Christine Schuster
Grüningweg 34
22119 Hamburg

An das
Landgericht Hamburg
Sievekingplatz 1
20355 Hamburg

27.09.2019
Az. 200/2019

– Az. 3 O 245/19 –

In dem Rechtsstreit

der Frau Elise Alba Meier, Deichstraße 34, 20459 Hamburg,

– Klägerin und Widerbeklagte zu 1) –

Prozessbevollmächtigter: Rechtsanwalt Hans-Dieter Schuster, Colonnaden 104, 20457 Hamburg,

und der Frau Nadine Schulz, Großer Burstah 10, 20457 Hamburg,

– Widerbeklagte zu 2)–

gegen

die Frau Emilia Vida Schmidt, Heussweg 107, 20255 Hamburg,

– Beklagte und Widerklägerin –

Prozessbevollmächtigte: Rechtsanwältin Christine Schuster, Grüningweg 34, 22119 Hamburg,

zeige ich an, dass ich die Vertretung der Beklagten übernommen habe. Die Beklagte wird sich gegen die Klage verteidigen. In dem Termin zur mündlichen Verhandlung werde ich beantragen,

die Klage abzuweisen.

Darüber hinaus erhebe ich namens und in Vollmacht der Beklagten als Widerklägerin gegen die Klägerin als Widerbeklagte zu 1) und die bislang nicht am Rechtsstreit beteiligte Frau Nadine Schulz als Widerbeklagte zu 2)

Widerklage

und werde widerklagend beantragen,

die Klägerin und die Widerbeklagte zu 2) als Gesamtschuldner zu verurteilen, an die Beklagte einen Betrag in Höhe von 10.000,00 € nebst Zinsen in Höhe von 5 Prozentpunkten über dem jeweiligen Basiszinssatz seit dem auf den Eintritt der Rechtshängigkeit folgenden Tag zu zahlen.

Begründung:
Einleitungssatz
Sachverhalt (Gliederung I.)
Rechtliche Würdigung (Gliederung II.)
Schlussbemerkungen (Gliederung III.)
Unterschrift

Muster: Entwurf einer Einspruchsschrift mitsamt Wiedereinsetzungsantrag 477

– ENTWURF–

Rechtsanwältin Christine Schuster
Grüningweg 34
22119 Hamburg

An das
Landgericht Hamburg
Sievekingplatz 1
20355 Hamburg

27.09.2019
Az. 200/2019

In dem Rechtsstreit

Meier ./. Schmidt
– Az. 3 O 245/19 –

zeige ich an, dass ich die Vertretung der Beklagten übernommen habe. Die Beklagte wird sich gegen die Klage verteidigen. Namens und in Vollmacht der Beklagten beantrage ich,

der Beklagten wegen Versäumung der Einspruchsfrist Wiedereinsetzung in den vorigen Stand zu gewähren.

Darüber hinaus lege ich hiermit

Einspruch

gegen das Versäumnisurteil vom … ein und beantrage weiter,

die Zwangsvollstreckung aus dem Versäumnisurteil vom … vorläufig ohne Sicherheitsleistung, hilfsweise gegen Sicherheitsleistung einzustellen.

In dem Termin zur mündlichen Verhandlung werde ich beantragen,

das Versäumnisurteil vom … aufzuheben und die Klage abzuweisen.

Begründung:
Einleitungssatz
Zulässigkeit und Begründetheit des Wiedereinsetzungsantrags einschließlich Glaubhaftmachung sowie Zulässigkeit des Einspruchs (Gliederung I.)
Sachverhalt (Gliederung II.)
Rechtliche Würdigung (III.)
Einstweilige Einstellung der Zwangsvollstreckung einschließlich Glaubhaftmachung (Gliederung IV.)
Schlussbemerkungen (Gliederung V.)
Unterschrift

3. Außergerichtliche Schreiben

478

Muster: Entwurf eines Mandantenschreibens

Rechtsanwältin Christine Schuster
Grüningweg 34
22119 Hamburg

Emilia Vida Schmidt
Heussweg 107
20255 Hamburg

27.09.2019
Az. 200/2019

Angelegenheit gegen die Frau Elise Alba Meier

Sehr geehrte Frau Schmidt,

in der vorbezeichneten Angelegenheit übersende ich Ihnen anliegenden Entwurf der Klageerwiderung verbunden mit der freundlichen Bitte um Kenntnisnahme sowie gelegentliche Freigabe bzw. Mitteilung etwaiger Änderungswünsche.

Für Rückfragen stehe ich Ihnen jederzeit gerne zur Verfügung

Mit freundlichen Grüßen

Unterschrift
Rechtsanwältin

B. Das Verteidigungsmandat im einstweiligen Rechtsschutz

I. Einleitung

479 Soweit eine zivilrechtliche Anwaltsklausur in ihrem Kern das einstweilige Rechtsschutzverfahren gemäß §§ 916 ff. ZPO zum Gegenstand hat, handelt es sich mit hoher Wahrscheinlichkeit um ein Angriffsmandat. Eine Auseinandersetzung mit den in Betracht kommenden Rechtsbehelfen des Antragsgegners kann dann im Sinne vorbeugender Überlegungen aus der Perspektive des Antragstellers relevant werden. Das eigentliche **Verteidigungsmandat im einstweiligen Rechtsschutz ist dagegen nur selten** Klausurgegenstand. Gleichwohl sollen im Folgenden einige Hinweise erteilt werden.

480 Der für das Verteidigungsmandat im einstweiligen Rechtsschutz anzuratende Klausuraufbau entspricht letztlich dem Klausuraufbau des Angriffsmandates im einstweiligen Rechtsschutz. Beim **einschichtigen Klausuraufbau** ist daher folgende Gliederung zu empfehlen.

Gliederung der Klausur bei Verteidigungsmandaten im einstweiligen Rechtsschutz (einschichtiger Aufbau):

I. Mandantenbegehren

II. Gutachten

1. Prozessuales Gutachten
2. Materiell-rechtliches Gutachten
3. Zweckmäßigkeitserwägungen

III. Praktischer Teil

Für einen **zweischichtigen Klausuraufbau** eignet sich bei Verteidigungsmandaten im einstweiligen Rechtsschutz dagegen das folgende Schema: 481

Gliederung der Klausur bei Verteidigungsmandaten im einstweiligen Rechtsschutz (zweischichtiger Aufbau):

I. Mandantenbegehren

II. Gutachten

1. Prozessstation
2. Antragstellerstation
3. Antragsgegnerstation
4. Beweisstation
5. Zweckmäßigkeitsstation

III. Praktischer Teil

II. Mandantenbegehren und Gutachten

Es folgt nach einer wie gewohnt kurzen und prägnanten **Darstellung des Mandantenbegehrens** der **Gutachtenteil**, dessen Inhalt im Einzelnen von der Art der Aufgabenstellung abhängt. 482

1. Erwiderung auf den Antrag auf Erlass einer Eilanordnung

Besteht die Aufgabe in einer Erwiderung auf einen Antrag auf Erlass eines Arrestbefehls oder einstweiligen Verfügung, ist im Rahmen des **prozessualen Gutachtens** zunächst die **Zulässigkeit des gegnerischen Antrags** zu untersuchen. Im Rahmen des **materiell-rechtlichen Gutachtens** ist sodann wie üblich darauf einzugehen, ob das Vorbringen des Antragstellers schlüssig ist, ob sich Erhebliches hiergegen vortragen lässt und wie sich die Beweissituation darstellt. Es folgen die für die jeweilige Klausursituation typischen **Zweckmäßigkeitserwägungen**. 483

2. Verteidigungsmöglichkeiten des Antragsgegners

Ist gegen den Mandanten hingegen **bereits ein Arrestbefehl oder eine einstweilige Verfügung erlassen** worden, ist im Rahmen des prozessualen Gutachtens zunächst zu prüfen, ob und ggf. welcher Rechtsbehelf hiergegen eingelegt werden kann. 484

a) Widerspruch, § 924 ZPO

485 Bei einer stattgebenden Entscheidung über den Antrag im einstweiligen Rechtsschutz **durch Beschluss** ist gemäß § 924 Abs. 1 ZPO der Widerspruch der **statthafte Rechtsbehelf**.

Für die Entscheidung über den Widerspruch ist **das Gericht zuständig**, das den Arrest / die einstweilige Verfügung erlassen hat.[464] Für die Zulässigkeit des Widerspruchs sind weiter die **Formvorgaben** des § 924 Abs. 2 ZPO zu berücksichtigen. Eine Frist ist bei der Erhebung des Widerspruchs hingegen nicht zu beachten.

Der **Widerspruch ist begründet**, soweit die Voraussetzungen für den Erlass eines Arrestes / einer einstweiligen Verfügung entweder anfänglich nicht vorlagen oder nachträglich weggefallen sind.

> **Beachte:** Der Widerspruch führt notwendig zu einer **mündlichen Verhandlung** über die Streitsache. Das im Anschluss hieran ergehende Urteil ist seinerseits mit der Berufung (§§ 511 ff. ZPO) angreifbar.

b) Berufung, §§ 511 ff. ZPO

486 Wurde über den Antrag auf Erlass eines Arrests / einer einstweiligen Verfügung hingegen **nach mündlicher Verhandlung durch Urteil** entschieden, so kann hiergegen **Berufung** gemäß §§ 511 ff. ZPO eingelegt werden. Es handelt sich dann streng genommen um eine spezielle Form des Angriffsmandats in der Berufungsinstanz.[465]

c) Aufhebung wegen veränderter Umstände, § 927 ZPO

487 Unabhängig davon, ob die Eilanordnung durch Beschluss oder durch Urteil erlassen worden ist, kommt auch eine **Aufhebung wegen veränderter Umstände** gemäß § 927 ZPO in Betracht.

Beispiele: Die zwischenzeitliche Abweisung des Anspruchs im Hauptsacheprozess als unbegründet (eventuell sogar schon vor Rechtskraft)[466] oder der Ablauf der Vollziehungsfrist gemäß § 929 Abs. 2 ZPO[467]

> **Beachte:** Eine Veränderung von Umständen kann letztlich auch über die Rechtsbehelfe des Widerspruchs (§ 924 ZPO) oder der Berufung (§§ 511 ff. ZPO) zu einer Beseitigung der Eilanordnung führen. Deren Einlegung lässt daher auch das Rechtsschutzbedürfnis für einen Aufhebungsantrag gemäß § 927 ZPO entfallen.[468]

d) Erstellung einer Schutzschrift, § 945 a ZPO

488 Eine weitere denkbare Aufgabenstellung besteht in der **Erstellung einer Schutzschrift**. Die Schutzschrift ist ein **vorbeugendes Verteidigungsmittel gegen einen erwarteten Antrag** auf Erlass eines Arrestes oder einer einstweiligen Verfügung (§ 945 a Abs. 1 S. 2 ZPO). Die Zielsetzung einer Schutzschrift besteht darin, dass das Gericht sich mit dem Vorbringen des Antragsgegners vor der Entscheidung auseinandersetzt, um hierdurch bestenfalls den **Erlass einer Eilanordnung im Beschlusswege ohne mündliche Verhandlung zu verhindern.**[469]

---

464 Thomas/Putzo/Seiler § 924 Rn. 2.

465 Vgl. oben Rn. 245–284.

466 BGH WM 1976, 134; Thomas/Putzo/Seiler § 927 Rn. 12.

467 Thomas/Putzo/Seiler § 927 Rn. 15.

468 Thomas/Putzo/Seiler § 927 Rn. 16.

469 Thomas/Putzo/Seiler § 945a Rn. 1.

Seit dem 01.01.2016 kann eine Schutzschrift in das zentrale Schutzschriftenregister eingestellt werden (§ 945 a Abs. 1 S. 1 ZPO). Die bisherige Praxis einer Mehrfacheinreichung bei allen Gerichten, bei denen der potenzielle Antragsgegner die Einreichung eines Antrags auf Erlass eines Arrestes / einer einstweiligen Verfügung erwartete, hat sich hierdurch erübrigt.

3. Zweckmäßigkeitserwägungen

Auch bei Vertretung des Antragsgegners im Rahmen des einstweiligen Rechtsschutzverfahrens lassen sich neben den allgemeinen auch **einige spezielle Zweckmäßigkeitserwägungen** anstellen. 489

a) Rat an den Mandanten

In Abhängigkeit von der konkreten Klausurkonstellation ist dem Mandanten eine **Verteidigung gegen den Antrag auf Erlass eines Arrestes / einer einstweiligen Verfügung** bzw. die Einlegung des **für die Aufhebung einer bereits erlassenen Eilanordnung erforderlichen Rechtsbehelfes** (z.B. Widerspruch, Berufung) anzuraten. 490

b) Sofortiges Anerkenntnis, § 93 ZPO

Im Rahmen des einstweiligen Rechtsschutzverfahrens gelangen die allgemeinen Kostenregelungen der §§ 91 ff. ZPO zur Anwendung. Als Vertreter des Antragsgegners ist daher zu prüfen, ob dem Antragssteller infolge eines **sofortigen Anerkenntnisses** gemäß § 93 ZPO die Kosten des Rechtsstreits auferlegt werden können. 491

Praktische Bedeutung erlangt diese Frage vor allem bei im Wege des einstweiligen Verfügungsverfahrens verfolgten **Unterlassungsansprüchen aus dem Bereich des Wettbewerbsrechts**. Der Antragsgegner hat nämlich in aller Regel keine Veranlassung zur Beantragung einer einstweiligen Verfügung gegeben, wenn der Antragssteller ihn **nicht zuvor außergerichtlich abgemahnt** hat.[470]

c) Unzulässigkeit von Widerklage und Gegenanträgen

Die **Erhebung einer Widerklage kommt** im Rahmen des einstweiligen Rechtsschutzverfahrens **nicht in Betracht**, weil es sich bei dem Verfahren gemäß §§ 916 ff. ZPO zwar um ein Erkenntnisverfahren, nicht jedoch um ein Klageverfahren handelt.[471] 492

Auch im Übrigen sehen die Vorschriften über Arrest und einstweilige Verfügung **keine Möglichkeit eines Gegenantrags** des Antragsgegners vor. Eine entsprechende Regelung würde der Grundkonzeption des Eilverfahrens zuwiderlaufen, wonach eine rasche Entscheidung ergehen und die Vertagung einer mündlichen Verhandlung ausgeschlossen sein soll.[472] 493

Gegenanträge des Antragsgegners im einstweiligen Rechtsschutzverfahren sind daher – zumindest wenn sie einen anderen Streitgegenstand als den bereits rechtshängigen betreffen – als unzulässig anzusehen.[473]

470 OLG Hamburg, Beschl. v. 25.08.2015 – 3 W 74/15, BeckRS 2015, 16022; Thomas/Putzo/Hüßtege § 93 Rn. 6b.
471 Thomas/Putzo/Seiler § 33 Rn. 27.
472 OLG Frankfurt MDR 2012, 423.
473 OLG Celle RÜ2 2018, 28.

d) Vorläufige Einstellung der Vollziehung, § 924 Abs. 3 S. 2 ZPO

494 Die Vollziehung einer im Beschlusswege ergangenen Eilanordnung wird durch einen Widerspruch gemäß § 924 Abs. 1 ZPO nicht gehemmt (§ 924 Abs. 3 S. 1 ZPO). Als Vertreter des Antragsgegners ist daher stets an einen **Antrag auf einstweilige Einstellung der Vollziehung** gemäß § 924 Abs. 3 S. 2 ZPO i.V.m. § 707 ZPO zu denken.[474]

> **Beachte:** In den **Konstellationen der §§ 926 Abs. 2, 927 ZPO** finden § 924 Abs. 3 S. 2 ZPO und der dortige Verwes auf § 707 ZPO analoge Anwendung. Bei einer **Berufung** gegen eine im Urteilswege ergangene Eilanordnung gelangt § 707 ZPO hingegen über § 719 Abs. 1 S. 1 ZPO zur Anwendung.

e) Anordnung der Klageerhebung, §§ 926, 936 ZPO

495 Wenn gegen den Mandanten eine Eilanordnung ergangen und das Hauptsacheverfahren noch nicht anhängig ist, hat der Antragsgegner zudem die Möglichkeit, die **gerichtliche Anordnung einer Frist zur Klageerhebung zu beantragen** (§ 926 Abs. 1 ZPO). Leistet der Gläubiger der Anordnung nicht rechtzeitig Folge, kann der Schuldner die Aufhebung der Eilanordnung beantragen.

> **Beachte:** Eine Nachlässigkeit im Punkte der Rechtzeitigkeit der Klageerhebung im Hauptsacheverfahren kann für den Gläubiger durchaus schwerwiegende Folgen haben. Infolge einer Aufhebung der Eilanordnung gemäß § 926 Abs. 2 ZPO trifft den Gläubiger nämlich die **Schadensersatzpflicht gemäß § 945 ZPO**.

f) Aufhebung gegen Sicherheitsleistung, § 939 ZPO

496 In Ausnahmefällen lässt das Gesetz auf Antrag des Antragsgegners die **Aufhebung einer einstweiligen Verfügung gegen Sicherheitsleistung** zu. Das Gericht entscheidet über die hierfür erforderlichen **besonderen Umstände** nach freiem Ermessen.[475] In der Person des Gläubigers liegen sie vor, wenn seinem Sicherungsbedürfnis durch eine bloße Sicherungsleistung genügt wird. Dies ist dann der Fall, wenn nicht das Interesse des Gläubigers an der individuellen Leistung, sondern sein **Vermögensinteresse im Vordergrund** steht.

Beispiel: Einstweilige Verfügung zur Eintragung einer Vormerkung bezüglich des Anspruchs auf Eintragung einer Sicherungshypothek des Bauunternehmers gemäß § 650 e BGB.[476]

Hinzukommen müssen Umstände in der Person des Schuldners, die **über eine gewöhnliche Schädigung infolge einer Vollziehung der Eilanordnung hinausgehen**.

> **Beachte:** Der Antrag gemäß § 939 ZPO kann nur nach mündlicher Verhandlung in Verfahren zur Aufhebung einer einstweiligen Verfügung gemäß §§ 511 ff. ZPO (Berufung), §§ 924 Abs. 1, 936 ZPO (Widerspruch) oder §§ 927, 936 ZPO (Aufhebung wegen veränderter Umstände) gestellt werden.[477]

---

474 Vgl. Formulierungsbeispiel bei Rn. 276.
475 Thomas/Putzo/Seiler § 939 Rn. 2.
476 Thomas/Putzo/Seiler § 939 Rn. 2.
477 Thomas/Putzo/Seiler § 939 Rn. 3.

g) Schadensersatzpflicht, § 945 ZPO

Der Mandant ist weiter darauf hinzuweisen, dass ihm der Antragsteller **gemäß § 945 ZPO den Schaden zu ersetzen** hat, der ihm aus dem Vollzug einer von Anfang an ungerechtfertigten oder nachträglich aufgehobenen Eilanordnung entsteht. Es handelt sich um eine in der Zivilprozessordnung geregelte materiell-rechtliche Anspruchsgrundlage auf Schadensersatz.[478] 497

Der Schadensersatzanspruch ist in aller Regel **in einem eigenen Klageverfahren auf Leistung oder auf negative Feststellung** geltend zu machen.[479] Der Antragsteller trägt dann als Beklagter die Beweislast dafür, dass sein Antrag auf Erlass eines Arrestes / einer einstweiligen Verfügung von vornherein gerechtfertigt war.[480]

III. Praktischer Teil

Zur Anfertigung des praktischen Teils wird auf die Ausführungen zum Angriffsmandat im einstweiligen Rechtsschutz verwiesen.[481] 498

Muster: Entwurf eines Widerspruchs gegen eine einstweilige Verfügung

– ENTWURF–

Rechtsanwältin Christine Schuster
Grüningweg 34
22119 Hamburg

An das
Landgericht Hamburg
Sievekingplatz 1
20355 Hamburg

27.08.2019
Az. 200/2019

In dem einstweiligen Verfügungsverfahren

Meier ./. Schmidt
– Az. 3 O 245/19 –

zeige ich an, dass ich die Vertretung der Antragsgegnerin übernommen habe. Namens und in Vollmacht der Antragsgegnerin lege ich hiermit

Widerspruch

gegen die einstweilige Verfügung vom … ein und beantrage,

die Vollziehung der einstweiligen Verfügung ohne Sicherheitsleistung, hilfsweise gegen Sicherheitsleistung vorläufig einzustellen.[a]

In dem Termin zur mündlichen Verhandlung werde ich beantragen,

1. die einstweilige Verfügung vom … aufzuheben und den Antrag auf Erlass einer einstweiligen Verfügung zurückzuweisen.[b]

a) Antragsstellung auf einstweilige Einstellung der Vollziehung gemäß § 924 Abs. 3 S. 2 ZPO
b) Antragsstellung bei Widerspruch gemäß § 924 Abs. 1 ZPO

478 Vgl. oben Rn. 238.
479 BGH NJW 1994, 2765; Thomas/Putzo/Seiler § 945 Rn. 12.
480 BGH NJW-RR 1992, 998; Thomas/Putzo/Seiler § 945 Rn. 12.
481 Vgl. oben Rn. 199–244.

2. dem Antragsteller eine in das Ermessen des Gerichts gestellte Frist zur Erhebung der Klage in der Hauptsache zu setzen.[a]

Begründung:
Einleitungssatz
Sachverhalt (Gliederung I.)
Rechtliche Würdigung (Gliederung II.)
Glaubhaftmachung (Gliederung III.)
Schlussbemerkungen (Gliederung IV.)
Unterschrift

a) Antragsstellung auf Anordnung der Klageerhebung gemäß § 926 Abs. 1 ZPO

C. Das Verteidigungsmandat in der Berufungsinstanz

I. Einleitung

499 Anwaltliche Aufgabenstellungen aus dem Berufungsrecht sind im Assessorexamen ausgesprochen selten. Unter ihnen sind die Angriffsmandate aus Sicht des Berufungsklägers wiederum häufiger als Verteidigungsmandate aus Sicht des Berufungsbeklagten. Der **Aufbau der Klausur eines Verteidigungsmandats in der Berufungsinstanz** deckt sich mit dem Aufbau der Klausur eines Angriffsmandats in der Berufungsinstanz.[482]

II. Mandantenbegehren und Gutachten

500 Nach einer **Darstellung des Mandantenbegehrens** sind **die Erfolgsaussichten der eingelegten Berufung zu begutachten**. Das Interesse des Mandanten in der Rolle des Berufungsbeklagten ist naturgemäß ein gänzlich anderes als dasjenige des Berufungsklägers im Rahmen des Angriffsmandats.

1. Verteidigung gegen die Berufung

501 Bei einer Vertretung des Berufungsbeklagten besteht die Zielvorstellung des Mandanten zuvorderst darin, das Berufungsgericht davon zu überzeugen, dass die **Berufung des Berufungsklägers gegen das angefochtene, erstinstanzliche Urteil unzulässig oder unbegründet** ist.

Aus diesem Grunde ist es in der Regel auch zweckmäßig, gegenüber dem Berufungsgericht eine **Verwerfung der Berufung als unzulässig** gemäß § 522 Abs. 1 ZPO oder eine **Zurückweisung der Berufung als unbegründet** gemäß § 522 Abs. 2 ZPO anzuregen. Die Entscheidungen gemäß § 522 ZPO ergehen schriftlich im Beschlusswege, wobei dem Berufungskläger zuvor rechtliches Gehör zu gewähren ist. Im Rahmen des Gutachtens hat in jedem Fall eine umfassende inhaltliche Auseinandersetzung mit dem Vorbringen des Berufungsklägers zu erfolgen.

2. Übergang zum Gegenangriff

502 Der Berufungsbeklagte kann auch zum Gegenangriff übergehen. Folgende **Handlungsmöglichkeiten** sind dabei in Betracht zu ziehen.

---

482 Vgl. oben Rn. 245–284.

a) Selbstständige Berufung, §§ 511 ff. ZPO

Werden durch das erstinstanzliche Urteil beide Parteien beschwert, steht es grundsätzlich auch beiden Parteien frei, das Urteil mit der Berufung anzufechten. **Wechselseitig eingelegte selbstständige Berufungen sind voneinander unabhängig**, sodass sich beispielsweise die Rücknahme der einen Berufung nicht auf die Zulässigkeit der anderen Berufung auswirkt. Allerdings werden wechselseitige Berufungen üblicherweise in einem Prozess verbunden und stellen dann gebührenrechtlich eine Angelegenheit dar (45 Abs. 2 GKG). **503**

Um eine selbstständige Berufung für den berufungsbeklagten Mandanten einzulegen, müssen natürlich die **Zulässigkeitsvoraussetzungen einer Berufung** vorliegen. **504**

- Insbesondere ist eine **hinreichende Beschwer des Mandanten durch das erstinstanzliche Urteil** (§ 511 Abs. 2 ZPO) erforderlich.

  Beispiel: Im erstinstanzlichen Verfahren vor dem Amtsgericht beantragte der Mandant als Kläger, den Beklagten zur Zahlung von 4.000,00 € zu verurteilen. Das Amtsgericht gab der Klage in Höhe von 3.700,00 € statt.

  Im Hinblick auf die für die Einlegung einer Berufung erforderliche Beschwer von über 600,00 € kann lediglich der Beklagte, nicht aber der klagende Mandant das erstinstanzliche Urteil mit der Berufung angreifen.

- Daneben muss auch die **Berufungseinlegungsfrist** (§ 517 ZPO) gewahrt werden. Hieran wird es häufig fehlen. Denn reizt der Berufungskläger seinerseits die einmonatige Berufungseinlegungsfrist aus und konsultiert der Mandant Sie als Rechtsanwalt erst nach Zustellung der gegnerischen Berufungsschrift, steht einer selbstständigen Berufung des Mandanten die mittlerweile verstrichene Frist des § 517 ZPO entgegen.

> **Beachte:** Fehlt eine der Zulässigkeitsvoraussetzungen für die selbstständige Berufung, kommt für den berufungsbeklagten Mandanten lediglich noch die Einlegung einer Anschlussberufung gemäß § 524 ZPO in Betracht (hierzu sogleich).

b) Unselbstständige Anschlussberufung, § 524 ZPO

Des Weiteren ist an eine **unselbstständige Anschlussberufung** gemäß § 524 ZPO zu denken. Eine solche Anschlussberufung setzt **weder eine Beschwer des Mandanten noch eine Wahrung der Berufungseinlegungsfrist** (§ 517 ZPO) voraus. Die Anschlussberufung hat grundsätzlich vielmehr bis zum Ablauf der dem berufungsbeklagten Mandanten gesetzten Frist zur Berufungserwiderung zu erfolgen (§ 524 Abs. 2 S. 2 ZPO). Der **Nachteil einer Anschlussberufung** ist ihre Abhängigkeit von der Hauptberufung (§ 524 Abs. 4 ZPO).[483] Hingegen lässt sich in materiell-rechtlicher Hinsicht das identische Ergebnis erreichen wie mittels der selbstständigen Berufung. **505**

c) Widerklage in der Berufungsinstanz, § 533 ZPO

Weiter kommt auch die **erstmalige Erhebung einer Widerklage in der Berufungsinstanz** in Betracht. Dabei ist die einschränkende Vorschrift des § 533 ZPO zu beachten, wonach die Widerklage in zweiter Instanz nur bei **Einwilligung des Gegners oder Sachdienlichkeit** zulässig ist und zudem **auf Tatsachen beruhen muss, die das Berufungsgericht seiner Entscheidung ohnehin gemäß § 529 ZPO zugrunde zu legen hat.** Für die Feststellung der Einwilligung oder Sachdienlichkeit gelten die **506**

483 Vgl. oben Das Angriffsmandat in der Berufungsinstanz, Rn. 274.

Grundsätze zur Klageänderung (§ 263 ZPO). Mit Blick auf die Tatsachengrundlage ist eine erstmalig in der Berufungsinstanz erhobene Widerklage in den folgenden Fällen zulässig.

Hinreichende Tatsachengrundlage für eine zulässige Widerklage in der Berufungsinstanz:
■ Bei **in der ersten Instanz vorgetragenen Tatsachen**, und zwar unabhängig davon, ob sie für die Entscheidung über die Klage erheblich oder unerheblich waren,[a]
■ Bei **unstreitigem neuen Tatsachenvortrag,**[b]
■ Bei **neuem Tatsachenvortrag, der gemäß § 531 Abs. 2 ZPO zuzulassen** ist.

a) BGH NJW-RR 2012, 429; Thomas/Putzo/Reichold § 533 Rn. 5.

b) BGH NJW-RR 2005, 437; Thomas/Putzo/Reichold § 533 Rn. 5.

Beachte: Die Vorschrift des § 533 ZPO gilt ebenso für die **Erweiterung der Klage** oder die **Erweiterung einer bereits in erster Instanz erhobenen Widerklage** sowie für die **Aufrechnung**.

III. Praktischer Teil

507 Im Rahmen des praktischen Teils wird es dann in der Regel um die **Anfertigung einer Berufungserwiderung** gehen. Hinsichtlich der Formalien kann insoweit auf die Ausführungen in diesem Skript zum Angriffsmandat in der Berufungsinstanz verwiesen werden.[484]

Bei der Antragstellung ist zu beachten, dass **unzulässige Berufungen verworfen** und **unbegründete Berufungen zurückgewiesen** werden.

D. Das Verteidigungsmandat in der Zwangsvollstreckung

508 Lediglich der Vollständigkeit halber ist zu erwähnen, dass natürlich auch **Verteidigungsmandate in der Zwangsvollstreckung** denkbar sind. Deutlich wahrscheinlicher ist jedoch, dass anwaltliche Aufgabenstellungen aus dem Bereich der Zwangsvollstreckung die Vertretung derjenigen Person vorsehen, die im Einzelfall einen **vollstreckungsrechtlichen Rechtsbehelf einlegen** möchte. Unabhängig davon, ob dabei der Vollstreckungsgläubiger, der Vollstreckungsschuldner oder ein Dritter vertreten wird, handelt es sich dann jedoch um ein Angriffsmandat. Insoweit wird auf die Ausführungen im Rahmen dieses Skripts zum Angriffsmandat in der Zwangsvollstreckung verwiesen.[485]

484 Vgl. oben Rn. 277 –282.

485 Vgl. oben Rn. 285 –352.

4. Teil: Das kautelarjuristische Mandat

A. Einleitung und Arbeitsmethodik

Wie auch in der anwaltlichen Praxis ist nicht jede zivilrechtliche Anwaltsklausur im Assessorexamen darauf ausgerichtet, einen gerichtlichen Rechtsstreit für den Mandanten zu führen. Inzwischen gehören in sämtlichen Bundesländern auch **rechtsgestaltende Aufgabenstellungen zum Prüfungsgegenstand**. **509**

Einen besonderen Fall der rechtsgestaltenden Tätigkeit stellt dabei die **Kautelarpraxis** dar, deren Zielsetzung es ist, potenzielle Rechtsprobleme im Vorwege ihrer Entstehung zu erkennen und durch **sichernde Regelungen** (z.B. Allgemeine Geschäftsbedingungen) auszuschließen. Das begriffliche Verständnis der Landesjustizprüfungsämter von kautelarjuristischen Aufgabenstellungen geht jedoch über den lateinischen Wortstamm „cautela" (= Schutzmittel, Vorsicht) hinaus und erfasst im weitesten Sinne **jede rechtsgestaltende Tätigkeit,** beispielsweise also auch den **Entwurf eines Prozessvergleichs** zum Zwecke der Prozessbeendigung oder den **Entwurf eines Kündigungsschreibens.**

I. Blickrichtung und Planungsvorgang des Kautelarjuristen

Anders als etwa in der Rolle eines Richters, der bei der Urteilsfindung zumeist über einen in der Vergangenheit liegenden und abgeschlossenen Vorgang zu entscheiden hat, geht die **Blickrichtung des Kautelarjuristen in die Zukunft**. Der Kautelarjurist muss die **Interessen des Mandanten ermitteln und für ihre Umsetzung einen rechtlich gangbaren Weg finden**. Dabei gilt es mögliche **Probleme und Risiken zu erkennen** und durch die Art der praktischen Umsetzung des Mandanteninteresses bestmöglich **zu vermeiden**. Der Kautelarjurist muss eine spätere Überprüfung seiner Lösung durch den Richter befürchten und für Fehler ggf. haften. Deshalb muss er richterliches Denken und vor allem die höchstrichterliche Rspr. berücksichtigen und seine Tätigkeit hieran ausrichten. **510**

Beim Planungsvorgang des Kautelarjuristen sind die **Erfüllungsplanung** und die **Risikoplanung** zu unterscheiden. **511**

- Die Erfüllungsplanung ist unmittelbar auf die **Verwirklichung der Sachziele** des Mandanten gerichtet (z.B. Bestimmung der primären Leistungsziele).
- Die Risikoplanung beinhaltet eine **Vorsorge für Störfälle**, also Regelungen für Leistungsstörungen (z.B. Sicherungsrechte, Vertragsstrafen).

Methodisch gilt für die Risikoplanung grundsätzlich dasselbe wie für die Erfüllungsplanung. So stellt sich etwa die Frage, ob bereits das **Gesetz die Interessen des Mandanten ausreichend schützt** (= Gesetzliches Normalstatut entspricht dem Regelungsinteresse) oder **modifizierende oder ergänzende Regelungen erforderlich** sind (= Gestaltungsbedarf).

II. Ablauf der Gestaltung im Einzelnen

Bei der Bearbeitung eines kautelarjuristischen Mandates erweist sich grundsätzlich die folgende gedankliche Vorgehensweise als **zweckmäßig**. **512**

1. Erarbeitung der Zielvorstellung des Mandanten

Ausgangspunkt ist stets die **Ermittlung der Zielvorstellung des Mandanten**. Aus der Ihnen vorliegenden Klausurvorlage werden sich in jedem Fall konkrete inhaltliche Vorgaben des Mandanten entnehmen lassen. Diese Informationen sind häufig **513** etwas ungeordnet, sodass die erste gedankliche Aufgabe darin besteht, das **Mandantenvorbringen zu strukturieren** und **den wesentlichen Kern des Interesses zu erfassen**. Auch der Bearbeitervermerk enthält bei Kautelarklausuren in der Regel eine Vielzahl von Hinweisen dazu, in welche Richtung die Überlegungen der Kandidaten gehen sollen oder gerade nicht gehen sollen.

2. Ermittlung der bestehenden Sach- und Rechtslage

514 Im Anschluss hieran haben Sie sich einen **Überblick über die bestehende Vertrags- und Gesetzeslage** zu verschaffen und herauszuarbeiten, welche **Rechtsfolge ohne eine modifizierende oder ergänzende Regelung** eintreten würde. Dazu bedarf es einer Filterung der relevanten Tatsachen aus dem mitgeteilten Sachverhalt. Von Relevanz können dabei vor allem die folgenden Informationen sein:

- **Persönliche Verhältnisse des Mandanten** (z.B. Familienstand, Ehelicher Güterstand, Alter und Unternehmer- oder Verbrauchereigenschaft des Mandanten)
- **Vermögensverhältnisse des Mandanten** (z.B. Forderungen, Verbindlichkeiten, Eigentum und sonstige Rechte des Mandanten sowie Rechte Dritter an Gegenständen des Mandanten)
- **Rechtliche Vorverhältnisse** (z.B. Bestehende Verträge, Vereinbarungen, Testamente)

3. Ermittlung des Gestaltungsbedarfs

515 Ob im Einzelfall überhaupt ein Gestaltungsbedarf besteht, richtet sich letztlich danach, ob die ohne Vornahme einer modifizierenden oder ergänzenden Regelung eintretende Rechtsfolge das von dem Mandanten mitgeteilte Interesse in Gegenwart und Zukunft bereits abbildet oder nicht. Hiernach besteht ein **Gestaltungsbedarf**, wenn und soweit die **bestehende Rechtslage nicht der Zielvorstellung des Mandanten entspricht**. Besteht hingegen kein Gestaltungsbedarf, ist von einer Regelung abzusehen oder allenfalls eine klarstehende Regelung vorzunehmen.

Beachte: Eine **Zweifelsregelung im Gesetz** (z.B. § 154 Abs. 1 BGB) bietet immer einen Anlass, eine präzise und rechtsverbindliche Regelung vorzunehmen.

516 Im Rahmen der Vertragsgestaltung ist weiter auch zwischen den **wesentlichen Vertragspunkten („essentialia negotii")** und den **vertraglichen Nebenabreden („accidentalia negotii")** zu differenzieren. Während die wesentlichen Vertragspunkte (z.B. bei einem Kaufvertrag: Parteien, Kaufgegenstand und Kaufpreis) die Wirksamkeitsvoraussetzung eines jeden Vertrags darstellen, können die vertraglichen Nebenabreden (z.B. Fälligkeits- und Verzugsregelungen) optional mit in das vertragliche Regelwerk aufgenommen werden, ohne dass hiervon die Wirksamkeit des Vertrags insgesamt abhängt.

4. Ermittlung und Abwägung der Gestaltungsmöglichkeiten

517 Bei bestehendem **Gestaltungsbedarf** sind die unterschiedlichen **Gestaltungsmöglichkeiten** zu ermitteln. Der Kautelarjurist bedient sich dabei in der Praxis der Hilfe von Formularbüchern, die dem Referendar in der Klausursituation natürlich nicht zur Verfügung stehen.

a) Dispositivität der Rechtslage

Nur wenn die **Gesetzeslage dispositiv** ist, kann überhaupt durch Gestaltung von ihr abgewichen werden. Dabei gilt der Grundsatz, dass die **Regelungen des Schuldrechts dispositiv** und die **Regelungen des Sachenrechts zwingend** sind. Das Gesetz enthält aber auch im Schuldrecht eine Vielzahl von Ausnahmen, wonach aufgrund der besonderen Schutzbedürftigkeit einer Partei das Gesetz – einseitig oder beidseitig – für unabdingbar erklärt wird. **518**

Beispiele: Abweichungen von der Gesetzeslage **zum Nachteil des Verbrauchers im Rahmen von Verbraucherverträgen** (z.B. §§ 312 k Abs. 1, 361 Abs. 2, 476 Abs. 1, 512 Abs. 1, § 650 o BGB), **zum Nachteil des Wohnraummieters** (z.B. §§ 536 Abs. 4, 551 Abs. 4, 553 Abs. 3 BGB) oder **zum Nachteil des Reisenden** (§ 651 y BGB).

b) Allgemeine Gestaltungsgrenzen

Bisweilen stehen einer von der Gesetzeslage abweichenden Regelung allgemeine Gestaltungsgrenzen entgegen. Insbesondere geht es hierbei – im **individualvertraglichen Bereich** – um die Regelungen der §§ 134, 138 BGB und – im **formularvertraglichen Bereich** – um die §§ 307, 308, 309 BGB. Die dazu vorhandene Kasuistik ist in aller Regel aus dem Palandt ersichtlich. **519**

c) Auswahl aus mehreren Gestaltungsmöglichkeiten

Schließlich ist klären, ob womöglich **mehrere Möglichkeiten** bestehen, die von der dispositiven Gesetzeslage abweichende Zielvorstellung des Mandanten durch Rechtsgestaltung umzusetzen. Ungeeignete Gestaltungsmöglichkeiten sind ggf. auszusortieren. **520**

Unter mehreren verbleibenden Gestaltungsmöglichkeiten ist sodann **eine Auswahl zu treffen**. Hierzu sind zunächst die **Vor- und Nachteile der unterschiedlichen Gestaltungsmöglichkeiten darzustellen** und eine **Bestimmung der für den Mandanten besten Lösung** vorzunehmen. Dabei ist stets das **Gebot des sichersten Weges** zu berücksichtigen.[486] Ist beispielsweise eine Variante mit einer unsicheren Rechtsprechungslage verbunden, wohingegen eine andere höchstrichterlich geklärt ist, muss die letztgenannte gewählt werden. In die Überlegungen und die Abwägung sind auch **wirtschaftliche Folgen** einzubeziehen (z.B. Kosten eines Vertragsschlusses und seiner Durchführung).

B. Klausurtypen, Klausuraufbau und häufige Klausurinhalte

I. Klausurtypen

Was den **Umfang der rechtsgestaltenden Aufgabenstellungen** anbelangt, kann Ihnen zum einen das „rein kautelarjuristische Mandat" begegnen, bei dem letztlich die **gesamte Klausur durch einen rechtsgestaltenden Aufgabeninhalt geprägt** ist (z.B. Entwurf eines notariellen Grundstückskaufvertrags). Denkbar ist aber auch das „gemischte kautelarjuristische Mandat", bei dem als Schwerpunkt an sich ein klassisches Angriffs- oder Verteidigungsmandat zu bearbeiten ist und die Klausur **lediglich einen rechtsgestaltenden Aufgabenteil** beinhaltet (z.B. Entwurf der Sprachregelung eines Prozessvergleiches im Rahmen der Klageerwiderung). **521**

Der Aufgabeninhalt rechtsgestaltender Mandate kann aber nicht nur nach seinem Umfang, sondern auch **nach seiner Art** unterschieden werden. Dabei lassen sich drei wesentliche Typen von Aufgabenstellungen differenzieren. **522**

486 Vgl. oben Rn. 33.

Klausurtypen des kautelarjuristischen Mandates

- Entweder ist lediglich ein **vorbereitendes materiell-rechtliches Gutachten ohne praktische Umsetzung** anzufertigen
- Oder es sind ein **materiell-rechtliches Gutachten und ein eigener Entwurf der praktischen Umsetzung** anzufertigen
- Oder es sind **ein materiell-rechtliches Gutachten und eine Überarbeitung einer bereits existierenden praktischen Umsetzung** anzufertigen

II. Klausuraufbau

523 In Fällen rechtsgestaltender Aufgabenstellungen kann die Klausur gewöhnlich nach dem folgenden Schema strukturiert werden:

Gliederung der Klausur bei rechtsgestaltenden Mandanten:

I. Mandantenbegehren

II. Materiell-rechtliches Gutachten und Zweckmäßigkeitserwägungen

III. Praktischer Teil

1. Mandantenbegehren

524 Die Klausur beginnt demnach wie gewohnt mit einer kurzen **Darstellung des Mandantenbegehrens**. Hierbei geht es darum, die im Rahmen der Vorüberlegungen ermittelte Zielvorstellung des Mandanten in der gebotenen Kürze zu Papier zu bringen.

Formulierungsbeispiel: Mandantenbegehren

Die Mandantin (Hausbau-Deutschland GmbH) betreibt auf der Internetdomain www.hausbau-deutschland.de ein modernes und innovatives Hausbauportal. Das Leistungsangebot der Mandantin richtet sich zuvorderst an Hausanbieter und Bauunternehmen, denen es auf dem Portal ermöglicht wird, für Objekte sämtlicher relevanten Hausbaukategorien sowie für eigene Dienstleistungen rund um das Thema Hausbau wahlweise regional oder bundesweit Inserate zu schalten. Die Mandantin vermittelt an ihre Vertragspartner, bei denen es sich nahezu ausschließlich um Kaufleute handelt, sodann die Anfragen von Hausbau-Interessenten gegen Entgelt. Die Mandantin begehrt die Erstellung von allgemeinen Geschäftsbedingungen. Im Einzelnen legt die Mandantin – jeweils unter Vorbehalt der rechtlichen Möglichkeiten – vor allem Wert auf die folgenden Regelungen: Formulierung einer Verlängerungsklausel bei Ablauf der Grundlaufzeit ohne Kündigung, eines Zurückbehaltungsrechts bei Nichtzahlung, der Modalitäten für etwaige Reklamationen der Leistungen der Mandantin durch die Kunden sowie einer Gerichtsstandsvereinbarung.

zu viel Sachverhalt?

2. Materiell-rechtliches Gutachten und Zweckmäßigkeitserwägungen

525 Im Rahmen des sich anschließenden Gutachtens ist nunmehr auf die **bestehende materiell-rechtliche Rechtslage** und auf die an der Zielvorstellung des Mandanten orientierten **Gestaltungsmöglichkeiten** einzugehen. Entsprechend den gedanklichen Vorüberlegungen mögen dabei die folgenden Leitfragen eine Orientierung für den Aufbau des Gutachtens bilden:

Leitfragen für den Aufbau des materiell-rechtlichen Gutachtens

- Wie stellt sich die materielle Rechtslage dar?
- Besteht hiernach überhaupt ein Gestaltungsbedarf?
- Welche Gestaltungsmöglichkeiten kommen in Betracht?
- Welche sind die für den Mandanten vorzugswürdigen Gestaltungsmöglichkeiten?

Dabei sind im Falle **mehrerer Gestaltungsmöglichkeiten** jeweils die **Vor- und Nachteile der unterschiedlichen Varianten** darzustellen und gegeneinander abzuwägen. Bei der Diskussion und Auswahl der für den Mandanten günstigen Regelungsmöglichkeit handelt es sich letztlich um die **Zweckmäßigkeitserwägungen** im Rahmen des rechtsgestaltenden Mandates.

Beachte: Eine **klassische Trennung zwischen dem materiell-rechtlichen Gutachten und den Zweckmäßigkeitserwägungen** bietet sich im Rahmen kautelarjuristischer Mandate **in der Regel nicht** an. Vielmehr ist es ratsam, die Wünsche des Mandanten nach ihrer Priorität abzuarbeiten und hierbei punktuell Erwägungen zur Zweckmäßigkeit der einzelnen Regelungen einfließen zu lassen.

Was das materiell-rechtliche Spektrum der Aufgabenstellungen anbelangt, lassen 526
sich **inhaltliche Einschränkungen** nur bedingt vornehmen.[487] Die bisher gelaufenen Klausuren zeigen vielmehr, dass sich die Klausurthemen im Bereich der rechtsgestaltenden Mandate inhaltlich nur schwer prognostizieren lassen. Diesen Erfahrungswert sollten Sie zum Anlass nehmen, um den Fokus bei der Vorbereitung auf Klausuren mit kautelarjuristischen Inhalten nicht allzu sehr auf das materielle Recht zu legen, sondern stattdessen die **wesentlichen Strukturen des Klausurtyps und die methodische Herangehensweise an den Klausurtyp** zu verinnerlichen.

Beispiele zu kautelarjuristischen Klausurinhalten aus den vergangen Jahren: Vorbereitende Begutachtung der materiell-rechtlichen und prozessualen Verteidigungsmöglichkeiten gegen die Kündigung eines Arbeitsvertrags; Anfertigung von Entwürfen eines notariellen Grundstückskaufvertrags, der Sprachregelung eines Prozessvergleiches und einer Vereinssatzung; Überarbeitung der Allgemeinen Geschäftsbedingungen eines Fitnessstudios und eines Kooperationsvertrags zwischen einem Zeitungsverlag und einer örtlichen Bäckerei.

3. Praktischer Teil

In der Regel wird es dann wie gewohnt darauf hinauslaufen, das Ergebnis des Gut- 527
achtens im Rahmen des praktischen Teils umzusetzen. Der konkrete Aufgabeninhalt variiert danach, welcher der **drei dargestellten Klausurtypen** zu bearbeiten ist.[488]

Methodik: Anders als beim klassischen Angriffs- oder Verteidigungsmandat ist es im Rahmen kautelarjuristischer Aufgabenstellungen in methodischer Hinsicht zu empfehlen, das **Gutachten und den praktischen Teil parallel anzufertigen**. Wenn beispielsweise ein Vertragstext zu entwerfen ist und im Gutachten die Vertretungsverhältnisse der vertragschließenden Gesellschaften darzustellen sind, ist es also ratsam, die entsprechende Passage des Vertrags unmittelbar im Anschluss an die Begutachtung auszuformulieren, um auf diese Weise eine bestmögliche Übereinstimmung mit dem Gutachten herzustellen.

487 Vgl. unten Rn. 531–569.

488 Vgl. oben Rn. 522.

a) Keine praktische Umsetzung

528 Im Rahmen der rechtsgestaltenden Mandate ist es zunächst denkbar, dass der Bearbeitervermerk von vornherein eine Beschränkung auf die gutachterliche Abhandlung der Zielvorstellung des Mandanten vornimmt. Die praktische Umsetzung des Gutachtens in Gestalt eines Vertragsentwurfs oder eines anderen Regelwerks entfällt dann. Der **Schwerpunkt der Klausur** liegt in diesem Fall natürlich auf der **Anfertigung des Gutachtens** und im Bereich der **Zweckmäßigkeitserwägungen**. Es ist dann umso entscheidender, dass sämtliche Wünsche, Nachfragen und Anmerkungen bei der Erstellung des Gutachtens gewissenhaft aufgegriffen und abgearbeitet werden.

b) Überarbeitung eines bereits existierenden Regelwerks

529 Häufiger wird die Klausur demgegenüber die praktische **Überarbeitung eines bereits existierenden Regelwerks** verlangen. Hierbei kann es sich beispielsweise um einen Vertragsentwurf oder bereits existierende allgemeine Geschäftsbedingungen handeln. Ihre Aufgabe besteht dann darin, das von dem Mandanten vorgelegte Regelwerk dahingehend zu begutachten, ob und inwieweit es **mit den mitgeteilten Zielvorstellungen des Mandanten übereinstimmt** und ob und inwieweit es sich **innerhalb der rechtlich möglichen Gestaltungsspielräume** bewegt.

Das vorgelegte Regelwerk wird dabei **Unzulänglichkeiten** enthalten, die im Rahmen des Gutachtens kenntlich zu machen sind. Zugleich ist insoweit im Gutachten darzustellen, durch welche anderen Varianten der Gestaltung die Zielvorstellung des Mandanten besser umgesetzt werden kann. Das vorgelegte Regelwerk wird zudem **Lücken** enthalten, die von Ihnen durch eigene Regelungen geschlossen werden können. Auch dies ist im Gutachten darzustellen. Im praktischen Teil sind bezüglich der aus dem Gutachten gewonnenen Erkenntnisse sodann Sprachregelungen für die praktische Umsetzung zu entwerfen. Wichtig ist bei alledem vor allem, dass **ein Gleichlauf zwischen den Ausführungen im Gutachten und im praktischen Teil** hergestellt wird.

c) Originäre Erstellung eines Regelwerks

530 Die sicher anspruchsvollste Art der Aufgabenstellung eines rechtsgestaltenden Mandates ist diejenige, in der Ihnen abverlangt wird, **im praktischen Teil ein Regelwerk originär zu entwerfen.** Der Mandant legt Ihnen also keinen eigenen Entwurf und auch keine bereits juristisch vorformulierte Fassung seiner Zielvorstellungen vor, wird Ihnen aber natürlich auch in diesem Klausurtyp seine Vorstellungen im Einzelnen mitteilen. Gewöhnlich wird es dabei auf den **Entwurf eines Vertrags** hinauslaufen. Denkbar sind aber auch andere Aufgabenstellungen, etwa gerichtet auf den Entwurf von allgemeinen Geschäftsbedingungen, eines Testaments oder aber etwas gänzlich Atypisches.

III. Häufige Klausurinhalte

531 Es wurde bereits darauf hingewiesen, dass sich die Klausurinhalte rechtsgestaltender Mandatssituationen nur bedingt vorhersagen lassen. Die Klausurthemen sind gleichermaßen vielfältig wie die anwaltliche Praxis selbst. Gleichwohl kann generalisierend festgehalten werden, dass in Assessorklausuren mit rechtsgestaltenden Aufgabenteilen zumeist **grundlegende Kenntnisse des allgemeinen Schuldrechts,** insbesondere des **allgemeinen Vertragsrechts** abgefragt werden. Hieran orientier und hierauf beschränkt sich sodann die nachfolgende Darstellung.

Beachte: Weitere besonders geeignete Klausurinhalte für kautelarjuristische Aufgabenstellungen entstammen den Bereichen des **Gesellschafts- und Vereinsrechts** (Gesellschaftsverträge und Vereinssatzungen), des **Erbrechts** (Erbvertrag und Testament) und des **Familienrechts** (Eheverträge). In materiell-rechtlicher Hinsicht wird hierzu auf das AS-Skript Materielles Zivilrecht in der Assessorklausur verwiesen.[489]

1. Gegenseitige Verträge

Zur Vorbereitung auf Klausuren mit kautelarjuristischen Inhalten ist es in jedem Fall 532
ratsam, die **Grundstruktur eines gegenseitigen Vertrags** zu verinnerlichen. Unter einem gegenseitigen Vertrag versteht man einen Vertrag mit wechselseitigen synallagmatisch verknüpften Leistungspflichten.[490] Dabei kann es sich sowohl um **gesetzlich typisierte Verträge** (z.B. Kaufvertrag, Mietvertrag) als auch um **atypische Verträge** (z.B. Fitnessstudiovertrag, Kooperationsvertrag) handeln.

Beachte: Der gegenseitige Vertrag wird auch als **vollkommen zweiseitiger Vertrag** bezeichnet. Er ist zum einen von dem **unvollkommen zweiseitigen Vertrag** zu unterscheiden, bei dem etwaige gegenseitige Leistungspflichten nicht im Verhältnis von Leistung und Gegenleistung zueinander stehen (z.B. Leihe, Auftrag, unentgeltliche Verwahrung).[491] Zum anderen ist er von dem **einseitig verpflichtenden Vertrag** abzugrenzen, der nur für eine der Parteien Leistungspflichten begründet (z.B. Schenkungsversprechen, Bürgschaft).[492]

Schema zum Aufbau eines gegenseitigen Vertrags
1. Überschrift und Vertragsparteien
2. Präambel
3. Rechte und Pflichten der Vertragsparteien
4. Regelungen zur Vertragsbindung
5. Sicherungsmittel für die Vertragsparteien
6. Vollzug der Hauptleistungen
7. Schlussbestimmungen
8. Unterschriften, Ort, Datum

a) Überschrift und Vertragsparteien

Ein Vertragswerk beginnt üblicherweise mit einer kurzen **Bezeichnung des Vertragstyps** (z.B. Wohnraummietvertrag). Lässt sich der Vertragstyp aufgrund seiner Atypizität nicht näher bezeichnen, kann das Regelwerk auch schlicht **mit „Vertrag" oder „Vereinbarung" überschrieben** werden. 533

Die **Bezeichnung der vertragsschließenden Parteien** im Vertragswerk erfolgt nach Namen, Anschrift und Funktion (z.B. Vermieter, Mieter). 534

489 Vgl. AS-Skript Materielles Zivilrecht in der Assessorklausur (2018), Rn. 450–466 (Familienrecht), Rn. 467–492 (Erbrecht) und Rn. 513–540 (Gesellschaftsrecht).

490 Palandt/Grüneberg Einf. v. § 320 Rn. 5.

491 Palandt/Grüneberg Einf. v. § 320 Rn. 4a.

492 Palandt/Grüneberg Einf. v. § 320 Rn. 4.

Darüber hinaus ist im Vertragswerk vor allem bei juristischen Personen und rechtsfähigen Personengesellschaften auf die **korrekte Bezeichnung der Vertretungsverhältnisse** zu achten. Im Gutachten sind sowohl die Rechtsfähigkeit als auch die Vertretungsverhältnisse solcher Parteien zu erläutern und normativ zu belegen.

Beispiel: Herr Hermann Müller legt einen Vertragsentwurf zwischen der Müller Elektrotechnik GmbH & Co. KG, vertreten durch den Geschäftsführer Hermann Müller, als Verkäuferin und dem Herrn Egon Meier als Käufer einer Waschmaschine vor. Der Vertragsentwurf ist dahingehend zu ändern, dass die **Müller Elektrotechnik GmbH & Co. KG, vertreten durch die Müller Verwaltungs-GmbH, diese vertreten durch den Geschäftsführer Hermann Müller**, vertragsschließende Partei ist. Im Gutachten sind diese Änderung des Vertragswerks zu erläutern und die Rechtsfähigkeit der Kommanditgesellschaft und der Gesellschaft mit beschränkter Haftung (§ 162 Abs. 2 HGB i.V.m. § 124 Abs. 1 HGB und § 13 Abs. 1 GmbHG) sowie die Vertretungsverhältnisse (§ 162 Abs. 2 HGB i.V.m. § 125 Abs. 1 HGB und § 35 Abs. 1 GmbHG) normativ zu belegen.

b) Präambel

535 Dem eigentlichen Vertragstext sollte eine Präambel vorangestellt werden. Eine Präambel regelt für die Parteien zwar keinerlei Rechte und Pflichten, sie kann jedoch im Falle späterer Streitigkeiten als **Auslegungsgrundlage für den Willen der Parteien bei Vertragsschluss** dienen. Der Sinn und Zweck einer Präambel besteht dabei nicht in einer Vorwegnahme des Vertragsinhalts in Kurzform. **Zweckmäßigerweise** sollte eine Präambel vielmehr Ausführungen zu den folgenden Punkten enthalten:

Gegenstände einer Präambel

- Festhalten der **allgemeinen Interessenlage der Parteien**
- Beschreibung der **tatsächlichen Ausgangslage**, aus der heraus sich die Parteien zu einem Vertragsschluss entschließen
- Beschreibung der **rechtlichen Ausgangslage aus Sicht der Parteien**
- **Zielsetzung der Parteien** in Bezug auf die Entscheidung zum Vertragsschluss

Formulierungsbeispiel: Präambel

Die Solar Future GmbH & Co. KG mit Sitz in Hamburg ist Herstellerin von Photovoltaikmodulen für Photovoltaik-Dachanlagen. Ihre Produkte vertreibt sie innerhalb der Bundesrepublik Deutschland und darüber hinaus im europäischen Wirtschaftsraum. Die Solar-Trans GmbH mit Sitz in Stuttgart ist ein auf den nationalen und innereuropäischen Transport von Anlagenteilen aus dem Bereich der Solartechnik spezialisiertes Logistikunternehmen. Die Vertragsparteien waren bereits in der Vergangenheit durch projektbezogene Transportverträge verbunden. Zielsetzung dieses Kooperationsvertrags sind die grundlegende Vereinbarung und Strukturierung einer ständigen Geschäftsbeziehung zur Steigerung der zeitlichen und kostenmäßigen Effizienz der Solarmodul-Transporte durch die Solar-Trans GmbH an die Kunden der Solar Future GmbH & Co. KG.

c) Rechte und Pflichten der Vertragsparteien

536 Nachfolgend sind die Rechte und Pflichten der Parteien zu beschreiben. Hierbei handelt es sich um das **Herzstück des Vertragswerks**.

aa) Regelung der Haupt- und Nebenleistungspflichten

537 Zunächst ist eine **Regelung der wechselseitigen Hauptleistungspflichten** vorzunehmen. Diese verleihen dem Vertrag ihren Charakter und entscheiden etwa da-

rüber, ob zwischen den Parteien ein Kaufvertrag, ein Mietvertrag oder aber ein sonstiges Schuldverhältnis zustande kommt. Ebenfalls – an dieser oder an späterer Stelle des Vertragswerks – zu regeln sind etwaige **Nebenleistungspflichten**, deren Funktion in der Ergänzung der Hauptleistungspflichten (z.B. Vorbereitung, Durchführung und Sicherung der Hauptleistungspflichten) besteht.

Regelmäßig wird Gegenstand des gegenseitigen Vertrags die **dauerhafte oder vorübergehende Leistung einer Sache oder Dienstleistung gegen Entgelt** sein. Es sind dann sowohl die Verpflichtung des Sach- oder Dienstverpflichteten als auch die Zahlungspflicht des anderen Teils möglichst genau zu beschreiben und ausgerichtet an den mitgeteilten Interessen des Mandanten auszugestalten.

Am Beispiel des Kaufvertrags bedeutet dies für die **Pflicht zur Lieferung des Kauf-** 538
gegenstands einen etwaigen Regelungsbedarf in Bezug auf folgende Punkte:

Regelung der Lieferpflicht eines Verkäufers

- Es ist eine möglichst **genaue Bezeichnung oder Beschreibung des Kaufgegenstands** vorzunehmen.
- Es können **Beschaffenheitsvereinbarungen** getroffen werden.
  - Die Qualität der Leistung ist wegen § 434 Abs. 1 S. 1 BGB dann an der getroffenen Vereinbarung zu messen, wobei hierbei auch eine niedrigere Soll-Beschaffenheit der Kaufsache vereinbart werden kann als nach § 434 Abs. 1 S. 2 Nr. 2 BGB vom Käufer an sich hätte erwartet werden können (z.B. Ausschluss der Verkehrsfähigkeit beim Verkauf eines verunfallten Kfz).
  - Auch bezieht sich ein allgemeiner Haftungsausschluss über den Wortlaut des § 444 BGB hinaus nicht auf negative Abweichungen von vereinbarten Beschaffenheiten.[a]
  - Ein Zurückbleiben hinter vereinbarten Beschaffenheiten ist zudem stets als erheblich i.S.d. §§ 281 Abs. 1 S. 3, 323 Abs. 5 S. 2 BGB anzusehen.
- Denkbar ist auch eine Regelung zur **Übernahme einer Garantie**.
  - Bei einer **Haltbarkeitsgarantie** i.S.d. § 443 Abs. 2 BGB wird der Käufer von dem Nachweis befreit, dass ein während der Garantiezeit auftretender Sachmangel bereits bei Gefahrübergang vorlag.
  - Bei einer **Beschaffenheitsgarantie** haftet der Garantiegeber wegen § 276 Abs. 1 S. 1 BGB demgegenüber verschuldensunabhängig auf Schadens- und Aufwendungsersatz. Zudem sind bei übernommenen Beschaffenheitsgarantien die §§ 442 Abs. 1 S. 2, 444 Alt. 2 BGB zu berücksichtigen.
  - Ein Zurückbleiben hinter garantierten Beschaffenheiten indiziert zudem die Erheblichkeit eines Mangels i.S.d. §§ 281 Abs. 1 S. 3, 323 Abs. 5 S. 2 BGB.
- Die **Regelung der Leistungszeit** kann abweichend von § 271 Abs. 1 Alt. 1 BGB erfolgen, indem die Fälligkeit der Lieferung durch Festlegung eines Kalendertages bestimmt (z.B. Lieferung bis zum 30.06.2019) oder Angabe eines kalendarisch bestimmbaren Zeitpunkts (z.B. Lieferung binnen zwei Wochen nach Zahlung) ausgestaltet wird.

a) BGH RÜ 2013, 150; Palandt/Weidenkaff § 444 Rn. 7.

- Bei der **Regelung zum Leistungsort** kann die allgemeine Vorschrift des § 269 BGB, wonach im Zweifel von einer Holschuld auszugehen ist, abbedungen und stattdessen eine Schickschuld oder eine Bringschuld vereinbart werden.
  - Dies gilt sowohl für den **Erfüllungsort der Erfüllung** (433 Abs. 1 S. 1 BGB) als auch für den **Erfüllungsort der Nacherfüllung** (§ 439 Abs. 1 BGB).
  - Für den **Erfüllungsort der Rückgewähr infolge eines Rücktritts** (§ 346 Abs. 1 BGB) wird aufgrund der „Natur des Schuldverhältnisses" von einem einheitlichen Erfüllungsort für die gegenseitigen Rückgewährpflichten an dem vertragsgemäßen Belegenheitsort der Sache ausgegangen.[a] Auch hiervon kann durch Parteivereinbarung abgewichen werden.

Achtung: Erfüllungsort Nacherfüllung strittig Erfüllungsort nach Rücktritt nicht

a) BGH NJW 1983, 1479; Palandt/Grüneberg § 269 Rn. 14.

539 Für die **gegenläufige Kaufpreiszahlung** sind regelmäßig die folgenden Punkte regelungsbedürftig:

Regelung der Kaufpreiszahlungspflicht des Käufers

- Zu regeln ist allem voran natürlich die **Höhe der Zahlungspflicht**. Grenzen ergeben sich insoweit aus §§ 134, 138 BGB.
- Als häufig regelungsbedürftiger Punkt erweist sich zudem die **Leistungszeit.** Wird hierzu keine Regelung vorgenommen, ist die Zahlungspflicht gemäß § 271 Abs. 1 BGB im Zweifel sofort erfüllbar und fällig.
  - Ein fester Leistungstermin hat den Vorteil, dass der Schuldner im Falle einer Nichtleistung auch ohne Mahnung in Schuldnerverzug gerät (§ 286 Abs. 2 Nr. 1 BGB).
  - Allerdings lässt die bloße Nichtzahlung bei Fälligkeit nicht die Fristsetzung i.S.d. §§ 281 Abs. 2, 323 Abs. 2 BGB entbehrlich werden, es sei denn es liegt ein relatives Fixgeschäft i.S.d. § 376 Abs. 1 HGB bzw. § 323 Abs. 2 Nr. 2 BGB vor.[a]
- Um späteren Missverständnissen vorzubeugen, erweist es sich ebenfalls als zweckmäßig, das **Bankkonto des Zahlungsempfängers** bereits in das Vertragswerk aufzunehmen. Dies gilt auch vor dem Hintergrund, dass das gesetzliche Zahlungsmittel die Bargeldzahlung ist und ohne anderslautende Regelung der Schuldner die Art der Übermittlung an den Gläubiger bestimmen kann.[b] Der Käufer kann dann auch auf der Annahme einer Bargeldzahlung bestehen.

§270 BGB

- U.U. ist eine **Ratenzahlungsvereinbarung** aufzunehmen. In diesem Fall sind die Höhe und die Fälligkeit der einzelnen Raten zu bestimmen. Aus Sicht des Gläubigers empfiehlt sich in diesem Fall auch die Aufnahme einer Gesamtfälligkeitsklausel, wodurch der Gesamtkaufpreis sofort zur Zahlung fällig wird, wenn der Schuldner mit einer oder mehrerer Raten in Zahlungsverzug gerät.[c]
- Als Anreiz für eine umgehende Zahlung wird im Handelsverkehr mitunter ein Nachlass **(„Skonto")** auf den Kaufpreis eingeräumt.

a) Lesen Sie zum Fixhandelskauf gemäß § 376 HGB im AS-Skript Materielles Zivilrecht in der Assessorklausur (2018), Rn. 500.
b) Vgl. Palandt/Grüneberg § 270 Rn. 4.
c) Vgl. Formulierungsbeispiel bei Rn. 566.

> ***Formulierungsbeispiel: Skonto-Regelung***
>
> *Die Zahlung hat nach Rechnungserhalt innerhalb von 7 Tagen abzüglich 2% Skonto und innerhalb von 30 Tagen netto zu erfolgen.*

bb) Regelung der Nebenpflichten

Neben den Haupt- und Nebenleistungspflichten können die Parteien auch **vertragliche Nebenpflichten** im Vertragswerk regeln. In diese Kategorie fallen zum Beispiel **Verschwiegenheitsvereinbarungen** der Parteien in Bezug auf Geschäftsgeheimnisse oder Regelungen über **Wettbewerbsverbote**[493] während und auch nach Beendigung der gemeinsamen vertraglichen Beziehungen bzw. **Konkurrenzschutzregelungen**[494] im Geschäftsraummietrecht. Allgemein fallen auch **Mitteilungs- und Auskunftspflichten**[495] unter den Terminus der vertraglichen Nebenpflichten. **540**

> **Beachte:** Auskunftspflichten sind umfangreich im Palandt kommentiert.

cc) Umgang mit Pflichtverletzungen

Des Weiteren kann in den Vertrag aufgenommen werden, wie mit etwaigen **Pflichtverletzungen der Parteien** umgegangen werden soll. **541**

- In Betracht kommt zunächst, dem leistungstreuen Gläubiger durch Regelung eines **vertraglichen Rücktrittsrechts** eine Lösungsmöglichkeit vom Vertrag zu schaffen, wenn der Schuldner sich leistungsuntreu verhalten sollte. Ein solches Rücktrittsrecht hat etwa dann einen Mehrwert gegenüber den gesetzlichen Regelungen, wenn es anders als § 323 Abs. 1 BGB nicht von einer **vorherigen Fristsetzung** zur Leistung abhängig gemacht wird.
- Daneben kommt die Regelung eines **Vertragsstrafeversprechens** gemäß §§ 339 ff. BGB in Betracht. Verletzt der Schuldner seine Erfüllungspflicht, ist die vereinbarte Vertragsstrafe verwirkt und an den Gläubiger zu zahlen.
  - Bei der Ausbedingung der Höhe eines Vertragsstrafeversprechens ist auf die **Verhältnismäßigkeit** zu achten. Denn erweist sich die vereinbarte Vertragsstrafe als unverhältnismäßig hoch, können die Gerichte zum Zwecke der Herabsetzung einer Vertragsstrafe angerufen werden (§ 343 BGB). Die Herabsetzung einer von einem Kaufmann versprochenen Vertragsstrafe ist allerdings nicht möglich (§ 348 HGB).
  - In **allgemeinen Geschäftsbedingungen** kann die Vereinbarung eines Vertragsstrafeversprechens gemäß § 309 Nr. 6 BGB unwirksam sein.
- Die Parteien können auch übereinkommen, dass der Schuldner dem Gläubiger im Falle einer Nicht- oder Schlechtleistung einen **pauschalierten Schadensersatz** schuldet.
  - Eine solche Schadenspauschalierung hat für den Gläubiger den Vorteil, dass der geltend gemachte **Schaden nicht konkret dargelegt und bewiesen** werden muss.
  - In **allgemeinen Geschäftsbedingungen** kann die Vereinbarung eines pauschalierten Schadensersatzanspruchs gemäß § 309 Nr. 5 BGB unwirksam sein.

493 Vgl. Palandt/Weidenkaff § 157 Rn. 17.

494 Vgl. Palandt/Weidenkaff § 535 Rn. 27.

495 Vgl. zum Inhalt von Auskunftspflichten Palandt/Grüneberg § 260 Rn. 2–13.

d) Regelungen zur Vertragsbindung

542 Bei Dauerschuldverhältnissen kann das Vertragsverhältnis **mit bestimmter Laufzeit oder auf unbestimmte Zeit** eingegangen werden.

aa) Vertragliche Bindung mit fester Laufzeit

543 Manche **Verträge mit fester Laufzeit** (z.B. Fitnessstudiovertrag) sind mit **Verlängerungsklauseln** ausgestattet, wonach sich das Vertragsverhältnis automatisch um einen bestimmten Zeitraum verlängert, sofern keine der Parteien das Vertragsverhältnis innerhalb einer bestimmten Frist vor Ende der Vertragslaufzeit kündigt.

Formulierungsbeispiel: Verlängerungsklausel

Das Vertragsverhältnis verlängert sich um jeweils weitere 12 Monate, wenn es nicht von einer der Parteien mit einer Frist von 3 Monaten zum Ablauf der jeweiligen Vertragslaufzeit gekündigt wird.

544 Möglich ist auch die Einräumung einseitiger **Verlängerungsoptionen**.

Formulierungsbeispiel: Verlängerungsoption

Das Mietverhältnis beginnt am 01.04.2018 und endet am 31.03.2021 (Vertragliche Grundlaufzeit). Der Mieter hat das einmalige Recht, eine Verlängerung des Mietverhältnisses um ein weiteres Jahr bis zum 31.03.2022 zu verlangen. Ein entsprechendes Verlangen muss spätestens drei Monate vor dem Ende der vertraglichen Grundlaufzeit schriftlich gegenüber dem Vermieter erklärt werden.

Beachte: Teilweise lassen sich dem Gesetz aber auch **Einschränkungen für die Möglichkeit einer Befristung von Vertragsverhältnissen** entnehmen. Dies gilt etwa für den Wohnraumietvertrag (§ 575 BGB) und den Arbeitsvertrag (§ 14 TzBfG) und bei formularvertraglichen Vereinbaurngen generell für Dauerschuldverhältnisse, welche die regelmäßige Lieferung von Waren oder die regelmäßige Erbringung von Dienst- oder Werkleistungen zum Gegenstand haben (§ 309 Nr. 9 BGB).

bb) Vertragliche Bindung auf unbestimmte Zeit

545 Bei **auf unbestimmte Zeit laufenden Verträgen** sind die **Kündigungsfristen** zu regeln. Anderenfalls gelangen die für ordentliche Kündigungen geltenden gesetzlichen Kündigungsfristen zur Anwendung (z.B. §§ 488 Abs. 3 S. 2, 573 c, 580 a, 621, 622 BGB). Sollten für den jeweiligen Vertragstyp keine vertraglichen oder gesetzlichen Kündigungsfristen existieren, endet der Vertrag im Falle einer Kündigung mit deren Zugang beim Vertragspartner.

Andere Verträge als Dauerschuldverhältnisse können mit einem **vertraglichen Rücktrittsrecht** ausgestaltet werden. Die Ausübung eines solchen vertraglichen Rücktrittsrechts kann von dem Eintritt von Voraussetzungen abhängig gemacht oder uneingeschränkt als sog. **freies Rücktrittsrecht** geregelt werden. In allgemeinen Geschäftsbedingungen kann ein solches freies Rücktrittsrecht für den Verwender allerdings unwirksam sein (§ 308 Nr. 3 BGB). **546**

Beachte: Der Rücktrittsgegner wird bei einem freien Rücktrittsrecht über § 350 BGB geschützt.

cc) Vertragliche Bindung unter Bedingungen oder Zeitbestimmungen

Weitere Möglichkeiten zur Regelung der Vertragslaufzeit sind aufschiebende oder auflösende Bedingungen (§ 158 BGB) oder Zeitbestimmungen (§ 163 BGB). **547**

e) Sicherungsmittel für die Vertragsparteien

Unter Umständen bringt der Mandant zum Ausdruck, dass für ihn ein Sicherungsbedürfnis besteht. In diesem Fall sind die **in Betracht kommenden Sicherungsmittel darzustellen** und in ihrem Sicherungswert abzuwägen. Nachfolgend ist eine Auswahl zwischen den Sicherungsrechten unter dem Gesichtspunkt der Zweckmäßigkeit zu treffen. Folgende Sicherungsrechte kommen in Betracht: **548**

- **Persönliche Kreditsicherungen**[496] (Schuldbeitritt, Private Bürgschaft oder Bankbürgschaft, Garantievertrag, Abstraktes Schuldanerkenntnis/-versprechen)
- **Sicherungsrechte an Forderungen und Rechten** (Sicherungszession, Pfandrecht an Rechten)
- **Sicherungsrechte an beweglichen Sachen**[497] (Einfacher Eigentumsvorbehalt, Verlängerter Eigentumsvorbehalt, Erweiterter Eigentumsvorbehalt, Sicherungsübereignung, Pfandrecht an beweglichen Sachen)
- **Sicherungsrechte an unbeweglichen Sachen**[498] (Sicherungsgrundschuld, Hypothek)

Formulierungsbeispiel: Einfacher Eigentumsvorbehalt

Die Parteien sind sich einig, dass die Ware bis zur vollständigen Zahlung des Kaufpreises im Eigentum des Verkäufers bleibt.

496 Vgl. hierzu ausführlich AS-Skript Materielles Zivilrecht in der Assessorklausur (2018), Rn. 228–250.
497 Vgl. hierzu ausführlich AS-Skript Materielles Zivilrecht in der Assessorklausur (2018), Rn. 390–406.
498 Vgl. hierzu ausführlich AS-Skript Materielles Zivilrecht in der Assessorklausur (2018), Rn. 429–447.

Formulierungsbeispiel: Eigentumsvorbehalt mit Vorausabtretungs-, Verarbeitungs- und Einziehungsklausel (Verlängerter Eigentumsvorbehalt)

Die Parteien sind sich einig, dass die Ware bis zur vollständigen Zahlung des Kaufpreises im Eigentum des Verkäufers bleibt. Der Käufer ist zur Weiterveräußerung der Vorbehaltsware im normalen Geschäftsverkehr berechtigt. Die dem Käufer aus dem Weiterverkauf der Vorbehaltsware entstehenden Forderungen gegen Dritte werden im Voraus an den Verkäufer abgetreten, und zwar bis zur Höhe der Forderungen aus dem Verkauf der Vorbehaltsware von dem Verkäufer an den Käufer. Diese Vereinbarung gilt unabhängig davon, ob die Vorbehaltsware vor oder nach ihrer Verarbeitung weiterverkauft wird. Der Käufer bleibt auch nach der Abtretung der Forderungen aus dem Weiterverkauf der Vorbehaltsware an den Verkäufer zur Einziehung der abgetretenen Forderungen ermächtigt. Das Recht des Verkäufers, die abgetretenen Forderungen seinerseits von dem Dritten einzuziehen, bleibt hiervon unberührt.

f) Vollzug der Hauptleistungen

549 Ggf. sind die **Willenserklärungen der Parteien bezüglich des dinglichen Vollzugs** der vereinbarten Hauptleistungspflichten mit in die Vertragsurkunde aufzunehmen.

550 Dies empfiehlt sich vor allem bei unter **Eigentumsvorbehalt** zu übereignenden **beweglichen Sachen**. Gemäß §§ 433, 449 BGB verpflichtet sich der Verkäufer im Zweifel lediglich dazu, die dingliche Übereignungserklärung unter der aufschiebenden Bedingung der vollständigen Kaufpreiszahlung abzugeben (§§ 929 S.1, 158 Abs. 1 BGB). Dass eine lediglich bedingte dingliche Einigung einhergehend mit einer Übergabe der Kaufsache durchgeführt wird, ist dann – in Ergänzung der Regelung des Eigentumsvorbehalts als Sicherungsrecht – unter der Überschrift „Vollzug der Hauptleistungen" im Vertragswerk zu regeln.

551 Auch bei **Grundstückskaufverträgen** ist es in der Praxis üblich, die **dinglichen Auflassungserklärungen** in die wegen § 311b Abs. 1 S. 1 BGB erforderliche notarielle Urkunde über den Kaufvertrag mitaufzunehmen. Zwar stellt die notarielle Beurkundung keine Wirksamkeitsvoraussetzung der Auflassung selbst dar (vgl. § 925 Abs. 1 BGB), jedoch ist der gleichzeitige Abschluss des Kaufvertrags und der Auflassung durchaus gesetzlich vorgesehen (§ 925 a Alt. 2 BGB) und die gleichzeitige Beurkundung des schuldrechtlichen und des dinglichen Vertrags für die Vertragswicklung **zweckmäßig**.

- Denn zum einen verleiht die notarielle Beurkundung den Auflassungserklärungen **Bindungswirkung** (§ 873 Abs. 2 BGB).
- Zum anderen erzeugt § 29 GBO einen **mittelbaren Beurkundungszwang für die Auflassung**, indem die Eintragung des neuen Eigentümers im Grundbuch von der Vorlage öffentlicher oder öffentlich beglaubigter Urkunden abhängig gemacht wird.

Beachte: Alternativ kann die **Auflassung auch getrennt vom Kaufvertrag** in einem späteren Notartermin beurkundet werden. Es kann dabei so verfahren werden, dass die Angestellten des Notars – ggf. unter Befreiung von dem Verbot des Insichgeschäfts (§ 181 BGB) – zur Abgabe der Auflassungserklärungen bevollmächtigt werden, damit die Parteien nicht nochmals eigens für die dinglichen Erklärungen den Notar aufsuchen müssen. Die **Auflassung ist kein höchstpersönliches Rechtsgeschäft** und auch § 925 Abs. 2 BGB verbietet eine Stellvertretung nicht.

Eine **Absicherung der Parteien eines Grundstückskaufvertrags** gegen eine Leistungsuntreue des Vertragspartners erfolgt heutzutage gewöhnlich über das **„Direktzahlungsmodell"**.[499] Hier wird zur Durchführung eines Grundstückskaufvertrags wie folgt verfahren: 552

- Für den Käufer wird aufgrund einer in der notariellen Vertragsurkunde vonseiten des Verkäufers erklärten Bewilligung zunächst **eine Auflassungsvormerkung gemäß §§ 883, 885 BGB** in das Grundbuch eingetragen, um den Anspruch des Käufers aus § 433 Abs. 1 S. 1 BGB abzusichern.
- Soweit der Käufer auf eine Finanzierung des Kaufpreises angewiesen ist, wird eine **Sicherungsgrundschuld zugunsten des Finanzierungspartners des Käufers** in das Grundbuch eingetragen, nachdem der Verkäufer im Rahmen der notariellen Urkunde dem Käufer Vollmacht erteilt hat, das Grundstück bereits vor Eigentumsübergang zum Zwecke der Vertragsdurchführung mit Grundpfandrechten zugunsten eines Finanzierungspartners zu belasten.
- Nach **Vorliegen der Fälligkeitsvoraussetzungen** (Eintragung der Auflassungsvormerkung für den Käufer, Vorliegen eines Negativattests über ein gemeindliches Vorkaufsrecht, Vorliegen der Löschungsunterlagen der abzulösenden Finanzierungspartner des Verkäufers hinsichtlich der bisherigen Grundpfandrechte) zahlt der Käufer **den Kaufpreis per Direktzahlung an den Verkäufer** bzw. an die Inhaber der zu löschenden Grundpfandrechte.
- Bei **Vorliegen der weiteren Voraussetzungen für die Eigentumsumschreibung** (Mitteilung über den Empfang des Kaufpreises durch den Verkäufer, Unbedenklichkeitsbescheinigung des zuständigen Finanzamts gemäß § 22 GrEStG nach Zahlung der Grunderwerbssteuer durch den Käufer) **beantragt der beurkundende Notar** auf Anweisung der Parteien **gegenüber dem Grundbuchamt die Eintragung des Käufers als neuer Eigentümer im Grundbuch**, und zwar unter Nachweis der bereits zuvor notariell beurkundeten Auflassungserklärungen. Zeitgleich werden auch die Löschungen der bisherigen Grundpfandrechte und der Auflassungsvormerkung aus dem Grundbuch beantragt.

Beim Direktzahlungsmodell ist neben den Auflassungserklärungen auch die **dingliche Erklärung der Bewilligung einer Vormerkung** (vgl. § 885 Abs. 1 Alt. 2 BGB) in die Vertragsurkunde aufzunehmen.

> **Beachte:** Anders als bei beweglichen Sachen ist eine bedingte dingliche Einigung über den Eigentumsübergang bei Immobilien wegen § 925 Abs. 2 BGB ausgeschlossen. **Ein „Eigentumsvorbehalt an Immobilien" existiert also nicht**. Dies korrespondiert auch mit dem Wortlaut des § 449 Abs. 1 BGB („einer beweglichen Sache").

Die früher gängige Abwicklung eines Grundstückskaufvertrags über ein **Notaranderkonto** gelangt heutzutage hingegen **nur noch in Ausnahmefällen** zur Anwendung. Dies liegt an den Voraussetzungen des § 54 a Abs. 2 Nr. 1 BeurkG, wonach eine Verwahrung durch einen Notar ein **berechtigtes Sicherungsinteresse** der Beteiligten voraussetzt. 553

Bei der Vertragsabwicklung über ein Notaranderkonto schafft der Notar zunächst die **Fälligkeitsvoraussetzungen** für die Kaufpreiszahlung. Anschließend **zahlt der Käufer den Kaufpreis an den Notar** zum Zwecke der Verwahrung. Hiernach wird das **Grundstück an den Käufer übergeben** und der **Antrag auf Umschreibung der Ei-**

499 Vgl. BGH RÜ 2019, 157 (zu den unterschiedlichen Gestaltungsmöglichkeiten des Grundstückskaufvertrags).

gentümerstellung im Grundbuch gegenüber dem Grundbuchamt gestellt. Erst mit der Umschreibung des Grundbuchs wird der **Kaufpreis von dem Notar an den Verkäufer** bzw. den empfangsberechtigten sonstigen Gläubiger ausgezahlt.

Ein **berechtigtes Sicherungsinteresse** liegt beispielsweise in folgenden Fallkonstellationen vor:

- Auf der Immobilie lasten noch mehrere abzulösende Grundpfandrechte und die Verbindlichkeiten sind höher als der Kaufpreis
- Ein Grundpfandrecht kann zunächst nicht gelöscht werden, weil der Grundschuldbrief verloren gegangen ist, ein zeitaufwendiges Aufgebotsverfahren ist durchzuführen
- Auf Verkäuferseite tritt ein Testamentsvollstrecker oder ein Insolvenzverwalter auf
- Bezüglich der Immobilie läuft ein Zwangsversteigerungsverfahren
- An der Beurkundung sind ausländische Personen oder Gesellschaften beteiligt

Durch die Abwicklung der Vertragsurkunde über ein Notaranderkonto entstehen im Übrigen **gesonderte und höhere Kosten** als bei dem Direktzahlungsmodell.

g) Schlussbestimmungen

aa) Schriftformklauseln

554 Im Rahmen der Schlussbestimmungen kann zunächst eruiert werden, ob eine **Schriftformklausel** in den Vertrag aufgenommen werden soll.

(1) Einfache Schriftformklauseln

555 Aufgrund **einfacher Schriftformklauseln** kann von dem Inhalt der Vertragsurkunde nur schriftlich abgewichen werden.

Einfache Schriftformklauseln sind **im unternehmerischen Rechtsverkehr** weder in individual- noch in formularvertraglichen Vereinbarungen zu beanstanden. Insbesondere begründet die einfache Schriftformklausel in allgemeinen Geschäftsbedingungen keinen Verstoß gegen den Vorrang der Individualabrede gemäß § 305 b BGB. Denn im Falle einer nicht der Schriftform genügenden Änderungsvereinbarung ist die Schriftformklausel als von den Parteien konkludent abbedungen anzusehen.

Gegenüber Verbrauchern sind neuerdings[500] hingegen bereits einfache Schriftformklauseln in allgemeinen Geschäftsbedingungen unwirksam (§ 309 Nr. 13 b) BGB). In diesen Fällen wird es sich häufig zugleich um einen Verbrauchervertrag (§ 310 Abs. 3 BGB) handeln, sodass die Anforderungen an die Feststellung, ob überhaupt allgemeine Geschäftsbedingungen vorliegen, gering sind.

> ***Formulierungsbeispiel: Einfache Schriftformklausel***
>
> *Änderungen und Ergänzungen dieses Vertrages bedürfen zu ihrer Rechtswirksamkeit der Schriftform.*

500 Der § 309 Nr. 13 BGB existiert in der heutigen Fassung erst seit dem 01.10.2016.

(2) Doppelte Schriftformklauseln

Aufgrund **doppelter Schriftformklauseln,** auch **qualifizierte Schriftformklauseln** genannt, kann hingegen von dem Inhalt der Vertragsurkunde und auch von der Schriftformklausel selbst lediglich schriftlich abgewichen werden. Doppelte Schriftformklauseln sind **im unternehmerischen Rechtsverkehr** lediglich in Individualverträgen nicht zu beanstanden,[501] in allgemeinen Geschäftsbedingungen hingegen bereits wegen Verstoßes gegen den Vorrang von Individualabreden (§ 305 b BGB) unwirksam.[502] Denn auch mündliche Individualabreden genießen Vorrang gegenüber den formularvertraglichen Klauseln. 556

Beachte: Bei einer nicht gesetzlich angeordneten, sondern zwischen den Parteien vereinbarten Schriftform ist neben § 126 BGB ggf. auch die **Erleichterung des § 127 Abs. 2 BGB** zu berücksichtigen.

Formulierungsbeispiel: Doppelte Schriftformklausel

Änderungen und Ergänzungen dieses Vertrages bedürfen zu ihrer Rechtswirksamkeit der Schriftform. Das Erfordernis der Schriftform kann nur durch eine schriftliche Vereinbarung der Vertragsparteien aufgehoben werden.

bb) Gerichtsstandsvereinbarung

Ebenfalls in die Schlussbestimmungen aufgenommen werden kann eine **Gerichtsstandsvereinbarung**. Hierdurch werden durch Parteivereinbarung ggf. unzuständige Gerichte für zuständig erklärt (sog. **„Prorogation"**) einhergehend mit einer Abwahl der an sich bestehenden Zuständigkeit anderer Gerichte (sog. **„Derogation"**). 557

Ausgangspunkt der Überlegungen sind die Regelungen der §§ 38, 40 ZPO. Hiernach ist vor allem eine bereits **bei Vertragsschluss getroffene Gerichtsstandsvereinbarung, an der ein Verbraucher beteiligt ist**, grundsätzlich unwirksam (§ 38 Abs. 1, Abs. 3 ZPO). Dies kann wegen § 29 Abs. 2 ZPO auch nicht dadurch umgangen werden, dass die Parteien **anstelle eines Gerichtsstandes einen Erfüllungsort** vereinbaren, um hierdurch die Zuständigkeit bestimmter Gerichte an dem besonderen Gerichtsstand des Erfüllungsorts (§ 29 Abs. 1 ZPO) zu begründen. 558

Bedeutsam ist weiter auch, dass eine **Gerichtsstandsvereinbarung bei Bestehen eines ausschließlichen Gerichtsstandes unzulässig** ist (§ 40 Abs. 2 S. 1 Nr. 2 ZPO). Selbst eine **rügelose Verhandlung zur Hauptsache** vermag die Zuständigkeit eines an sich nicht zuständigen Gerichts in diesem Fall nicht zu begründen (§ 40 Abs. 2 S. 2 ZPO). 559

Formulierungsbeispiel: Gerichtsstandsvereinbarung

Lüneburg ist ausschließlicher Gerichtsstand für alle sich aus dem Vertragsverhältnis unmittelbar oder mittelbar ergebenden Streitigkeiten, soweit die Parteien Kaufleute, juristische Personen des öffentlichen Rechts oder öffentlich-rechtliches Sondervermögen sind.

---

501 BGH MMR 2010, 336.

502 BGH NJW 2017, 1017; BAG NJW 2009, 316.

Beachte: Nach einer Entscheidung des Hanseatischen Oberlandesgerichts ist eine auf den **„Gerichtsstand Hamburg"** lautende Vereinbarung wegen Unbestimmtheit **unwirksam.**[503] Zwar lasse sich im Falle einer sachlichen Zuständigkeit des Landgerichts die Zuständigkeit des Landgerichts Hamburg klar bestimmen. Bei sachlicher Zuständigkeit der Amtsgerichte sei jedoch unklar, welches der Hamburger Amtsgerichte[504] in örtlicher Hinsicht zuständig sein soll. Diese Rspr. lässt sich zwar vor allem unter Hinweis auf § 942 Abs. 2 S. 1 ZPO kritisieren, wonach selbst der Bundesgesetzgeber von einer Bestimmtheit der Zuständigkeitsregelung „Amtsgericht in Hamburg" ausgeht. Nach dem **Gebot des sichersten Weges** sollte jedoch gleichwohl bei allen Städten, die über mehrere Amts- und/oder Landgerichte verfügen (z.B. Hamburg, Berlin, München) im Rahmen einer Gerichtsstandsvereinbarung eine **eindeutige Bezeichnung der Gerichte des ersten Rechtzuges** erfolgen.

cc) Salvatorische Klausel

Bei **individualvertraglichen Vereinbarungen** ist im Übrigen auch an eine **salvatorische Klausel** zu denken. Ihr Sinn und Zweck besteht in der Umkehr der Zweifelsregelung des § 139 BGB, wonach grundsätzlich von einer Teilnichtigkeit auf eine Gesamtnichtigkeit zu schließen ist und der Vertrag nur ausnahmsweise wirksam bleibt. In **allgemeinen Geschäftsbedingungen** sind salvatorische Klauseln hingegen überflüssig (wenn § 306 Abs. 2 BGB lediglich abgeschrieben wird) oder unwirksam (wenn von § 306 Abs. 2 BGB abweichende Regelungen getroffen werden).

Formulierungsbeispiel: Salvatorische Klausel

Sollten einzelne Bestimmungen dieses Vertrages unwirksam oder undurchführbar sein oder nach Vertragsschluss unwirksam oder undurchführbar werden, bleibt davon die Wirksamkeit des Vertrages im Übrigen unberührt. An die Stelle einer unwirksamen oder undurchführbaren Regelung tritt eine den Interessen der Parteien möglichst nahekommende Regelung. Sollte der Vertrag eine Lücke enthalten, gilt Entsprechendes.

h) Unterschriften, Ort, Datum

560 Der Vertragstext wird abgeschlossen durch die Angabe des **Ortes und des Datums der Unterzeichnung** sowie das **Unterschriftenfeld** unter Benennung der unterzeichnenden Personen. Besonderes Augenmerk sollte dabei auf die Kennzeichnung der korrekten Vertretungsverhältnisse gelegt werden. Unterzeichnet etwa ein Bevollmächtigter, sollte dies durch die Angabe „i.V." kenntlich gemacht werden.[505] Ist der Unterzeichnende sogar Prokurist, ist eine Kennzeichnung der Stellung als Prokurist sogar gesetzlich vorgeschrieben (§ 51 HGB). Üblich ist daher bei Unterzeichnung durch einen Prokuristen eine die Unterschrift ergänzende Angabe „p.p." oder „p.p.a.".[506]

Beachte: Die unrichtige Angabe der korrekten Vertretungsverhältnisse führt für sich betrachtet nicht zur Unwirksamkeit des Vertrags, kann bei formbedürftigen Rechtsgeschäften jedoch einen **Formmangel des Vertrags** auslösen. Dies gilt etwa für die Einhaltung der Schriftform bei der Geschäftsraummiete (§§ 578, 550 BGB). Wenn von mehreren Vermietern oder Mietern lediglich einer unterschreibt, ist **zur**

503 OLG Hamburg, Beschl. v. 06.01.2017 – 6 AR 56/16, BeckRS 2017, 120036.

504 Hamburg verfügt über insgesamt acht Amtsgerichte (AG Hamburg-Mitte, AG Hamburg-Altona, AG Hamburg-Barmbek, AG Hamburg-Bergedorf, AG Hamburg-Blankenese, AG Hamburg-Harburg, AG Hamburg-St.-Georg, AG Hamburg-Wandsbek).

505 Das Kürzel „i.V." steht für „in Vollmacht".

506 Die Kürzel „p.p." und „p.p.a." stehen für „per procura" und „per procura autoritate".

Wahrung der Schriftform ein Vertretungszusatz erforderlich, weil andernfalls nicht ersichtlich wäre, ob der Unterzeichnende die Unterschrift nur für sich selbst oder aber zugleich in Vertretung der anderen leistet.[507]

2. Vergleiche und Ratenzahlungsvereinbarungen

561 Eine weitere beliebte Thematik aus dem Bereich der rechtsgestaltenden anwaltlichen Tätigkeit stellt die **Formulierung eines Vergleichstextes** und/oder einer **Ratenzahlungsvereinbarung** dar.

562 Ein Vergleichsvertrag dient der einvernehmlichen Regelung eines Streits oder einer Ungewissheit über ein Rechtsverhältnis durch gegenseitiges Nachgeben (§ 779 BGB). Ein Vergleich kann sowohl außergerichtlich zur Vermeidung eines Rechtsstreits als auch im Rahmen eines gerichtlichen Rechtsstreits zum Zwecke dessen Beendigung geschlossen werden. Ein solcher **Prozessvergleich** zeichnet sich durch seine „Doppelnatur" aus. Er ist nämlich sowohl **materiell-rechtlicher Vertrag** (§ 779 BGB) als auch **prozessbeendigende Maßnahme** und als solche auch tauglicher Vollstreckungstitel (§ 794 Abs. 1 Nr. 1 ZPO).

Beachte: Ein Prozessvergleich kann entweder im Rahmen einer **Güteverhandlung** oder einer **mündlichen Verhandlung** zu Protokoll festgestellt werden (§ 160 Abs. 3 Nr. 1 ZPO). Ein Prozessvergleich kann jedoch auch im Rahmen des **schriftlichen Verfahrens** geschlossen und durch das mit der Streitsache befasste Gericht im Beschlusswege festgestellt werden (§ 278 Abs. 6 ZPO).

563 Bei einem Vergleich ist allgemein an die folgenden **regelungsbedürftigen Punkte** zu denken:

- **Regelung der Hauptsache** (z.B. Beendigungs- und Übergabetermin bei Räumungsvergleich)
- **Regelung etwaiger Nebensächlichkeiten** (z.B. Regelungen zu Schönheitsreparaturen und Mietkaution bei Räumungsvergleich)
- **Regelung der Kostentragung** (z.B. Quotelung oder Kostenaufhebung)
- **Regelung der Reichweite des Vergleichs** (z.B. Abgeltungsklausel, Generalquittung)

a) Räumungsvergleich

564 Ein Räumungsvergleich wird üblicherweise aus der prozessualen Situation einer Räumungsklage heraus geschlossen.

507 Vgl. BGH NJW 2005, 2225.

Formulierungsbeispiel: Muster eines Prozessvergleiches im Rahmen eines Räumungsrechtsstreits

Namens und in Vollmacht der Beklagten unterbreiten wir der Klägerseite – ohne Anerkenntnis einer Rechtspflicht und ohne Präjudiz für die Sach- und Rechtslage, gleichwohl rechtsverbindlich – den folgenden Vorschlag für eine vergleichsweise Erledigung der Streitsache:

1. *Die Parteien sind sich einig, dass das aufgrund des Mietvertrags vom 28. Dezember 2015 bestehende Mietverhältnis über die streitgegenständliche Wohnung in dem Dachgeschoss des Gebäudes Westerhorn 12, 21394 Kirchgellersen, mit Ablauf des 31. Dezember 2018 (Beendigungszeitpunkt) endet.*
2. *Die Beklagte verpflichtet sich, die in Ziffer 1. genannte Mietsache spätestens am 31. Dezember 2018 um 16.00 Uhr in geräumtem und besenreinem Zustand mit sämtlichen Schlüsseln an den Kläger zu übergeben. Eine nähere Abstimmung bezüglich eines konkreten Rückgabetermins wird zwischen den Parteien gesondert erfolgen.*
3. *Die Parteien sind sich einig, dass anlässlich der Rückgabe der Mietsache ein Übergabeprotokoll erstellt werden soll, aus dem sich der Zustand der Mietsache, die Anzahl der zurückgegebenen Schlüssel und die Zählerstände der Strom-, Wasser-, und Heizungszählergeräte entnehmen lassen.*
4. *Die Parteien sind sich darüber einig, dass die Beklagte zu einer Durchführung von Schönheitsreparaturen nicht verpflichtet ist.*
5. *Der Kläger verpflichtet sich, über die Betriebskosten schnellstmöglich, spätestens jedoch bis zum 31. Dezember 2018 für das Kalenderjahr 2017 und bis zum 31. Dezember 2019 für das Kalenderjahr 2018 abzurechnen. Beide Parteien verpflichten sich, etwaige Nachzahlungen bzw. Guthaben innerhalb von 4 Wochen nach Zugang der Abrechnung bei der Beklagten an die jeweils andere Partei zu zahlen.*
6. *Der Kläger verpflichtet sich, die von der Beklagten entrichtete Mietkaution in Höhe von 2.400,00 € zuzüglich etwaiger durch die Anlage der Kaution tatsächlich angefallener Kautionszinsen spätestens bis zum Ablauf von drei Monaten seit dem Beendigungszeitpunkt an die Beklagte zurückzuzahlen. Eine Aufrechnung des Klägers mit etwaigen Gegenansprüchen und die Ausübung eines Zurückbehaltungsrechts sind ausgeschlossen.*
7. *Die Kosten des Rechtsstreits hat der Kläger zu 3/4 und die Beklagte zu 1/4 zu tragen. Ausgenommen hiervon sind die Kosten dieses Vergleichs, die gegeneinander aufgehoben werden.*
8. *Die Parteien sind sich darüber einig, dass sämtliche wechselseitige Ansprüche aus dem Mietverhältnis, hin wie her, egal ob bekannt oder unbekannt und egal aus welchem Rechtsgrund, vollumfänglich erledigt und durch diese Vereinbarung abgegolten sind.*[a]

a) Formulierungsbeispiel: „Generalquittung" oder „Ausgleichsquittung".

b) Erlassvergleich („Chicago-Klausel")

Auch von einem sog. „Erlassvergleich"[508] sollten Sie einmal gehört haben. Hierbei wird dem Schuldner ein Teil der Forderung für den Fall erlassen, dass er einen bestimmten Teil der bestehenden Forderung vereinbarungsgemäß ausgleicht. Dies ist vor allem dann **zweckmäßig**, wenn der Schuldner finanziell derartige Probleme hat, dass der **Gläubiger trotz eines Vollstreckungstitels Gefahr läuft, im Wege der Zwangsvollstreckung „leer auszugehen".** Der Gläubiger erlangt dann den Vorteil, zumindest einen Teil der Forderung einziehen zu können, wohingegen er ohne Erlassklausel wahrscheinlich keinerlei Beträge beitreiben könnte. Für den Schuldner bietet eine „Chicago-Klausel" demgegenüber einen Anreiz zur Tilgung der Verbindlichkeiten. 565

Formulierungsbeispiel: Prozessvergleich und Ratenzahlungsvereinbarung, Chicago-Klausel, Gesamtfälligkeitsklausel, Kostenaufhebung

1. *Der Beklagte verpflichtet sich, an den Kläger einen Betrag in Höhe von 20.000,00 € zuzüglich Zinsen in Höhe von 5 Prozentpunkten über dem jeweiligen Basiszinssatz seit dem 10. Februar 2019 zu zahlen.*
2. *Dem Beklagten wird nachgelassen, den Vergleichsbetrag zu Ziffer 1. in monatlichen Raten in Höhe von 500,00 € zu zahlen, und zwar bis zum 05. eines jeden Monats, erstmals zum 05. März 2019.*
3. *Sofern der Beklagte die Ratenzahlungen laut Ziffer 2. für einen Zeitraum von 30 Monaten rechtzeitig erbringt und ratenweise insgesamt 15.000,00 € leistet, gilt der verbleibende Rest des Vergleichsbetrags zu Ziffer 1. einschließlich der Zinsen als erlassen.*[a]
4. *Die Parteien sind sich einig, dass Zahlungen des Beklagten auf den Vergleichsbetrag zu Ziffer 1. auch vor Fälligkeit jederzeit und in jeder Höhe erbracht werden können.*
5. *Sollte der Beklagte mit der Zahlung zweier Raten länger als 10 Tage in Verzug geraten, wird automatisch die gesamte Restforderung laut Ziffer 1. zur Zahlung fällig.*[b]
6. *Mit diesem Vergleich sind alle streitgegenständlichen Ansprüche und alle geltend gemachten Einwendungen zwischen den Parteien wechselseitig erledigt.*
7. *Die Kosten des Rechtsstreits einschließlich der Kosten dieses Vergleichs werden gegeneinander aufgehoben.*

a) Formulierungsbeispiel: „Chicago-Klausel".
b) Formulierungsbeispiel: „Gesamtfälligkeitsklausel".

c) Ratenzahlungsvereinbarungen

Auch der Entwurf einer bloßen **Ratenzahlungsvereinbarung** kann Aufgabeninhalt einer zivilrechtlichen Anwaltsklausur sein. 566

508 Man spricht auch von einem „Chicago-Vergleich", einem „Las-Vegas-Vergleich", einem „Monte-Carlo-Vergleich" oder einem „Monaco-Vergleich".

Formulierungsbeispiel: Angebot einer Ratenzahlungsvereinbarung mit Gesamtfälligkeitsregelung

Sehr geehrter Herr Schmidt,

in der vorbezeichneten Angelegenheit können wir Ihnen nach Rücksprache mit unserer Mandantschaft die folgende Ratenzahlungsvereinbarung anbieten:

1. *Sie tilgen die Hauptforderung unseres Mandanten aus der Rechnung 19-1234 vom 05.01.2019 über insgesamt **20.000,00 €** zuzüglich der Zinsen auf diesen Betrag in Höhe von 5 Prozentpunkten über dem Basiszinssatz seit dem 05.02.2019 sowie der nachfolgend berechneten Kosten der Rechtsverfolgung durch monatliche Raten in Höhe von 2.500,00 € sowie einer Schlussrate, deren Höhe Ihnen zu gegebener Zeit bekannt gegeben wird.*
2. *Die Raten sind jeweils zum 05. eines jeden Monats bei uns eingehend auf unserem angegebenen Geschäftskonto fällig, erstmals zum 05. April 2019.*
3. *Sie erstatten unserer Mandantschaft die Kosten unserer außergerichtlichen Tätigkeit sowie die durch diese Vereinbarung entstehenden Kosten in Höhe von insgesamt 1.621,49 €. Im Einzelnen geht es hierbei um die folgenden Beträge:*

Gegenstandswert: 20.000,00 €	
1,3 Geschäftsgebühr gemäß Nr. 2300 VV RVG	*964,60 €*
Gegenstandswert: 4.000,00 € (wegen § 31b RVG)	
1,5 Einigungsgebühr gemäß Nr. 1000 VV RVG	*378,00 €*
Zwischensumme Gebührenpositionen	***1.342,60 €***
Post- und Telekommunikationspauschale gemäß Nr. 7002 VV RVG	*20,00 €*
Zwischensumme netto	***1.362,60 €***
19% Umsatzsteuer gemäß Nr. 7008 VV RVG	*258,89 €*
Gesamtsumme	***1.621,49 €***

4. *Im Gegenzug wird unsere Mandantschaft von einer gerichtlichen Geltendmachung der Forderung absehen, solange die monatlichen Raten fristgemäß von Ihnen geleistet werden.*
5. *Sollten Sie mit der Zahlung einer Rate länger als 10 Tage in Verzug geraten, wird automatisch die gesamte Restforderung zur Zahlung fällig.*

Sofern Sie der vorstehend entworfenen Vereinbarung zustimmen möchten, bitten wir um unterzeichnete Rücksendung der Zweitschrift dieses Schreibens.[a] *Für die Erledigung notieren wir uns eine Frist bis zum **22.03.2019**. Bitten beachten Sie, dass wir im Falle eines fruchtlosen Fristablaufs unserer Mandantschaft die Einleitung gerichtlicher Schritte anraten werden. Auf die Ihnen hierdurch weiter entstehenden Kosten machen wir der guten Ordnung halber aufmerksam.*

Mit freundlichen Grüßen

Meier
Rechtsanwalt

a) Die Gegenzeichnung der Ratenzahlungsvereinbarung durch den Schuldner hat insbesondere einen Wert für die Ersatzfähigkeit der Einigungsgebühr gemäß Nr. 1000 VV RVG, die anderenfalls von dem Mandanten zu zahlen und nicht erstattungsfähig ist. Die Geschäftsgebühr gemäß Nr. 2300 VV RVG wird regelmäßig hingegen als Verzögerungsschaden gemäß §§ 280 Abs. 1, Abs. 2, 286 BGB erstattungsfähig sein.

3. Allgemeine Geschäftsbedingungen

Häufiger Prüfungsgegenstand im Rahmen kautelarjuristischer Aufgabenstellungen ist zudem das Recht der allgemeinen Geschäftsbedingungen. In der Regel wird Ihnen der Mandant insoweit ein existierendes Regelwerk vorlegen und eine **Prüfung und Überarbeitung** desselben wünschen. Denkbar ist durchaus aber auch die Aufgabe zur **Erstellung eines eigenen Entwurfs** allgemeiner Geschäftsbedingungen. In materiell-rechtlicher Hinsicht läuft es dann auf eine an dem Mandanteninteresse ausgerichtete Prüfung der §§ 305 ff. BGB hinaus. Im Einzelnen verweisen wir insoweit auf die Ausführungen im Rahmen des AS-Skripts Materielles Zivilrecht in der Assessorklausur.[509] **567**

Inhaltliche Schranken für die Überprüfbarkeit vertraglicher Regelungen nach den §§ 307 ff. BGB ergeben sich aus § 307 Abs. 3 BGB. **Nicht kontrollfähig** sind hiernach **568**

- **bloße Leistungsbeschreibungen,** die Art, Güte und Umfang der Hauptleistungen unmittelbar festlegen. (z.B. Kataloge, Prospekte).[510]
- **Preisvereinbarungen für die Hauptleistungen,** soweit sie Art und Umfang der Vergütung unmittelbar regeln.[511] Solche Preisvereinbarungen sind im Punkte ihrer Wirksamkeit vielmehr an den §§ 134, 138 BGB zu messen.
- **deklaratorische Klauseln**, die mit den gesetzlichen Regelungen übereinstimmen.[512]
- **vom zwingenden Gesetzesrecht abweichende Regelungen**, bei denen sich eine etwaige Unwirksamkeit aus speziellen Vorschriften (z.B. §§ 361 Abs. 2, 476 Abs. 1, 536 Abs. 4 BGB) und nicht aus den §§ 307 ff. BGB ergibt.

Beachte: Bei Kautelarklausuren aus dem Bereich der allgemeinen Geschäftsbedingungen haben Sie unbedingt auf den Palandt zurückzugreifen! Vieles wird sich Ihnen aus der Kommentierung der §§ 305 ff. BGB und derjenigen Normen erschließen, von denen formularvertraglich abgewichen werden soll. Umfassende Hilfestellung bietet die **alphabetische Kommentierung der einzelnen Klauselwerke und Vertragstypen.**[513]

Dass eine Klausel in einem vorgelegten Vertragsentwurf unwirksam ist, bedeutet nicht notwendig, dass die Klausel von Ihnen abzuändern ist. Eine Änderung ist vielmehr nur dann vorzunehmen, **wenn die Unwirksamkeit der Klausel dem Mandanten zum Nachteil** gereicht. **569**

Beispiel: Bei Vertretung des werdenden Mieters einer Wohnung haben Sie die Unwirksamkeit einer Schönheitsreparaturklausel im Rahmen des Gutachtens festzuhalten, Änderungen im Vertragsentwurf sind hingegen nicht vorzunehmen. Denn bei Unwirksamkeit der Übertragung einer Verpflichtung zur Vornahme der Schönheitsreparaturen auf den Mieter fällt der Vermieter auf die gesetzlichen Regelungen der §§ 535 Abs. 1 S. 2, 538 BGB zurück und hat die Schönheitsreparaturen selbst zu leisten. Dies ist für den Mandanten günstig!

509 AS-Skript Materielles Zivilrecht in der Assessorklausur (2018), Rn. 26, 27.

510 BGH NJW 2014, 1658; Palandt/Grüneberg § 307 Rn. 44.

511 BGH NJW 2010, 150; Palandt/Grüneberg § 307 Rn. 46.

512 BGH NJW-RR 2015, 114; Palandt/Grüneberg § 307 Rn. 50.

513 Palandt/Grüneberg § 307 BGB Rn. 55–152.

Stichwortverzeichnis

Die Zahlen verweisen auf die Randnummern.

Alpmann Schmidt

S2 Skripten für das 2. Examen

Die staatsanwaltliche Assessorklausur
11. Auflage 2019
152 Seiten, 19,90 €
ISBN: 978-3-86752-663-0

Die verwaltungsgerichtliche Assessorklausur
11. Auflage 2019
235 Seiten, 19,90 €
ISBN: 978-3-86752-680-7

Die behördliche Assessorklausur
11. Auflage 2019
162 Seiten, 19,90 €
ISBN: 978-3-86752-664-7

Materielles Strafrecht in der Assessorklausur
3. Auflage 2019
288 Seiten, 19,90 €
ISBN: 978-3-86752-681-4

Materielles VerwaltungsR in der Assessorklausur
3. Auflage 2019
219 Seiten, 19,90 €
ISBN: 978-3-86752-638-8

Außerdem lieferbar:

Strafurteil und Revisionsrecht in der Assessorklausur
ISBN: 978-3-86752-606-7

Vollstreckungsrecht in der Assessorklausur
ISBN: 978-3-86752-566-4

Die zivilgerichtliche Assessorklausur (bisher: die zivilrechtliche Assessorklausur)
ISBN: 978-3-86752-607-4

Materielles Zivilrecht in der Assessorklausur
ISBN: 978-3-86752-603-6

Alpmann Schmidt Juristische Lehrgänge Verlagsgesellschaft mbH & Co. KG
Alter Fischmarkt 8 • 48143 Münster • Tel.: 0251-98109-0 • www.alpmann-schmidt.de